廣東潮州府海洋縣交界

鳳山亭

子水閘
子水汛塘

詔安縣

揚尾橋岩
洋尾河

墩寨芽

臺山亀

洲陽
洲加

栖花

洋林湾
赤南山
白馬垆
玩璃寨
十八墻

蛤洲

拉洲

官山

大城所

懸鐘所

柘洲

柘栟

南澳

生计与制度

LIVELIHOODS AND INSTITUTIONS

明清闽粤滨海社会秩序

Coastal Social Order in Ming-Qing Fujian and Guangdong

杨培娜 著

社会科学文献出版社
SOCIAL SCIENCES ACADEMIC PRESS (CHINA)

本书是教育部行动计划司局专项项目「明清东南海洋经略与海疆社会」（20121）

国家社科基金项目「清代海洋渔政与海疆社会治理研究」（20BZS061）研究成果之一

得到中山大学历史人类学研究中心出版经费支持

序

刘志伟

中国有 18000 多公里的大陆海岸线，环抱中国大陆的海域有四五百万平方公里，分布着大小岛屿 7000 多个，其中有人居住的岛屿有 400 多个，海洋毫无疑问是许许多多中国人世世代代生于斯、长于斯的一大片自然空间。然而，长期以来，人们都有一个非常强烈的认知，坚信中国是一个陆地国家。之所以这种观念从来几乎被所有人深信不疑，是由于华夏文明的源头——夏商周三代的国家构造，都是在内陆的生态环境下形成和发展的；秦汉以后，历代统一王朝，也都是以中原为基地建立大一统的国家。因此，主导华夏文明形成和演进的世界观、意识形态以及由此建立的国家体制，都有非常强的内陆色彩。虽然在沿海区域建立的一些政权，例如齐、越、闽、南汉、南宋等，都或多或少带有海洋因素和性格，但不论什么政权，其立国基础和统治理念，都不能脱离对正统性的追求和对华夏政治文化传统的坚持，陆地国家形态具有主导性。于是，海洋生态和濒海人群的生计，以及在此基础上形成的文化与社会性格，在以国家为主体的历史叙述中几乎完全不会出场。对中国这种陆地国家的形象，黑格尔曾经这样论述：

> 在他们看来，海只是陆地的中断，陆地的天限，他们和海不发生积极的关系。大海所引起的活动，是一种很特殊的活动。[1]

这里所说的"他们"，是一种国家或团体性的主体，这种认识，是从国家历史的视角上讲的。在中国历史叙事中，虽然也有关于海洋活动的内容，但王朝国家或者被标签为中国人的人群主体，一般不会与海洋发生积极的关系。自其观之，海洋只是陆地的中断，是同另一陆地连接的通道，因此海洋总是作为通往外部世界的通道出现在历史叙述当中，从唐代的"通海夷道"到当代的"海上丝绸（或陶瓷等）之路"，都体现了这样一种观念。只有以这个角色，海洋才被纳入国家历史。因此，过往的史学研究，虽然对海上交通、海上贸易做了大量的研究，并取得丰富的成果，但基本的历史框架，仍然是从一个农业文明稳守自身的内在秩序、通过海上通道从外部世界获取稀缺资源补给的角度展开的。

然而，跳出以国家为历史活动主体的王朝史观，将视线落在人与自然环境的关系上，从濒海地域千千万万的人的生产活动和日常生活着眼，我们看到的历史情景就完全不同了。依傍在大海岸边

1　黑格尔：《历史哲学》，王造时译，上海书店出版社，2001，第 93 页。

和海岛的千千万万的人，世世代代出没波涛中，讨海为生，海洋为他们提供了生存的物资，是他们获得财富的源泉。他们与海洋的关系，绝对不可能不是积极的，对他们来说，海洋更不是一种天限，而是他们施展身手的舞台，是他们生息的世界。

海洋作为一种自然资源，提供给人类最基本的、天然的生活物资，是海洋生物和盐。这些向海而生的人群，最基础性的产业自然是渔业。但由于海产不可能作为维持人类生命的主要食物，所以必然要通过同陆地其他人群及其生产品进行交换才能满足濒海人群的生存所需。大海供给人类最不可缺少的物资是食盐。而由于内陆大多数地区不出产盐，所以食盐天然地是通过跨地域流动和转手获取，也就是天然地依赖交换以及长距离贸易实现再分配。同时，世世代代的海上捕捞生涯，令他们掌握了造船和航海技术。于是，当海洋上出现另一种资源——被运送的海外货物后，海上人群就会很自然地加入贩运那些通过海上交通远距离运送的货物的活动中，他们天生是海上交通贸易的主人。简单说，海洋生态下最主要的生计，一定是要依赖交换与贸易贩运实现的。因此，如果我们的视域只局限于海洋人群生计，我们看到的是一种以交换和长途贩运为财富实现方式的"经济"。同时，海洋人群的流动性，也自然倾向于形成无政府的社会，政治权力天然呈现为"海盗"的形态。

然而，中国东部与南部沿海的经济和社会，从来都不是一个自主自足的系统，大致从早期国家开始，以内陆立国的王朝，从来都没有放弃对海洋和沿海资源的需求与控制。波兰尼定义经济是一种人类获取和控制物质资源的行为形成为制度的系统，经济的实质意义由人类因生计而对自然及其伴生物的依赖，通过人与自然和社会环境的交换，获得满足人们需要的物质财富。同在18世纪以后由于定价市场经济体制而出现的形式意义的经济不一样，人类获取物质财富的经济活动主要由两种运动构成，就是物质财富的地点转移和占有的改变，其中地点的转移往往是由于自然禀赋差异形成的长距离跨地域流动，占有的改变则是由于权力中心聚敛财富的索求。基于海洋人群生计获得的海洋产品从一开始就要被拉入这两种运动之中，其动力就在于内陆国家对食盐、海洋生物和海外奇珍异物的巨大需求。于是，虽然中国王朝国家本身都是立足于陆地环境和社会建立的，但海洋资源对于王朝国家来说从来都是不可缺少的，甚至是国家财用非常重要的来源，国家统治的权力总是要覆盖到沿海地区，以实现对海洋的控制。

中国的王朝统治，历来都是建立在对其臣民的人身控制基础上的。基于陆地社会的特性，这种控制的基本模式，是"理民之道，地著为本"，将齐民编制起来，固着在特定的土地上，画地为牢。其实现的基本方式，是按照《周礼》中六乡六遂体制的原理建立户籍体制。户籍组织的具体形式历代不一样，演变到明代，里甲制最典型体现了这种国家基层体制的结构。虽然到明代中后期以后，里甲制渐渐变质，制度发生着朝向适应新的经济社会关系的变形，但其以户口与土地结合将齐民编制起来控制基层社会的原则和原理一直没有根本改变。这套基于陆地农耕社会的体制与海洋人群的生计模式和生存状态显然不相契合，要将在陆地上农耕社会形成的国家控制模式和行政架构用于控制流动的海洋人群，在濒海地区建立国家化的社会秩序，存在一种内在的根本性的矛盾。

同时，海洋资源对王朝统治的重要性又促使国家必须要建立一套管控体制保障对资源的控制和获取。国家在濒海地区建立的社会和行政管理制度，最基本的就是保障国家食盐供应和让国家通过食盐流通获取财政资源的盐场和食盐禁榷制度。这一方面固然是因为食盐生产流通在国计民生领域的重要性，另一方面则是由于食盐生产方式和生产者的生存状态相对接近农耕社会，在盐场机构设置、灶户户籍编制和役使方式方面，都可以形成原理上与里甲制相似的制度，构成在濒海地域建立国家秩序的基础。

除盐场外，另一种将陆地国家体制直接向濒海地域扩展建立的组织，就是本来属于军事设施的卫所。军事化的机构是最直接也是最严密的人身控制机制，明代在沿海密集设置大批卫所，用意无疑是防卫，但这种"海防"，主要不是为了防御外敌，而是弹压沿海之民。卫所设置在两方面体现了王朝国家统治秩序与海洋社会的流动性之间的互动关系。一方面，就性质而言，卫所是国家直接设立的军事机构，是国家加诸地方的外在的社会组织；另一方面，以明代的情况而言，沿海卫所相当多的军伍是埤集当地水上人而来的，这就使得沿海卫所既是国家直接控制沿海地区的政治设施，又是以濒海人群为重要成分的组织，从而形成一种兼具陆地国家属性和海洋人群特性的社会。宋怡明在《被统治的艺术》一书中，对卫所官兵参与海上活动，包括走私贸易、海岛活动以及同海洋生计相关的众多职业有非常精彩的讨论，揭示了这种滨海社会的实态。[1] 宋怡明的研究，令我们认识到，盐场和卫所的设立固然体现了国家统治在滨海地域的存在，但如果我们将视线落到这种国家秩序下的人们的生计，就可以看到他们其实又是以挣脱这种秩序的生存方式应对国家统治的。王朝国家能够在濒海地域有效地建立起社会基层组织，是通过盐场、卫所一类画地为牢的陆地社会形式；但被编入

1　宋怡明：《被统治的艺术》，钟逸明译，中国华侨出版社，2019，第113~154页。

这类国家户籍体系的海洋人群，只要他们没有离开海洋，没有放弃海洋生计，保留海上活动的传统，他们生存方式保留着的流动性，就必定会从国家权力网中破茧，甚至成为威胁王朝统治稳定的力量。

因此，濒海地域的社会过程，一直是在两种机制的相互作用下发生的。国家为控制和获取海洋资源，同时也为抗衡另一种机制，按照陆地社会国家结构设立本质上属于农耕社会管制模式的盐场和卫所；另一种机制则是由濒海人群的海洋生存状态自然发生的，由海上渔业发展起来的航海活动，随着海洋贸易的发展越来越成为濒海人群的主要生计。濒海生计中人的流动性与需要以人的稳定为基础的王朝秩序，在逻辑上是不相容，甚至是对立的。然而，在明清时期，濒海地域社会恰恰就是在这两种动力的矛盾运动中形成和演变的。近几十年来，中国历史学者对中国历史上海洋活动的研究越来越广泛深入，就中国历史上也曾经有一个非常热闹的海洋舞台这一点，已经不会有什么疑问。但是，在我们的整体历史解释上，海洋活动仍主要局限在陆地中国对外关系的视野下。人们重视了在海外活跃的人群的活动，但对沿海地域社会整合过程中的海洋因素和机制，研究才刚刚起步，还有受到很多惯性的观念的限制。例如，即使在讲到海洋活动的时候，人们还是离不开用陆地社会中户籍体制的概念来指认识别海上流动的人群。这种惯性当然没有错，因为进入我们历史视野的人，大多已经被拉了一个定居的地缘社会当中，他们都有了"自己的"家乡。但是，我们研究这些地域社会的时候，还是需要从海洋社会的流动性着眼，去认识这些地域社会的特质，建立一种充分采用海洋视角的地域历史解释。杨培娜这本书试图讨论这个复杂矛盾的过程，呈现出在本质上以不受管束为特征的流动社会与以不流动为基础的王朝体制施行到濒海地域之间的张力，为在地域社会研究的视域中将海洋拉入中国王朝国家政治和社会历史的解释探索了一种路径。在本书即将付梓的时候，我写下一点读后感，年老笔拙，词不达意，读者应该从书中的具体讨论中，获得更深入的认识。

目　录

图表目录

绪　论

　　本书旨在结合滨海环境和人群生计特点，探讨 14 世纪中叶到 19 世纪初闽粤边海之地如何在多重力量冲突、妥协、共谋中逐渐消解对中央王朝的疏离状态，民间之俗与王朝之制在动态平衡的过程中推动滨海社会秩序的更新再造。本书以勾勒王朝制度结构及其变化为主线，尝试触摸海陆之间籍籍无名的濒海生民的活动脉搏，为进一步追寻更鲜活的社会场景和更复杂的运作机制提供一个可资参考的结构性框架。

　　本书的问题意识和研究方法直接源自两个密切关联的学术传统。一是由傅衣凌、梁方仲先生奠定的中国社会经济史研究传统，经杨国桢先生倡导中国海洋社会经济史，与其他涉海史学、涉海学科交叉综合发展为海洋史。[1] 二是同以社会经济史研究为起步，而后跟人类学、社会学、地理学等深入融合，经科大卫、萧凤霞、陈春声、刘志伟、郑振满、赵世瑜等诸位老师共同推动发展的历史人类学。

传统中国王朝国家是一个以农耕定居人群为基本统治对象的政权，这决定了历代王朝、士大夫的历史书写多是以陆地、王朝为中心，以传统农业社会为中心的叙事代替了整个中国历史多元一体的发展轨迹。在这种历史认识和书写模式下，海洋进入史学视野，是作为陆地王朝国家与外部世界的交往渠道而出现的。伴随着20世纪80年代以来经由明清社会经济史研究引入的区域史、整体史及历史人类学视野的影响，我们在观察海洋活动和沿海地方社会时开始注重从当地人的角度出发，在陆海互动中围绕各色海洋人群的日常生计展开思考，探析社会秩序的形成与变迁。[2] 这就把我们的眼光从航海交通、海防、海外贸易等方面引向了这些活动诞生的摇篮——滨海地域社会，滨海人群生计方式的多样性、社会组织与交往关系的复杂性也随之呈现出来。

关于区域史的问题意识、认识论、研究方法、学术史，近年科大卫、陈春声、刘志伟、郑振满、赵世瑜等进行了详细阐述。[3] 历

1　杨国桢指出，中国海洋史是从涉海史学转变而来的。涉海史学包括但不限于中外关系史（中国海外交通史）、海疆史、华人华侨史、海外贸易史、沿海区域社会经济史、航海史、造船史、东南亚史及水下考古、人类学等领域，各有其研究理路，积累深厚、成果丰硕。

2　杨国桢：《海洋世纪与海洋史学》，《东南学术》2004年增刊，第291页；杨国桢：《从涉海历史到海洋整体史的思考》，《南方文物》2005年第3期；杨国桢：《海洋文明论与海洋中国》，人民出版社，2016。

3　科大卫：《告别华南研究》，华南研究会编辑委员会编《学步与超越》，文化创造出版社，2004，第9~30页；陈春声：《走向历史现场——"历史·田野丛书"总序》，陈春声：《地方故事与国家历史：韩江中下游地域的社会变迁》，生活·读书·新知三联书店，2021，第7~12、434~439页；刘志伟、孙歌：《在历史中寻找中国——关于区域史研究认识论的对话》，东方出版中心，2016；郑振满：《文化、历史与国家——历史学与人类学的对话》，郑振满：《明清福建家族组织与社会变迁》，中国人民大学出版社，2009，第235~268页；赵世瑜：《历史人类学的旨趣：一种实践的历史学》，北京师范大学出版社，2020。

史人类学的基本理念是把作为能动者的人当作历史的主体，以人的行为作为历史解释的逻辑出发点，而不是把国家等集体行为者作为历史主体。[1] 在研究方法上，重视民间文献与田野调查的结合，在实践上则一般表现为区域社会史研究成果。区域的界定与人的活动和认知相联系，区域是能动的人通过其行为建构且借由其认知表达的场域，区域社会文化秩序应理解为结构过程，变化与静止永无止境交织、流动，能被感觉、分析的某种空间结构也是历史或时间的过程。

布罗代尔关于地中海的研究被视为海洋史的开山之作，其对沿海人群活动的流动性和山海天然交换关系多有描述。[2] 随着区域史与海洋史的结合，对中国海洋人群活动、滨海社会发展特质的认识也越发明晰。杨国桢认为海上人群的内部组织关系错综复杂，海利关系远远高于血缘或地缘的关系，难以通过以陆上行政划分为基础的籍贯理解其内部组织结构。[3] 陈春声重新检视、高度提炼传统海上活动人群的特质，他强调：

> 传统海上活动人群缺乏类似土地所有权那样的自然财产法权，流动性强，以户籍为基础的地域认同意识较为淡薄；由于依靠海洋产品不足以自给，故其生活离不开交换和市场，是天然的"商业族群"；以船只为主体的生产资料所有必须以资本投入为前提，容易发展出融资机制；雇佣关系是使他们组织起

1　刘志伟、孙歌：《在历史中寻找中国——关于区域史研究认识论的对话》。

2　布罗代尔：《地中海与菲利普二世时代的地中海世界》第一部分"环境的作用"，唐家龙等译，商务印书馆，2013，第192页。

3　杨国桢：《籍贯分群还是海域分群——虚构的明末泉州三邑帮海商》，福建省炎黄文化研究会、中国人民政治协商会议泉州市委员会编《闽南文化研究》，海峡文艺出版社，2004，第438~439页。

来的最重要的社会关系。[1]

他们揭示的这些海洋人群活动特质，提示我们去思考以这样的生计模式和人群活动为基础的滨海社会组织样态和当王朝国家面对这一区域时可能如何确立其统治秩序。在这样的思考脉络下，本书以粤东闽南沿海地区为重点考察区域，结合滨海环境和人群生计的独特节律，重新梳理明清两个王朝统治秩序在闽粤滨海地域的确立及演变过程，力求揭示传统滨海地域社会空间的塑造机制。

闽粤滨海地区靠山面海，北面是武夷山脉、南岭山地，东面、南面是开阔的海洋。陆地以山丘台地为主，有多条淡水注入海湾，形成大小不一的三角洲。海岸线曲折，港汊众多，岛屿星罗棋布。在海陆互动的环境下，滨海人群的生计方式呈现出多样组合的状态。依托滨海自然环境、获取渔盐之利是他们的基本生计来源。但一方面单靠渔盐不足以满足生存之需，另一方面因获取渔盐资源有地域限制，内陆人群对这两类资源有持续需求，所以渔盐的商品属性明显，渔民、盐民与商业交换存在天然的纽带。开放的海洋与漂泊不定的船只赋予了滨海人群高度的流动性，从事沿岸各地间的货物运输、贸易是滨海人群的另一重要生计模式。但是，人类获取资源的办法当然不仅仅是和平交换，暴力掠夺可能才是更古老的方式。王朝国家的强制汲取和治安以军队为后盾，而采取同样手段的其他社会集团则被贴上豪强、海盗的标签。对滨海人群来说，捕鱼、制盐、运输、经商、归附从戎、入海为盗均是可能的生计方式

1　陈春声于 2003 年后陆续在多个学术场合提及相关理念。2009 年 3 月 21~22 日在厦门大学举行的"庆贺杨国桢教授治史五十年暨清史道光朝传记纂修研讨会"上，陈春声以《日常生活与传统海洋经济》为题提交论文摘要，并在致辞中正式发表该观点。具体文字可参见陈春声的序，见谢湜《山海故人：明清浙江的海疆历史与海岛社会》，北京师范大学出版社，2020，第 5~12 页。

选择，并且这些选择不是非此即彼，兼业乃是常态。滨海地域首先是这样一群人的生活空间。

从王朝国家角度来看，滨海地域及人群具有双重意味。一方面，在传统社会的技术条件下，辽阔的海洋几乎是法外之地的同义语，沿海治安好坏是关系王朝统治稳固与否的重要一环；另一方面，鱼盐等独特的海洋物产以及海运、商贸潜力对王朝资源调拨体系的运转至关重要，海上贡道还关系到朝贡体系、天朝礼治秩序的构建。盐是传统时期为数不多只需很少数量就可以控制广大人口生存、关系经济命脉的资源类型，很早就被王朝国家垄断起来，作为国家牟利或调动商人力量为贡赋经济体系运转服务的手段。而滨海人群驾驭舟楫的特长和结成的民间组织也被用来为国家海运服务，代表国家对海外贸易管理榷税，甚至直接经营的人其实往往与经验丰富的海商集团有极为紧密的联系。但不论是渔盐生产、海运还是贸易的管理承包者，其活动又往往越过政治决策者限定的框架，而被国家视为违法或叛乱。

闽粤滨海地区虽早在秦汉时期已被纳入疆域版图，但朝廷往往只能管理若干重要城市或交通线，更广阔的区域并不在其实际掌控之下。[1] 宋元以来，海洋利源在王朝财政中所占比例日益加重，国家越发重视对滨海人群的管理和资源汲取。王朝国家与滨海生民打交道的形式多种多样，最重要的是通过户籍系统进行身份认定、人员控制，这也是每个王朝确立统治秩序的基础。[2] 而王朝建立秩序的操作及在此过程中面临的问题，恰好能透露出滨海社会原本的自主性运作。

传统王朝国家种种管理制度，多是针对定居农耕人群而设，明

1　科大卫:《皇帝和祖宗：华南的国家与宗族》，卜永坚译，江苏人民出版社，2009。

2　王毓铨:《“民数”与汉代封建政权》，《王毓铨史论集》（上），中华书局，2005，第311 ~ 345 页。

朝初年户籍赋役体制"画地为牢"的特点尤为明显，显然与滨海社会内在组织、运作逻辑方枘圆凿，其结果就是王朝国家对海洋的管理无法有效落地、长期维持。滨海地域多种力量在特定生态环境、生计方式的约束条件下，在王朝典制张设的制度空间中，通过多种形式、层次的冲突、博弈、妥协、共谋来塑造自己的生活，同时也使滨海社会结构、国家秩序逐渐改变。边海之地的疏离感逐渐消解。此处笔者借用了"疏离"一词来描述基于天然的空间距离和生活形态的差异，滨海之民在日常生活中不一定自觉但自主存在的心理和行为模式特点。当然，疏离感是会不断消解的，社会整合的核心力量包含政治、经济、文化、宗教等多重因素，在本书所描述的明清闽粤滨海社会发展进程中，天然的疏离感不断被替代，正统文化认同不断加强。因应于自然环境、生计方式（技术约束）、人群组织与交往关系，王朝之制与民间之俗乃至观念共同构成的社会秩序不断更新再造，这个过程既改变着王朝制度，也改变着民间自发、自主秩序。国家秩序正是通过各种在地力量的能动性表达出来的。[1]

　　基于这样的认识，笔者选择"生计（方式）"和"制度（演变）"作为关键词来搭建自己认识明清闽粤滨海地域社会变迁的框架。本书从明初在沿海地区设置的一系列人户和资源管理制度及机构（州县、卫所、盐场、河泊所）切入，尝试分析面对沿海多元的生计方式和社会组织，明清两朝统治秩序在闽粤沿海地区的确立及其后续演变过程。

　　本书将明代沿海卫所军事机构的设置作为开篇。朱元璋政权创建之初，军队是其仰仗的重要力量，准军事化管理在明初地方政权的巩固、行政机构的设立和运行，以及户籍赋役制度的推行

1　这些认识逻辑直接得益于与刘志伟和申斌的长期讨论。

等方面起到重要作用。例如沿海河泊所设立之初，渔户的佥点、渔课额的确定等，都需要卫所军校的参与和督办。但是军队的兵源和军需供给是一大问题。在明初的制度设计中，作为沿海防御、治安的核心，沿海卫所很大程度上依赖附近州县来运转。本书对卫所人户管理和卫学等制度发展及影响进行了较为详细的梳理、考证，揭示卫所内人员身份从在营军士到卫所军户的转变过程和相应管理制度的变迁。同时尝试将卫所和卫所军户置于具体地方社会当中，通过考察同处一片海域的潮州大城所和漳州铜山所这两个个案，分析明清沿海军事体系转变过程中，卫所角色及其与地方社会关系的变化。这两个案例既显示了明代卫所城池从驻军兵营到居民聚落的整体演变趋势，又说明处于相邻区域的军户人群、卫所堡垒等可能因为所处地域空间、所能利用的卫学等制度性资源的差异而呈现出迥然不同的演进轨迹，解释了今天两地聚落格局和人群认同的差异。[1]

渔业、盐业作为最基本的滨海生计方式，在明清时期经历了一系列重要的技术革新、资源争夺和重新分配，滨海人群的生产和生活组织结构也发生重大转变，并与明清王朝在东南沿海地区的军政变局存在密切关联。但相对于内陆定居、农耕社会，以往

---

[1]　关于明代卫所、军户研究的进展，参见张金奎《二十年来明代军制研究回顾》，《中国史研究动态》2002 年第 10 期；邓庆平《明清卫所制度研究述评》，《中国史研究动态》2008 年第 4 期；彭勇《学术分野与方法整合：近三十年中国大陆明代卫所制度研究评述》，《中国史学》第 24 卷，日本朋友书店，2014。最新的综合性成果参见 Szonyi M., Zhao S., *The Chinese Empire in Local Society: Ming Military Institutions and Their Legacies* (London: Routledge, 2020)。关于明代卫所军户制度，以于志嘉、张金奎的研究最为精深。沿海卫所是滨海社会的重要组成部分，郑振满多次在演讲中论及沿海卫所地方化，在其影响下，宋怡明、林昌丈、郑榕、谢湜、杨培娜、宫凌海等做了更具体、深入的论述。李新峰则指出沿海卫所是插花于既有州县的公署而非政区，毛亦可分析了清代卫所归并州县的过程。关于明清闽粤海防制度变化，黄中青、卢建一、陈贤波、张建雄都做了详细研究。具体讨论详见正文相关部分。

关于盐场、灶户、渔业、渔民的研究较少，对渔的忽略更甚于盐。近几年关于滨海盐场研究推进明显，[1] 但对滨海渔业社会的讨论仍显不足，[2] 二者之间的联合与分离也仍有探索的空间。

渔盐之利在史料中常合称并举，渔业、盐业的生产都高度受制于自然资源禀赋，但海盐业生产场所相对固定，而海洋渔业则多种作业形态并存，有近岸定置渔业，但更多作业需逐渔汛航行、捕捞、售卖，二者生产技术、组织方式都存在很大差异。这就决定了王朝国家基本可以用针对定居农耕人群的编户齐民体制来管理盐民、盐业，而很难用其来管理渔民、渔业，尤其是滨海渔民、海洋渔业。渔盐生产同为滨海人群的生计选择，渔民、盐民同处一个空间，彼此密切相依，但内在生产、生活规律和外在王朝管理方式则遵循不同的逻辑。

海盐的规模性生产从根本上说取决于海水咸度、制盐技术。滨海荡地开发导致的滨线外移以及海水环境变化，如咸淡水分界线外移、海水咸度高低等，会带来盐区转移。明代以降，闽粤海盐生产

1　关于沿海盐场社会的研究，中山大学黄国信教授及其带领的团队取得了引人瞩目的突破性进展，在制度史、经济史和技术史上都达到很高水准（倪玉平：《评〈国家与市场：明清食盐贸易研究〉》，《盐业史研究》2020 年第 4 期，第 76 页）。叶锦花、李晓龙、段雪玉、徐靖婕等分别围绕福建、广东和两淮盐场制度与社会演变开展博士学位论文写作和后续研究工作，成果斐然，相关内容详见正文讨论。此外，蒋宏达以杭州湾南岸盐场为重点探讨盐场灶户制度对地权格局形成的诸多影响的研究，富有启发（蒋宏达：《子母传沙：明清时期杭州湾南岸的盐场社会与地权格局》，上海社会科学院出版社，2021）。有关盐业史研究的学术史总结，可参看何亚莉《二十世纪中国古代盐业史研究综述》，《盐业史研究》2004 年第 2 期；戚文闯《21 世纪以来清代盐业史研究述评》，《扬州大学学报》2018 年第 5 期；等等。

2　关于渔业、渔民研究的进展，参见叶君剑《中国渔业史研究：学术史回顾与思考》，《浙江大学学报》2020 年第 5 期。欧阳宗书、曾品沧、邱仲麟、白斌研究了海洋渔业经济、渔民社会与渔业政策，穆盛博、李玉尚、陈亮、王涛从生态环境史角度考察了海洋渔业，尹玲玲、梁洪生、冯贤亮、徐斌、刘诗古考察了明清渔业制度、内陆河湖渔民社会。具体讨论详见正文相关部分。

中晒盐法得到推广，逐渐取代了煎盐法。这一制盐技术变化给滨海社会造成重要影响，不但使生产场所增多、场课征收对象从人丁变为埕塭、生产组织及赋役组织改变，更重要的是提供了水上人定居上岸的新生计方式，进而形成新的聚落。与此同时，随着盐政制度改革，灶户户籍逐渐不再与直接盐业生产者绑定，灶户群体发生分化，一方面生产中的雇佣关系日趋发达，另一方面某些灶户家族崛起为仕宦豪族。

滨海渔民船居浮荡，追逐渔汛，流动性极高，与画地为牢的明初体制最难相容，因此，迁移陆地定居管理模式管辖渔民的河泊所也最先难以维持。明正统年间闽粤地区已有一批河泊所因为渔户逃绝而裁革，地方官府力图通过多种形式补足渔课额。嘉万年间，滨海豪强大族通过承领渔课获得官府对其圈占近岸滩涂利权的承认。近海利权的垄断化迫使穷渔贫疍或上岸，或转向深海作业，但无论哪种都难脱与滨海豪强结成某种依附或雇佣关系。深海渔业作业所需船只大、劳力多、出海远、时间长，生产过程中需要结成具备严格指挥关系的组织单位，背后需要大量资本投入。这些富有战斗力的集团成为沿海地方军事化的基础，可能为"盗"，也可能成为官府招募的渔兵，在明清鼎革之际发挥了重要作用。清康熙开海后，商渔分离，无恒产的贫苦渔民被朝廷视为滨海治安的不稳定因素。在借鉴晚明东南沿海地方官府行政经验基础上，清廷专门针对渔船、渔民管理制定了一系列相互配合的管理制度，以实现税收、治安等目标。

本书的研究建立在明清闽粤区域社会经济史长期深厚的学术积累之上，同时受到水域史、海岛史等研究的启发。20 世纪 80 年代以来，明清闽粤区域史的研究成果质优量多，且注重将海外贸易、海商、海防、沙田等海洋因素与地方社会变迁结合论述，为我们理解闽粤滨海社会变局奠定了坚实基础。¹ 船居浮荡的水上人既具有很多共性，又因内陆河湖、近岸河口海域和深水外洋等主要活动水域不同而呈现出差异性，对内陆河湖水上人（疍民）、水域史的研究为滨海社会研究提供了很大借鉴与启发。² 海洋活动并不能完全脱离陆地独立存在，除了大陆的海岸地带，海岛也是海上活动人群的重要落脚点之一。而在朝廷看来，这些海岛无异于贼巢盗窟。明代后期国家开始在某些近海海岛上设置军政机构作为水师驻地，伴随着东南沿海军事形势变迁，清朝对海岛、岛民的管理政策也几经更迭，最终走向内地化治理。³

由于文字记载背后权力关系与知识框架的限制，我们在田野调查中看到的大量沿海人群在文献史料中常常是缺位的，偶尔留下的痕迹也是通过一套陆地国家话语表达出来。如何通过细密地解读史料追寻匿名的大多数，是一个重要的方法论问题。陈春声、刘志伟等通过对海洋人群的籍贯、终局等相关文献记载的剖析，揭示了记载混乱这一现象所反映出的海洋人群特质，为我们提供

1　闽粤区域社会经济史以厦门大学、中山大学、暨南大学、广东省社会科学院、福建省社会科学院、华南农大、华南师大、福建师大等为研究重镇，相关优秀成果汗牛充栋，难以一一列举。相关内容详见正文讨论。具体到本书集中讨论的闽南粤东（漳州潮州）滨海地区，陈博翼的最新研究则是将这一地区置于中外力量碰撞视野下加以审视，以"地方或区域秩序自在"为核心，从不同层级的视角揭示南海东北隅历史空间、人群活动、历史话语和记录的潜在逻辑。参见陈博翼《限隔山海：16~17世纪南海东北隅海陆秩序》，江西高校出版社，2019。

2　关于水上人（疍民）研究进展，参见黄向春《从疍民研究看中国民族史与族群研究的百年探索》，《广西民族研究》2008年第4期。最新的代表性成果是贺喜、科大卫主编《浮生：水上人的历史人类学研究》（中西书局，2021）和赵世瑜著《猛将还乡：洞庭东山的新江南史》（社会科学文献出版社，2022）。

3　参见王潞《清前期的岛民管理》，人民出版社，2016；谢湜《山海故人：明清浙江的海疆历史与海岛社会》。

了范例。[1] 笔者将这一方法称为逆读史料，即在充分理解文献资料字面意思、作者撰写意图和史料文类特点与形成机制的前提下，结合田野经验和自己的关注，解读文献史料中真实蕴含的但非作者主观上打算表达的信息，抑或因为文本制度、格式而被扭曲表达的信息。

明代中期以来中国历史呈现的种种面相，皆与东南沿海地区社会经济变化有密切关联。陈寅恪先生在《柳如是别传》中曾这样概括其历史重要性："自飞黄、大木父子之后，闽海东南之地，至今三百余年，虽累经人事之迁易，然实以一隅系全国之轻重。治史之君子，溯源追始，究世变之所由，不可不于此点注意及之也。"[2] 本书以闽南粤东海陆交界地带为核心研究区域，同时辐射闽粤两省其他沿海府州县。原因有二：其一，明清时期若干重要的制度规范多以一省范围来制定和推行；其二，明清东南滨海地域的生态环境、人群的日常生活与交流，以及官民互动过程中有很多共通性的问题，明清地方官员们也逐渐形成一系列基于东南滨海社会的行政治理经验和处置策略。在施坚雅的宏观区系理论中即将浙江东南部一直向南延伸至广东东部潮州地区视为所谓"东南沿海大地域"，其中又有众多"小地域"存在。故而本书在写作过程中观照面会覆盖且不限于漳潮滨海地域。

1　陈春声：《16世纪闽粤交界地域海上活动人群的特质——以吴平的研究为中心》，《海洋史研究》第1辑，社会科学文献出版社，2010，第129~152页；陈春声：《身份认定与籍贯问题——以明清之际金门及邻近海域"海盗"的研究为中心》，《中国社会史研究的理论与方法》，北京大学出版社，2011，第79~94页；萧凤霞、刘志伟：《宗族、市场、盗寇与蛋民——明以后珠江三角洲的族群与社会》，《中国社会经济史研究》2004年第3期；刘志伟：《地域社会研究的海洋视角——从地缘社会中寻找流动的历史》，陈春声、郑振满主编《涛声回荡——杨国桢先生八十华诞纪念文集》，社会科学文献出版社，2020，第341~358页。

2　陈寅恪：《柳如是别传》中册，上海古籍出版社，1980，第727页。

　　本书以时序结构围绕生计方式和制度演变讲述明清闽粤滨海社会秩序的变迁。全书共八个部分。

　　绪论说明本书研究所处之学术脉络、研究主旨并概述思路。

　　第一章简述明初闽粤滨海地区被纳入明王朝政治版图及包括卫所、州县、盐场、河泊所在内的多重管理架构的建立，重点考证作为全书讨论卫所角色演变的制度性基础——卫所人户管理体制的形成过程，结合闽粤滨海地区的社会经济形态，揭示明代前期沿海卫所与地方州县系统之间相互依存的关系。

　　第二、三章主要勾勒闽粤滨海社会经济、军事及文化的重大转变，重点分析渔盐生产与海外贸易等出现的技术、税收和组织变化及其影响。在此过程中，作为海防核心的沿海卫所可能成为官私贸易的结合点，日渐民居化使得所城城堡成为乡村军事化过程中军户与周边村落进一步相互区隔或融合的社会空间。卫所军事色彩的逐渐褪去直接导致了澳甲、渔兵等军事力量的兴起。"漳潮"成为明代中后期官府与士人眼中的"盗贼渊薮"；同时，新政区逐渐填满原有行政力量的"隙地"，包括卫学在内的文教功能使包含卫所人户在内的地方上各色人群努力书写乡志国史，闽粤滨海的政治疏离感逐渐被消解。

　　第四章是全书所述自明而清的转折，描述明清鼎革之际闽粤沿海地区所出现的纷繁复杂局势，特别关注作为清廷的支持者——粤东三总兵与郑氏集团在漳潮沿海的拉锯战，讨论掩映在王朝"正统"之战下的濒海利益之争。

　　第五、六章描述清代前中期闽粤沿海兵防体系的调整和裁斥卫所的影响，重点梳理清王朝针对海洋船只所制定的一系列旨在维护治安和增加税收的管理制度，并以新定渔业用盐管理制度的出台和施行为例，探究政策和措施背后可能存在的政治人事纠葛和观念差别，分析制度实施困境与官民妥协下的灵活应对策略，理解王朝制度在滨海社会的运行实态。王朝之制与民间之俗共同促成社会秩序不断更新再造，文中分别以大城所、铜山所和柘林乡为例，探讨在清代以后闽粤滨海乡村聚落的组织样态。

　　结论对全书进行提炼，从"垄断－依附"社会结构和政治疏离感逐渐消解认识明清闽粤滨海社会秩序的演变历程。

第一章 明前期闽粤沿海泛军事化管理
与编户体制的建立

　　福建、广东地处亚洲大陆东南部，背靠大陆腹地，面临太平洋。陆地以山丘台地为主，大部分山脉呈北东—南西走向，且与海岸线大致平行。有多条淡水注入海湾。海岸线曲折，以波浪和沿岸流为主要动力形成大小不一的三角洲，汊道纵横、相互贯通，滨岸多沼泽，陆不成片，海上岛丘类型众多，既有构造复杂的大陆岛，也有构造单一的珊瑚岛、沙岛等。沿海多天然良港，渔业资源丰富，多鱼类栖息、繁殖的优良场所。[1] 东北风、北风（农历十月至第二年三月）与南风、东南风（农历四月至九月）规律交替，近岸洋

1　赵济、陈传康主编《中国地理》，高等教育出版社，1999，第 515~523 页；邹逸麟、张修桂主编《中国历史自然地理》，科学出版社，2013，第 605~647 页。

流和外海黑潮则形成某种无形的边界。[1]滨海地域是一套复杂的自然和社会生态系统，是包含多样生计人群的活动空间，有独特的生产生活节律。渔业、盐业、贸易、运输是古老的倚海维生手段。在有陆上淡水冲注之地，泥沙沉积、海潮顶托加之人工围垦，新生土地逐渐增加，种植业得以发展。农、渔、盐之间存在天然的交换，且随着造船、航海技术和知识的增加，贸易的辐射面越来越大，近岸航行、岛际交换乃至深海直航都成为可能。

　　这是在中原王朝看来僻处海隅的边陲之地，"涨海连天，毒雾瘴氛，日夕发作"。[2]闽粤界邻之地含混难分。唐代之前，此区域分属泉州与潮州，界线模糊，唐垂拱二年（686）分潮、泉二州地立漳州之后，交界地带仍然时闽时粤。宋代以后，朝廷对东南沿海的重视达到前所未有的程度。重要交通线上，有驿铺系统维系官吏、公文的往来。南宋朝廷与广东东部的文书即由原来需自江西入广州再转潮州，改为从福建路入潮。[3]闽南入粤东有上、下二路，漳惠潮下路沿海一线"路远驿疏，行人无所依托"，往往"随铺立庵，命僧主之，以待过客"。[4]富有地域特色的庵驿成为闽南粤东维持与朝廷信息沟通甚至人员往来的"神经末梢"。[5]市舶、盐利在政府财政中所占比例日重，市舶以重要港口城市为据点实施海上贸易管理，[6]沿

1　吉尾宽：《东亚海域世界史中的海洋环境》，陈轩译，复旦大学文史研究院编《世界史中的东亚海域》，中华书局，2011，第48页。

2　韩愈：《潮州刺史谢上表》，《韩昌黎文集校注》，上海古籍出版社，2014，第690页。

3　徐松辑《宋会要辑稿》方域一一之三八，刘琳等点校，上海古籍出版社，2014，第9509页。

4　正德《漳州府志》卷30《兵纪·驿传》，厦门大学出版社，2012年影印本，第1845页。

5　曹家齐：《从驿庵看宋代岭南的陆路交通建置》，《广州文博（拾肆）》，文物出版社，2021，第198~200页。

6　陈高华、陈尚胜：《中国海外交通史》，文津出版社，1997，第111~133页。参与海外贸易之舶商船主多为"权豪富户"，一般民众则可为大海商之雇工、家仆或水手。参见喻常森《元代官本船海外贸易制度》，《海交史研究》1991年第2期，第98页。

海盐场设立后其运作多以本地势豪为依托。[1] 盐场之外还有更多"自营"盐业生产，一旦与官盐利益发生冲突，官府往往以"私盐"之罪名加以惩治，[2] 然而也往往反制于人。如宋庆元三年（1197）政府严禁私盐之举引发广东海岛大奚山暴动，元至元二十年（1283）因设广东盐课提举司"广寇黎德弄兵，聚致千艘，所过州县倾动"。[3] 疏阔的边海地带与县治、府治相距甚远，为了缉捕盗贼、巡查私盐时有水军、巡检寨之设，[4] 然而"兵戍孤远，久亦生事"，故兴废无常。[5] 朝廷对闽粤滨海地区的统治更多是点一线而远未达到面的程度。

　　濒海之民依水而生，舟船是其生业的主要依赖。宋代曾多次征调东南沿海人户舟船，无奈这些"海夷卢亭"逐潮往来，随时移徙，难隶州县。[6] 上岸、入海、浮海都可能是其基本的生活状态。[7] 在与中央王朝的巨大空间距离和生活形态差异下，滨海民众的"疏离"状态明显。宋末元初，南宋君臣渡海南行，这大概是边海人群

1　刘志伟：《从乡豪历史到士人记忆——由黄佐〈自叙先世行状〉看明代地方势力的转变》，《历史研究》2006 年第 6 期；李晓龙：《宋元时期华南的盐政运作与区域社会——以东莞盐场地区为中心》，《四川理工学院学报》2013 年第 1 期；李晓龙：《承旧启新：洪武年间广东盐课提举司盐场制度的建立》，《中国经济史研究》2016 年第 3 期，第 105 页；叶锦花：《洪武至宣德年间福建盐政运作与食盐产销秩序》，《中国经济史研究》2019 年第 5 期，第 169 页；等等。

2　段雪玉：《宋元以降华南盐场社会变迁初探——以香山盐场为例》，《中国社会经济史研究》2012 年第 1 期，第 22 页。

3　张伯淳：《嘉兴路总管府推官刘君先茔碑》，张伯淳：《养蒙文集》卷 4，《景印文渊阁四库全书》第 1194 册，台北：台湾商务印书馆，1986 年影印本，第 460 页。

4　关于宋代巡检的职能，可参见赵冬梅《试论宋代地方治安维护体系中的巡检》，《唐宋历史评论》第 3 辑，社会科学文献出版社，2017，第 189~210 页。

5　大德《南海志》卷 6，《宋元方志丛刊》第 8 册，中华书局，1999，第 8422 页。

6　陈鹏、林蔚文：《中国古代东南沿海水上居民略论》，《海交史研究》1991 年第 2 期；黄纯艳：《宋代船舶与南方民众的日常生计》，《中国社会经济史研究》2016 年第 2 期。

7　鲁西奇反思文献中所记滨海人群的入籍记载，指出相对于真实之历史场景而言，文献记载所折射者只是极小的部分，官府在滨海人群移动前后难有有效的控制，只有出现大规模变乱才偶然记载。参见鲁西奇《中古时代滨海地域的"水上人群"》，《历史研究》2015 年第 3 期，第 74~77 页。

难得的跟皇室、朝廷直接建立起联系的大事，闽粤沿海各地有许多关于宋帝、杨太后活动的传说，还有不同版本的宋室公主与地方勤王郡马（或驸马）的故事，[1] 这些故事往往构成滨海家族移民入籍和资源掌控的重要元素。[2]

　　元末，漳潮同属陈友定势力范围，沿海地区既存在诸多势豪集团，也存在大量流动性人群。明朝征服闽粤沿海地区后，依托军队建立起多重籍役与机构叠架的管理体系，尝试把所谓"无籍之徒"纳入王朝编户管理秩序之中。各类机构的设置和运作高度依赖卫所军队系统，例如沿海河泊所建立过程中，卫所官军参与佥定渔户、确定渔课米额数，可看作明政权初建时地方准军事化管理的常态。明朝通过抽丁、垛集等方式，充实卫所和水寨，不论从军源还是供给看，闽粤沿海卫所与州县是相互依存而非彼此独立的关系。作为明王朝统治象征的卫所城池挤占、耸立在海滨零散村落之中，承担防御及维持海禁的功能，划分军、民、盗的界限。本章主要梳理明初闽粤沿海被纳入明王朝版图的军事进程以及沿海卫所和其他濒海行政管理机构如盐场、河泊所的设立，厘清明代卫所人户管理制度的形成过程，结合闽粤交界沿海地区的社会经济形态，讨论明代前期沿海卫所系统与闽粤滨海地方社会之间的关系。

1　颜立水：《宋帝昺流经同安的地名传说》，中国人民政治协商会议福建省同安县委员会文史资料工作组编《同安文史资料》第 1 辑，1982；连心豪：《闽南粤东有关宋末民间传说及其信仰习俗》，《海交史研究》2016 年第 1 期，第 27~37 页；等等。

2　科大卫：《皇帝和祖宗：华南的国家与宗族》，第 83 页。

第一节　明初闽粤沿海地区的归附

　　相较于江南、江西地区，东南沿海之福建、广东纳入明王朝版图的时间相对较晚。在汤和、廖永忠等人攻克福建、广东以前，东南滨海各路豪杰各显神通，争夺地盘。至正二十三年（1363），元廷升何真为江西行省左丞，治广州，[1] 潮州莲花山以西包括惠州、广州等地均属何真的势力范围。第二年，元朝委陈友定为福建行省平章政事，开府于延平，而福建南端的漳州则为罗良所据。随后，罗良乘江西陈友谅和福建陈友定两大势力为争夺潮州僵持不下之时，将潮州纳入势力范围。至正二十五年（1365），元廷命罗良为福建行省右丞兼广东道宣慰使都元帅，控扼漳潮。是年，陈友谅为朱元璋所败，陈友定乃奏表请元廷委任其幕府王翰为潮州路总管，杀罗良，[2] 于是福建诸路及广东潮州皆为陈友定所辖。[3] 如此，陈友定、何真据有当时闽粤地区重要的行政中心和交通要塞，并得到了元统治者的承认。他们以此为旗帜，在地方上收伏其他大小头目，进一步扩充势力。[4]

　　至正二十七年（1367）即吴元年十二月，朱元璋军南下，兵分

1　嘉靖《广东通志》卷 59《列传·何真》，广东省地方史志办公室，1997 年影印本，第 1494 页。

2　吴海：《闻过斋集》卷 5《友石山人墓志铭》，《景印文渊阁四库全书》第 1217 册，第 219 页；嘉靖《龙溪县志》卷 8《人物》，《天一阁藏明代方志选刊》，上海古籍出版社，1982 年影印本，第 50 页 a。

3　弘治《八闽通志》卷 1《地理》，《北京图书馆古籍珍本丛刊》第 33 册，书目文献出版社，1988 年影印本，第 4 页。

4　何真在珠三角地区的扩张就是一例。关于何真在元末的活动及收编珠三角地区土豪的情况，参见刘志伟《从乡豪历史到士人记忆——由黄佐〈自叙先世行状〉看明代地方势力的转变》，《历史研究》2006 年第 6 期。

两路攻取福建，一从江西过杉关，进攻陈友定所在之延平，取福建山区上四州；一派汤和、廖永忠从海路攻克福州，取福建沿海下四州。攻下福州后，汤和派遣"袁仁暨员外余善招谕兴化、漳、泉诸路，其福宁等州县之未附者，分兵徇略之"。[1] 洪武元年（1368）正月丙子，兴化州守土者请降。二十五天后，陈友定被俘。[2] 二月，漳州、泉州也相继降附，《明太祖实录》中如此记载：

> （洪武元年二月壬寅）征南将军汤和遣使传檄至漳州，元达鲁花赤迭里迷实具服焚香，北面再拜，持斧折所印章，引刀自刭而死。总制陈马儿以城降，和命指挥李执中往守之。……（癸卯）征南将军胡廷美遣建宁降将曹复畴招谕汀州及宁化、连城等县，元汀州路守将陈国珍纳款，泉州郡县相继降附。[3]

在明军大举拿下福建诸路之时，紧邻福建漳州，在元末同为陈友定势力范围的潮州，也在同一时段内归附。关于潮州的归附时间，《明实录》未载，成书于洪武到永乐年间的《潮州图经志》[4] 如此记录潮州的归附始末：

> 潮自至正壬辰下岭海寇起，与山峒徭僚相扇攻破潮、揭二县。人民依险防守自保，豪强各据其县十有余年。后有江西、福建两陈氏攻杀不一。丁未冬，大兵下七闽，潮之守土者往泉

1　《明太祖实录》卷 28，吴元年十二月庚午。《明实录》，台北：中研院历史语言研究所，1962 年校印本。本书所引皆为此版本，以下不再一一注出。

2　《明太祖实录》卷 29，洪武元年正月庚子。

3　《明太祖实录》卷 30，洪武元年二月壬寅、癸卯。

4　据杨宝霖先生考证，该书成于永乐元年至永乐五年之间。参见杨宝霖《已佚的潮州古方志考》，《潮学研究》第 7 辑，花城出版社，1999，第 14 页。

州，迎大兵纳款。洪武元年三月，朝廷始调兵守御，潮民得以安其生矣。[1]

至正丁未，即至正二十七年。此书记载潮州归附时间在至正二十七年冬，而其他地方志则多系于洪武元年。如顺治《潮州府志》所记：

> 明太祖洪武元年春二月，命廖永忠为征南将军，以朱亮祖为副帅，舟师由闽入，潮州归附最先云。[2]

考虑到朱元璋军南下攻略的速度，以及元末漳潮同属陈友定的情况，则潮州之降应在漳州归附之后。此外，据时人所记，元代潮州最后一任总管王翰，"遭世变更，浮海抵交占，不果，屏居永福山中，为黄冠服十年，号友石山人"。[3] 王翰原为陈友定幕友，在元明世变之后打算从海道去交阯占城，没有成功，于是隐居福建永福山中，后在洪武年间因不愿辟举自刎而死，留有《友石山人遗稿》，收于《四库全书》当中。从《遗稿》所录诗文判断，王翰虽后来弃官，但其任职至少延续至漳州归降之后：书内收有《挽迭漳州》一诗，此外还有不少诗文反映了其对朱元璋军逼近的焦虑之情。王翰本有与元朝共存亡的志气，只是后来考虑到"宗嗣如丝"、尚且无子，死虽为忠臣，绝宗亦可耻而作罢。[4] 如此，当可肯定，潮州归附

1　《永乐大典》卷5343《潮州府一·归顺始末》引《潮州图经志》，中华书局，1986，第2450页下。

2　顺治《潮州府志》卷7《兵事部》，潮州市地方志办公室，2003年影印本，第252页。

3　吴海：《闻过斋集》卷5《友石山人墓志铭》，第219页。

4　王翰：《友石山人遗稿》之《挽迭漳州》《自决》，《景印文渊阁四库全书》第1217册，第134页。

应是在洪武元年二月，而明初《潮州图经志》编撰时，可能是将朱元璋派军南下福建广东的时间与各地归附时间混淆了。

洪武元年三月壬辰，"征南将军廖永忠舟师至潮州，何真遣其都事刘克佐诣军门，上其印章并所部图籍"。[1] 所谓图籍，即何真"所部郡县户口、兵马、钱粮"。至此，何真归附，明军"兵不刃血，而梅、循、惠等州悉平"。[2] 廖永忠等在潮州停留约一个半月时间，于四月中旬离开潮州前往广州，"何真往迎"。[3] 至是，福、广沿海都被纳入明王朝版图。

朱元璋发迹于郭子兴军中，后在滁州立下根据地，早年转战各地，其军伍除招降归附外，就是"从征"或"从军"。甲辰年（1364）设立十七卫亲军指挥使司，此后又随战事不断添设，军伍来源越发多样。[4] 在明王朝政治版图扩张过程中，朱元璋的卫所军队担负着攻城略地和守卫战果的重任。福建、广东归附之后，军队首先进驻州县，设立卫所以巩固城池。在此过程中，因为福建、广东归降先后有差，往往出现已设卫所军士随军事发展频繁调戍的现象。以福建兴化卫为例。实录中载：

> （洪武元年正月丙子）元兴化州守将叶万户、俞院判闻福州不守，遂遁去，耆民李子成率众诣福州征南将军汤和请降。和遣指挥俞良辅守之，于是莆田等十三县相继降附，和遂移师

1　《明太祖实录》卷31，洪武元年三月壬辰。

2　郭子章：《潮中杂纪》卷2《国初潮州归附》，潮州市地方志办公室，2003 年影印本，第12 页。

3　《明太祖实录》卷31，洪武元年四月辛丑。

4　关于明代卫军来源的名色，目前学界一般认为可分成：从征、归附、谪发、垛集和抽丁等。参见王毓铨《明代的军户》，《历史研究》1959 年第8 期；于志嘉《明代军户世袭制度》，台北：台湾学生书局，1987，第2~26 页。

进攻延平。[1]

　　兴化归附后，汤和派俞良辅驻守当地，俞良辅与另外一名指挥卢镇"欲固地方，请立卫，从之"。[2]而当在福建的据点相对稳定之后，明朝大军继续南下，原属兴化卫的部分卫军在俞良辅的率领下一并进军广东。洪武元年三月，大军进驻广东最早归降的潮州地区，以潮州城内元总管府为衙署设立"兴化卫指挥分司"。[3]从名称我们就可以判断其跟俞良辅所率领的兴化卫军必有直接承继的关系，广东潮州卫（洪武二年改名）最初的军伍可能主要就是俞良辅带来的北地军士。

　　明军每攻下一地，就会招纳降兵为军，或可称为新的"归附军"。崇祯《东莞县志》对明初在当地实行的几次大规模籍军活动有详细记载，中有"归附军"一条：

　　　　归附军：洪武元年，广东归附后，平章廖永忠收。[4]

廖永忠入广州后即诏谕各州县，海南亦归附，故于五月班师，并送何真到京师。[5]文献中没有记载那些新收的归附军是充入地方卫所，还是随同廖永忠和何真前往京师、充实南京等地军卫。[6]不过，根据

1　《明太祖实录》卷 29，洪武元年正月丙子。
2　弘治《兴化府志》卷 48《兵政志》，同治十年刻本，第 12 页 a。
3　嘉靖《广东通志》卷 31《政事四·兵防》，第 759 页；嘉靖《潮州府志》卷 2《建置志》，潮州市地方志办公室，2003 年影印本，第 28 页。
4　崇祯《东莞县志》卷 3《兵防》，东莞市人民政府办公室，1995 年重排本，第 345 页。
5　嘉靖《广东通志》卷 49《列传六》，第 1229 页。
6　参见于志嘉《明代两京建都与卫所军户迁徙之关系》，《中央研究院历史语言研究所集刊》第 64 本第 1 分，1993，第 135~174 页；嘉靖《潮州府志》卷 2《建置志》，第 28 页。

刘志伟的研究，这批原隶属何真的新"归附军"被一道调往南京的可能性更大。[1] 所以，结合前述兴化卫与潮州卫的设立情况，我们或可稍作推测，即明初最早一批进驻福建、广东地方州县城池的卫所军士，应当是跟随廖永忠等人的南下之军。这批军士为确保新生政权在地方上的稳固起到了关键作用。

明朝大军每攻克地区中心州郡城池后，即以此为基地建立军卫组织，随后继续扩大战果。元末福建、广东地方群雄竞立，虽有陈友定、何真等大头目兼并，但地方上各大小寨堡依旧林立。朱元璋就说："福建诸郡已平，但小寨未下。"[2] 所以专门再派李文忠前往福建招谕。洪武元年十月明军攻下元都后，朱元璋下诏：

> 避兵人民，团结小寨，诏书到日并听各还本业，若有负固执迷者，罪在不原。[3]

作为明王朝在地方上的重要代表，到各小寨诏谕者，多为卫所官军。

以潮州为例。前引《潮州图经志》对元末潮州地区动乱这样描述：

> 潮自至正壬辰，下岭海寇起，与山峒、傜獠相扇攻破潮、揭二县，人民依险防守自保，豪强各据其县。[4]

1　刘志伟：《从乡豪历史到士人记忆——由黄佐〈自叙先世行状〉看明代地方势力的转变》，《历史研究》2006 年第 6 期。

2　《明太祖实录》卷 30，洪武元年二月己酉。

3　《明太祖实录》卷 35，洪武元年十月戊寅。

4　《永乐大典》卷 5343《潮州府一·归顺始末》引《潮州图经志》，第 2450 页下。

　　当时，潮州揭阳县城为土豪陈遂所据，[1] 境内还另有棉湖、梅塘等寨。潮阳县，原有四乡统十四团，"元末多为土人所据"，[2] 当地还有和平、荆陇、溪头等多处寨堡。

　　所以，当俞良辅在当地建立军事据点，恢复、调整了潮州府行政区划后，平定地方上的大小寨堡就成了潮州卫官军们的要务。顺治《潮州府志》中收录了潮阳郭真顺《上指挥俞良辅引》[3] 一文，并为郭氏作传，[4] 言元末大乱，郭氏同家人先避居乡寨，后寨中大乱，又避居溪头寨。当是时，"明太祖命指挥俞良辅南征，寨人尚未内附，兵且至，真顺上俞将军引一首，以明寨人无他志。良辅喜，下令释之勿兵"。[5] 考郭氏所上引文中有"将军开国之武臣……前年领兵下南粤"字句，则俞良辅诏谕潮阳诸寨的时间是在潮州卫设立之后。[6]

　　在招谕地方的过程中，属民间小寨者，令"民还本业"；原属元末军事势力旧部者，则另有安排。如对何真、陈友定在闽粤地区的残存旧部，明政府几经收集：

　　　　（洪武五年六月癸卯）参政何真收集广东所部旧卒三千五百六十人，发青州卫守御。[7]

　　　　（洪武六年三月戊午）以赖正孙为和阳卫指挥佥事。先是正孙收集陈友定旧将士八千人，诏以补和阳卫军伍。至是，以

1　雍正《揭阳县志》卷 3《兵防》，潮州市地方志办公室，2003 年影印本，第 146 页。

2　隆庆《潮阳县志》卷 6《舆地志·乡都》，潮州市地方志办公室，2005 年影印本，第 62 页。

3　顺治《潮州府志》卷 11《古今文章部》，第 311 页。

4　顺治《潮州府志》卷 6《人物部》，第 215~216 页。

5　顺治《潮州府志》卷 6《人物部》，第 216 页。

6　顺治《潮州府志》卷 11《古今文章部》，第 311 页。

7　《明太祖实录》卷 74，洪武五年六月癸卯。

正孙为指挥佥事，仍领之。[1]

（洪武）七年添置（海南卫）中、前、后三所，军三千名，随拨前后三所于儋、万二州守镇。先是，迁配者接踵而至，土寇陷儋州，指挥张荣建议立所以镇之，准奏，调福建赖正孙收集陈友定军三千，添置开镇。[2]

从上述材料来看，对于大量闽粤旧军，朱元璋采取的策略是让原将领招谕后收集入卫所军伍，然后大部分调戍至原籍以外地区。于志嘉认为明初收集军的征调原则仍是以军事置卫的需要为首先考虑，[3]但从将如此大规模的地方收集军调离原籍地区的举动，再结合何真等旧元地方势力的处境，则可以说明初对收集军的调派应当也有出于政治军事制衡的考量。

卫所军伍是明王朝扩张版图和稳固新生政权的重要保证。卫所军士在明初地方社会中的角色，除了军事职能之外，还包括参与、保证地方州县行政机构的调整和顺利运转，促成各种制度的落实等。首先，卫所对州县的拱卫或监督意义，最直接的表现就是州县军卫同城而治。表1-1统计了洪武年间闽粤两省府州县城池修筑的情况，可以看到，69个府州县城（附郭县与府城合一计算）中，卫所同城而治者39，超过半数。而在原先没有城池的地方，卫所官军就成为修筑州县城池的主要力量。洪武年间福建、广东地方府州县共有60次城池修筑的记录，其中明确有卫所官军参与者50次，占83%强。

1　《明太祖实录》卷80，洪武六年三月戊午。

2　万历《琼州府志》卷7《兵防志》，《日本藏中国罕见地方志丛刊》，书目文献出版社，1990年影印本，第197页。

3　于志嘉：《试论明代卫军原籍与卫所分配的关系》，《中央研究院历史语言研究所集刊》第60本第2分，1989，第381页。

表 1-1　洪武年间福建、广东府州县城修筑情况

府	府州县城池	始建时间	修筑时间
福州府	府城○		洪武四年 洪武六年△
	福宁县○	洪武四年△	
泉州府	府城○		洪武初年△
建宁府	府城○		洪武二年△ 洪武十九年△
延平府	府城○		——
	将乐县○		洪武元年△
汀洲府	府城○		洪武四年△
	上杭县		洪武十八年
兴化府	府城○		洪武元年△ 洪武十二年△
邵武府	府城○		洪武五年△ 洪武九年△
漳州府	府城○		洪武初年
	龙岩县		洪武八年△
广州府 （洪武年间州1 县7）	府城（南海县、番禺附郭）○		洪武三年△ 洪武十三年△
	东莞○	洪武十四年△	
	清远○		洪武二十二年△
	新会○	洪武二十四年△	洪武三十年△
	香山○		洪武二十六年△
	增城○		洪武二十七年△
	连州○		洪武二十八年△
韶州府 （县6）	府城（曲江附郭）		洪武三年
	英德		——
	翁源		——
	乐昌	洪武二年	
	乳源	洪武元年	
	仁化	无城池	
南雄府 （县2）	府城（保昌附郭）○		洪武初△
	始兴	无城池	

续表

府	府州县城池	始建时间	修筑时间
惠州府 （县7）	府城（归善附郭）〇		洪武三年△
	博罗		洪武十五年*
	龙川〇	洪武二十一年△	
	长乐〇	洪武二十一年△	
	海丰〇	洪武二十七年△	
	河源〇	洪武二十八年△	
	兴宁	无城池	
潮州府 （县4）	府城（海阳附郭）〇		洪武三年△
	程乡〇		洪武十八年△
	潮阳〇		洪武二十四年△
	揭阳		——
肇庆府 （州1县7）	府城（高要附郭）〇		洪武元年△
	德庆州〇	洪武元年△	
	阳江〇		洪武三年△
	阳春〇		洪武三年**△
	四会〇	洪武四年△	
	新兴		洪武二十七年△
	封川	因山为堑	
	开建	无城池	
高州府 （州1县5）	府城（茂名附郭）〇		洪武十四年△ 洪武三十一年△
	电白		——***
	信宜		——
	化州		——
	吴川	洪武二十七年△	
	石城	洪武二年	
廉州府 （州1县3）	府城（合浦附郭）〇		洪武三年△
	钦州〇		洪武二十八年△
	灵山	无城池	
	石康	洪武十四年****	

续表

府	府州县城池	始建时间	修筑时间
雷州府 （县 3）	府城（海康附郭）○		洪武七年△
	遂溪	洪武七年	
	徐闻	无城池	
琼州府 （洪武初年为四州， 后升琼州为府，原 琼州辖县 7，万州 辖县 1，崖州辖县 1，儋州辖县 1，故 琼州府共辖县 10）	府城（琼山附郭）○		洪武二年***** △ 洪武七年△（据 府志） 洪武十一年△（据 府志）
	澄迈	无城池	
	临高	无城池	
	文昌	无城池	
	乐会	无城池	
	会同	无城池	
	安定	无城池	
	儋州○		洪武六年△
	万州○		洪武六年****** △
	崖州○		洪武九年△ 洪武十七年△ 洪武十八年△

说明：表格中，有卫所官军参与者用△表示，卫所与州县同城者用○表示。

注：* 嘉靖《广东通志》未载，据嘉靖《惠州府志》补。

** 阳春守御所为神电卫后所军调戍，故当在洪武二十七年置，通志中记录其城池是千户钟良所修筑，但时间载为"洪武三年"，当误。

*** 电白县城于大德八年因古高凉郡土城而修，后城圮，遭寇，成化年间迁入神电卫城。

**** 通志中无记载，万历《雷州府志》中言洪武十四年曾调雷州卫前所往戍石康。

***** 万历《琼州府志》言洪武二年请展，洪武三年修筑。

****** 通志言洪武七年。此处据万历《琼州府志》。

资料来源：弘治《八闽通志》、嘉靖《广东通志初稿》、嘉靖《广东通志》、万历《粤大记》、嘉靖《惠州府志》、嘉靖《潮州府志》、万历《高州府志》、万历《雷州府志》、万历《琼州府志》等。其中福建部分据徐弘《明代福建的筑城运动》（台湾《暨大学报》第 3 卷第 1 期，1999）的统计整理。

其次，地方上的户籍编次离不开卫所军伍的配合。在明王朝创建初年的军事征服进程中，每得一地，明军将领即接收当地户口、钱粮等图籍。洪武元年十月攻下元都之后，朱元璋即下诏：

> 秘书监、国子监、太史院典籍，太常法服、祭器、仪卫及天文仪象、地理户口版籍、应用典故文字，已令总兵官收集，其或迷失散在军民之间者，许赴官送纳。[1]

洪武三年（1370）十一月，朱元璋颁布"籍天下户口，置户贴户籍"。此为明王朝强化户籍管理的第一个重大措施，其所颁发的诏令中说：

> 我这大军如今不出征了，都教去各州县里下着绕地里去点户比勘合。比着的便是好百姓。比不着的，便拿来做军。[2]

很明显，军伍就是朱元璋在创建王朝秩序时的力量保证。洪武十四年（1381）正月，朱元璋颁黄册式于天下，奠下了明王朝户籍赋役制度的基础。关于明代黄册制度的推行及其意义，梁方仲、韦庆远、栾成显、王毓铨、刘志伟等诸位先生都有过精深的论述，在此不赘。笔者关注的是，黄册制度在沿海地区的落实过程，其实伴随了另一波地方州县卫所的设立。兹以广东为例进行考察。

1　《明太祖实录》卷35，洪武元年十月戊寅。

2　《洪武三年谕旨》，吉林师范大学历史系《中国古代中世纪史教学参考资料》（下），吉林师范大学历史系，1977，第237页。

有明一代，广东共有卫所 67 处。[1] 其中，在洪武十四年至二十四年，广东地方卫所增设 17 所。为便于理解，笔者把这一阶段设立的卫所称为州县卫所，以区别于洪武二十七年（1394）大规模设立的沿海卫所。

文献记载中，这一时期州县卫所的设置，常常与平乱和籍民为军相联系。洪武十三年（1380）十二月，朱元璋"以广东阳春诸县盗贼未平，命南雄侯赵庸往镇之，仍训练军马，随机征讨"。[2]《明太祖实录》中，仅洪武十五年正月就有 4 处关于赵庸在广东东莞、翁源、龙川、潮州等地的平叛记录；[3] 当年三月，赵庸又"籍广州蜑户万人为水军。时蜑人附海岛，无定居，或为寇盗，故籍而用之"。[4] 随着赵庸在广东的一系列军事行动，地方上的所谓"盗""蜑"等原来不受政府管辖的人员被编入明政府的版籍之中，[5] 广东南海卫和大鹏、香山、东莞、程乡、新会等千户所在此时得以陆续设置。新的州县卫所的设立，一方面巩固了新王朝在地方上的统治，另一方面也往往成为地方州县吸纳各类流民、无籍之徒，扩充王朝编民及军伍的重要助力。

卫所编制有相应的正军配额，一卫五所，每所 1200 人左右。在州县卫所不断增设的情况下，如何充实军伍就成为一大问题。从广

1　根据万历《大明会典》卷 124《兵部七·职方清吏司·城隍一·都司卫所》，台北：文海出版社，1987 年影印本，第 1785~1786 页。其中，关于潮州卫的统计中未将澄海所列入。潮州澄海千户所是嘉靖四十二年澄海置县之后，调潮州卫前所官军前往守御，其建置与潮州卫内四所一致。故在万历《广东通志》中，并未将澄海所计入。参见万历《广东通志》卷 8《藩省志八·兵职》，《稀见中国地方志汇刊》第 42 册，中国书店，1992 年影印本，第 201~202 页。

2　《明太祖实录》卷 134，洪武十三年十二月丙戌。

3　参见《明太祖实录》卷 141。

4　《明太祖实录》卷 143，洪武十五年三月癸亥。

5　刘志伟：《在国家与社会之间——明清广东地区里甲赋役制度与乡村社会》，中国人民大学，2010，第 42~43 页。

东地区现有的材料来看，首先，是采取从临近地区既有军卫进行调配的方式。如惠州卫在完善五所配置时，其军伍多从汀赣的龙岩、信丰等地调来；[1]潮州程乡千户所，是调潮州卫前所之军而设；[2]另外，廉州、高州等处千户所，则是以雷州卫军调戍而来。[3]

　　早期的军士可能成为新设卫所的底层官军。以广州香山所为例。嘉靖《香山县志》中记录有一部分香山所军官的情况。那些在洪武年间存在调派记录的，基本上都是原先的从征军，祖籍属凤阳、武进、南陵等地。[4]他们多是安徽、江浙一带人，早期随朱元璋起兵或是较早编入明军队伍，其后随大军南下，当广东设置卫所时，他们即被留在广东，编入南海卫等处，至香山千户所设立之时，他们就从南海卫调至香山所，且往往被任命为新卫所的小旗、总旗等职。地方志中对明初这类现象有较详细记录的还有嘉靖二十一年（1542）《惠州府志》，其卷8《兵防志》中如是写道：

　　　　洪武二十七年制，以番禺南海顺德三县民粮编军，每米三十六石一名。选南海诸卫所原军充总小旗，组成行伍，调隶右中前后四所，每所十百户，每百户旗军一百一十二名，五百户屯种，五百户城守。[5]

　　洪武二十七年惠州卫调整时，把原南海卫的旗军立为小旗，引

1　嘉靖二十一年《惠州府志》卷8《兵防志》，《日本藏中国罕见地方志丛刊》，书目文献出版社，1991年影印本，第93页。

2　《明太祖实录》卷149，洪武十五年十月戊戌。

3　万历《雷州府志》卷12《兵防志一》，《广东历代方志集成·雷州府部》第1册，岭南美术出版社，2009，第168页。

4　嘉靖《香山县志》卷5《官师志》，《日本藏中国罕见地方志丛刊》，书目文献出版社，1991年影印本，第360~361页。

5　嘉靖二十一年《惠州府志》卷8《兵防志》，第93页。

领新军组成行伍，调隶各所。此处记录的时间及卫所调整的动因虽然已经跟洪武十几年不同，但是同在明初军卫缺伍的情势下，地方卫所设置、调配的原则应当存有共通之处。

表 1-2　洪武二十七年之前广东卫所新设及调整情况

时间	新设		调整	
	卫	所	卫	所
洪武元年（1卫）	兴化卫分司（潮州）			
洪武二年（1卫）	雷州卫		改兴化卫分司为潮州卫	
洪武四年（新设都卫）	广东都卫			
洪武五年（1卫）	海南卫			
洪武六年（6所）		惠州千户所，韶州千户所，南雄千户所，肇庆千户所，德庆千户所，阳江千户所		
洪武八年（2卫；改设都司）	广州左卫，广州右卫		改广东都卫为广东都司	
洪武十三年（1所）		新兴千户所		
洪武十四年（1卫5所）	南海卫	东莞千户所，大鹏千户所，香山千户所，高州千户所，廉州千户所		
洪武十五年（1所）		程乡千户所		
洪武十七年（3所）		新会千户所，清远千户所，崖州千户所		

续表

时间	新设		调整	
	卫	所	卫	所
洪武二十年（3所）		儋州千户所，万州千户所，蓬州千户所		
洪武二十一年（1所）		龙川千户所		
洪武二十二年			升惠州千户所为惠州卫	南海卫龙川千户所改属惠州卫
			升清远千户所为清远卫	原直属都司之韶州千户所、南雄千户所改隶清远卫
			升肇庆千户所为肇庆卫	
洪武二十三年（2卫1所）	广州前卫，广州后卫	四会千户所		
洪武二十四年（2所）		长乐千户所，潮阳千户所		
洪武二十五年（1所）		昌化千户所		

资料来源：嘉靖《广东通志》、万历《广东通志》、嘉靖《潮州府志》、嘉靖《惠州府志》、万历《雷州府志》、万历《琼州府志》等。

然而，调配既有军伍以充实新设卫所毕竟不是根本之计，如何扩大军源才是完善、扩充军卫的保证。前引崇祯《东莞县志》对明初军伍来源有较详细的分类：

归附军：洪武元年，广东归附后，平章廖永忠收；职目军：

洪武四年，命山东参政何真回邑追籍前自称围主、元帅等名
目；水军：洪武十五年三月，南雄侯赵庸籍蜑户；降民军：洪
武十五年十月，平苏有兴贼，悉籍从贼者；收集军：洪武十六
年，命何真回邑收集旧部曲；无籍军：洪武二十三年，籍军之
脱漏户口者；逃民军：洪武二十四年，都指挥花茂言"东莞逋
民附居海岛，殊难管辖"，遂籍之；垜集军：洪武二十七年，
钦差都督刘恭来邑验民户，有壮丁三人垜集一兵，其二丁、一
丁者，辏为正贴，二户共垜一兵……建言军：洪武二十九年，
许诸人直言得失，被言者籍之；达军：胡元遗种，本卫旧有数
十名，正德间，尚有每里刺达火者等，嘉靖间，唯羊宜住黑
黑存。[1]

　　这则材料中洪武年间的军伍来源可以分成四大类。第一类是洪
武元年（1368）、洪武四年（1371）、洪武十六年（1383）的归附、
职目、收集等名目，其实也就是前述属于元末何真的旧部；第二类
是洪武二十七年（1394）的垜集，也就是编民入军（后详）；第三
类属于谪充，即洪武二十九年（1396）的"建言军"；第四类是洪
武十五年至二十四年（1382~1391）的所谓"水军""降民军""无
籍军""逃民军"等。"无籍军""逃民军"这类名目的背后就潜藏
了入籍或重新编籍入伍的行动，与里甲黄册制度的颁行、卫所军伍
的调整和平定广东沿海尤其是珠三角蜑民的动乱是同一过程。洪武
十四年（1381）在明代诸类志书中往往是具有重要意义的一年，里
甲户籍的订立与地方卫所、河泊所等机构的设立相辅相成。沿海地
方岛屿众多、港汊纵横，有着分布广泛、人数众多的水上生民，明

1　崇祯《东莞县志》卷 3《兵防》，第 345~347 页。

代文献或称为渔民，或称为疍民。他们依水而生，以船为居，随时迁徙，对官方而言就是无有定所、难以控御。于是明政府采取了多种措施企图将之纳入王朝版籍之中，包括派遣卫所军校在沿海地方佥点渔户编入河泊所中、征收渔课（后详）；迁岛民入内地，或安插于空闲地方耕作，或直接佥发为卫所军，一来将之纳入州县人户的管辖之中，二来则填充了地方军卫。上举材料的最后一类，其实都属于这一措施的结果。

关于这些新籍军兵的分派情况，史籍未详，但我们可以从南澳居民的充军以及地方族谱的些许记载略推一二。洪武二十四年，闽广交界南澳岛上居民"梗化"，被整体迁入内地，当时正是潮阳千户所初设之时，所以内迁岛民即被发为所军。[1] 另，《番禺市桥房邓氏荫德堂家谱》对其祖先入籍的记录如下：

> 洪武十八年为无籍事发，充广州府后卫守城当军伍。邓英与总旗谢谦、小旗谢全，籍贯番禺县沙湾司榄山堡十三图五甲役，户长邓胜和。[2]

邓氏的祖先在洪武十八年（1385）被籍军之后就近分配于本地广州后卫当军。这一举措在明初沿海地区是相当普遍的。《明太祖实录》言：

1　陈天资：《东里志》卷1《疆域志·澳屿》，潮州市地方志办公室，2004年影印汕头市档案馆藏民国抄本，第21页。《东里志》现存汕头市档案馆藏民国抄本、饶平县档案馆藏宣统抄本和饶平县档案馆藏民国抄本。三个版本内容略有差异，部分内容为传抄者陆续补入，记事下限至清同治年间。潮州市地方志办公室2004年以汕头市档案馆藏民国抄本为主本，将另外两个版本有差异的内容附后，合订影印出版。为简便起见，文中引用汕头市档案馆藏民国抄本简称汕抄，饶平县档案馆藏宣统抄本简称饶宣抄，饶平县档案馆藏民国抄本简称饶民抄，以示区别，不再详注。

2　《番禺市桥房邓氏荫德堂家谱》，转引自刘志伟《在国家与社会之间——明清广东里甲赋役制度研究》，第44页。

广东都指挥使花茂[1]奏东莞香山等县大溪山横琴山逋逃蜑户 輋人凡一千余户，附居海岛，不习耕稼，止以操舟为业，会官 军则称捕鱼，遇番贼则同为寇盗，隔绝海洋，殊难管辖，其守 御官军冒山岚海瘴，多疾疫而死，请徙其人为兵，庶革前患。 从之。[2]

广东素称瘴疠之地，外来官军水土不服，多有犯疫病而死，所 以花茂建议不如将那些出没海岛烟波的土民抓起来，充入卫所军伍 之中，一方面可稳定地方秩序，另一方面可满足当时地方军伍配置 的需要，还可以利用其长技加强对沿海地区的控制，一举数得。只 是此后的发展并不如意，土人在本地为军，可能造成军势强横的问 题。《明英宗实录》载：

广东按察司副使贺敪等言：比奉敕巡察雷州、神电、海南、 潮州诸卫之地，其间军校多土人，恃沿海卫所例不他调，辄暴 横不可制。乞敕后有犯者，不分腹里沿海，海北者谪钦州缘边， 海南者谪崖州缘边守瞭，其月日以所犯杖徒流为差。从之。[3]

1　《明太祖实录》中共有 6 条关于花茂的记录，其中卷 223 和卷 227 即洪武二十五年十二月甲 子条和洪武二十六年四月壬申条均记其为"广东都指挥使"，卷 186、卷 188、卷 236 和卷 243 所涉时间分别为洪武二十年十月、二十一年正月、二十八年正月和二十八年十一月，均 记其为"广东都指挥同知"。明代方志的记载也含混不一，如嘉靖《广东通志初稿》卷 10 中 两种记载都有。而结合《明实录》及姜宸英《湛园集》、《明史·花茂传》等其他文献推测， 则花茂洪武二十年为"广东都指挥同知"，洪武二十五年奏籍疍为军，而后又奏设广东沿海 卫所，至洪武二十九年升任"广东都指挥使"，洪武三十年卒。

2　《明太祖实录》卷 223，洪武二十五年十二月甲子。

3　《明英宗实录》卷 44，正统三年七月壬辰。

材料中雷州、神电、海南、潮州四卫，除神电卫是洪武二十七年设置外，其余三卫皆是洪武初年设立，洪武中期经历过军卫调整。如潮州卫于洪武十五年分所往程乡，雷州卫洪武十四年"调前所于廉州守御石康，调后所于高州守御石城"。[1] 所以，为了达成一卫五所的基本配置，它们同样需要补充军源，而这些洪武中期被籍入军伍的土著则可能成为这些军卫的旗军。

正如张金奎所说"明朝政府在征集军户的过程中掺杂了人为调整人地关系的目的，集军与清查户口、确定户役等国家大政相兼进行"。[2] 在明王朝建立初期，卫所军伍不仅在王朝政治版图扩张过程中担负着军事重任，同时在巩固战果、保证地方政权的稳定、协助州县行政机构的建立、确保王朝户籍赋役制度的推行等方面，都扮演了重要的角色。故而，我们应当把明朝初年在地方社会推行的一整套军事的、行政的措施视为一个有机的整体，才能更进一步理解明王朝的运作机制。

第二节 闽粤海防体系的设立

众所周知，明朝立国之初，为了抵御来自海上力量的冲击，禁绝濒海民众由海道勾通外邦引发叛乱的可能性，自洪武年间开始即

---

1 万历《雷州府志》卷 12《兵防志一》，第 168 页。

2 张金奎:《明代卫所军户研究》，线装书局，2007，第 20~50 页。

奉行海禁政策。[1]

洪武四年（1371），为禁绝陆上居民与方国珍等余部的联系，朱元璋下诏"仍禁濒海民不得私出海"。[2]同月，要求对据闻私自派遣人员出海行商的福建兴化卫指挥李兴、李春等人进行调查，"有犯者论如律"。[3]此后，又多次下诏禁止民人私自出洋贸易。朱棣即位之后，在其登极诏书中重申通番之禁：

> 缘海军民人等，近年以来往往私自下番，交通外国，今后不许，所司一遵洪武事例禁治。[4]

永乐二年（1404），再禁民下海：

> 时福建濒海居民私载海舡，交通外国，因而为寇，群县以闻，遂下令禁民间海船，原有海船者悉改为平头船，所在有司防其出入。[5]

为了限制沿海居民私自下海，要求改变民间海船的形制，令其无法私自出海，并着令官员严防海船出入。

洪永年间的严禁通番，跟明初沿海倭寇海盗骚扰频繁有直接关

1　除朝贡贸易之外的私人海外贸易活动均属非法，直到隆庆元年，在闽粤边界的月港开放商舶，才有限度地允许或承认了海上私人贸易的合法性。关于明代海禁政策的实施及其对沿海地方社会的影响，研究成果丰硕，可参见张维华《明代海外贸易简论》，上海人民出版社，1956；戴裔煊《明代嘉隆间的倭寇海盗与中国资本主义的萌芽》，中国社会科学出版社，1982；黄挺《明代海禁政策对明代潮州社会的影响》，《韩山师范学院学报》1996年第1期；晁中辰《明代海禁与海外贸易》，人民出版社，2005；等等。

2　《明太祖实录》卷70，洪武四年十二月丙戌。

3　《明太祖实录》卷70，洪武四年十二月乙未。

4　《明成祖实录》卷10上，洪武三十五年七月壬午。

5　《明成祖实录》卷27，永乐二年正月辛酉。

联。庄景辉曾据《明太祖实录》进行统计，仅洪武年间倭寇劫掠沿海便达 23 次之多。[1] 为此，明朝廷一面颁布禁海令，一面加强沿海防卫，在濒海之地逐渐建立起一套以卫所 – 水寨为核心的海防体系。

一　抽丁垛集的实质

一般认为，明代海防体系的真正构筑始于洪武十七年（1384）。是年正月，朱元璋"命信国公汤和巡视浙江福建沿海城池，禁民入海捕鱼，以防倭故也"，[2] 并因此开始以抽丁法充实沿海卫所军伍。明代史籍中多言此法乃方鸣谦的建议：

> 高帝中年，倭时时寇浙东海上，郡指挥方鸣谦者，故国珍从子，帝以其习海，豅之问海事。鸣谦对曰：倭海上来则海上备之。尔若量地远近，置指挥卫若千户所，陆聚巡司弓兵，水具战船，寨垒错落，倭无所得入海门，入亦无所得傅岸鱼肉之矣。帝曰：善。于何籍军？对曰：兵兴以来，军劲民腴，民亡所不乐为军？若四民籍一军，皆乐为军也。[3]

方鸣谦是方国珍从子，熟悉海上形势。若依此说，朱元璋的海洋防御观念，很大程度源于元末雄霸浙东的方氏家族。朱元璋采纳了方鸣谦的建议，以民四丁者籍一军，即史籍中的"抽丁"之法，来组建浙江沿海卫所军伍。

1　庄景辉：《明初福建的海防建设及遗迹》，庄景辉：《海外交通史迹研究》，厦门大学出版社，1996，第 266 页。

2　《明太祖实录》卷 159，洪武十七年正月壬戌。

3　何乔远：《名山藏》卷 56《汤和记》，《续修四库全书》第 426 册，第 492 页。《明史·汤和传》亦有类似记载。

　　抽丁和垛集被认为是明代沿海卫所军伍最重要的两个来源。所谓"抽丁"，按字面意思即在丁多之家抽取一丁入军。福建沿海在洪武二十年（1387）实行的是"三丁抽一"。而广东在洪武二十七年（1394）普设沿海卫所时，用的是"垛集"：

　　　　民户三丁者垛集一兵，其二丁一丁者，辏为正贴二户，共垛一兵。[1]

　　嘉靖《广东通志初稿》对"垛集"法的解释是在籍民为军的过程中，三丁家庭可以垛充一军，丁口单薄的家庭，可数户凑出一军。

　　关于抽丁、垛集两种收军法的差异，学界一直存有争议。日本学者川越泰博认为二者是同法之异称，王毓铨认为两种收军法的本质区别在于抽丁以"丁"为原则，而垛集以"户"为原则，垛集法的关键在于不足三丁者合并编成正、贴户，共同承担一名军役，这使原本毫无关系的数户因为军役问题而被强制束缚在一起。[2]于志嘉则认为抽丁与垛集实际都是以"丁"为基准，只是抽丁是从丁多之家抽选一丁为军，而垛集军"不论丁多丁少，统并各户，每辏成三、五丁，便编其一为正军户，使其余为贴军户"。[3]即认为垛集法同样以"丁"数为准则，但以数户合供一役，由此区别于抽丁的一户一役。对此，李新峰结合元朝旧制和实际可能出现的民众应役状况，认为抽、垛二者在官府层面可能并无区别，无论一户出一丁还是多户出一丁，官方都可称为籍选、抽籍或抽丁，都指籍民为军；

1　嘉靖《广东通志初稿》卷 32《军制》，《北京图书馆古籍珍本丛刊》第 38 册，书目文献出版社，1988 年影印本，第 536 页。

2　参见王毓铨《明代的军户》，《历史研究》1959 年第 8 期。

3　于志嘉：《明代军户世袭制度》，第 18 页。

不过在实际大规模抽丁过程中，地方人户可能单户应役，也可能采用垛集来公摊或轮充应役。[1]

诸位先生的讨论富有启发意义，提醒我们应该回到明初疆域初定、政权远未稳固的特殊场景里，思考卫所体系建立时不同社会环境里人群组织的多样性和灵活性，或能对含混文字背后之实质有更好的把握。

"垛军"、"抽军"抑或"籍丁"，文献记载中多有混淆。朝廷的直接目标是籍民为军，在明初等级户役背景下，"丁""户"可能并不存在那么大的距离。一丁入军，户为军户，明初卫所军士（丁）与原籍家庭（户）之间的联系紧密，军士在卫所服军差，原籍家庭帮贴军用，两者结合就是军户之军役。但带出来的问题是，明初赋役编派中，仍是以户为整体，将"人丁事产"即家庭人口财产（包括但不限于田粮）综合计算后划分户等，分派差役。那么，在大规模籍民为军的过程中，何炳棣所说"明初丁多但贫困之户在赋役分担上仍不可能分派到重役的原则"，[2]会被考虑到吗？实际抽军过程可能依循怎样的原则？

嘉靖二十一年修纂的《惠州府志》有记录洪武二十七年广东珠三角地区垛军的情况：

> 洪武二十七年制，以番禺南海顺德三县民粮编军，每米三十六石一名。[3]

1　参见李新峰《明前期军事制度研究》，北京大学出版社，2016，第252~258页。

2　何炳棣：《明初以降人口及其相关问题：1368~1953》，葛剑雄译，生活·读书·新知三联书店，2000，第31页。

3　嘉靖二十一年《惠州府志》卷8《兵防志》，第93页。

　　籍军是为了选拔男丁填充军伍，承担各项军役，而此处所记垛集军丁是以米粮为准则，而非简单的"丁"（人丁）。不过这是嘉靖年间的材料，米粮作为赋役征收客体的原则已经确立，其能否反映明初的情况还存疑。不过，梁方仲先生曾摘录瞿汝说所辑《皇明臣略纂》中一则材料：

　　　　王府参军胡深，洪武初殁于王事。元末见天下乱，尝慨然谓其友曰：军旅钱粮皆民出也。而今日之民其困已甚，诚使常徭横敛，悉不复以病民？止令民有田者，每十石出一人为兵，而就食之，以一郡计之，米二十万石当得精壮二万人，军无远戍之劳，官无养军之费，而二十万之粮固在也。……（洪武）[1]

　　身处元明之交的胡深认为供应军需最好的办法是让民众以田粮"十石"为单位出一兵，其本质类似于合数户之力供应一兵，其实就是朋充或垛集的原则，只是计算标准不是用丁，而是用米粮。至于这个"兵"是"有田"之民以什么形式推选出来的，则没有讨论，若从明代原籍军户应对军役的各种办法反推，大概不外乎公摊、轮替或者买替等。[2] 若由此推之，则明初广东沿海卫所建立之时采用的垛集法，可能以财产田粮为原则数户合供一军，而不仅仅单纯以家庭男丁数为依据。

1　转引自《梁方仲遗稿》，梁承邺等整理《新拾文存》，广东人民出版社，2019，第112页。

2　李新峰在前引书中强调垛集应役可以是公摊或轮充。宋怡明认为明代原籍军户家庭应对征兵有集中、轮替和补偿三种。其中，集中即家族的共同义务集中由一人履行，这个人可以是家庭成员，也可以支付酬劳由外人代替（宋怡明：《被统治的艺术》，钟逸明译，中国华侨出版社，2019，第62~63页）。其实，垛集法某程度是让数户原来可能没有关系的户合充一个"军名"，可以看成虚拟家族，他们应充军役也可能采用类似的办法。

那么，垛集、抽籍等大规模佥军是为了快速填充军伍，满足沿海卫所系统建立并运转的需要，闽粤沿海社会在此过程中会受到怎样的影响？

永乐三年（1405）二月，巡按福建监察御史洪堪上书为整饬福建地方风俗提出十条建议，其中言及：

> 其五曰福建军役。洪武中先以三户垛集，正贴轮当。后贴户多抽入伍防倭，而又令轮当垛集之军，是充两役。乞敕兵部今后充防倭者户丁听继本役，其垛集军仍于正户及不曾补役贴户内充取。[1]

按洪堪所说，福建地方在洪武年间曾先行垛集法，有正军户、贴军户之分，正军户出一丁入伍，贴军户帮补；至洪武二十年（1387）沿海卫所设置之时，又将贴军户人丁抽充入军，造成贴军户"充两役"，这是福建沿海地区很普遍的现象。

始修于嘉靖年间的《崇武所城志》记录了崇武千户所中的军伍分类，其中有"寄操军"一项，明确记录洪武九年（1376）有大规模抽军行动：

> 明洪武九年，抽军或全户或三户或二户，共合充南京留守中卫，及云南、四川、两广、福建、湖广等卫所，年久不勾。[2]

1　《明太宗实录》卷39，永乐三年二月丁丑。
2　《崇武所城志·军伍》，福建人民出版社，1987年点校本，第23页。另可参见宣德《军政条例》，《皇明制书》卷12，明镇江府丹徒县刊本，《北京图书馆古籍珍本丛刊》第46册，书目文献出版社，1988年影印本，第333~335页。

此次福建"抽军"的实施原则跟前引《广东通志初稿》中"垜集"是一样的，可一户或多户出一军。抽充来的军士多不是留在本地，而是去充实京师卫所，也可能在后续随明王朝的军事征伐分散到其他地方。《崇武所城志》将之放在"寄操军"名目下，是因为明王朝创立初期，各地战事未平，曾调江南等地大量卫所军士前往广西、云南、四川等地，这些卫所大多离原籍窎远、勾补困难，应补军士或逃亡，或直接留在原籍附近的卫所寄操当差，这就是"寄操军"，又称"带操军"，专指并非在自身军籍所隶的卫所当差服役的军士。[1]

福建地方族谱里也多有关于洪武九年家族编为军户的记载。漳州诏安桥东镇沈氏为当地大族，乾隆年间编修的《沈氏族谱（东沈）》中附录有《本房前旧谱·被军役由叙》，提及家族军役的缘由：

> 洪武九年籍壮丁以充兵卫，九人共出一卒，时大都六图何均遴五人、沈添吉四人，各以其数出费，推强勇者□□，调湖广安陆卫，而添吉更不知其世所在之次，或以为当时之户口名。
>
> 洪武十四年沈子真分籍立十图，至二十年为防卫倭事，调充崇武千户所军。……洪武十四年沈聪分籍立户十一图，至

---

[1] 明王朝最先的政策是一定要保证军伍的齐整，要求将清出的寄操军士遣回原卫，但是宣德年间，明廷的政策发生了重大转变，面对当时卫所军士大量逃亡、军额锐减的情况，明廷承认了边远卫所军士多在附近卫所寄操的事实，宣德年间的军政改革总体上是尽量将卫军调整分配在附近卫所当差，以减少因卫所离家遥远军士大量逃亡的情况（参见宣德《军政条例》，《皇明制书》卷12，第333~335页）。不过，实际上，政策的转变又造成了另一种混乱。因为卫所在勾补时，仍然要求以祖军名册为准，此外，宣德以后卫所普遍缺额，所以寄操卫所对于入伍军士一般都不轻易开除，所以势必加剧了原卫和改调卫所之间的矛盾，所以明代卫所清勾只能是越清越乱。

二十年为防倭事，调充福光卫军。[1]

材料本身叙述平淡，但若结合时代背景则可发现其非常生动地反映了洪武年间福建沿海抽军、立籍和军民灵活应对的情况。洪武九年福建籍壮丁充兵卫时，有沈添吉等一共九人"共出一卒"。《由叙》作者已搞不清楚沈添吉是谁，推测是当时之户口名，说明名为"九人"，实则九户，他们"各以其数出费"，即按照某一原则计算（"数"目前不清楚是指人丁数还是田粮数）后共同出钱，雇了一个人代替他们去承充卫所军。这九户就组成一个正贴军户单位，共同承一个军名（未载）。洪武十四年天下大造黄册，九户里沈子真、沈聪乘机分出去另外立了户籍，但没想到洪武二十年又抽军填充沿海卫所，两户被抽，需要充崇武所军、福光卫军。[2]

把这则史料跟洪堪的讨论结合起来可大概推断如下。（1）洪武九年，福建地区进行了大规模籍军行动，滨海民众有如沈添吉等九户联合供应一个军役，他们共同出资雇人到卫所替役。（2）洪武十四年大造黄册之时，地方民众多有乘机脱离、更改户籍。（3）洪堪所论贴军户"充两役"的现象，直接的原因可能是洪武九年的贴军户趁大造黄册之机单独立籍，然而因是新户又再被抽充为军。从朝廷角度而言可能不是重复抽充，但对没有成功逃脱军役的家庭来说即是"两役"。（4）洪武初年籍民为军后多调派外地，洪武二十年抽丁则多分派在附近沿海卫所。

有意思的是，目前关于广东洪武二十七年籍军的方式，地方文献更明确采用"垛集"一词。除前引方志外，东莞《园沙王氏族

1　沈赞烈纂修《沈氏族谱（东沈）》，乾隆二十七年稿本，民国 20 年钞本，中山大学历史人类学研究中心藏影印本。

2　福建、广东沿海均无福光卫之名，可能《由叙》抄录有误。怀疑是泉州永宁卫下福全所。

谱》中《四世祖元处士王公孺人叶氏墓志铭》载：

> 公讳里宝……有志江湖，携重资，挈英侠，往来两浙……洪武二十七年甲戌，都督刘公恭至邑，编垜集军，而亦以淳善见免，里排金举，乡训得练，隶民籍。是以优游乡里，克终其天年。[1]

又《胡氏族谱》载：

> （八世）讳广端……生洪武丙辰，终永乐己丑……国初垜集军伍，又以税粮编为里长。[2]

上述记载中，王里宝与胡广端都是在洪武二十七年垜集军户的过程中被编入户籍，一般分派于附近沿海卫所，例如洪武二十七年在南海、顺德等地垜集的军丁，就被分派到临近惠州地区驻防，其与原籍家庭的联系仍相对密切。在明初，卫所军士的大部分生计需要原籍家庭的支持，一丁入军，原籍家庭即编为军户，帮补军役。由此，朋充或垜集原则的普遍应用，对立国不久百废待兴的明王朝而言，不单单只是扩充了卫所军士，同时也扩充了支持卫所系统的州县人户。垜民入军与编民入籍同时进行，相辅相成。而抽丁垜集作为籍充沿海卫所军伍的主要方式，尽管史料表述可能有所区别，其实可能名异而实同。在制度层面，在明初等级户役制度下，"丁""户"之结合极为紧密，人丁包含在"户"中，明初可能就存在按照税粮来抽丁的原则；在实际运作层面，所谓"三丁或四丁垜（抽）一"是个大原则，三取一或四取一，背后有类似比率计算的

1　转引自刘志伟《在国家与社会之间——明清广东里甲赋役制度研究》，第44页。
2　转引自刘志伟《在国家与社会之间——明清广东里甲赋役制度研究》，第44页。

方法，可以是单户计算有三丁，也可以是多户合算为三丁。只是到底有多少户、粮、丁可以通过某些原则（"数"）计算、折算为三，再出一军（如沈氏等人九丁合出一军），则更不在朝廷考虑之范围。[1]

二　卫所－水寨体系的设立

在明朝初年东南海防体系建立过程中，汤和、周德兴、吴杰、花茂等人起到重要作用。《明太祖实录》载汤和回京奏报：

> 宁海临山诸卫滨海之地，见筑五十九城，籍绍兴等府民四丁以上者，以一丁为戍兵，凡得兵五万八千七百五十余人。[2]

在汤和回京之前，洪武二十年四月，朱元璋又派周德兴前往福建巡视，《明太祖实录》中如此记载：

> 戊子，命江夏侯周德兴往福建，以福兴漳泉四府民户三丁取一，为缘海卫所戍兵，以防倭寇。其原置军卫非要害之所，即移置之。德兴至福建，按籍抽兵，相视要害可为城守之处，具图以进，凡选丁壮万五千余人，筑城一十六，增置巡检司四十有五，分隶诸卫以为防御。[3]

1　抽垛军伍让明代闽粤沿海产生出数量众多的"虚拟家族"，数个原来可能没有关系的户合充一个"军名"，合同契约成为内部成员确定彼此义务的关键。宋怡明用精彩生动的案例揭示在明代世袭军户制度下，军户家庭应对朝廷军役的种种策略和套利行为。参见宋怡明《被统治的艺术》，第62~63页。

2　《明太祖实录》卷 187，洪武二十年十一月己丑。

3　《明太祖实录》卷 181，洪武二十年四月戊子。

　　从洪武十七年到二十年，汤和、周德兴等人先后在浙江、福建沿海抽民为军、增设军卫巡检、修筑城池，对原先的州县卫所进行调整，确保濒海地区的防御。洪武二十年至二十一年，福建在沿海之福宁州、福州府、兴化府、泉州府和漳州府共新设五卫十二所，[1] 洪武二十七年，又在泉州府同安县南嘉禾屿厦门海滨添置永宁卫中左所。

　　然而，就在洪武二十七年间，福建沿海卫所经历了大规模的调成，福建沿海地区方志多有记载。弘治《兴化府志》中言：

　　　　国初诏民丁壮三令出防倭夫一，至是以防倭夫编成行伍，立平海卫五千户所，又立莆禧守御一千户所隶平海卫，共军六千名。继而言事者讼本地军顾恋乡土，有误防守，二十五年乃以平海卫及莆禧守御千户所与镇海卫及铜山守御千户所对调。[2]

嘉靖《惠安县志》和《崇武所城志》又载：

　　　　及（洪武）二十年，遣江夏侯周德兴建立沿海城池以防倭，夫编入尺籍，遂为定制。继有言军士恋土，不便防守，乃令各卫所对移，而崇武移之玄钟。[3]
　　　　……继有言军士恋土，不便防守，乃令各卫所兑调。洪武

1　《明太祖实录》卷188，洪武二十一年二月己酉。
2　弘治《兴化府志》卷48《兵政志》，第12页b。
3　嘉靖《惠安县志》卷7《职役·兵役》，《天一阁藏明代方志选刊》，上海古籍书店，1981年影印本，第18页a~b。

二十七年为调拨官军事，将玄钟所军调移崇武。[1]

由以上材料可见，漳州府内镇海卫及其下属之铜山所，与兴化府之平海卫和莆禧所对调。只是，调卫行为发生的时间是在洪武二十七年，方志有误。又泉州府惠安县内有崇武千户所，洪武二十七年与漳州府镇海卫下属之玄钟千户所对调。这番大规模的军伍对调，方志中记录的下层军官履历多有所反映。如弘治《兴化府志》所记：

> 方山，左所百户也。袭先职，宏（弘）治八年到任。其先始祖得从军，得老，子保代之役，承祖功，次历升百户。洪武二十年调镇海卫，二十七年兑调平海卫。[2]
>
> 许轸，莆禧所百户也，袭先职，弘治七年到任。其先寿州人，高祖成归附从军，洪武二十年升试百户，调镇海卫铜山千户所百户，二十七年调平海卫莆禧千户所百户。[3]

基本上，兴化平海卫洪武年间的军官们都可见其之前在漳州镇海卫，然后"二十七年兑调平海卫"的记录。

对于此番大规模调戍行动，方志中多言是军士恋土有碍防务，如乾隆《铜山志》言漳州铜山所，在洪武二十年设所之初，"调漳军戍之。军家于漳，多不在伍，故二十六年周公又至，去漳军而以兴化军易然"。[4] 前述福建沿海卫所实行抽丁籍军后，军士就地戍守，

1　《崇武所城志·军伍》，第 20 页。

2　弘治《兴化府志》卷 50《兵纪·百户事考》，第 4 页 b。

3　弘治《兴化府志》卷 50《兵纪·百户事考》，第 19 页 a。

4　乾隆《铜山志》之《铜山所志旧序》，《中国地方志集成·福建府县志辑》第 31 册，上海书店出版社，2000 年影印本，第 310 页。

但因为本地人在当地为军，卫所军官难以进行约束，卫军经常跑回家中，"多不在伍"，致使防务空虚，所以需要对福建沿海各卫所进行调派。对此，《明实录》亦有记载，但口吻大不相同：

> （洪武二十七年六月）甲午，诏互徙浙江、福建沿海土军。初闽浙滨海之民多为倭寇所害，以指挥方谦言，于沿海筑城置卫，籍民丁多者为军以御之。而土人为军，反为乡里之患。至是有言于朝者，乃诏互徙之。既而以道远劳苦，止于各都司沿海卫所相近者令互居之。[1]

在朝廷看来，将福建沿海卫所互调，是因为本地人在本地当军，反可能成为"乡里之患"，遂"诏互徙之"。结合明初重武轻文的风气，卫所官军品级又比州县官吏高，故此说可能更接近事实。朝廷的调动方案本意是将闽浙两省对调，后来不敢让这些军士离故土太远，以免"道远劳苦"引起军士不满，于是以"相近者""互居之"。

表 1-3　洪武年间福建沿海卫所设置情况

时间	都司	卫	所	备注
洪武元年		置泉州卫、建宁卫、汀州卫、漳州卫、邵武卫、兴化卫		福建六卫，各驻守府城
洪武四年	置福建都卫、建宁都卫	置延平卫		

1　《明太祖实录》卷233，洪武二十七年六月甲午。

续表

时间	都司	卫	所	备注
洪武八年	改福建都卫为福建都司*	置福州左卫、福州右卫 置建宁左卫、建宁右卫		至此有福建都司和福建行都司之分。福建沿海之福、兴、泉、漳四府卫所隶属福建都司
洪武二十年	福建沿海新置五卫十二所隶属福建都司	福宁卫（福宁州卫同城）	大金千户所	福宁州南海五十二都
		镇东卫（福州府福清县方民、新安二里间）	万安千户所	福清平南里
			梅花千户所	长乐县东北
			定海千户所	连江县二十七都
		平海卫（兴化府城东北武盛里）	莆禧千户所	府城东南新南里
		永宁卫（泉州府晋江县东南二十都）	福全千户所	晋江县东南十五都大潘村
			金门千户所	同安县东南浯州屿
			高浦千户所	同安县西南十四都
			崇武千户所	惠安县东南二十七都
		镇海卫（漳州府漳浦县东二十三都鸿江）	六鳌千户所	漳浦县东南十五都
			铜山千户所	漳浦县五都
			玄钟千户所	漳浦县四、五都之间（后属诏安县）
洪武二十七年			增设永宁中左千户所	泉州府同安县南嘉禾屿厦门海滨

　*同年另改建宁都卫为福建行都司，新置建宁左、右卫隶属福建行都司。福建上四府建、延、邵、汀之卫所全属福建行都司。

　资料来源：弘治《八闽通志》卷13~14《地理》，第239~281页；万历《闽书》卷40《扞围志》，第1~2页。

这些军卫调动是整体性迁移，所以基本保持了既有的军伍结构，卫所中军士的原籍观念、语言风尚也得以保持，因此与戍守地方的界限会更加分明。万历《漳州府志》如此记载其境内之镇海卫：

> 国初设本卫所，多调兴化、泉州、福清人来为戍守，皆非本处人云。……镇海卫皆莆人，故尚莆音。[1]

而在镇海卫人的记忆中，他们大多是来自兴化莆田之地。如乾隆《镇海卫志》收录的万历七年（1579）《镇海学创修堂庙新给廪粮造祭器竖泮宫碑》言："镇祖莆阳，洪武二十年调戍兹土。"[2]《学博木湾陈先生创行乡饮记》言："先时父长老名以礼度相诏，为子若孙者，恪守懿训，有莆遗风。"[3]

就在福建、浙江等地沿海卫所系统经历了一番调整、逐步稳定之际，[4] 广东地区才开始真正大规模设置、修筑沿海卫所城池。洪武二十七年八月，朱元璋"命安陆侯吴杰、永定侯张铨等率致仕武官往广东训练沿海卫所官军，以备倭寇"。[5]

洪武二十七年至二十八年，广东都指挥同知花茂奏设广东沿海

1　万历《漳州府志》卷33《镇海卫》，《明代方志选》第3册，台北：台湾学生书局，1965年影印本，第697页。

2　乾隆《镇海卫志》上卷《学校志》，《中国方志丛书》华中地方第493号，台北：成文出版社，1983年影印本，第60页。

3　乾隆《镇海卫志》下卷《艺文志》，第185页。

4　洪武二十七年间福建沿海卫所这样的大规模调戍行动，浙江也同样存在。例如浙江嘉靖《观海卫志》中载："国朝洪武二十年……初以余姚县居民戍守其地，县去卫不远，戍者多私归，廷命江夏侯更调福建宁卫旗军戍之，众心始定。……洪武二十七年，提调福宁卫原额旗军五千六百三十名。"参见嘉靖《观海卫志》卷1《建置》，慈溪市地方文献整理委员会编《慈溪文献集成》第1辑，杭州出版社，2004，第1、17页。

5　《明太祖实录》卷234，洪武二十七年八月甲戌。

图 1-1　明代福建沿海卫所分布

资料来源：张铁牛、高晓星《中国古代海军史》，八一出版社，1993，第 194 页。

二十四卫所，同时对原有卫所军伍进行调整。[1] 如花茂奏设广海卫，治所在广州府新会县南一百五十里，除了前、后、中、左、右等内五所固定配制外，又于阳江县东南沿海设海朗千户所，并将原隶属都司的香山千户所和新会千户所改归广海卫，从而将香山、新会、阳江等珠江口西面外围的水上防务统归于此。[2]

1　《明史》卷 134《花茂传》，中华书局，1974，第 3908 页。

2　嘉靖十年，再设新宁千户所，隶属广海卫。参见嘉靖《广东通志》卷 31《政事四·兵防》，第 758~759 页。

表1-4　洪武二十七年之后广东沿海卫所新设及调整情况

时间	府	新设		调整	
		卫	所	卫	所
洪武二十七年	潮州		大城千户所、靖海千户所		改潮阳千户所为海门千户所；将蓬州、海门千户所所城迁至濒海地区
	惠州	碣石卫	平海千户所、甲子门千户所		海丰千户所（原属惠州卫）
	广州	广海卫	海朗千户所		新会千户所、香山千户所（原直隶都司）
	高州	神电卫	宁川千户所、双鱼千户所		高州千户所（原属雷州卫）
	廉州			升廉州千户所为廉州卫	
	雷州		海康千户所、乐民千户所、海安千户所、锦囊千户所（属雷州卫）		
	琼州		清澜千户所、南山千户所（属海南卫）		
洪武二十八年	惠州		捷胜千户所（属碣石卫）		
			河源千户所（属惠州卫）		
	广州		连州千户所（属清远卫）		

续表

时间	府	新设		调整	
		卫	所	卫	所
洪武二十八年	廉州		廉州卫右千户所、中千户所；永安千户所（属廉州卫）		升钦州百户所为千户所，隶属廉州卫
洪武三十年	肇庆		阳春千户所（属神电卫）		

资料来源：嘉靖《广东通志》卷31《政事四·兵防》，第758~761页。

　　洪武二十七年对广东地方卫所系统来说是关键性的一年，除了濒海之地新设沿海卫所外，早先设立的卫所也在此时得以完善规制，如洪武十四年设立的东莞、大鹏千户所，其千户所城池要迟至洪武二十七年才修筑。也因此，明中叶以后文献记载这些卫所的初设时间时，往往与其调整或修筑城池的时间相混淆，常被视为洪武二十七年、二十八年才设立的。万历年间郭棐修《粤大记》即将下举洪武中期设立的千户所视为洪武二十七年方才设立：

　　　　东莞守御千户所，在东莞县治南，隶南海卫，洪武二十七年设。
　　　　大鹏守御千户所，在东莞县东南四百里滨海，隶南海卫，洪武二十七年设。
　　　　海丰守御千户所，在海丰县治东，隶碣石卫，洪武二十七年设。

钦州守御千户所，在钦州城内，隶廉州卫，洪武二十八年设。[1]

图 1-2　明代广东沿海卫所分布

资料来源：张铁牛、高晓星《中国古代海军史》，第 193 页。

经过洪武二十年到二十七年的努力，明王朝初步构建起一套海防体系：以沿海卫所为核心，以水寨、营堡、烽堠为前沿基地，陆上关隘之地则有巡检司把截缉私。[2]有明一代，福建都司所辖卫所

1　郭棐：《粤大记》卷 27《政事类·兵职》，黄国声等点校，中山大学出版社，1998，第774~778 页。

2　具体情况，可参见徐弘《明代福建的筑城运动》，台湾《暨大学报》第 3 卷第 1 期，1999；黄中青《明代福建海防的水寨与游兵》，《中国海洋发展史论文集》第 7 辑，台北：中研院中山人文社会科学研究所，1999；卢建一《从明清东南海防体系发展看防务重心南移》，《东南学术》2002 年第 1 期；等等。

二十五处，[1]广东都司所辖卫所六十七处。[2]卫所军额是固定的。万历《大明会典》中载：

> 凡卫所额军。洪武二十六年定，内外卫所军士俱有定数。大率以五千六百名为一卫，一千一百二十名为一千户所，一百一十二名为一百户所。……每一百户所设总旗二名，小旗一十名，管领钤束，大小相维，以成队伍。[3]

卫军中按照不同的原则可以有多种分类。首先，是按来源分类。例如福建漳州卫中，有所谓"正军""充军"之分：

> 军士之名有二，其抽丁垛集者谓之正军；犯罪谪戍者谓之充军。[4]

同时，在军额上专门对抽垛军和充军进行区分：

> 国朝漳州卫原额五所，旗军五千六百名，后调后所南诏守御，止有四所，旗军四千四百八十名。又有充发军在外。[5]

广东、福建属边海，充军也是整个明代卫所军伍重要来源之一，所以谪充军当不在少数。洪永以后，谪充军在福建、广东地方

1　另有福建行都司辖十处卫所。

2　万历《大明会典》卷124《兵部七·职方清吏司·城隍一·都司卫所》，第1784~1785页。

3　万历《大明会典》卷137《兵部二十·军役》，第1938页。

4　万历《漳州府志》卷7《漳州府·兵防志》，第140页。

5　万历《漳州府志》卷32《漳州卫·兵防志》，第688页。

卫所的比重应该是有所增加，且对卫所军士的身份、地位有所冲击。嘉靖《广东通志初稿》中言：

> 我朝天下卫所有守御之兵，有屯田之兵，兵数不足，则命民户三丁者垛集一兵，其二丁一丁者，辏为正贴二户，共垛一兵。民兵相兼，犹存古意。后来卫所兵缺，民之犯罪者俱问边远充军起解，则逃无一兵。[1]

其次，是按照军役区分。最常见的分类是屯军和守军。明代的卫所系统实行屯守分置，屯守有一定比例。一般而言，会典中言"军士三分守城，七分屯种。又有二八、四六、一九、中半等例。皆以田土肥瘠、地方冲缓为差"。[2] 不论边境、腹里，终归屯多于守。不过，福建、广东沿海卫所恰恰相反。《明太祖实录》和《明英宗实录》记载了福建、广东卫所旗军屯守比例的相关内容：

> （洪武二十八年夏四月）丁丑，诏增给福建新军月粮。先是广东诸卫新旧军士，其在内郡者守城屯种各居其半，其沿海屯种者十之三，守城者十之七。既而福建新军有诉月粮不给者，乃命有司增其数，俾屯种守城例如广东。[3]
>
> （正统八年四月己丑）广东都指挥佥事姚麟奏：沿海东莞等二十四千户所兵少，御备不敷，请撤原拨二分屯军就粮守

1　嘉靖《广东通志初稿》卷32《军制》，第536页。

2　万历《大明会典》卷18《户部五》，第329页。

3　《明太祖实录》卷238，洪武二十八年四月丁丑。

城，以固边围。[1]

沿海卫所设立的本意就是应对濒海频发的倭寇骚乱，所以屯守比例为屯三守七，卫军多发守城池、墩台、烽堠，以固海防，在某些田地稀缺的地方，如廉州并永安、钦州、灵山、石城四所就没有屯田之设。[2] 而后，广东进一步降低屯军比例，至正统八年（1443）时为屯二守八。潮州沿海的大城、靖海、海门、蓬州、澄海五个千户所中，除澄海所因是由潮州卫前所分派出来，所以屯守比例与内千户所同样是屯三守七外，其余大城等四所都是二分下屯，八分守城。[3]

就屯军而言，屯田一经划拨，即就屯而居。屯田的目的是使军卫系统能够自给自足。卫所屯军中，每军给屯地一分，官给牛具种子，课征一分屯田子粒。[4] 子粒的征收有定额，分正粮和余粮。正粮收贮屯仓（屯所仓库），听本军支用。余粮上交，供作本卫所官军俸粮。[5] 但事实上，宣德以后，卫所正军分屯制度已成具文，随着卫所军士的逃亡，各地屯军很快被抽调回城戍守，改由余丁下屯者比比皆是；[6] 各地屯田隐占、倒卖的情况更不胜枚举，屯田多有其名而无其实。宣德至正统年间，各地纷纷将卫所仓廒改归州县管理，正

1　《明英宗实录》卷 103，正统八年四月己丑。姚麟的奏请没有得到批准，户部建议把屯军丁多之家再摘拨正军守城，让余丁顶补下屯。所以广东沿海卫所屯守比例仍是 2∶8。

2　"廉州卫并永安、钦州、灵山、石城四所，原无屯田。"参见嘉靖《广东通志初稿》卷 32《军制·军需》，第 545 页。

3　郭子章：《潮中杂纪》卷 1《国朝文武官沿革》，第 11 页。

4　参见王毓铨《明代的军屯》，中华书局，1965，第 22 页。

5　王毓铨：《明代的军屯》，第 130 页。

6　参见王毓铨《明代的军屯》，第 55 页。

统六年（1441），福建各卫所仓亦改归有司管辖，[1]至正统八年，广东实行改制，在全国应属最晚。[2]如此，负责管理卫所仓廪的仓官改由州县官来委任，卫所官军的俸粮也变成需要通过州县官来发放。改制是在屯田已经严重缺额、不敷足用的情况下，让州县官为卫所官军的月粮负起责任，州县"民运粮"逐渐成为卫所军粮的重要来源。[3]

再次，就守城军的职能而言，各卫所因所在地域的不同而有所区别。除了守城、操练、拨外防守各处烽堠外，沿海卫所一般还有出海巡哨等任务，称为出海军，实行的是轮班制。具体执行是同水寨制度结合起来的。

在闽粤上下要冲之漳潮地区，卫所与水寨构成了明初的水陆防御体系。黄中青认为，明代海防的第一道防线，是在沿海的岛屿形成所谓的"水寨"和"游兵"。明初，福建沿海设置有五处水寨，分别是烽火门、南日山、浯屿、小埕和铜山。[4]

洪武年间，在漳潮海域的岛屿上设有漳州铜山水寨。万历《漳州府志》载：

> 铜山西门澳水寨。在铜山城西一里。洪武间设于井尾澳，

1　万历《大明会典》卷22《户部九·仓廒二·各司府州县卫所仓》："凡仓廒建置。宣德十年，令天下卫所仓并属府州县。惟辽东、甘肃、宁夏、万全、沿海卫所、无州县去处仍旧。……（正统）六年令福建各卫所仓改有司，各府县添设管粮通判、县丞各一员。"（第397页）

2　《明英宗实录》卷104"正统八年五月癸亥"条："改广东沿海各卫所仓隶各县。"

3　关于卫所仓改归州县管理的变化，有学者认为是因为屯田制度自宣德年间急剧崩坏，而朝廷对由卫所官军来负责屯粮催征已经不抱信心，所以才会有如此举措。卫所仓归并州县，所官俸粮由州县发放后，对卫所与州县的关系、"屯田"的"民田化"以及州县"民运粮"对军卫的补充等都有十分重要的影响。

4　关于福建沿海的水寨布防，可参见黄中青《明代福建海防的水寨与游兵》，《中国海洋发展史论文集》第7辑。

景泰间移今所。[1]

越过柘林湾，初期负责潮州海防任务的是洪武三年设立在海阳县苏湾都的水寨：

> 水寨城，在县南苏湾都白塔寺之右。洪武三年指挥俞良辅创筑。周围三百一十三丈八尺，立四门。凿池于内，置水关于西北隅，内通海港，自南而西转入水关，潴于池，以泊战船。[2]

寨卫协防，或者说，水寨汛防，是明初沿海卫所军队中出海军的季节性任务之一。如漳潮沿海交界玄钟所、大城所设立后，洋林、柘林等濒海要地均属这些卫所的在外烽堠，有卫所军士防守。汛期苏湾都水寨官军出海备倭兼哨柘林等地，"以春夏为期"。[3] 至于漳州铜山水寨，"额设战船四十只，岁调镇海、漳州、永宁三卫及陆鳌、铜山、玄钟三所官军撑驾出海，分班轮替，其把总卫总官亦照更代"。[4]

如按照《崇武所城志》中记载之明初福建浯屿寨船只的通例，则水寨巡哨船只也是从各沿海卫所调派而来：

> 旧为倭寇之害，十百户所设官船十只、快船二只，各编字号，在西门外西港边打造，今人呼其地为船场下。……百户朱，掌勇字六十号四百料官船一只。百户吴，掌勇字六十三号四百

1　万历《漳州府志》卷33《镇海卫》，第699页。
2　嘉靖《广东通志》卷15《舆地三·城池》，第366页。
3　嘉靖《潮州府志》卷1《地理志》，第20页。
4　万历《漳州府志》卷33《镇海卫》，第711页。

料官船一只。福字一百二号八桨快船一只。福字一百三号八桨快船一只。以上官船快船四只，俱在浯屿寨备倭，续调去玄钟所，后依旧改来本所防御。明初造船时，合各卫所编号也。[1]

明初闽粤沿海水寨的设置，乃依托沿海卫所体系为基础。赴水寨联合出海巡哨，正是沿海卫所正军军役的一部分，水寨指挥官员、军士及战船都来自卫所，与明代中期以后的水寨成为独立于卫所体制的营兵有很大的区别。

第三节　从在营军士到卫所军户：卫所人户管理的演变

濒海之地，沙汀弥望，海角峥嵘。高大坚固的卫所城池作为明王朝统治的象征，矗立于海滨零散的村落当中。卫所城池不仅仅是军事堡垒，更是军士日常生活的场所。随着明初军士在卫所落地生根，在明代特殊的卫所管理体制下，卫所城池逐渐容纳了越来越多既不在州县户籍也不在卫所正军名册的人口。

20 世纪 80 年代，顾诚先生指出卫所作为明朝两大疆土管理系统之一，独立于行政系统，管辖有大量不隶属于州县的人口和土

1　《崇武所城志·战船》，第 25~26 页。

地。[1]顾先生的论断非常富有启发性，影响深远，近年来，不少研究从区域史角度出发，将卫所发展置于更广阔的社会场景中，讨论卫所地方化及其与区域社会发展之关系。[2]同时，笔者也意识到，顾先生所论明代卫所体系成为明朝人户管理的另一套系统，本身就是一个历史过程，是经历了一系列制度调整及卫所地方化后的结果。卫所体系在明代是一套完整的军事管理机制，只有在厘清卫所体系相关规制和实际运作的基础上，才有可能进一步理解其在明朝疆域管理体系中可能扮演的角色和产生的影响。故而，笔者尝试先厘清以往学界较少讨论的明代卫所人户管理和卫学等相关制度的演变和影响，结合明初闽粤沿海军事体系的建立和运转思考沿海卫

1　顾诚：《卫所制度在清代的变革》，《北京师范大学学报》1988 年第 2 期，第 16 页。另可参见顾诚《明帝国的疆土管理体制》，《历史研究》1989 年第 3 期；顾诚《谈明代的卫籍》，《北京师范大学学报》1989 年第 5 期。

2　郑振满曾在数个演讲场合提及卫所地方化的视角。林昌丈、郑榕、谢湜、杨培娜、宫凌海等以东南沿海卫所为观照点探讨卫所与海疆治理、海防体系以及区域经济、社会结构形成之关系。参见林昌丈《明清东南沿海卫所军户的地方化——以温州金乡卫为中心》，《中国历史地理论丛》2009 年第 4 期；郑榕《户籍分野与身份认同的变迁——明清以来铜山军户社区文化结构过程的考察》，《中国社会经济史研究》2010 年第 2 期；谢湜《明代太仓州的设置》，《历史研究》2012 年第 3 期；杨培娜《谁的堡垒？——明代闽粤沿海卫所的民居化路径比较》，《国家航海》第 22 辑，上海古籍出版社，2019；宫凌海《控扼东南：明代浙江卫所与海洋管理研究》，上海人民出版社，2021；等等。对其他区域卫所地方化的研究，还可参见邓庆平《卫所与州县——明清时期蔚州基层行政体系的变迁》，《中央研究院历史语言研究所集刊》第 80 本第 2 分，2009；薛广平《明代山东沿海卫所与区域社会发展研究——以胶州湾西海岸地区的灵山卫为例》，硕士学位论文，中国海洋大学，2013；谢湜《"以屯易民"：明清南岭卫所军屯的演变与社会建构》，《文史》2014 年第 4 辑；赵世瑜《卫所军户制度与明代中国社会——社会史的视角》，《清华大学学报》2015 年第 3 期；郭红《明代卫所"民化"：法律·区域》，上海大学出版社，2019；宋怡明《被统治的艺术》；吴才茂《明代卫所制度与贵州地域社会研究》，中国社会科学出版社，2021；杜洪涛《戍鼓烽烟：明代辽东的卫所体制与军事社会》，上海古籍出版社，2021。赵世瑜和宋怡明（Michael A. Szonyi）主编的一部从区域社会史视角讨论卫所制度的论文集英文版已经出版，全面展示近年来这一研究取向的最新进展和学术潜力。Szonyi M., Zhao S., *The Chinese Empire in Local Society : Ming Military Institutions and Their Legacies*, Abingdon, Oxon, New York, NY: Routledge, an imprint of Taylor & Francis Group, 2021.

所与州县之关系，由此进一步把握卫所融入东南沿海社会发展的
轨迹。

关于明代卫所人户管理制度的讨论，以顾诚、于志嘉和张金奎
的研究最为突出。顾诚较早注意到明代多有如李东阳等属卫所军籍
身份的士大夫，他们在明代的社会生活中扮演着重要的角色，进而
引出卫所城池内生活有大量既不隶属军伍又不隶属州县的人口，他
们在谋生过程中可以通过以卫所为乡贯参加科举，进入社会主流，
卫籍让卫所成为一个独立于州县的地理单位。[1]于志嘉关于明代卫所
军士"在卫生根"政策的讨论奠定了我们理解卫所在地化或地方化
的制度性基础，其在关于明代江西卫所军役的讨论过程中，特别提
到卫所余丁在承应军役方面扮演越来越重要的角色，并说明在明中
叶赋役改革的大背景下，卫所内也出现杂差编徭的方式，[2]提醒我们
卫所内部人户组织可能是明代卫所在军事功能日渐衰弱下还能继续
运转的关键所在。[3]张金奎直接以卫所军户为研究对象，其书《明代
卫所军户研究》对明代卫所军制研究的薄弱环节，如卫所军户的形
成、组织、教育等诸多问题进行细致的考辨、梳理，为进一步全面
理解卫所人户管理体系提供了非常好的借鉴。[4]在前辈学者的基础上，
笔者认为明代卫所经历了一个从军营兵站到城堡性居民点的性质转
变，卫所人户登记、军役编徭和卫学等可视为促成这种转变的关键

---

1   顾诚：《谈明代的卫籍》，《北京师范大学学报》1989 年第 5 期。

2   参见于志嘉《明代江西卫所军役的演变》，《中央研究院历史语言研究所集刊》第 68 本第
     1 分，1997；《卫所、军户与军役——以明清江西地区为中心的研究》，北京大学出版社，
     2010。

3   李新峰进一步考辨史料中余丁、舍人、舍余等的区别，认为"总体而言，明代军官户下存
     在余丁，舍余主要用做军官户下舍人和余丁的合称"。参见李新峰《明前期军事制度研究》，
     第 282~302 页。

4   张金奎：《试析明初卫所军户群体的形成》，《中国史研究》2007 年第 2 期；张金奎：《明代卫
     所军户研究》。

制度性因素，力求在厘清制度的基础上结合区域社会经济发展，呈现明代闽粤沿海卫所的演变轨迹和内在逻辑。

　　张金奎考证了卫所军户群体的形成过程，认为明初大批主动赴卫所随军生活的军士亲属及其他因故滞留卫所的依附人口成为卫所军户的主要来源，此后随着明王朝对在卫军户政策的变动，到正统、景泰年间才初步形成了卫所军户这一群体。[1] 笔者深受启发，同时认为"卫所军户"这一概念本身也经历了一个从无到有的形成过程。明代军户一开始仅仅指在州县的军户家庭，明政府政策上将在营家庭称军户者，乃近于明中期之后。理解这一变化，必须将宣德直到正德嘉靖年间的一系列重要军政改革，包括携妻赴卫、调整原籍和原卫与调卫三者的勾补关系、清理附籍军丁及在卫户口登记等议题综合考虑，同时，还需引入对"卫学"等制度及其影响的思考，才可能对卫所军户的身份形成有更为完整的认识。

一　原籍与在营

　　明朝初年，军户差役由两部分组成：本户所出军丁在卫所服役及留在原籍地的人户帮贴在卫军士的军装、盘缠，同时听继军役，若本户在营军士有缺，则需要接受勾补。所以，在明代前期，官方文献中将军士们居住服役的卫所城池称为"营"，即"军营"之意，卫所军士之"家"仍在原籍。查检明初与军户管理相关的诏令政书，可发现"军户"都只是针对原籍地方隶属军籍的人户而言。如万历《大明会典》中所载明初军户优免条例：

1　参见张金奎《试析明初卫所军户群体的形成》，《中国史研究》2007 年第 2 期。

（洪武四年）又令各府县军户，以田三顷为率，税粮之外，悉免杂役，余田与民同役。七年，令山东正军全免差役，贴军免百亩以下，余田与民同役。[1]

此处"正军""贴军"，指的是垛集原则下的正军户、贴军户。洪武四年、七年的优免政策，都是针对州县军籍人户的差役而颁发。宣德四年（1429），明廷又"令各卫所军，每一名免户下一丁差役。若在营有余丁，亦免一丁供给"。[2]这道针对卫所军士的优免诏令中，"户下"是指其户籍所在，即州县原籍。其在军伍者称为"在营"，未见"户"的指称。

宣德八年（1433），河南南阳知府陈正伦陈请兵部"议定册一，颁诸天下军卫有司。凡军户，审问明白，开写父祖某于某年月日充某卫军，户有人丁，于实在下分豁在营若干，原籍若干，造册缴付上司，且自存备照，永为定规，以革宿弊"。[3]陈正伦呈请清理天下军户户籍的背景，是宣德以后卫所军士逃亡严重，又无籍可查，清勾困难。从陈氏奏议中可以看出，直至宣德年间，对"军户"的理解仍旧是州县有司所辖的军籍人户，其下再区分为"原籍"和"在营"，即对明初卫所军士而言，他们的户籍乡贯都在州县，他们在卫所服役，就是其在原籍州县的户（军户）需要承担的一部分差役。宣德八年这则清军政令的具体实施情况不明，但从行文看，仍当理解为是朝廷依靠卫所和州县对军籍的一次清理。作为地方知府，陈正伦提议清查行动的主体对象仍旧在州县，清查的目的是确

1　万历《大明会典》卷20《户部七·户口二·赋役》，第364页。
2　万历《大明会典》卷20《户部七·户口二·赋役》，第364页。
3　《明宣宗实录》卷104，宣德八年八月壬午。

保清勾能顺利进行。[1]

　　所谓"卫所军户"这一观念或者概念的形成，笔者以为应该是正统之后，随着在卫人口繁衍，政府对在卫余丁及在卫人口的管理观念和制度发生改变才逐渐形成。所以对于明初卫所人户，笔者更愿意用回史料中的"在营"一词。明朝初年，原籍与军卫人员之间联系紧密，在营军士隶属于军队系统，有相应的规制进行约束。在卫所与州县之间，明廷更关注军伍是否足额，以及原籍赋役是否得到保证。明初的卫所系统中，除了正军及应役军丁，其他可能居住在卫所城池内的人户并不在其关注和管理之列。而明王朝关于卫所人户政策的真正变化，正如于志嘉和张金奎已经注意到的，是在正统以后。[2] 在此之前，明政府对卫所中多余人丁的政策多有变动，大致仍以遣回原籍为要。[3] 直到正统元年（1436），新颁布的军政条例中规定：

> 各处起解军丁并逃军正身，务要连当房妻小同解赴卫着役，若止将只身起解，当该官吏照依本部奏准见行事例就便拿问。[4]

　　对此，于志嘉认为这是明政府的卫所余丁政策从"原籍主义"向"在卫生根"的重要转变，张金奎也认为："解军签妻令的出台

1　张金奎认为这是明王朝在卫所军户户口统计方面逐步走上正轨的标志。参见张金奎《明代卫所军户研究》，第 165 页。

2　参见于志嘉《明代江西卫所军役的演变》，《中央研究院历史语言研究所集刊》第 68 本第 1 分，1997；张金奎《试析明初卫所军户群体的形成》，《中国史研究》2007 年第 2 期。

3　参见于志嘉《明代江西卫所军役的演变》，《中央研究院历史语言研究所集刊》第 68 本第 1 分，1997，第 44 页。

4　正统《军政条例》，《皇明制书》卷 12，第 331 页。

表明明朝政府已经正式把军士在卫自我繁衍作为稳定卫所军伍的首
选，军士家属不再有被强制遣回原籍的危险。从此，卫所军户进入
了一个稳步发展的阶段。"[1]笔者同意于、张二位学者的理解，同时
认为不能将"解军签妻"令单独视之。查看正统元年《军政条例》，
与之同时出台的政策还有：

> 在京在外卫所官员多有军士事故，不将在营人等收补及将
> 见役军人因户下不供军装，妄作事故造册，一概勾扰，今次清
> 理官员按临去处，有告前弊，行移查勘。若有军在役及在营有
> 丁，卫所朦胧造报勾扰者，将经该官员具奏拿问。[2]

这一规定要处理的是两个问题。第一，在营有丁却不勾补，仍
行州县原籍勾扰；第二，"见役军人因户下不供军装，妄作事故造
册，一概勾扰"，这里的"户下"，指的是州县原籍军户名下，意指
州县军户不供给卫所军士军装，于是卫所官员就将州县原籍再行勾
补，造成重役，所以要求清军御史进行清理。

将上下两则材料联系起来，正统元年，在规定军士解往卫所
需连同妻小一体前往的同时，再次明确规定继军应先从在营人丁勾
补，一别此前直接将卫所军役与原籍挂钩。[3]这一规定的意义还在于，
在此基础上，卫所中的家庭将逐渐成为与州县原籍具有相同意义的
单位，卫所中"户"的观念将逐渐被认可。只是，这一时间的这些

1　张金奎：《试析明初卫所军户群体的形成》，《中国史研究》2007年第2期，第148页。

2　正统《军政条例》，《皇明制书》卷12，第333页。

3　宣德四年开始派清军御史行卫所清勾事务，其中要求对在营有丁，先行收补，不得随意勾
　　扰原籍："正军在营已有壮丁就收补伍，不许原籍勾取。"宣德《军政条例》，《皇明制书》卷
　　12，第328页。

规定，基本的出发点仍在确保在营有丁，军役得以充继。这是从军伍勾补的角度来考虑，而在关于卫所多余人丁的管理上，仍没有明确的管理措施。

二　附籍制度的变更

早期明王朝对卫所多余人丁的管理主要奉行遣返原籍的政策。[1]如宣德年间，依兵部右侍郎王骥奏请，诏令裁减军卫在营余丁人数：

> 军丁在营不得过二人，如有怙终不遣（按：即遣回原籍），及遣而不归者，御史、按察司治其罪。皆从其言，故有是命。[2]

但在具体实施过程中，地方卫所可能因为供养生计而允许多余军丁在卫所附近州县分房附籍。如四川松茂、小河等地"俱系极边，山僻地窄，无可耕种，各军所支月粮养膳不敷，以故丁多之家先于洪武、永乐间分房于成都等府州县附籍，种田纳粮，既当民差，又贴军役"。[3]

正统以后，明政府对待卫所人户的政策发生转变。正统元年"解军签妻"令的颁布将使在卫人丁大规模增加。那么，对由此增加的人口又实施怎样的管理？是否全部列入卫所管辖范围之内？又或者仍需要附近州县来承担责任？这就涉及卫所与附近州县的关系，尤其是关于附籍军户的管理问题。

1　参见于志嘉《明代江西卫所军役的演变》，《中央研究院历史语言研究所集刊》第 68 本第 1 分，1997，第 44 页。

2　《明宣宗实录》卷 100，宣德八年三月壬午。

3　《明英宗实录》卷 175，正统十四年二月己巳。

明代前期，在保证卫所正军额数和生活得以为继的基础上，将多余在卫人丁发回原籍，这是为保证原籍赋役供给，尤其防范为了躲避民差而影射闲住卫所的措施。卫所军士服军役，其月粮供给需仰仗屯田或州县民运粮的补给等。虽然朱元璋强调屯田对军卫月粮供应的重要性，但实际上，不同的地区屯粮供应情况极不相同，在土地贫瘠的边地或濒海地区，屯田很难维持军卫的生计，所以，某些卫所，如上举四川小河等地卫所，即允许军丁分房入籍州县纳粮当差，同时帮补军役。这种折中变通的办法，是否在别的地方也有实施？

万历《大明会典》中记：

> 弘治九年题准，洪武以来附籍造报军户，迷失卫分、未经解补帮贴者，就于附近缺军百户下收补。若明有卫分，曾经查解帮贴、见在军役不缺者，行查明白免解。[1]

可见，自明初以来，某些地方多余军丁的附籍是得到官员许可的。但是，一直到卫所人户登记等制度确立之前，明廷关于卫所余丁寄籍州县的态度都是摇摆不定的。从景泰元年（1450）到天顺八年（1464），政策就发生了很大的转变。于志嘉在《论明代的附籍军户与军户分户》一文中曾就此进行讨论。她认为在景泰元年的政令中，将寄籍军户"不分年岁久近，除该纳粮草仍于有司上纳，其人丁尽数发回军卫"，这是一次全国性的将卫所余丁全数纳入卫所管辖的政策。[2] 但若结合其他条文，则这一政策的解读还可

1　万历《大明会典》卷155《兵部三十八·军政二·清理》，第2167页。

2　于志嘉：《论明代的附籍军户与军户分户》，《顾诚先生纪念暨明清史研究文集》，中州古籍出版社，2005，第88~89页。

再推敲。关于景泰元年附籍政策的改变，嘉靖《军政事例》中如是记载：

> 余丁寄籍纳粮。官军户下多余人丁，有例除存留帮贴正军外，其余俱许于附近有司寄籍纳粮当差。中间有一家或三五人十余人，止用一二人寄籍有司，其余隐蔽在家，不分岁久近，除其该纳粮草仍于有司上纳，其人丁尽数发回军卫。景泰元年令。[1]

万历《大明会典》表述更为清晰：

> 凡清查寄籍。景泰元年，令官军户下多余人丁，有例除存留帮贴正军外，其余俱许于附近有司寄籍纳粮当差。若一家有三五人、十余人，止用一二人寄籍有司，而将余人隐蔽在家者，不分年岁久近，除该纳粮草仍于有司上纳，其人丁尽数发回军卫。[2]

从条文看，则景泰元年是要求军卫多余人户，除了需要帮补正军的余丁外，其他的都要寄籍于附近州县应差纳粮。而于志嘉所引用和理解的内容，其实是为了惩罚那些隐蔽人丁的人户才将之发回军卫（承充军中诸役）。

天顺三年（1459），直隶保定府容城县丞姜耀奏称：

1　霍翼：嘉靖《军政事例》卷1，《北京图书馆古籍珍本丛刊》第51册，书目文献出版社，1988年影印本，第510页。

2　万历《大明会典》卷155《兵部三十八·军政二·清理》，第2167页。

各布政司并直隶府州县人民，多有人洪武年间垛充附近卫所军役，其户下有五六丁、八九丁者，畏避民差，俱役军卫，影射闲住。有续生儿男听瞒不报籍册，或全附本卫，民户空缺。后因人户浩大，趁于有司占种民间地土，及至有司征催粮草，却称军余，不服催办，以致军不随伍，民不当差，两相躲避，深为未便。乞行清军监察御史、按察司、府州县并各该卫所从实查勘。但系官军户下，照例存照一二丁帮贴军役，其余人丁尽行发回有司，应办粮草差等。[1]

洪武年间的编金军卫法中，对以抽丁垛集为兵源的军伍一般实行附近分配原则，姜耀这一奏疏针对的正是这些居住在卫所附近的垛充军户，其户下有多余人丁影射闲住在卫，不办民差，而后有续生儿男亦不入册籍，购买民田，则不办粮草，躲避军役民差。故而，姜耀呈请存留"一二丁帮贴军役，其余人丁尽行发回有司，应办粮草差等"。按，明代的入籍附籍，都是要使户口与田地结合起来，登记在官府的册籍当中，就意味着承担供纳赋役的义务。[2] 姜耀这一主张，是希望能将卫所的多余闲住人丁重新纳入州县的赋役体系之中，实际上跟上引景泰元年的政令一脉相承，故而得到英宗的认可。

不过，明政府鼓励附籍的态度在天顺八年发生了很大的转变：

天顺八年，令在营官军户丁舍余，不许附近寄籍，如原籍

1　《皇明条法事类纂》卷 24，刘海年、杨一凡总主编《中国珍稀法律典籍集成》乙编第 4 册，科学出版社，1994，第 1047~1060 页。

2　参见刘志伟《在国家与社会之间——明清广东里甲赋役制度研究》，第 62 页。

丁尽，许摘丁发回。[1]

　　于志嘉将这则材料理解为"军户余丁不可寄籍有司改当民差，并非不允许有产军户附籍有司办纳粮差"。[2] 意味着明政府欲使附籍军户在州县纳粮，但该当军差。但如果这样做可能更进一步引发规避差役的现象。如嘉靖《惠州府志》中所载长乐守御千户所"富军收买民田秋粮几二百石者，多以女口寄籍畸零避差"。造成州县里甲赔累。[3] 对于州县官而言，军丁不属有司管辖，但是一旦置买民田附籍，则应"执役如王民"。[4]

　　此外，参照《皇明条法事类纂》中所录天顺八年直隶巡抚章瑾的奏折，或可对天顺八年的这一重大变化进行补充。章瑾如是说：

　　　　天下卫所官军百户舍余，俱系在营生长儿男，晓识兵旅，实勘相兼官军操守城池。若依县丞姜耀所言，止存一、二丁在营，其余尽行发回有司，不无卫所空虚。要行仍照原奉敕书内事理，将天下卫所舍余原在营者，尽留在营，照旧差操。如是原籍丁尽，粮差无人办纳，明白移文军卫，于空闲户内取发一丁，连当房家小回还承办粮差。其民间户人亦不许冒役军卫，影射民差。

　　章瑾以"在营生长儿男，晓识兵旅，实勘相兼官军操守城池"为由，反对将多余人丁发回州县。章瑾这一奏疏正反映了卫所余丁

1　万历《大明会典》卷19《户部六·户口一》，第350页。

2　于志嘉：《论明代的附籍军户与军户分户》，第89页。

3　嘉靖三十五年《惠州府志》卷5《地理》，《天一阁藏明代方志选刊》，上海古籍出版社，1961年影印本，第37页a。

4　嘉靖《兴宁县志》卷3《屯田》，《天一阁藏明代方志选刊续编》第66册，上海书店，1990年影印明嘉靖刻本，第1137页。

在军卫系统中扮演的角色日重的现象（后详）。其主张得到当事者的认可，要求：

> 行移在京在外军卫，着落当该官吏，今卫所官军户丁舍余，俱要尽数查出，造册备照，令常川在营，选练精壮者，相兼官军操守城池，并下屯种田。其软弱者，津贴军装，应当杂差，不许于附近有司寄籍影射，亦不许原籍有司滥取。如果原籍有司丁尽，粮差无人办纳，明白申达合干上司，查勘是实，方许转行该卫，除应继军外，于空闲丁内摘取一丁，连当房家小发回原籍，办纳粮差（听继军役）。其原籍生长人丁亦不许冒投军役，躲避民差。[1]

章璜这番奏议正指出当时卫所系统中日益严重的看似矛盾的现象：一方面卫所正军逃亡，军额锐减；另一方面卫所人口大幅增加，在卫人员日益复杂。此时卫所军伍管理制度仍旧延续明初的"一军一役"，其标准即以"祖军"为据，故而在卫有大量非正军人员，原则上无须直接继承军役。这就是州县所认为的卫所影射闲住人员。但事实上，宣德正统以后，随着正军额数急剧缺失，越来越多余丁被征发，或为屯军，或为征操军，卫所杂差更主要是由余丁来完成。[2] 因为管理上的无序，卫所余丁的隐占现象越来越严重，而多余人丁也可以利用州县与卫所之间的间隙来隐蔽户口、躲避差役。景泰到天顺年间关于军卫附籍法的重大转折，某种程度上反映的是明代正统以后，随着州县里甲户籍制度的逐渐崩坏及卫所军额

1　《皇明条法事类纂》卷 24，第 1047~1060 页。

2　参见于志嘉《明代江西卫所军役的演变》，《中央研究院历史语言研究所集刊》第 68 本第 1 分，1997，第 28 页。

的流失，州县与卫所在关于卫所多余人户管理权上的争夺。而后，卫所的户口登记和人户管理体制逐步确立、完善。

三　卫所户口册的编造与军卫编徭

明代卫所系统在成化、弘治之前并没有完整、清晰的关于在卫人户的管理政策。其在明代中期以前，关注的主要仍是正军军额的问题。其对在卫多余人丁的管理，一开始是将责任寄于州县：洪武初年以原籍州县为主，将多余人丁遣回原籍，让原籍州县来对多余人丁、原籍军户一体管理；正统元年以后则主要鼓励多余人丁寄籍附近州县，形成较大规模的州县寄籍军户。此后，随着卫所军伍缺额及在卫军役增加，卫所逐渐取回对卫所多余人丁的管理权，不再鼓励州县附籍制度，同时明确卫所户口册的编造，对卫所在卫人丁进行登记管理。这些制度转变是以明代整体赋役制度改革为背景。

洪武十四年（1381）天下大造黄册。洪武十六年（1383）九月，朱元璋"命给事中潘庸等及国子生、各卫舍人分行天下都司卫所清理军籍"。[1] 洪武二十一年（1388），"令各卫所将逃故军编成图册送本部照名行取，不许差人"。所谓逃故军文册，应该就是后来清勾文册的前身，以应勾军之需。同年十二月命兵部置军籍勘合：

> 遣人分给内外卫所军士，谓之勘合户由，其中间写从军来历、调补卫所年月及在营丁口之数，如遇点阅则以此为验，其底簿则藏于内府。[2]

1　《明太祖实录》卷 156，洪武十六年九月戊辰。
2　《明太祖实录》卷 194，洪武二十一年十二月庚午。

在没有更具体材料的情况下，可以理解为这是朱元璋了解、掌握卫所旗军及在营丁口数的措施，目的是确保卫所军额的稳定。但是，洪永之间卫所军伍因战事或卫所体系的调整而频繁调成，军籍统计的实施情况并不乐观。正如宣德八年河南南阳知府陈正伦所言：

> 天下卫所军士，或从征，或屯守，或为事调发边卫，其乡贯、姓名诈冒更改者多，洪武中二次勘实造册，经历年久，簿籍鲜存，致多埋没，有诈名冒勾者，官府无可考验虚实。[1]

如陈氏所言，明代前期除上举洪武十六年、二十一年清查天下卫所军籍之外，此后的卫所军伍已经长时间没有清理、统计，明王朝针对卫所旗军乃至卫所人户的管理并不清晰。

研究明代黄册制度的学者均同意，除了州县里甲黄册之外，其他特殊户类，如军、匠、灶等，还另有册籍，但是因为材料的缺乏，其他户类册籍的具体开造时间并不清楚，如专门登录州县军户的军黄册，其名称起于何时就存在争议，[2]也有将州县军黄册与卫所旗军文册等混同的情况。[3]

事实上，洪武二十一年，朱元璋还令各府州县类造军户文册，应该就是后来之军黄册。[4]军户文册是由府州县类造，其内容包括了原籍军户的"姓名、贯址、充发缘由、编调卫所"等项。[5]遇有卫所

1　《明宣宗实录》卷104，宣德八年八月壬午。

2　于志嘉：《明代军户世袭制度》，第87页。

3　参见韦庆远《明代黄册制度》，中华书局，1961，第56页。

4　参见万历《大明会典》卷155《兵部三十八·军政二·册单》，第2170页。

5　范景文：《南枢志》卷90《奏造有司格眼图册》，《中国方志丛书》华中地方第453号。

勾取，则将卫所修造的逃故军文册与州县的军户文册相互类比，"按籍起解"。[1] 这就是笔者在前文中强调的，明初朱元璋所设立的卫所体系，是建立在卫所与州县之间紧密结合的基础上，尤其是在关于军户的管理和军伍的维持上，州县里甲体系被赋予了很大的责任。

正统以后，随着卫所人户政策的转变，卫所越来越重视在卫人丁的管理问题。一方面，军士逃亡的现象严重，军额空缺，景泰、天顺年间关于附籍政策的变动和调整，使卫所逐步将在卫多余人丁纳入管理系统中；另一方面，因为明代的卫所军士调卫、寄操等现象十分突出，原卫往往成为后调卫所的"原籍"，军役的勾补更加复杂，所以，厘清卫所人口成为清理军伍、保证军源的迫切要求。

正统七年（1442），兵部即曾奏准，"令在京在外各该卫所将官军随营舍人余丁逐一取勘，造册送部备照。遇有警急，官军调遣不敷，令其相兼守城"。然而，从景泰年间兵部尚书于谦的奏疏中就可以知道饬令并未得到很好的遵行。土木之变后，明王朝卫所编制遭受极大打击，尤其是北边和在京都司卫所军伍数目锐减，于是，景泰元年，于谦着力佥选卫所空闲余丁补入军伍，要求对在京各府卫所"达官家下弟男子侄"俱行开报召募，同时让各地卫所将"概有旗军随营余丁并见任带俸官员伯叔不分弟男子侄女婿义男大小口数、公差、见在"，要将年岁姓名总数全部查勘造册，而后即奉圣旨务要"原伍不缺，余丁数有清，切易为调用"。[2]

于谦的奏议是否得到执行，目前并无明确的史料加以证明。不过，到了成化元年（1465），陕西巡抚史项忠奏称各边官军户口文册

1　万历《大明会典》卷 155《兵部三十八·军政二·册单》，第 2170 页。

2　参见于谦《忠肃集》卷 7《杂行类》，景泰元年九月初一，"兵部为军务事"，《景印文渊阁四库全书》第 1244 册，第 242~244 页。

一年一报过于烦费，[1] 似乎说明至少在防务紧切的边地卫所，卫所官军户口的统计已经开始按要求实行，但其他地方的情况则未见记载，《大明会典》也没有登录。成化十一年（1475）令天下卫所攒造"旗军文册"：

> （成化）十一年题准，各处清军御史，及兵部委官，督各卫所将原管旗军不分见在、逃故，备开充军改调来历，并节次补役姓名，每布政司、每直隶府攒造一处，各一样二本送部，一本存留备照，一本送御史查对。……又令各处清军御史将兵部发去各卫所造报旗军文册对查军民二册，以防欺隐，其册府州县各誊一本备照。[2]

旗军文册的攒造，主要应对的还是军伍补役的问题，明确旗军之数以及保证军役的为继。

弘治五年（1492），适逢大造黄册之机，浙江浦江县知县王珍重造《建言类卫文册》，一共四册，分别为"有司充发解补来历"、"有司在籍丁口数目"、"卫所充发继补来历"和"卫所在营丁口数目"。[3] 最后一项会否是地方州县官员自行编造的本地卫所在卫人丁户口册？从上下文推测，王珍非常着意各类册籍的编修，目的是应对日益繁重的军、匠、夫马、民壮等各类差役。军户的在营丁口数目关系到州县需要承担的清军任务，王珍有没有可能、是否有权力对本地卫所的在营丁口进行登记呢？因为未见具体内容，难以遽下判断。不过全国性大规模编造卫所户口册，是在弘治时期。《大

1　参见《明宪宗实录》卷 19，成化元年七月丙寅。

2　万历《大明会典》卷 155《兵部三十八·军政二·册单》，第 2170 页。

3　嘉靖《浦江志略》，《天一阁藏明代方志选刊》，上海古籍出版社，1963 年影印本，第 15 页 a。

明会典》中将"军卫造报户口文册"系于"以弘治十五年（1502）为始"。

万历《大明会典》如此记载：

> 凡军卫造报户口文册，以弘治十五年为始，每五年一次，不分官军，照例将祖贯、充发、改调、升除始末及户口明白开报。每卫于一千户所后，每守御所于百户所后，明开先于某年月日造报，及今某年月日重造。[1]

同时，对寄籍军户也进行清理，实际上就是以祖军为户主，清理各房支派：

> （弘治）十六年题准，凡官军舍余，不许于附近有司寄籍，清军官尽数查出，每卫所造册一本，差人送各卫所，造入户口册内，令其常川在营差拨。若寄籍年久，该征粮草数多，量留一二丁在有司办纳，在营所生儿男，除已纳粟济边、充承差吏典知印外，以后参充、规脱军伍，卫所申呈本处清军巡按处查提问罪。寄籍人丁，责限解卫，守取收管缴照。若原先寄籍，不系在营所生，止许行文查勘，著令在彼听继帮贴。[2]

户口册的出现，可视为对卫所军户户籍的正式承认，在万历《大明会典》中，即列为"事产户籍"之类目。正德六年（1511），进一步规范户口册编造的格式：

1　万历《大明会典》卷155《兵部三十八·军政二·册单》，第2172页。

2　万历《大明会典》卷155《兵部三十八·军政二·清理》，第2167页。

　　　　正德六年题准，凡造格眼图册，每一军户，限以两行。每
　　行十格，每格十年，备填各军贯址、充调、来历、子孙支派。
　　上自洪武十四年起，至正德七年止，用坚白纸造完，一本送
　　部，司、府、州、县各存一本备照。待后十年攒造之时，两行
　　填满，益以三行，不许挨退远年格眼。[1]

　　此次卫所军户户口册的编造是从洪武十四年开始的，正表明此
前并没有如此明确规范的卫所户口文册。

　　那么，是否可以说，至此卫所中的人户也开始有了户籍登记？
卫所户口册的编订对于明代卫所制度的发展具有什么样的意义？事
实上，居住于卫所中的大量余丁，除了部分需要承服军役之外，他
们的生计方式与州县人户并无差别，充吏、出外为商、业儒、业艺，
甚至投兵者均有之。他们无须编入州县差徭，卫所也没有对应的管
理制度，所以，在某种程度上，或者说他们是处于州县与卫所军伍
之间的"无籍之民"。当然，在参加科考时，他们是可以以卫所军籍
作为籍贯上报的。故而，笔者认为，卫所户口册的编订，首先是为
了进一步确保军役的承继。在正德、嘉靖之后，大量余丁被编入正
伍当中，补充正军缺额。其次，编订户口册也是对在卫人口进行一
番整理、确认，在此过程中，一批原先身份模糊的在卫人员被登记
入册，再通过保甲或其他方式编制、组织起来，成为地方官员得以
掌握的人户。嘉靖年间谭纶在浙江整饬兵备时，即以核查各沿海卫
所人户为首任，建议"先核城中街巷计有若干，每街每巷共有门面
若干，户分格眼纸一张，谕令自开：房屋几间、男妇几口，某系精
壮，某系老弱，至于釜灶床铺若干，亦俱实开，贴于大门上"，如

1　　万历《大明会典》卷155《兵部三十八·军政二·册单》，第2172页。

此，再派官旗"沿街履户"，比对"户口文册"核实。又见成书于嘉靖二十一年（1542）、续修于崇祯年间的《崇武所城志》言：

> 城内人丁，除征操、墩陆、巡捕、直堂、把门、跟官、看所等役，并屯军纪录老疾不差外，余各有差。遇有警息，不论官军民户人等，及乡绅举监生员子弟，当依垛子编号之处，协齐固守，盖缓急存亡关系之秋，无贵贱，一也。[1]

可见，在明代中叶以后军事日重的沿海地方，卫所人口的清查和编役成为当地卫所得以继续存在的重要因素。嘉靖末年，劳堪在其《抽丁说》中如是道：

> 夫莫非王臣，天地之大分也；以籍为定，国家之永制也。……卫所之丁与州县之丁，一也。州县之丁有庸，卫所之丁有杂役，一也。州县之丁，庸也有则，卫所丁之杂役也无则，政之不一也。州县之丁有籍，卫所之丁无籍，政之大不一而于理大不通者也。夫十年编籍，制也，州县行之，卫所则否；三年均徭，亦制也，州县行之，卫所则否。夫不编籍则名姓不登于版图，自天子不得以知其数；不均徭则产业不较其盈欺，其长又乌得而差别之？故曰：政之大不一而于理大不通者也。……欲其一，则十年之编，卫所宜与州县同也；欲其通，则三年之徭，卫所亦宜与州县同也。[2]

1　《崇武所城志》，第 22 页。

2　《古今图书集成·经济汇编·戎政典》卷 62《兵制部》，中华书局、巴蜀书社，1985，第90965 页。

　　劳堪建议把州县编审（即编籍）均徭制度引入卫所，改变卫所世袭制度，借以使卫所足军足饷，减少州县的困难。劳堪的主张并非一人之见，军卫的编徭也不是嘉靖末年才开始的。正德元年（1506）已可见官员们关于军卫均徭的讨论。顺天巡抚柳应辰说顺天一带"军卫均徭当出余丁，近年兼派正军，奸弊难稽"，应该总括当用之役均派现有之丁。[1] 万历《大明会典》中记录，嘉靖十七年（1538），令辽东等边地卫所，"徭役照依腹里地方，五年一次审编"。[2] 到了隆庆六年（1572），经郧阳巡抚凌云翼题准：

　　　　行令各巡抚都御史及清军御史，遇民间审编均徭之年，选委贤能有司官，会同各该卫所掌印官，将各卫所均徭悉照民间事例，参以旧规、人情，酌量人丁贫富，清审编派，毋得偏累正军。中间有旧规未善，应该剂量调停者，即为区处，勿止沿袭旧套，苟且了事。如有违误者，悉听巡抚、清军官指名参究。[3]

　　可见，在军卫户口登记制度实施的基础上，隆庆六年，军卫参照民间事例均徭成为天下通例，不过实施过程中，也不免要照顾"旧规、人情"，不敢贸然强制推行。而后，庞尚鹏在清理北边榆林等地卫所屯田时多推行条鞭之法。[4] 而在沿海地区卫所，亦有军需军役编派折银的痕迹。嘉靖十四年（1535）任广东巡按御史的戴璟在整饬广东沿海卫所军伍时，认为卫所需索频繁又规制未定，致使军伍空虚：

1　参见《明武宗实录》卷19，正德元年十一月乙酉。

2　万历《大明会典》卷20《户部七·户口二·赋役》，第363页。

3　谭纶等辑《军政条例》卷7"审编丁差毋得偏累"，转引自于志嘉《明代江西卫所军役的演变》，《中央研究院历史语言研究所集刊》第68本第1分，1997，第35页。

4　参见庞尚鹏《清理延绥屯田疏》，陈子龙等辑《明经世文编》卷359《庞中丞摘稿三》，中华书局，1962，第3872~3873页。

况夫炎海武弁大半弃捐屯锥，是故遇有锱铢，费用遂开，倍莅科条。旦或征之正军屯余军吏，而甲乙顿殊，或取之屯田、铺店、地租，而赢缩互异。盖各色之规制未定，故千方百计以敢肆钻求，每年之侈糜颇繁，乃月铢岁锻，而自安饱沃，较之浙江例额加倍，谁之咎哉？致令军士半伍空虚，亦可悲矣！[1]

于是戴璟将一年之中卫所所需之制册、军器火药、军卫祭仪等费用核定编派，确定各卫所每年各项派银总数及出银定例。如广州南海卫等卫所，"地租余田花利数多，足发一年各项使用者，不许复派屯军余丁，此外复有多余银两，仍申合干上司及附近府县收储。如隐蔽不发不申，即系侵欺，许军人具告"。[2]而在屯田数少的卫所，例如廉州、雷州等卫，则于卫所实在舍余中按丁派银。[3]

除广东之外，其他沿海省份卫所亦有条鞭折银者。如乾隆《威海卫志》中载：

有编审纳银者，名曰银差，有选充牢役军伴屯催书记者，名曰力差。先年法久弊生，世官易作威福，多拣殷实充役。万历四十七年掌印指挥董殷鉴前非，据阖卫公呈通详各宪，额定条鞭审差，照三则纳银，牢伴等役额给工食招募，卫人以安。[4]

1　嘉靖《广东通志初稿》卷31《军制·军需》，第537页。
2　嘉靖《广东通志初稿》卷31《军制·军需》，第545页。
3　嘉靖《广东通志初稿》卷31《军制·军需》，第545页。
4　乾隆《威海卫志》卷4《食货志》，《中国地方志集成·山东府县志辑》第44册，凤凰出版社，2004年影印本，第88页。

《崇武所城志》中也记载了海防日炽、军需孔急时对卫所军户支派的清查：

> 军之支派移居乡村，隆庆间总兵戚公查点，给由每丁，令每年纳银三钱，收储官库，此民丁法也，后因科及在城人丁，方行告罢。[1]

移居乡村的支派，无论附籍与否，都被戚继光清查出来纳银，可以推测大概就是代替其在城的差役。后来戚继光还打算对在城人丁也一体征收，但遭到反对，未果。由此也可见，卫所对其下人户的清查和登记，是有赋役上的考量。

四　卫学的设置及其影响

随着形势日变，明代卫所系统中军士与原籍日渐分离，卫所中不需要直接与军役联系的人户越来越多，卫所城池有日渐民居化的趋势（后详），生员日广，那么，将卫所作为户籍所在也就变得非常必要。其中，卫学的存在加速了卫所作为户籍身份认同的进程。

笔者管见，专门研究明代卫学制度的论著有陈宝良的《明代卫学发展述论》和蔡嘉麟的《明代的卫学教育》，[2]张金奎《明代卫所军户研究》也涉及卫学的设立、师资和经费等问题。[3]近年来卫学的专

1　《崇武所城志》，第 23 页。

2　陈宝良：《明代卫学发展述论》，《社会科学辑刊》2004 年第 6 期；蔡嘉麟：《明代的卫学教育》，硕士学位论文，台湾文化大学史学研究所，1998，该文收入《明史研究丛刊》之三，明史研究小组，2002。

3　参见张金奎《明代卫所军户研究》，第 254~274 页。

论文章略有增加，不过学者关注的问题多为地方卫学设置的缘由、过程、经费来源以及对地方教育的影响。[1]论者多从卫学的建置沿革、卫学教育的规制等方面进行论述，并主要从卫学的育才养士和安边化民等角度来评述卫学的功效。笔者认为，卫学不仅具有卫所系统中文化教育的意义，还应结合明代卫所人户管理体制的转变、卫所作为户籍登记单位的逐步实现以及卫所与地方社会的关系来进一步思考明代卫学的影响。

1. 卫学的设置沿革

明代卫学的发展经历了几个重要的阶段。洪武十七年，朱元璋先后令地处边地的岷州卫、辽东都司等设立儒学。[2]对于此举，朝廷中有持异议者，认为边境无须建学。朱元璋专门解释强调在边地卫所设立学校的重要性：

> 武臣子弟久居边境，鲜闻礼教，恐渐移其性。今使之诵诗书、习礼仪，非但可以造就其才，他日亦可资用。[3]

此后，又因边塞之地鲜有儒者，"岁时表笺乏人撰书，武官子弟多不识字，无从学问"，于是相继又有大宁都司、陕西行都司等儒学的设立。[4]

洪武年间在边塞之地设立都司儒学的最直接的目的，显然是循

1　如孙兆霞、雷勇《在国家与地方社会之间——基于贵州明代卫学社会影响的考察》，《教育文化论坛》2010 年第 5 期；郭红、王文惠《明代贵州卫学与地域文化》，《贵州文史丛刊》2016 年第 4 期；张程娟《明代镇海太仓卫学教育发展初探》，《苏州教育学院学报》2020 年第 6 期；黄新宪《明清时期的莆田平海卫学探讨》，《海峡教育研究》2017 年第 1 期；等等。

2　《明太祖实录》卷 167，洪武十七年闰十月辛酉。

3　《明太祖实录》卷 168，洪武十七年十一月庚午。

4　参见《明太祖实录》卷 204，洪武二十三年九月丁酉；卷 236，洪武二十八年正月庚子。

化"武臣子弟"，教其读书识字、诵习礼仪，以保证卫所武职质量。
此时设立的儒学没有廪膳，没有贡额，未见任何科举上的考量。[1]从
功能而言，这些都司卫学更类似于社学而非州县儒学。故而，在明
人观念中，明代卫学的真正设立，乃在宣德正统之后。陆容《菽园
杂记》中如是说：

> 本朝军卫旧无学，今天下卫所，凡与府州县同治一城者，
> 官军子弟皆附其学，食廪岁贡，与民生同；军卫独治一城，无
> 学可附者，皆立卫学，宣德十年，从兵部尚书徐琦之请也。其
> 制，学官教授一员，训导二员，武官子弟曰武生，军中俊秀曰
> 军生。卫学之有岁贡，始于成化二年五月，从少保李公贤之请
> 也。其制，每二岁贡一人，平时不给廪食，至期，以先入学者
> 从提学御史试而充之。[2]

陆容大致将明代卫学制度演变中的两个重要阶段描述出来了，
但是实际情形远较之复杂。

陆容以天下卫所普设学校为宣德十年（1435）兵部尚书徐琦所
请立，此说多为后人所采信。考《明实录》，则宣德十年徐琦为南
京兵部右侍郎，正统十四年方升任南京兵部尚书。[3]当然，或不排
除陆容将徐琦后任官职标记于前，但是《明史·徐琦传》中言，徐
琦于正统十四年进兵部尚书，时"军卫无学校，琦请天下卫所视

1　辽东都司军生可以选送参与科考，需在正统十二年之后。参见夏言《改便科举以顺人情疏》，
　　《南宫奏稿》卷1，《景印文渊阁四库全书》第429册，第415~416页。
2　陆容：《菽园杂记》卷6，《景印文渊阁四库全书》第1041册，第286~287页。
3　《明英宗实录》卷184，正统十四年十月甲寅。

府州县例皆立学，从之"。[1] 故，即使徐琦有设学之情，亦不在宣德
十年，陆容所记有误。有关宣德十年诏令，《明史·英宗前纪》载：
"（十月）辛亥，诏天下卫所皆立学。"当时正是九龄太子朱祁镇继
位不久，三杨（杨士奇、杨荣、杨溥）辅政时期。修于泰昌元年
（1620）的《礼部志稿》将此系年至正统元年：

> 正统元年，立天下卫所学校。时陕西按察司金事林时言
> 各处卫所官军亦有俊秀子弟，宜建学校以教养之，庶得文武之
> 才，出为世用。从之。[2]

宣德十年与正统元年相隔仅数月，是一事两记，还是分别有
两次关于卫所建学的诏令，尚且存疑。可以肯定的是，正统元年之
后，内地、边海等地亦有卫学之设，突破了原来仅在边塞的限制。

正统元年，明廷多有整饬军政、学政之举。学政有提学官的设
立，军政则正处于朝廷改变对在卫人户管理制度的关键时期，设立
专职清军御史和开设卫学同为明廷整治军政的举措。正统以前，军
中有好学子弟，或附于附近州县入学，或返回原籍参加科考。正
统元年的军政改革中，明廷已将卫所在营人口作为军伍来源的首要
选择，故而，如何稳定在卫人丁成为必须解决的问题。卫学的设
立，使所有在卫官军子弟都有机会就近入学、参加科考，让日渐增
多的在卫余丁拥有更多进阶仕途的可能，而且，卫学军生本身可免
差徭征发，是故，"命既下，四方才武之士，莫不欢悦鼓舞，遣子入

1　《明史》卷 158《徐琦传》。

2　俞汝楫纂修《礼部志稿》卷 70《学校备考·儒学·建卫所学校》，《景印文渊阁四库全书》第
　　598 册，第 175 页。

学"。[1] 方志中记载此时地方卫学的设立往往是当地卫所人户的动议，如镇海太仓卫学、莆田平海卫学等。[2] 当然，也有申请但未能得到允准的，如漳州镇海卫学。[3] 卫学设立之初，规制并不完备，卫学生员"止许科举，不得食廪充贡"。[4] 卫学生仍必须通过与州县民生激烈的科考竞争才能进入正途，如此，则原先本属戍卒之徒的军生必处于劣势，于是，有时人哀叹："士之登有科而无贡，士之白首蹉跎还补伍者，在在而有。"[5]

变化的契机出现在成化二年（1466）。该年四月，甘肃巡抚徐廷章上疏奏边方事宜五条，其中一条建议是在边地卫学设廪膳生员，让军卫学生可以在科考之外"挨次岁贡出身，使人才不遗于边方矣"。[6] 然而并没有得到允行。五月，甚受宪宗器重的吏部尚书、华盖殿大学士李贤将奔丧途中所见民情利病上报给宪宗，其中提及：

> 天下卫学军生俱无粮廪，限以科举出身，以此不得效用，宜令巡按御史考其才学优等者，视县学例，以次岁贡，不堪者黜之……上皆从之。[7]

1　张益：《新建镇海太仓卫学记》，钱谷编《吴都文粹续集》卷7，《景印文渊阁四库全书》第1385册，第172页。

2　参见张程娟《明代镇海太仓卫学教育发展初探》，《苏州教育学院学报》2020年第6期，第48页。

3　乾隆《镇海卫志》，第60页。

4　《明宪宗实录》卷29，成化二年四月戊辰。

5　罗玘：《寿致仕指挥使倪公八十序》，《圭峰集》卷7，《景印文渊阁四库全书》第1259册，第96页。

6　《明宪宗实录》卷29，成化二年四月戊辰。

7　《明宪宗实录》卷30，成化二年五月癸未。

实际上，李贤之所以奏请天下卫所贡例，是得天津卫指挥的精心安排。罗玘《圭峰集》中收录其为天津卫致仕倪指挥使所作的寿序，提及此事：

> 宣德来，边卫渐置学，士之登有科而无贡，士之白首蹉跎还补伍者，在在而有，为唇齿羞然无如之何？成化初，李文达公入朝，过天津，公率士郊迎，首以为言，文达未之许也，既去，公又率士送于上，流踬泥淖，中言益恳，文达心动，入言之，由是卫学得贡士，实公始。[1]

李贤的建议得到了批准，于是规定"卫学照县学例，二年贡一人"。[2]

成化二年的政令中，一般卫学是两年一贡，至于边地的实土都司卫所则另有规定。恩贡时，卫学县学都可以一年一贡，不过都有一定的年限，一般以四年为度。[3]此外，如卫学科贡繁盛，亦可提请增加贡额。[4]

卫学岁贡的比例设立之后，卫学生员可免本身差徭，又可通过挨贡进入正途，学校在卫所军士心目中的作用就不一样了。有官员对此深感不安，担心卫学会变成军士舍余冗滥在学、隐射户役之所。于是卫所例贡诏令颁布后的第二年，礼部尚书姚夔等奏"修明学政十事"，其中专门言及卫学例贡：

1　参见罗玘《寿致仕指挥使倪公八十序》，《圭峰集》卷7，第96页。

2　俞汝楫纂修《礼部志稿》卷23《贡举·岁贡》，《景印文渊阁四库全书》第597册，第418页。

3　参见俞汝楫纂修《礼部志稿》卷23《贡举·岁贡》，《景印文渊阁四库全书》第597册，第418~420页；《明武宗实录》卷172，正德十四年三月辛亥。

4　参见《明孝宗实录》卷20，弘治元年十一月庚申。

卫学之设，盖欲令武士习读武经七书，俾知古人坐作进退之方、尊君死长之义，然中间亦有聪明拔伦之士，能通经书、有志科目者，听于科目出身，不使其有遗才。近大学士李贤奏准各处卫学军生照县学例岁贡，彼见岁贡易得，行伍难当，将纷然舍彼就此，则行伍缺而武备弛矣。[1]

卫所军伍缺额、武备废弛自然不是仅仅因为设立卫学就会造成，但也从侧面说明这是一条改变身份或往上流动的更为方便的渠道。甚至，因为卫所军生少于州县学生员，挨贡的概率更高，"又有以原籍弟侄亲族冒作舍余投入卫学者"。于是，姚夔建议：

宜定与则例，除两京武学外，在外卫学四卫以上军生不得过八十名，三卫不得过六十名，二卫一卫不得过四十名。若所在舍余无堪教养，不及额数者，不必足数。其生员二十五岁以下，考通文理者，存留；二十五岁以上，不通文理，悉皆退回营伍。仍听巡按御史并提调学校官严加考选，精别去留，若果无堪贡之人，不必起贡。原无卫学之处，不许添设，有司儒学军生寄名读书者，听与民生一体考选食廪，挨次岁贡，亦不得过二十名。……上是之，皆准行。[2]

姚夔等的建议得到宪宗采纳。成化三年（1467），为避免官军舍余利用卫学影射差役，对卫学军生和在州县入学的军生数目均做

1　《明宪宗实录》卷40，成化三年三月甲申。

2　《明宪宗实录》卷40，成化三年三月甲申。

出限定，同时规定，原先没有设立卫所的地方，不可以另加添设。至此，明代卫学的框架基本确定下来。不过，在具体实施过程当中，仍不时有若干政策上的调整或修补。

如成化年间虽然对卫学军生的额数和贡额都做了规定，但并没有明确廪膳生选拔制度，贡生选拔方式显得混乱，每年选贡之时，多有纷争。大部分卫学以入学年深者充贡，因此"军生既得入学，多不读书，苟岁考免于黜发，则计日得膺岁贡"。[1] 于是，弘治十七年至十八年（1504~1505），陕西提学副使王云凤、陕西督理马政都御史杨一清（曾任陕西提学副使）先后上书呈请"将天下都司卫所学校照府州县廪膳名数，从提学官考定储养，挨次起贡，号为挨贡名色，仍不食粮。该贡之年，照例考选，及岁考验其学问消长，以为去留"。"……如初考堪取挨贡不及前数，不必拘泥，止尽见在相应之人，余缺之，以俟来考。如此，既可振励人才，又不縻费粮饷。"[2]

卫学岁贡制度实施之后，在卫学中，因为没有廪膳增附等生员等级之分，于是岁贡就以年资为准，入学年深即可论贡，于是军生多不读书，"计日得膺"。但是如果采用州县廪膳之法，从廪膳生中考取岁贡，则边饷本来就不足，没有月粮可以供应廪膳，于是杨一清等建议在各都司卫所军生中设立"挨贡"名色，仍然不给食粮，但由提学考录，每年岁贡从"挨贡"中选拔。

这些建议起先并没有得到朝廷的认可。直到正德十年（1515），

1　杨一清：《处置军生岁贡》，杨一清：《关中奏议》卷6，《景印文渊阁四库全书》第428册，第146页。

2　杨一清：《处置军生岁贡》，杨一清：《关中奏议》卷6，第146页。

才开始在全国都司卫学中设立优等、次等生员等级。[1] 正如杨一清所奏，卫学廪膳有其名而未有其实，故而大部分地方卫学均需设法自行解决廪膳生的月粮等问题。

2. 军生民生

明代卫学的设立，其本意是方便卫所军伍子弟入学，果有科贡人才，则可使人才不致遗落，"其余纵不能一一成材，然亦足以变其性习，不数年间，礼让兴行，风俗淳美矣"。[2] 卫学之存在，首先是为了保证卫所军生的教育，进而也增加卫所余丁的生计之途。然而，并非所有军卫均可建学，邻近州县的卫所，其武弁子弟就教于州县，无须单独立学。[3] 如此，这些卫所官军子弟如有志举业，则需在附近州县或返回原籍入学。[4] 但是，这些进入州县儒学的军生并不能与州县民生享有相同的待遇，他们不能占有州县的生员名额，亦不能参加廪膳生员的选拔，这就意味着他们不能成为岁贡，其进入仕途的方式只能是通过与州县民生激烈的科考竞争，而且，往往易受到州县民生或者是州县官员的排挤。

正统十二年（1447），准许州县儒学于"生员常额之外，军民子弟愿入学者，提调教官考选俊秀待补增广名缺，一体考送应试"。但是廪膳名额，需至景泰三年（1452）才允许军生考取：

1　俞汝楫纂修《礼部志稿》卷24《儒学·选补生员》，《景印文渊阁四库全书》第597册，第439页。

2　《明宪宗实录》卷29，成化二年四月戊辰。

3　张益：《新建镇海太仓卫学记》，钱谷编《吴都文粹续集》卷7，第172页。

4　如明代福建镇海卫著名学者周瑛，其原籍为福建莆田。周瑛生于镇海卫，师从卫人陈真晟，但是当时镇海卫学尚未设立，周瑛回到莆田参加乡试，其景泰年间应试之时登记为镇海卫军生。参见弘治《八闽通志》卷55《选举》，第276页。

> 景泰三年，令各处军生许考补廪膳，照例科贡。[1]

成化三年，除了规定原先没有设立卫学的地方不准再添设之外，又将寄名州县儒学读书的军生数目限定为二十名，与卫学生员相同。[2] 正德六年（1511），明廷再次重申，如果本身所在卫所没有设立学校的，可以在府州县入学，由提学官提拔增补为廪生，可以参加科贡；但是，又进一步规定，如果本处已经设立有卫学，还跑到别处去入学，由提学官考核，合格者发回本学，不合格者则取消军生身份。所以，其实也可以看出，卫所军生如果在州县入学，就必定将州县生员的名额分流，故而卫所如有卫学者，军生只能入本学。[3]

此外，作为专门针对卫所军生而设立的卫学，首先要照顾的是官舍军余的入学挨贡等问题。而后，在若干地方，如江南的金山卫、太仓镇海卫以及福建的平海卫学等，亦允许卫所附近民生附入卫学当中。但是，这些在卫学就学的民生们，并不能享有与军生们对等的权利，他们就如同景泰三年之前就学于府州县学的卫所军生一样，"既无粮廪之资，又无岁贡之路"。[4]

3. 关于卫学影响的讨论

如前所述，在明初卫所人户管理中，除了应役军士及应袭子息有册籍登记之外，其他子孙并没有真正意义的户籍登记，所以，卫所军人的后代若要参加科考是需要回到原籍的，或者附于附近州

1　万历《漳州府志》卷6《漳州府·郡县学》，第123~124页。

2　参见前引《明宪宗实录》卷40，成化三年三月甲申。

3　《明武宗实录》卷77，正德六年七月丙寅。不过实际上，卫所军生附籍州县入学的现象也仍然存在。

4　朱瑄:《奏立州治疏》，钱谷编《吴都文粹续集》卷10，第246页。

县，但这常常跟州县本地生员存在瓜分学额的矛盾。所以，卫学的设立，对卫所系统的发展具有非常重要的意义。设立卫学之后，卫所军生不需要寄于州县入学；卫学有自己的学额，军生成功的概率倍增，甚至出现民户跑到卫所中冒籍参考的现象。总之，通过卫学系统，卫所军籍士绅的数量大增，对地方卫所地位的转变，乃至整个卫所制度的改革都可能产生重要的影响。如福建漳州府镇海卫，在正统年间申请建学，没有得到批准，卫所士人以路途遥远，于是私自开学，同时再三呈请设学，但是成化三年，明廷规定原先没有设立卫学者不准再行添设。事情的转机在成弘以后，镇海卫出身的士大夫如周瑛等人仕途官显，极力推动卫学之置，并最终在嘉靖三年（1524）如愿以偿，镇海卫学得以设立，镇海卫自此人文蔚兴，成为"文物之薮"。[1] 在此过程中，卫所作为籍贯的意义更加凸显，卫人的身份认同也由此得以加强。如嘉靖四年（1525），镇海卫学正式设立不久，镇海卫士人即请设立本卫乡贤祠，供奉对本卫文教学校贡献良多的大学者陈真晟和周瑛。在镇海卫人的观念中，镇海卫乡贤祠就如同于漳州府乡贤祠。[2]

张金奎在《晚明原籍军户生活实态浅析——以族谱资料为中心》一文中根据《明清进士题名碑录索引》进行统计，发现从永乐到弘治年间，军籍考生中榜的比例有较大的增长，认为这是军户地位发生改变的重要表现，而这一转变的重要时间点就是成化弘治年间。笔者认同张先生的观点，不过还注意到《明清进士题名碑录索引》中所提供的军籍考生户籍信息并不完整。明代中期以后，军籍考生的情况越来越复杂，参照《国朝历科题名碑录初集》中所载明

1　光绪《漳州府志》卷5《规制上》，《中国地方志集成·福建府县志辑》第29册，上海书店出版社，2000年影印本，第81页。

2　参见张岳《镇海卫乡贤祠碑记》，乾隆《镇海卫志》，第155~158页。

代军籍进士的籍贯，可以发现其内又分原籍和卫所军籍，成弘以后军籍进士数量的增加，其实很大部分是卫所军籍的增加。所以，理解明代军籍出身进士数量的变化趋势，可能还需要考虑其背后相关制度形态的发展或转变。

在明王朝的制度框架下，卫所就是卫所人丁的户籍，他们可以以军卫籍贯参加科举，没有州县户籍不会对他们有太多的影响，甚至还可以免服州县差役。但是明清易帜之后，卫所裁撤，卫所军户失去了卫所这个在明代是自然存在的"乡贯"，需要整合到州县系统之中，[1] 同时，卫学也被归并入州县。为此，如何分配廪膳生员、学额等成为州县和卫所士人极为关注的问题。如山东威海卫、靖海卫拨入文登县后，县学政即表示本县既有生员已经是人多缺少，挨贡艰难，要求削减军生的配额。[2] 威海、靖海等卫裁撤之事遭到了卫所士民的多方反对，卫人呈请不休，多人因此入狱。[3] 这或许可视为明代卫所制度诸如人户管理、卫学体制等运行过程中实现的卫所地方化的结果。

五　闽粤沿海卫所与州县的相互依存

明代卫所有实土、非实土之分。顾诚先生提出"军事性质的地理单位"的概念来理解明代的卫所体系，认为其下管辖着不属于行政系统的大片明王朝疆土和人口，是明王朝两大疆土管理体制之

1　关于清初对卫所的调整过程中，从"军"向"民"的身份转变，可参见邓庆平《州县与卫所：政区演变与华北边地的社会变迁——以明清蔚州为中心》，博士学位论文，北京师范大学，2006，第192~196页。

2　乾隆《威海卫志》卷9《艺文志》，第490页。

3　参见乾隆《威海卫志》卷9《艺文志》，第490~497页。其中保留了部分关于保留卫所、卫学的呈文奏疏，如康熙二十年《阖卫绅士留卫条议》、雍正三年《阖卫绅士留卫公呈》等。

一，其依据就在卫所掌控的卫所军户和屯田，以及由卫所代管的民籍人口及其土地。顾先生的立论从明代边地诸多实土卫所开始，而后推而广之，将腹地和沿海地区等原本就人烟稠密之地的军卫组织也视为一种独立于州县的地理单位和管理系统。[1]

边地卫所，多有州县的属性，但是若将这种判断推至全国各类型、各区域的卫所，则难免有与事实难以相符之处。因在不同的地方社会发展脉络之下，政策的制定与实施会存在相当大的差异，故笔者主要以东南沿海卫所作为讨论的重点。

首先从管理人户的角度看。顾先生认为"在绝大多数情况下，某一地区划归创建的卫所后，原住居民随即脱离行政系统，改归卫所代管"。[2] 其讨论主要立足于边地实土卫所。在那些原先没有设立行政组织架构的地区，卫所的存在，就是王朝管治的表现。洪武中期一系列沿海卫所设立之后，当地的行政建置并没有变动。而且，明代作为海防体系核心的沿海卫所，很大程度是因其对附近州县的依存而得以建立、为继。闽粤沿海卫所军伍的佥选实行抽丁垛集法，附近分配的原则在一定程度上确保了原籍与在营军士之间的紧密联系。沿海卫所是作为原籍军户所出军丁服役的军营，明初所指"军户"指原籍军户，王朝所注重的乃是旗军和军额的充足，对在卫人丁并没有明确的管理制度或者说管治观念，故而，对于明代初年大多数非实土卫所而言，不能说其掌握了大量州县行政系统之外的户口。

如前揭，明朝卫所人户管理经历了从州县附籍到卫所逐步取回管理权的过程，迟至弘治正德以后才有较为明确的规制确立。卫所户口册的实施编撰，让军卫系统掌握了大量不属于州县管辖范围的

1　参见顾诚《明前期耕地数新探》，《中国社会科学》1986 年第 4 期；《明帝国的疆土管理体制》，《历史研究》1989 年第 3 期。

2　顾诚：《明帝国的疆土管理体制》，《历史研究》1989 年第 3 期，第 148 页。

人口，从卫所中人户登记和作为籍贯的角度看，卫所确实已经具有了独立地理单位的意义。但是，宣德正统之后一系列军政改革使州县对卫所事务的介入越发深入，[1]尤其是卫所仓归州县后，卫所月粮发放需与州县密切配合。弘治正德以后卫所户口册在修造过程中州县官员是否可以插手并掌握相关信息尚需进一步考察，不过从上引军卫编徭的资料看，至少抚按、总督一级地方大员是得以掌握的。嘉靖四年，浙江观海卫卫城要维修，所需费用的解决方案经地方知府呈巡按御史确定，以民七军三方式，均派于"该年现役里甲出办"。[2]军伍 30% 的份额具体如何计算尚不清楚，但方案是由地方府州县官员提出并施行，说明地方行政官员可能参与到军役编徭摊派事务中，而这应该是与户口登记相配合的。从这个角度讲，则卫所不可能成为独立于州县的管理体系。

其次看卫所所辖土地。就屯田而言，以福建、广东沿海卫所为例，其屯田制度的实施多在洪武二十八年以后。如嘉靖《海丰县志》所言：

> 屯田之制，洪武十八年始，盖用祭酒宋讷之言也。然尚未及于惠。至二十八年制碣石卫于海丰，乃拨官军屯种，每卫所官军以十分计之，七分在城，三分留屯。[3]

1　参见于志嘉《明清时代江西卫所军户的管理与军役纠纷》，《中央研究院历史语言研究所集刊》第 72 本第 4 分，2001，第 841~845 页。

2　薛应旂：《申革冗费》，《方山薛先生全集》卷 52，《续修四库全书》第 1343 册，上海古籍出版社，1995，第 545 页。参见宫凌海《控扼东南：明代浙江卫所与海洋管理研究》，第 341~342 页。

3　嘉靖三十八年《海丰县志》上卷《屯田》，《广东历代方志集成·惠州府部》第 12 册，岭南美术出版社，2009，第 148~149 页。

其他如福建泉州、漳州等地沿海卫所屯田之制也都在洪武二十八年之后。[1]

正如顾诚先生意识到的，"明代卫所屯田制度从永乐年间起就已经开始败坏"，永乐十八年的屯田子粒已经不及原额的四分之一。[2]而此时，闽粤沿海卫所的屯田实施仅二十余年，军卫对屯田的掌控并不乐观。闽粤沿海不同于边地，地多丘陵，屯田多插花于各地，面积稀小。[3]而在军额上，沿海之地，屯三守七，其比例远远低于边地及腹里的屯七守三。即使是在洪永年间屯田尚较为完备的时候，能否如明政府所设想的以屯养军，都是相当令人怀疑的。边海地区，明初州县就以"民运粮"的形式补给身负海防重任的沿海卫所官军月粮，正统之后，沿海卫所仓廪全部划归州县管辖，[4]可能就是基于这一事实而作出的调整。嘉靖《惠州府志》中记录了境内惠州卫、碣石卫及下辖千户所仓，言明屯田子粒归仓后，"不足则拨近邑民粮充之，随年派拨不常"。[5]此外，在潮州、福建漳州亦都可见民运粮已经成为军卫屯粮的重要补给方式，如潮州蓬州所仓粮、大城所仓粮历来分派于县内各里甲，[6]万历《漳州府志》中记载了漳州府下辖各县均分派有其境内漳州卫、镇海卫及千户所的仓廪粮米。[7]此外，正统年间福建下四场盐课折米之后，也直接将米粮运补本地各

1　参见《崇武所城志》、万历《泉州府志》、万历《漳州府志》等。

2　顾诚：《明前期耕地数新探》，《中国社会科学》1986 年第 4 期，第 19 页。

3　参见陈春声关于潮州沿海卫所屯田的讨论。陈春声：《明代前期潮州海防及其历史影响（上）》，《中山大学学报》2007 年第 2 期。

4　《明英宗实录》卷 104，正统八年五月癸亥。

5　嘉靖二十一年《惠州府志》卷 8《兵防志》，第 96~97 页。

6　参见康熙《澄海县志》卷 3《公署》，潮州市地方志办公室，2004 年影印本，第 45 页；《东里志》卷 4《公移文·议仓粮》（汕抄），第 124 页。

7　万历《漳州府志》卷 6《漳州府·仓廪》，第 109~111 页。

卫所仓。[1]

　　综上，不论是从制度设计抑或从实际运作的层面，明代东南沿海卫所尚无法成为独立于州县系统的地理单位而存在。[2] 明朝初年东南沿海地区设立的卫所与州县结合紧密，相互依存。一方面，作为明王朝开疆拓土、巩固政权的核心力量，卫所在沿海地方行政架构的设立和运行、户籍赋役制度的推行等各方面，均扮演了重要的角色。另一方面，沿海卫所军伍的存在与维持仰赖州县系统的供应。卫所是一个州县里的"军营"或"兵站"。而后形势日变，伴随着在卫人户管理体制的逐步确立，卫所逐渐成为类似于州县"原籍"那样的地理单位，具有了户籍上的意义，尤其是当科考系统中的卫学制度设立之后，卫所作为籍贯和身份认同的地理单位就更加明确了，从这个意义上讲卫所成为独立于州县的另一套人户管理机构。但因为随着宣德以后的一系列军政改革，州县官员对卫所事务介入愈深，甚至可能参与卫所户口册的编撰和差徭折银编排，所以二者之间在实际运作层面无法分离。与此同时，卫所军士与所在地方社会的联系越来越紧密，逐渐呈现地方化的趋势，卫所城池也从兵站变成堡垒居民点，深深融入东南沿海地方社会发展的脉络之中。

1　包节：《题专委官均折价疏》，万历《福建运司志》卷 13《奏议志》，《玄览堂丛书》初辑，万历四十一年刊本，台北：正中书局，1981，第 12 页 a。

2　李新峰：《明代卫所政区研究》，北京大学出版社，2016，第 33 页。李新峰认为明初的沿海卫所最多是插花于既有州县的公署而非政区。笔者很是赞同，不过如果考虑到所城内容纳大量军伍的话，则可能不仅仅是公署，而是州县的"隙地"或兵站。

第四节　明初闽粤滨海渔盐管理机构的设立

　　濒海地区，以海为田，不论渔盐，均离不开对海的依赖和争夺；反过来，"海"的问题产生的根源又往往在陆地。我们实不能将沿海地区简单地视为划分海洋和陆地的地带，而宁可将之视为一个包含了各种不同人群、不同生计活动的区域。

　　在海陆互动的生态环境中，渔、盐、运输、经商均可为滨海人群的生计选择，且往往呈现出多样组合的特点。前述明代初年随着卫所军事力量的推进，闽粤滨海地区被纳入明王朝版图，并建立起州县、卫所相互依存的管理体系。濒海之民多军、民、灶、渔等籍，他们被按照一定的原则编入里甲赋役系统之中，向明政府承担各种义务，共同构成明王朝疆域管理体制的基础。

　　渔、盐生产是边海之民最基本的生计方式，同时也是王朝国家汲取海洋资源的重要来源，明王朝设有专门针对灶户生产和食盐征收的盐课司，以及专门管理渔户催征渔课的河泊所。正如弘治《兴化府志》所载：

　　　　昔齐景公居东海而齐以霸，汉吴王居南海而吴以强。布衣朐邴私擅山海之利而横行当时，说者以为大利所在，不设禁□，而祸乱所自起也。故我国家设都转运盐使司以征盐利，设河泊所以征鱼利，上以益军国之费，下以弥逆节之萌，其计深矣。[1]

1　弘治《兴化府志》卷11《户纪·鱼课米》，第3页b~4页a。

对明廷而言，沿海获利丰厚，渔盐实为边海重事，需由国家来进行管理，不能任由民人自行占有，否则即会出现逐利拥势而乱的情形。

一　闽粤盐场的设置

渔盐之利时常并举，然则二者在生产技术、组织及国家管理层面都有很大区别。在东南沿海地区，国家为控制盐业设立的机构往往成为食盐生产最早纳入国家控制系统的主要机制。[1]东南盐利自南宋以来成为政府财政的主要来源，[2]至元代，"国之所资，其利最广者莫如盐"。[3]闽粤盐场自宋始有具体盐额可考。至元十三年（1276）忽必烈攻下南方之后，开始对南方地区盐场设官征课。元代的管盐机构几番更迭，[4]最终设福建运司辖七场，广东盐课提举司辖十四场。[5]

关于元代东南盐场的组织，学界一般引用被认为是"宋元煮盐生产技术的全面系统总结"的《熬波图》进行讨论。[6]《熬波图》是元统（1333~1335）年间浙江华亭下砂场盐司陈椿所作，直接反映了浙江下砂场以"场—团—灶"为基层生产系统的海盐生产状况。[7]"团灶"这一盐场生产组织形式在两淮、浙江及福建沿海盐场均有

1　刘志伟：《珠三角盐业与城市发展（序）》，《盐业史研究》2010年第4期。

2　张国旺：《元代榷盐与社会》，天津古籍出版社，2009，第223页。

3　《元史》卷94《食货二·盐法》，中华书局，1976，第2386页。

4　参见张国旺《元代榷盐与社会》，第23~26页。

5　大德《南海志》卷6《盐课》中列出广东提举司所辖之十四处盐场，而《元史·食货五》则言广东提举司其下盐场十三处。现依据大德《南海志》所载。

6　陈高华：《元代的盐业》，郭正忠主编《中国盐业史（古代编）》，人民出版社，1997，第435页。

7　参见张国旺《元代榷盐与社会》，第225~228页。

记载。此外，还有"栅"这一组织形式，主要存在于广东沿海。[1] 在闽粤沿海交界处，潮州地方有盐场三，分别是海阳县小江场、潮阳县隆井场和招收场。其中，以东起闽粤交界地带的大埕、柘林盐栅，西至揭阳莲塘盐区的小江场面积最大、产量最多，"岁办盐七千八百二十四引"，占元代潮州盐课额的 67.5% 强。《元一统志》中记录了小江场所辖各栅名：

> 小江场在海阳县苏湾保，所辖龙眼砂栅、南澳东西二栅、大埕栅、大港栅、二面埕栅、柘林栅、官富栅、白砂路石头栅、黄冈前栅，又领揭阳县莲唐等处七栅。[2]

表 1-5　元代潮州盐场

盐场	盐司地点	盐栅	岁课
小江场（辖 17 盐栅）	海阳县苏湾保	龙眼砂栅、南澳东西二栅、大埕栅、大港栅、二面埕栅、柘林栅、官富栅、白砂路石头栅、黄冈前栅，又领揭阳县莲唐等处七栅	7824 引
隆井场（辖 5 盐栅）	潮阳县东南五里	古埕栅、平湖栅、石下栅、惠来栅、神仙栅	1686 引
招收场（辖 5 盐栅）	潮阳县北二十里	大栅、洋背栅、鸡冈栅、青岚栅、上浦栅	2086 引

资料来源：《元一统志》卷 9，第 682 页；《潮州三阳图志辑稿》卷 3，第 125 页。

1　广东盐场中"栅"的组织自宋代就存在。除文中所举潮州盐场外，广州东莞县有海南、黄田、归德三盐栅，琼州有英田、感恩二栅。但其具体组织情况目前尚不清晰。戴裔煊先生认为"栅亦为场，系从大场分出"。参见戴裔煊《宋代钞盐制度研究》，中华书局，1981，第 27~28 页。李晓龙对明代广东盐场的组织情况有更详细的讨论，参见李晓龙《承旧启新：洪武年间广东盐课提举司盐场制度的建立》，《中国经济史研究》2016 年第 3 期。

2　《元一统志》卷 9，中华书局，1966，第 682 页。

越过小江场往东北，即福建漳州地界。宋元时期的漳州盐场，文献中一直未有明确记载，但又总被列入福建濒海产盐去处。[1] 宋绍兴（1131~1162）年间曾任漳州知州的廖刚言："本州盐团五所，岁管煎盐一百八十万斤。"[2]《永乐大典》中所录《清漳志》记：

> 盐仓，在清漳门内。前有池曰盐仓池。仓厅三间，旁列两廒。东西两廊，各两廒。年纳吴惯、沐渎、中栅三团盐，发卖在城乡村一十五铺及龙平、水头二大铺，与汀赣客旅通贩，司理掌之。淳祐己酉，守章公大任更新之。[3]

则宋时漳州盐场有吴惯、沐渎、中栅等团，入元之后，这些盐场应当都延续下来。《元典章》列出了福建盐场十八处：

> 海口，牛田，岭口，南乡，北乡，浔美，惠安，港据，东坂，马栏，梧州监，吴惯，汭州下里，涵头上里，中栅木栍，长溪南乡，涟江。[4]

其中，"吴惯""木栍""中栅"当为宋时"吴惯、沐渎、中栅"之名。然而，《元史》记载福建盐运司下辖七场分别是位于福州之海口场和牛田场，兴化之上里场，泉州之惠安场、浔美场、汭州场、浯州场，却无漳州盐场之名。《元典章》成书于至治（1321~1323）

1　参见《元史》卷97《食货五》。
2　廖刚：《高峰文集》卷5《议盐法申省状》，《景印文渊阁四库全书》第1142册，第367页。
3　马蓉等合编点校《永乐大典方志辑佚》第2册，中华书局，2004，第1163页。
4　《大元圣政国朝典章·吏部三·典章九》，中国广播电视出版社，1998年影印元刊本，第357页。

年间，《元史》则总括整个元代的情形，是否元代福建盐场经历过一番调整，而漳州盐场因为规模太小被归并、裁撤？因文献阙如，未可得知。总之，至元末，闽粤之界仅潮州设有盐场管理机构，漳州则无。基层盐场管理以乡豪为主要力量，官府力量并没有完全渗透到盐场社会。[1] 入明之后，闽粤濒海的盐场组织继续维持，洪武二年二月和十一月，广东提举司和福建都转运司分别设立。[2] 明王朝调整对闽粤沿海盐场的管理和课额征收，又将元代属盐司所辖的灶户纳入州县户籍管理体制之中。

元代诸色户计制度中，专门从事食盐生产的灶户或亭户隶属盐运司，不属州县所辖，[3] 为此州县官与盐场官矛盾重重。《元史》卷185《干文传传》言："盐场官方倚转运司势，虐使州民，家业破荡。"[4] 同书卷181《黄溍传》载：

> （黄溍）中延祐二年进士第，授台州宁海丞。县地濒盐场，亭户恃其不统于有司，肆毒害民。编户隶漕司及财赋府者，亦谓各有所凭，横暴尤甚。溍皆痛绳以法，吏以利害白，弗顾也。[5]

明王朝继承了元代的户计制度，并对相关管理体制进行改革。或可认为，朱元璋从洪武三年推行户贴到洪武十四年令天下编定里甲黄册，是在继承前朝户口和重新编金齐民的基础上，进一步将各色人户统合于州县系统中，试图确立一套相对完整的统治秩序，以

1　李晓龙：《承旧启新：洪武年间广东盐课提举司盐场制度的建立》，《中国经济史研究》2016年第 3 期，第 105 页。

2　《明太祖实录》卷 38，洪武二年正月戊申；卷 47，洪武二年十一月。

3　参见陈高华《元代盐政及其社会影响》，《元史研究论稿》，中华书局，1991。

4　《元史》卷 185《干文传传》，第 4254 页。

5　《元史》卷 181《黄溍传》，第 4187 页。

回避元代各类人户及管理机构之间不相统属所产生的矛盾。

有明一代，灶户户籍隶属州县，需要与民户、州县军户一同编排在黄册里甲中，"除里甲正役并纳粮外，准免民差杂役"。[1] 灶户办盐纳于盐司，并在盐场中担任杂差，正如弘治《兴化府志》中所言："盐场有总催、秤子……即民之甲首。"为了加强对役户的管控和役使，盐司系统还另有盐册，将灶户编甲应差。[2]

关于明代闽粤沿海盐场灶户的里甲编制情况，嘉靖《香山县志》载：

> 香山场盐课司廨，编民二里。今存一百十一户，五百一丁。[3]

康熙《香山县志》的记录更加详细：

> （香山场）明初灶户六图，灶排、灶甲约六七百户。正统间，被寇苏有卿、黄萧养劫杀盐场灶丁，时盐道吴廷举奏奉勘合，查民户煎食盐者拨补灶丁，仅凑盐排二十户，灶甲数十户，分上、下册。[4]

1　周昌晋：《福建鹾政全书》，明天启七年活字印本，《北京图书馆古籍珍本丛刊》第 58 册，书目文献出版社，1988 年影印本，第 795 页。此后，因为灶户民户的田地买卖频繁，州县官多将灶户同民户一体编差。关于明朝灶户优免政策的变动，可参考刘淼《明代盐业经济研究》，汕头大学出版社，1996，第 176~192 页。

2　栾成显：《明代黄册研究》，中国社会科学出版社，1998，第 32 页。各地修造盐册时间不一，李晓龙认为明代广东盐册是在黄萧养之乱后天顺年间才编定。参见李晓龙《生产组织还是税收工具：明中期广东盐场的盐册与栅甲制新论》，《盐业史研究》2018 年第 4 期，第 6~8 页。

3　嘉靖《香山县志》卷 3《政事志·鱼盐》，第 332 页。

4　光绪《香山县志》卷 3，《广东历代方志集成·广州府部》第 36 册，岭南美术出版社，2007，第 206 页。

又，弘治《兴化府志》记：

> 上里场盐课司隶福建都转运盐使司，而盐课则莆人为之
> 也。莆人以灶户役于是者，凡二千五百六十六家，分为三十一
> 图，有总催，有秤子，有团长近时附海又立埕长，皆择其丁粮相
> 应者而为之也。其册十年一造，随灶户丁粮消长而定。[1]

史料中"编民几图几里"，指的是在盐课司下的当差灶户，他们在盐场盐司的办课服役同样采用了里甲的编制，并编造册籍、依丁粮多寡当差。

灶户有盐司杂差，所以在州县除了里甲正役外可以免杂差。这是得洪武二十三年（1390）潮州小江场百夫长余必美所奏请：

> 洪武二十三年，广东潮州府海阳县小江场百夫长余必美奏
> 称，本场灶户，专一办盐，于内有田地者，已经有司作数，送
> 纳夏税秋粮。今有司仍将灶户编充里甲、巡栏、库子等项，盐
> 课难办。钦奉太祖高皇帝圣旨：是准他既做盐户，如何又着它
> 当差杂役。钦此。[2]

灶户免杂差，对濒海地区的其他人户是偌大的吸引，于是"民户、蛋户见灶户免差，皆求投入盐司"。[3] 同时，其他人户还可以"通同灶户，诡寄田粮"，以免差役。至于富有的灶户，更可以利用优

1　弘治《兴化府志》卷11《户纪·盐课》，第14页a。
2　林希元：《陈民便以答明诏疏》，陈子龙等辑《明经世文编》卷163《林次崖文集》，第1643页。
3　林希元：《陈民便以答明诏疏》，陈子龙等辑《明经世文编》卷163《林次崖文集》，第1642页。

免政策多买民田，"全免科差"。作为征收盐课准则的盐册多年不更造。嘉靖年间林希元整饬广东盐法时即发现，"广东海北二提举司盐册，自天顺六年编造至今六十余年，不行改造"。[1]

明代前期闽粤盐场制度的建立和运作的过程，基本延续元代依靠地方名士协助管理盐场事务的做法。[2] 相较于元朝对民户、军户的赋役要求，明代前期对沿海灶户的管理体制及其具体实施情况，给了濒海灶户以更多发展的空间，处于州县与盐司两套系统之间的滨海灶户往往可以利用制度之缝隙求取更大的活动空间。明代滨海灶户家族组织快速发展，滨海资源开发中形成的多重复杂结构均与此相关。

二　沿海河泊所的设立

食盐是关系国计民生的产品，历代王朝对食盐的生产和销售都有严格的规定，对盐户的管理制度也相对完备。但是，在面对那些以舟为居、以渔为生的人户时情况则大不一样。

北宋面海立国，不论从军事防御还是经济贸易的角度，都更加重视对海洋人群及其活动的管理。[3] 宋室南迁后，东南沿海地区对王朝军事和财政均具有重大意义，因此南宋王朝在沿海要地设巡检寨承担维护治安及查缉私盐、讨捕盗匪等任务，选任土豪充当寨主，管辖舟楫、渔民、海面，而官军则控扼岸上。不过实际效果不甚理想。《宋会要辑稿》中言："广州多蕃汉大商，无城郭，虽有海上巡

1　林希元：《陈民便以答明诏疏》，陈子龙等辑《明经世文编》卷 163《林次崖文集》，第1642 页。

2　李晓龙：《灶户家族与明清盐场的运作——广东靖康盐场凤冈陈氏的个案研究》，《中山大学学报》2013 年第 3 期，第 68~69 页。

3　黄纯艳：《宋代海洋政策新变及其国内效应》，《中国史研究动态》2022 年第 2 期。

检，又往复不常。或有剽劫，则全乏御备。"[1]

　　针对江湖河海渔户船户的钱课之征历代皆有，至宋亦然，但是置废不一，因为在统治者看来，对河湖池泊征收课税是与小民争利。[2] 查中村治兵卫《中国渔业史の研究》中所列宋代相关史料，其地域分布集中于江浙、荆湖、江西等水网密布之处，多为淡水河湖近岸地方，征收客体多为网船或扈等相对固定的渔作工具。[3]

　　元朝开始设河泊所管理水上生民，设置范围与宋代征收渔课的地域大致相同。明王朝继承了这一制度，在全国普设河泊所。洪武十五年（1382）十二月定河泊所官制，当时全国共计河泊所 252 处，[4] 至洪武十九年（1386），约有 349 处。[5] 关于这些河泊所设立的具体情形，今日已难知其详，不过明代中期方志中的若干记载仍可帮我们略窥其貌。

　　万历《福州府志》卷 7《食货》：

　　　　鱼课之征从来远矣。国朝立河泊所，榷渔利。凡舟楫网罟，不以色艺自实者，没入之。洪武中遣校尉点视，遂以所点为额，纳课米。[6]

　　嘉靖《惠安县志》卷 7《课程》：

1　《宋会要辑稿》职官四八之一二六，第 3518 页。

2　中村治兵卫：《中国渔业史の研究》，刀水书房，1995，第 68~80 页。

3　中村治兵卫：《中国渔业史の研究》，第 80~88 页。

4　《明太祖实录》卷 150，洪武十五年十二月戊戌。

5　《诸司进商税第五十一》，收入《御制大诰续编》，转引自杨一凡《明大诰研究》，"附录"，江苏人民出版社，1988，第 308 页。

6　万历《福州府志》卷 7《食货》，《日本藏中国罕见地方志丛刊》，书目文献出版社，1990 年影印本，第 59 页。

我朝始立河泊所以榷沿海渔利，凡舟楫网技不以色艺自实，没之。吾邑东南海地，分为八澳，澳有总甲一人，催督课米。洪武中，遣校尉点视，遂以所点为额。其后渔户逃绝者多。[1]

隆庆《潮阳县志》卷9《官署志》：

邑（潮阳）之河泊一。其址在峡山都和平村……初，洪武十四年创立本所，以旗军督办渔课。[2]

嘉靖《香山县志》卷2《民物志》：

洪武中，立河泊所。遣校尉点视，遂以所点为额。[3]

上引四则材料记录了闽粤沿海自北而南不同府州县的情况，其中有三则言洪武年间设立河泊所是"校尉点视"，一则言"旗军督办渔课"。旗军即卫所军士，"校尉"当也是卫所军士的泛称。[4]结合前文所述，洪武中期沿海河泊所、卫所的设置与明王朝对闽粤滨海地区"无籍"或逃逸人户的军事征服是同一过程，则可以理解史料中记载的明初大部分河泊所的设立是依靠卫所旗军佥定渔户、督办

1　嘉靖《惠安县志》卷7《课程·渔课》，第3页b。

2　隆庆《潮阳县志》卷9《官署志》，第88页。

3　嘉靖《香山县志》卷2《民物志·杂赋·渔课米》，第313页。

4　明代军卫官军也常被称为"校尉"。另，明代军户中有专门的"力士校尉"，隶属锦衣卫。张金奎对明代锦衣校尉制度有详细论考，参见张金奎《明代锦衣校尉制度略论》，《史学月刊》2021年第10期。

渔课了。

　　渔疍户所纳渔课的内容大体包括渔课米和鱼油翎鳔两大类。[1]一般而言，明王朝针对渔疍户所征收的渔课是由河泊所负责，但是并非所有沿海地区均有河泊所之设。洪武十四年（1381），潮州沿海设有潮阳和平河泊所、揭阳鮀浦河泊所和海阳东陇河泊所三处，[2]但其邻封漳州却终明一代未有河泊所之设，"渔课米之征各县带管"。[3]其渔课额甚少，通府未及潮州一县之征。

　　沿海地区河泊所辖下人户的管理基本原则与黄册里甲相同。嘉靖《广东通志》中记录明初广东沿海疍户于"洪武初编户立里长，属河泊所，税收渔课"。[4]潮州府潮阳县和平河泊所起初以旗军督办渔课，至洪武二十七年（1394）才有流官之设，衙署方始完备：

　　　　邑之河泊一。其址在峡山都和平村，原设河泊一人，攒典一人，管领课甲二十人，蛋船六十一只。初，洪武十四年创立本所，以旗军督办渔课，仅搭草屋一座，后革。至二十七年方设流官，领印记前来，而所官徐孔文实始创造衙宇云。[5]

1　在福建，弘治《八闽通志》卷20《土贡》中开列了鱼鳔、渔课米等项目（第257页）；嘉靖《邵武府志》卷5《版籍》则将渔课米归为杂赋，而将鱼鳔归为物料（《天一阁藏明代方志选刊》，上海书店出版社，第417页）。在广东，嘉靖《潮州府志》卷3《田赋志》将鱼油、鱼鳔均列入贡（第48页）；嘉靖《广东通志初稿》卷24《课料》则将鱼课折色米和河泊所额办鱼胶归为课料（第425页）；嘉靖《德庆州志》卷10《食货》则在"课"下面开列鱼油、鹅翎毛（《广东历代方志集成·肇庆府部》第39册，第78页）。

2　参见嘉靖《潮州府志》卷2《建置志》，第34、35、38页。另有程乡河泊所设于潮州内陆三河河口地区。

3　万历《漳州府志》卷5《赋役志》，第99页。

4　嘉靖《广东通志》卷68，第1793页。

5　隆庆《潮阳县志》卷9《官署志》，第88页。

材料中所谓"课甲二十人"，当为编定在和平河泊所内的疍民里甲户数。

嘉靖《香山县志》载：

> 河泊所，洪武二十四年额蛋户六图，里甲如县制，有大罾、小罾、手罾、罾门、竹箔、篓箔、滩箔、大箔、小箔、大河箔、小河箔、背风箔、方网、辏网、旋网、布篓、竹篓、鱼蓝、蟹蓝、大罟、竹筻等户，一十九色二千六百二十户。每岁县差甲首一户赴所办纳各色课程。[1]

罾、箔、网、罟等，都是沿海渔民的渔作工具。香山河泊所编有疍户六图，根据不同的作业工具将疍户划分成 19 色，"各色课程"似由州县派遣甲首户前往河泊所征收。福建兴化府河泊所则将其下辖业户分作"海船干，溪船干，沟船干，网船干，罾干，挑贩干"等六干，[2] 若考虑在不同水域作业的船只和网具均有所区别的话，则其分类标准也可看成以作业工具为准。至于"挑贩干"，则可能是专门从事运输、贸易的业户。

因资料阙乏，我们对明初沿海河泊所的实际运作仍有诸多不清晰的地方。[3] 不过钩稽史料，也可从中看出一些端倪。嘉靖《惠安县志》载：

1　嘉靖《香山县志》卷 3，第 332 页。

2　弘治《兴化府志》卷 11《鱼课米》，第 4 页 a。

3　徐斌根据湖北省档案馆所藏《赤历册》探讨两湖地区河泊所业甲系统的编排、应役情形，对理解明代河泊所系统的实际运作提供了很好的借鉴。参见徐斌《明清河泊所赤历册研究——以湖北地区为中心》，《中国农史》2011 年第 2 期，第 67 页。

　　我朝始立河泊所以榷沿海渔利，凡舟楫网技不以色艺自实，没之。吾邑东南海地，分为八澳，澳有总甲一人，催督课米。洪武中，遣校尉点视，遂以所点为额。其后渔户逃绝者多。[1]

始修于嘉靖年间的《崇武所城志》亦载：

　　明朝始立河泊，所以榷沿海之利，凡舟楫网罟不以色艺自实者官没之。惠安县东南海地，分为八澳……崇武一澳，大小船网，籍报惠安县征米。[2]

　　澳即港湾，可供船只湾泊之处。泉州府惠安县河泊所在辋川澳，洪武十六年设立，隆庆九年革。[3] 惠安县内有八大澳，分别是：崇武澳、獭窟澳、下垵澳、黄崎澳、小岞澳、峰尾澳、沙格澳和辋川澳。这八大澳是惠安沿海重要的避风港，多"商船出入、渔船停泊"。[4] 此外，同属泉州的金门下东山等地吴氏族谱言吴氏族人在明初承四类职役，且记录有吴氏所承之渔户名及渔课额。族谱《本宗户役志》中载："其鱼户名吴普传，系峰上澳，载小艇一只，稍四名，线纲一张，带渔课米一石九斗二升。"[5] 由此或可推知，明初河泊所设置时可能是以渔民渔船主要聚集的港湾为基础进行编金，登记

<hr />

1　嘉靖年间渔课米为九百多石。嘉靖《惠安县志》卷 7《课程·渔课》，第 3 页 b。

2　《崇武所城志》，第 40 页。

3　嘉靖《惠安县志》卷 8，第 4 页 a。

4　参见嘉靖《惠安县志》卷 2，第 9 页；嘉庆《惠安县志》卷 7，第 416 页 b；道光《惠安县续志》卷 1《海防》，民国 25 年铅印本，第 9 页 b~10 页 a。

5　乾隆《四房头吴氏族谱·本宗户役志》，第 15~16 页，转引自叶锦花《明清灶户制度的运作及其调适——以福建晋江浔美盐场为例》，博士学位论文，中山大学，2012，第 86 页。

时注明其主要作业工具和所纳渔课米数。

渔疍民与濒海地区其他生民共同生活于一个港湾，彼此之间存在相对稳定的经济关系。如嘉靖《香山县志》所言：

> 自洪武至正统初，法度大行，海隅不耸，每岁泊场与农谷互易，两得其利，故香山鱼盐为一郡冠。[1]

泊，指河泊，场，为盐场。鱼盐与粮食等物的生产和交易支撑着濒海生民的日常生活和行政机构的运转。

渔疍民编入河泊所里甲，办纳渔课，实际上也成为王朝编户齐民。但是，从现有的材料来看，明初河泊所属于州县行政系统中相对独立的管理机构，[2] 所辖渔户疍户并不入州县里甲与民混编。潮州程乡县洪武年间设立河泊所，管辖疍户办纳渔课，疍户被立为一图，"曰南厢一图，图有十里，俱蛋人舟居处者，只输鱼课"。[3] 明前期文献有疍户被抓派船差的记录，但未见有河泊所疍户还需服州县里甲役的记载，这与灶户同处州县和盐司两套系统不同，是否与渔疍户多以舟船为家难以在陆地有固定居所有关则待考。

有明一代，福建设河泊所 28 处，广东设 46 处，设立时间集中在洪武十四年至十六年。但是河泊所系统的维持面临诸多困难。一方面，河海消涨坍淤不定，渔业生产并不稳定，渔利变动不居；而渔课额数一旦确定就很难更改，要完成洪武时期点检的税课定额非

1　嘉靖《香山县志》卷 3，第 332 页。

2　徐斌根据湖广地区的资料，进一步论证了明初河泊所系统是一个相对独立的系统，渔户直接隶属河泊所管辖，列入河泊所《赤历册》中，轮应当差。参见徐斌《明代河泊所的变迁与渔户管理——以湖广地区为中心》，《江汉论坛》2008 年第 12 期。

3　参见康熙《程乡县志》卷 1，《日本藏中国罕见地方志丛刊》，书目文献出版社，1992 年影印本，第 369 页。

常困难，早在永乐时期就已经出现"逋渔课"的情况。[1]另一方面，洪武年间沿海地区军民多重管理系统正处于确立和调整过程中，前述洪武二十一年至二十七年沿海卫所的普遍设立就对刚确立不久的河泊所系统造成很大冲击。洪武二十五年，广东指挥金事花茂在沿海收集军兵，多有"逋逃疍户，附居海岛"。[2]"逋逃"二字，暗示其可能就是逃出河泊所系统的疍民，在花茂收集军兵时又被金发以填充卫所军伍。这催生了部分河泊所的无征课额，如广东儋州河泊所就因为原来管辖的渔疍户"充军逃故，遗下无征鱼课米八百八十余石"；[3]潮州东陇河泊所的樟林渔户，既有渔课又有军役，可能也是这种背景造成的。[4]

小　结

洪武初年，随着明朝大军南下推进，闽粤沿海地区被纳入明王朝版图中。卫所军在明初地方州县政权的巩固、户籍编金和多层行政架构的设立和运行等方面都扮演了重要角色。洪武中后期，朱元璋在闽粤沿海地区逐步构建起一套以卫所－水寨为核心的海防体系，

1　永乐时期南平县知县朱孟常"县逋渔课，久不能偿，奏蠲之"。见何乔远《闽书》卷58《文莅志》，《四库全书存目丛书》史部第205册，齐鲁书社，1996年影印本，第385页。

2　《明太祖实录》卷223，洪武二十五年十二月甲子。

3　《明英宗实录》卷161，正统十二年十二月戊午。

4　上林氏：《乡党里甲解疑》（康熙二十七年），《樟林乡土史料》，澄海县博物馆藏，转引自林远辉编《潮州古港樟林——资料与研究》，中国华侨出版社，2002，第187页。

通过抽丁垛集等佥民入军，依靠原籍军户家庭与在卫所服役军士之间的紧密联系、州县"民运粮"等形式支撑沿海卫所军事体系的正常运转。明初沿海卫所城池是州县军户服役的"军营"，朝廷关注的是旗军军伍和军额的充足、军役的勾补，对在卫人户并没有明确的管理体制或管理观念。在明初闽粤滨海地区，沿海卫所与附近州县相互依存。

　　明王朝里甲户籍制度是一套世袭职役制度，编民以"业"划分民、军、匠、灶等"籍"，且世袭罔替。边海之地，除卫所和州县外，还有专门管辖渔、盐生产和职役人户的盐课司和河泊所。灶户户籍隶属州县，需要与民户、军户一同编排在黄册里甲中服里甲正役，同时办盐纳于盐司，在盐场中担任杂差；河泊所相对独立，辖下渔疍户则多根据作业工具（作业方式）编甲，只办渔课，不与州县里甲混编。多种职役人户被纳入多重行政管理机构之中，向明政府承担各种义务，共同构成明王朝滨海地域管理体制的基础。

第二章　多样生计："渔盐之利"、海上贸易与漳潮海盗

　　明代中期以后，闽粤濒海之地成为王朝重点关注的区域，东南沿海的"倭乱""海盗"成为明朝廷南北边疆两大心腹大患之一，漳潮海域尤被视为动乱的渊溯。"倭乱""海盗"与明代中后期东南沿海繁盛的海上私人贸易之间的关系，学界已经积累了丰硕的研究成果。本章重点分析滨海渔盐生产与海外贸易等领域出现的技术、税收和组织变化及其影响，结合王朝政治力量往山区和边海的推进理解明代中期闽粤沿海地方军事化的社会基础，并说明闽粤滨海地区的疏离感正处于被消解的过程。

第一节　闽粤沿海制盐法的改变及其影响

东南海盐一开始多采用煮盐法。宋末福建盐区开始出现晒盐法，至元代，福建十个盐场中已经有六个盐场采用晒盐法生产。[1] 晒盐不需要柴薪，大大降低了生产成本，入明后在福建、广东沿海得到大力推广。嘉靖《惠安县志》中载：

> 自青山以南至凤山，其民多业盐，以盐为籍。宋元以前用煎法，今则纯用晒法。[2]

又弘治《兴化府志》云：

> 莆利盐为大，鱼次之。按天下盐皆烹煎，独莆盐用晒法……考陈致雍《海物异名记》云：编竹为盆，熬波出素。是莆盐皆前（煎）也，入国朝来始有晒法。闻其初有陈姓者居陈侯庙南，为人多智计，私取海水日曝盐园中，及成，乃教其乡之人。[3]

广东沿海盐场最初亦实行煮盐法。宋时王安中《潮阳道中》之"万灶晨烟熬白雪"，元时《潮州三阳图志》言"濒海居民熬波出素

而成盐"，[1]都说明了潮州盐灶的兴盛。而后晒盐法逐渐在粤东沿海盐场推广。嘉靖《广东通志》中记道：

> 天顺年间造册，熟盐场分每丁止办二引，因其用柴为本之故，生盐场分每丁办三引者有之，办四引者有之，因其日晒无本，省力之故。[2]

其后列出了天顺年间广东各场盐课，并注明所产为生盐熟盐。

表 2-1　明天顺年间广东盐场盐课情况

盐场	灶户	灶丁	丁引	课额（引）	折银（两）
靖康	1871	2767	2 引 1 斤	熟盐 5952+	1151.846+
归德	1452	3832	2 引 1 斤	熟盐 8418+	1599.723+
东莞	454	770	3 引	熟盐 2271+	480.528+
黄田	459	548	3 引	熟盐 1477+	288.482+
香山	304	994	3 引	熟盐 2981+	567.374+
矬峝	1801	1809	2 引 133 斤	熟盐 4820+	956.175+
海晏	3199	3199	2 引 30 斤	熟盐 9560+	1775.312+
双恩	1273	1591	5 引	熟盐 7013+	1469.664+
咸水	448	1014	4 引或 5 引	熟盐 3999+	776.154+
淡水	419	1428	熟盐 2 引 生盐 4 引 150 斤	生、熟盐共 6246+	1229.306+
石桥	939	3902	2 引 238 斤 2 两	生盐 10493+	1713.823+
隆井	916	3424	3 引 15 斤或 2 引 10 斤或 1 引 100 斤	生盐 5608+	914.436
招收	552	1218	4 引 44 斤	生盐 5143+	750.849+
小江	1406	3815	2 引 141 斤 4 两*	生盐 15298+	2444.226+

　*嘉靖《广东通志》中无记，依嘉靖《潮州府志》卷 3《田赋志》，第 48 页。
　　资料来源：嘉靖《广东通志》卷 26《民物七·盐法》，第 645~646 页。

1　陈香白辑校《潮州三阳图志辑稿》，中山大学出版社，1989，第 124 页。
2　嘉靖《广东通志》卷 26《民物七·盐法》，第 645 页。

如表 2-1 所示，天顺年间攒造盐册之时，咸水场以下包括淡水场一部分、石桥场、隆井场、招收场和小江场所派均为生盐引，这意味着此时从与福建相邻之潮州小江场开始，直至惠州淡水场一带均已采用了日晒法。晒法对灶户而言无疑更为省力，故而到嘉靖年间，原先属于熟盐产区的香山盐场也开始采用日晒法。成书于嘉靖二十六年（1547）的《香山县志》中记录了本县灶户采取的两种制盐方式，言煎盐者"大盘日夜煎二百斤，小盘半之"，晒盐则利用卤淋方式，其盘"广狭不过数尺，一夫之力，一日亦可得二百斤。凡煎与晒俱欲风和日暖，则卤花易结而盐成"。[1]

一　晒盐法的推行与盐场组织的变化

产盐方式的改变对濒海之民影响深远。首先，制盐法的改变带来了盐场组织的变化。在福建盐场中，原先有依山灶户和附海灶户之分，"依山灶户出备柴薪银两，附海灶户用力煎办盐斤，有无相须，称为两便"。[2] 此后，晒盐法在濒海推行过程中，盐场的组织管理出现了新的变化。

在前引兴化府上里场的材料中，在记录盐场组织三十一图下有总催、秤子、团长之设后，著者还特意加了小注："近时附海又立埕长。"埕即盐埕，晒盐法中取卤于塥而晒盐于埕，故而埕长之新设，正是对应着盐场生产方式的改变。晒盐之法，"遇烈日，一夫之力可晒盐二百斤"，"大省柴薪之费"，[3] 附海灶户都转而改之，如此，原先负责提供柴薪的依山灶户与负责煎办盐斤的附海灶户之间的关系随

1　嘉靖《香山县志》卷 2《民物志·食货》，第 316 页。

2　弘治《兴化府志》卷 11《户纪·盐课》，第 14 页 b。

3　弘治《兴化府志》卷 12《户纪·货殖》，第 9 页 b。

之改变。周瑛编修《兴化府志》之时，适逢盐场这一重大转变，故
对此有详细记载：

> 初，盐由煎熬而成，依山灶户出备柴薪银两，附海灶户用
> 力煎办盐斤，有无相须，称为两便。后盐由曝晒而成，近海灶
> 户渐生勒掯，依山灶户遂至靠损，因而讦告到官。蒙分巡本道
> 金事牟公俸定与则例，每依山灶户该纳盐一引，令出银二钱五
> 分交与附海灶户代替晒办，每岁总催人等各照团分催征，总计
> 银三千九百七十三两一钱六分三厘八毫，照数交与附海埕长，
> 转散与各灶户代替晒办还官。缘财一入民手，乾没多端，度无
> 可陪（赔）偿，遂至逃窜，无可寻讨。官府思系国课，未免重
> 复追征，民甚病之。近奉户部勘合札付，内一件便民事，该听
> 选官曾音德奏准，将依山灶户折征银两通解盐运司，候客商开
> 中对引买盐支用，民以为便。[1]

这则材料有两个重点，一是盐场组织变化。明代初年，上里场
分 31 图，图下分团，每团有依山、附海灶户两种，团内有若干灶，
需办盐斤若干。这是建立在煎盐法基础之上的"团—灶"组织。采
用晒盐法之后，埕—塭成为生产的单位，生产的工序、规模都发生
了改变，于是附海新设埕长，而团则变成依山者之首，所谓"团
首、埕长，即民之甲首也"。[2] 二是因为依山灶户不需再出备柴薪，
也就无法参与办盐的过程，但是课额仍存，于是遭到附海灶户的刁
难勒索，最后解决办法是将各团依山灶户的盐课全部折银，通解盐

1　弘治《兴化府志》卷 11《户纪·盐课》，第 14 页 b~15 页 a。
2　万历《兴化府志·盐课》，顾炎武：《天下郡国利病书》第 26 册《福建》，上海科学技术文献
　　出版社，2001，第 2176 页。

运司，此当为福建盐课最先实施折银者（后详）。

晒盐法推广的第二大影响，是促使盐区的转移、新盐区的产生以及盐课征收方式的改变。这在漳潮沿海表现最为明显。

如前所述，漳州在明代前期并无盐场之设，也不是行盐地，“无商引正课及诸禁例，听民间从便贸易”，所以无所谓正盐私盐之分。漳州的平和、诏安接壤潮州，诏安南部与潮州最大的盐场——小江场之大埕栅、柘林栅等处于同一个海湾，实际上也变成了潮州私盐的一大销地。晒盐法推广之后，漳浦等地也开始私设晒盐丘盘，盐产在当地贩卖。不过，漳州所产的盐成色不如临近的潮州、泉州盐，在本地贩卖“价贱”，所以多运往福建山区，“微利什倍”。[1]

明代，灶户纳盐实行的是“计丁办课”，每丁“日办三斤，夜办四两，周年三百六十五日，该盐一千一百八十六斤四两，每二百斤折一小引，共该五引一百八十五斤，外加耗盐每引五斤，共三十斤，共得六引一十五斤，谓之全课”。[2]此后，灶户消耗逃亡，作为灶户办盐当差最重要标准的盐册却没有及时修造，名实难副。自晒盐法推行之后，盐埕池塯已经成为盐区最重要的生产单位，突破了原先“团（栅）—灶”的生产体系，故而，自明代中期之后，在实行晒盐法的地区，屡屡有要求将盐课征收对象改为埕塯的声音。[3]但是，终明之世，并无统一定制，各地实施情况不一。如广东潮州盐区中，最大的小江场在嘉靖四十五年（1566）因澄海县的设置而分成东界场和西界场，东界场属饶平县，西界场属澄海县。二者场课

1　崇祯《漳州府志·盐法考》，顾炎武：《天下郡国利病书》第26册《福建》，第2216页。叶锦花在《盐政制度变革与明中后期商业的发展——以漳州、泉州地区为例》（《清华大学学报》2014年第6期，第65~78页）一文中进一步论述了明代中后期漳泉食盐流通带动沿海与山区特产之间的贸易模式形成，也使得漳泉山区特产商品化和区域内部市镇兴起。

2　嘉靖《广东通志》卷26，第645页。

3　参见陈天资《东里志》卷4《公移文》（汕抄），第114~115页。

办纳就存在区别。成书于康熙二十四年（1685）的《饶平县志》中记载盐课：

> 额解有征七百四户，人丁二千七百七十九丁。成丁男子二千二百三十九丁，每丁办盐二引二百四十一斤四两，每一引例折银一钱七分，绝户二百三十六户，人丁三百四十四丁，清出各栅余丁补办无征盐五百四十八引七十五斤，余盐俱无征。[1]

成书于康熙二十五年（1686）的《澄海县志》盐课记录如下：

> 明池墒六百三十九墒，灶户三百六十七户，丁五百四十五丁，共额银三百七十五两一钱八分一厘五毫。国朝额征课银四百零三两三分九厘一毫，因海禁缺征，今展界征复，尚存征银二百二十两六钱一分八厘二毫九丝七忽六微。[2]

　　成书于同一时期的两本县志，所记相邻两处盐场的办课方式却存在计丁和丁漏同计的差别。这种现象是延续自明代后期的状况。因为晒盐法的推广和盐课折征的进行，明中叶以后各地纷纷对本地盐场埕漏加以清理，针对埕漏课税当是一种趋势，但是，饶平的东界小江场在推行按埕征课的过程中遭到了本地势豪的阻滞，故而没有实现（具体讨论见后潮州大城所部分）。

　　而在福建漳州，盐法征收方式的改革就相对顺利。明初漳州府并没有盐场盐司之设，业盐者均非灶籍，无丁课之征。嘉靖

1　康熙《饶平县志》卷5《盐课》，潮州市地方志办公室，2002年影印本，第68页。

2　康熙《澄海县志》卷8《贡赋》，第71页。

二十七年（1548），东南沿海动荡不安，军事行动剧增，为增加军饷来源，明廷决定对新增的漳州沿海盐区征税，即对应晒盐法的特点，以盐埕丘塌为课税客体，"盐丘方一丈者，每丘征银三分，方七八尺者，每丘征银二分"，而诏安县五都的盐课征收方式与别地又有不同，主要是计塌起征，"每塌一口，征银一钱五分九厘三毫有零"。[1]

自漳浦等地丘盐纳课之后，即有"漳浦、龙溪等县民人约正谢奇等连名呈告"，请求革除私盐，实行开中，将漳州之诏安、龙岩、平和、长泰、龙溪、南靖、漳平等七县列为漳盐行区。[2] 如此一来，漳盐的市场有了保障，官盐专卖加之山区盐价贵，商人可以从中获利。万历四年（1576），福建巡抚刘尧诲题设南路分司，以盐运同知一员驻扎泉州，专管漳泉二府之榷盐，"而奸商谋利者，籍官票贱买贵卖，勒晒盐之家尽入其税，民大纷扰"。分司设置后，即遭漳州地方官和本地盐户的联合抵制，他们认为"漳州一府，盐税不满千两，以县计之，不满百两，朝廷榷其税一，而奸商罔利百倍之，奸商得其利百，而小民受害千倍之"，要求撤去盐商，"令晒盐户代领商票，每盐丘税及一两以上，再领一票，听其照旧相互交易"。万历七年（1579），南路分司被罢，税银均派漳泉二府，"于晒盐丘盘及载盐船只征纳"。[3] 由此，福建的下四场，即泉州府属浔美、㽵州、浯州、惠安四大盐场的课额办纳也发生了改变，其盐课课额由三部分组成，一为原先的"盐课银"，二为"丘盘税银"，三为"盐

1 康熙《诏安县志》卷8《贡赋》，《中国地方志集成·福建府县志辑》第31册，上海书店出版社，2000年影印本，第518页。

2 钱嘉猷：《条陈盐法助边疏略》，万历《福建运司志》卷13《奏议志》，第15页b。

3 崇祯《漳州府志·盐法考》，顾炎武：《天下郡国利病书》第26册《福建》，第2217页。

船税银"。[1]

其三，晒盐法较之煮盐法少工本、更易操作的生产方式，有利于濒海聚落的形成和发展。

福建诏安盐场多分布于东山岛西岸，濒临诏安湾。原先这一带分布有若干小型聚落，居民多以业渔、养鸭为生计。明代中期以后，在西岸逐渐形成了较大的村落，主要以盐场及近岸滩涂为生业。如东山岛内前何乡，按其乡志所录旧谱记载，洪武年间，福建沿海抽垛军伍，前何乡何姓祖先为躲避军役，与兄弟逐水而居。天顺年间来到东山岛，在近水山脚定居，此后逐渐有居民聚集，修建小庙，嘉靖九年（1530）以诏安置县、重新调整里图为契机入籍，"系五都五图四甲图籍"。[2]明中叶之后何氏开始缴纳盐丘漏口税，并拥有本乡海界。[3]明末清初，前何乡何氏已经有族人分八房，共千余人，称为"前何堡"，属于诏安五都十六堡之一。[4]

前何属东山岛内为数不多的大村落之一，在明清鼎革之际有族人因战功而显贵，故而能有文献存留。但是，对东山岛内大部分小聚落而言，乡民们更多是通过口耳相传的故事来记忆村落的历史，直到近年新谱志编修，才将之变成文字。如 2002 年修成的《东山吴氏宗谱》讲述了径里村民定居的故事，其中述及明崇祯时期：

> 径里村宅仔派子孙有的搬迁至前楼大山西麓"水流公坑"（新仓）定居，开垦梯田，围垦盐埕，生活几十年。此时，守

1　参见万历《泉州府志》卷 7《盐课》，第 16 页 b~17 页 a。

2　康熙三十二年，何奇才：《何氏靖和谱序》，东山县《前何乡志》"附记九"，1997 年编修，第 365 页。

3　参见东山县《前何乡志》卷 6《盐业生产》，第 52 页。

4　参见何奇才《何氏靖和谱序》，东山县《前何乡志》"附记九"，第 365 页；康熙《诏安县志》卷 4《建置》，第 458 页。

村的大祖次房裔孙也出山同新仓宗亲一起围垦盐埕晒盐。原始的晒盐业使下径宗亲经济起色，居住改善，部分村民一改灰暗的瓦披屋为亮灰瓦棱屋。一度，人们称下径村为"新厝"。[1]

径里村是东山岛内众多小盐村之一，其村落的发迹正是从在边海围筑盐埕晒盐开始的。在东山岛西岸逐渐开发利用的过程中，前何、径里等聚落形成的故事说明了制盐技术的改变为水上人定居上岸提供了新的生计方式，进而形成新的聚落。

最后，弘治《兴化府志》中言及晒盐圩地，"即海荡地，随人所得而为限界"。这就暗示着，在刚刚推行晒盐法的地方，还没有确定盐埕边界范围。而晒盐法对盐埕的需求，必导致沿海各色生民对近岸海荡滩涂的争夺。《前何乡志》中即特意将本乡海界标示出来。海界对于沿海居民而言即如田地，代表的是对相应范围内的港道、滩涂、盐场、渔场的掌控权力。

二　盐课折银

如前所述，晒盐法实施之后，福建兴化府上里场各团依山灶户的盐课全部折银，通解盐运司，此当为福建盐课最先实施折银者，只是，此次折银与盐斤的办纳没有直接关联。

正统以前，盐课都是征收本色，且盐户纳完正课以外的余盐不能私卖，必须交给官府。所有盐斤需送交场司，官府发给工本米。此后，因筹米发生困难，收换余盐的办法逐渐废止。

广东在景泰天顺年间，允许开中商人持引"下场关支本色"，

1　《吴怀潮公艰辛开基龙峰径追远堂》，《东山吴氏宗谱》，2002，第59页。

是为"商引"。此后，"势豪中盐在场害民，弘治四年（1491）奏准折价，尚不分生熟，有征一引折银二钱五分，无征一引折银一钱七分五厘，此皆商引之价"。这是广东盐场全面推行折银的开始。[1] 盐课折银之后，"其盐听灶户自卖"。[2] 正德四年（1509），分生熟盐价，"有征熟盐一引折银二钱三分，无征熟盐一引折银一钱五分；有征生盐一引折银一钱七分，无征生盐一引折银一钱"。[3] 但是，折银开始只是依照原先的办纳课额进行折征，熟盐费工本出品少，所折银价反而高于生盐，因此人心不服，香山人黄佐对此评说：

> 且炊为熟盐者，力劳利少而输纳多，晒为生盐者，功省利多而输纳少……祖宗定制，籍煮海之民为灶户，则盐非灶出者，是干宪也。今使生盐输纳与熟盐亡二则，则劳逸均而人心服矣。[4]

黄佐的评述反映了时人对生熟盐折价及晒盐法的逐步推行过程所存在的观念。[5] 于是，嘉靖年间，佥事李默重整广东盐政，清查各场栅户口、沙埕池漏，同时"均生盐，增办价，直眠灶盐"。[6] 其实就是通过这些措施，让推行晒盐法之后的生盐生产及在此基础上所发展出来的盐场组织重新纳入赋役系统之中。

制盐法的改变驱动盐政的改革，灶户出卖余盐在市场上的流通

1　按，此前广东已经有若干盐场实行盐课折银，如东莞、归德盐场，时间为成化十九年。参见康熙《新安县志》卷6《盐赋》。

2　郭棐：《粤大记》卷31《政事类·盐法》，第878页。

3　嘉靖《广东通志》卷26《民物七·盐法》，第646页。

4　黄佐：《修举盐政记》，嘉靖《广东通志》卷26《民物七·盐法》，第650页。

5　其时，晒盐法正在香山场推行，该场在嘉靖年间晒、煮二法并存。

6　黄佐：《修举盐政记》，嘉靖《广东通志》卷26《民物七·盐法》，第650页。

也得以合法化，当事者认为：

> 如此，是国家获额外二、三倍之利，而灶丁亦得二、三倍
> 之息。公私兼利，商、灶两便，诚为法之得也。[1]

广东的盐课折银，是全国性改革的先声。弘治十六年（1503），福建惠安盐场也开始推行折银；正德三年（1508），福建运司盐课总额中约 94% 改折，仅剩 6% 左右仍征本色盐课。[2] 至万历三年（1575），福建全部盐场均得以折征。改折过程中，福建地区的官员与广东官员态度相差甚多。

福建下四场盐区在正统年间已经推行了盐课折米征纳。正统八年（1443），布政使孙升奏称福建下四场停积盐课数多，议将四场盐课折米，"送附近卫所官仓交纳，候停积盐方支尽，仍旧照额办盐"。即是将盐课折米后直接运到附近卫所官仓缴纳，这是在前述卫所仓改归州县管辖的背景下，既照顾到卫所月粮供给，又能疏通积盐的办法。孙升还提出梧州场"设立孤山，周围大海，递年盐课客商不肯前去关支，停积数多"，请求"将晒盐丘盘平夷，灶户归还有司办纳本等税粮，盐额除豁"。[3] 上疏之后，部议允许四场课额折米，但是没有批准惠安场折米和废除梧州场的请求。此后，浔美洒州二场盐课以三分本色七分折米、梧州场以全部折米的形式折色后运泉州府永宁、福全、金门等卫所仓交纳。[4] 而惠安场则等到弘治

1　郭棐：《粤大记》卷 31《政事类·盐法》，第 887 页。

2　叶锦花：《财政、市场与明中叶福建食盐生产管理》，《中山大学学报》2020 年第 5 期，第 68 页。

3　孙昇：《勘浔美洒州梧州惠安四场停积盐课疏略》，万历《福建运司志》卷 13《奏议志》，第 1 页 a~2 页 b。

4　包节：《题专委官均折价疏》，万历《福建运司志》卷 13《奏议志》，第 11 页。

十六年才实现折色，不过这次改折方式是折银，"每引征银七分，运司类解户部，以备边用"。[1]

由此可见，所谓盐课折米折银实施的动因更多是制盐技术的革新促使盐区扩展，盐场产盐量增加，下四场又"海路窎远，船多遭风覆没，商不愿往"，[2]于是造成积盐在场。所以，官府试图通过住办盐课本色，折米折银，甚至拆毁盐场丘盘等方式来压缩盐的产量，同时满足当时州县负担附近卫所仓月粮的需求。不过，也正是因为这种解决方式，才为之后更大规模的盐课折银提供了条件。或者说，正是正统、弘治年间针对积压盐课所采取的临时性折中办法导致了此后更大规模的私盐流通和福建全部盐场课额的折银。如嘉靖年间户部郎中钱嘉猷认为因为下四场灶户纳米折价，"止系正课纳米，之外尚有余盐，其非灶丁者又皆晒有私盐，俱未经收入在官"。折色使得灶户办课之后可以占有更多余盐，或实际晒盐之人是所谓"非灶丁"，其所生产之盐不纳盐课，即为私盐。这就是为什么明代后期的官员言及福建私盐之盛时，每每将问题的起因归于正统、弘治年间折纳米银之举。[3]

福建盐场课额折银的同时，为控制盐的产量（或者也是遏制私盐的一种手段），部分盐场丘盘被要求拆毁。然而，正如出身福建浔美场的御史粘灿在《奏浔美场折米优免疏略》中所说：

> 福建乃濒海之区，而臣所生长浔美场之乡又极濒海之涯，地势刚卤，稻麦不收，所恃以养生者，惟晒盐而已。[4]

1　陶煦：《奏豁惠安一场积盐疏略》，万历《福建运司志》卷 13《奏议志》，第 3 页 a。

2　万历《福建运司志》卷 14 下《条议》，第 23 页 a。

3　钱嘉猷：《条陈盐法助边疏略》，万历《福建运司志》卷 13《奏议志》，第 14 页 b。

4　万历《福建运司志》卷 13《奏议志》，第 6 页 b。

正德十四年（1519），御史周震《奏折惠安等四场晒盐丘盘疏略》中更说道：

> 查得福建运司所属惠安、浔美、洌州、浯州四场额盐虽折米折银，原设晒盐丘盘尚存，未尽折除，仍前私晒。其福兴漳泉四府一州频年买卖俱是私盐，以至盐法不通。[1]

周震在奏疏中进一步说明，福建实行晒盐法之后，盐场产量大增，盐课司行盐堆积，当时正值卫所粮仓改归州县所辖，实际上就是将卫所月粮派于州县，州县粮米需求日增，于是福建下四场在积盐过多的情况下，开始实行折米，希望等到积盐销完之后再照旧办课。同时要求将私设晒盐丘盘进行拆毁，以防止私盐的生产和流通。但是，从周震的奏疏即可以看出，这个法令并没有得到很好的执行，致使盐法更加阻滞。故而周震要求加强"禁捕私晒私贩，及将革除盐场丘盘尽行拆毁，则私晒不行而盐利均行矣"。[2] 其奏议获得批准。嘉靖九年（1530），浔美场盐课也实行折银，"盐米每石折银五钱，仍派泉州府给军"，于是仍旧折米的洌州浯州二场灶户"告要比照浔美事例一体折价"。[3]

盐课定额折银，可能造成的一个后果是，灶册中的灶户不再

1　周震：《奏折惠安等四场晒盐丘盘疏略》，万历《福建运司志》卷13《奏议志》，第6页a~b。

2　周震：《奏折惠安等四场晒盐丘盘疏略》，万历《福建运司志》卷13《奏议志》，第6页a~b。

3　包节：《题专委官均折价疏》，万历《福建运司志》卷13《奏议志》，第12页a。

业盐，盐课的征收"不出海水而出田亩"，[1] 盐课逐渐被摊入灶户盐田中，随粮米征收，而濒海盐场的实际生产者，也不仅仅是灶户，军、民、渔疍各色人户均可成为盐埕的开垦者，这就是所谓的私设盐埕。所以嘉靖三十三年（1554）户部郎中钱嘉猷奏请重新勘核各盐场盐丘，对私设者课税：

> 各场私设盐埕不在旧额内亦宜尽数查出，一例纳课。每盐一引比照折米事例加倍起科，该场籍记征纳以增课程，庶得适均，如有不愿输办，就行掘毁，不许开晒，庶使正余二课无妨。……正盐有课，又有余盐之税。[2]

钱嘉猷的意见得到采纳。盐课折银之后，盐斤即可由盐民自行买卖，对此，隆庆年间的福建运使何思赞有所评述：

> 其产盐所在原有七场，系福兴泉漳四府地方。滨海之民，家可晒盐自食，或市诸附近灶户，故官盐难行。先年奏免浔美、涝州、汭州、惠安四场晒盐折纳银米，于是兴泉漳三府官盐不行矣。[3]

与官盐相对者即私盐，时人多将明代私盐盛行的原因归咎于盐课折银，如万历年间福建运同傅国才所说：

1　同治《金门志》卷 3《盐课》，《台湾文献丛刊》第 8 种，台北：台湾银行经济研究室，1960，第 42 页。

2　钱嘉猷：《条陈盐法助边疏略》，万历《福建运司志》卷 13《奏议志》，第 14 页 b~15 页 a。

3　何思赞：《运使何思赞议》，万历《福建运司志》卷 13《奏议志》，第 17 页 a~b。

　　　夫名曰灶户，未有不办盐者，今一旦折银，得以借口卖
盐纳课，将来私贩四出，孰得而阻之？奸商亦借此领银下场多
买，孰得而查之？[1]

　　福建下四场的折银使得嘉靖年间仍未实行折征的上三场纷纷欲
行效仿，甚至有上里场各户"欲罢本色之谋，故将仓廒废弃不葺，
盐斤无以顿贮"，或者谎称本地无盐晒办，请求将课额折银。[2]万历
三年（1575），福建上上三场终于也实行盐课折银。

　　课额折银的另一影响是盐户得以自由买卖盐斤，生产也在进一
步扩大。在福建漳州，从嘉靖到万历年间，数次对"新涨海滩民间
开晒者，通行计丘征课"。[3]在广东潮州小江场，有大港、新村、下
寮等栅，"水浅汐平，埋围岁增，举望极目"。[4]

　　明代灶户不得分户，前期对灶户所实行的优免政策以及此后
濒海经济的发展，使得灶户家族在财富积聚的过程中势力逐渐扩
大。如潮州东界小江场的周氏家族，明代中期之后发展极为迅速，
尤其是家族出了当地第一个进士——周用之后，家族组织迅速建
立起来，[5]并拥有大量产业。到嘉靖中后期，即使家族在嘉靖四十年
（1561）遭受重大的兵祸冲击，仍"人丁犹茂，家资数千金者十有
余人"。[6]又潮州澄海小江西场，其灶户得以"仅仅有升斗之粮，席

1　傅国才：《运同傅国才议》，万历《福建运司志》卷13《奏议志》，第21页 b。

2　傅国才：《运同傅国才议》，万历《福建运司志》卷13《奏议志》，第24页 b。

3　道光《福建盐法志》卷1《通考》，《稀见明清经济史料丛刊》第1辑第29册，国家图书馆出
　　版社，2009，第4~8页。

4　陈天资：《东里志》卷4《公移文·议征盐》（汕抄），第111页。

5　2005~2006年，笔者在当地调查中看到，大埕"周氏家庙"为周用所建，位于大埕乡的中心
　　位置。另外，大埕周氏始祖的墓地也是周猷、周用、周舜卿三兄弟所修。

6　饶平大埕《周氏族谱》，康熙元年周章启《序》。该族谱为1996年据道光年间手抄本重录。
　　感谢周汉正先生、周义友先生的热心帮助，使笔者得见此书。

卷千百岫于令甲，谓何？且潮盐以暴，非如古称煮海之苦，而灶籍丁壮，法已复身，又沿海盐诸凡高峤者，大扈者，与夫众峁者，悉兼并之，宁无庾三尺也与哉？"[1]盐场灶籍，在明代中期的发展中对濒海资源的圈占可见一斑。而在实际盐业生产塌中，可能出现的现象是灶户作为盐场埕塌业户的身份与盐场实际生产者晒丁的分立，"灶户"是灶籍业户，出资修造埕塌，而晒丁常属于灶户的雇工。康熙《诏安县志》言"晒盐民原非灶户，以资直转佃盐埕，胼胝炎烈中，所成盐不过一二石"。[2]

第二节　渔课征纳方式的改变与海界圈占

　　明初闽粤沿海各地均有渔课之收，并在渔疍户较为集中之地设立河泊所进行管辖，办纳渔课。但是，明代河泊所系统的维持并不顺利。相较农耕人群，渔民船民具有更强的流动性；在因赔累课额而负担趋重的情况下，渔户逃亡，课额空悬，越来越多的河泊所形同虚设。正统年间，福建、广东多处河泊所因课额空悬、名存实亡而被裁；嘉靖、万历年间又出现一次裁革河泊所的高峰。至明末，闽粤两省仅存位于沿海的若干河泊所：福州府 1 所（福清县河泊所）、泉州府 1 所（晋江县河泊所）、潮州府 2 所（澄海县鮀浦河

1　林熙春：《复澄海官山记》，康熙《澄海县志》卷 1《山川》，第 29 页。
2　康熙《诏安县志》卷 8《盐赋》，第 517 页。

泊所、东陇河泊所）、广州府 3 所（番禺县河泊所、南海县河泊所、顺德县河泊所），以及琼州府 6 所（琼山、澄迈、文昌、临高、儋州、万州等州县河泊所）。

表 2-2　福建、广东河泊所兴废情况

地区	洪武	正统	景泰	天顺	正德	嘉靖	隆庆	万历	清	设立时间不明	裁革时间不明
福建	+19	−7		−1	−3	−10	−1	−5	−2	+8	
广东	+32	−3	+1 −4			−13	−6	−7	−5	+13	−8

说明：+ 为设立，− 为裁革。"时间不明"指没有确切年份。如文献记载为明初设立，又如万历《大明会典》中多有记录河泊所"久革"者，均计入"不明"。

资料来源：根据明清实录、明会典以及现存福建广东省府州县志相关记录统计而成。

一　裁所归县后的渔户管理

河泊所裁革后，原由其直接管理的渔蜑户划归州县统辖，渔课也成为州县官府需要负责征纳的课额。[1]那么，州县如何组织管理渔户，渔户与民户等其他职役户之间的关系如何呢？[2]

在可能的情况下，州县仍然希望将渔蜑户单独编甲，使其办纳渔课。位于东江上游的兴宁县，明初设河泊所管辖境内蜑民，正统

---

[1]　如"（正统十三年六月庚申）革广东琼州府感恩县惠州兴宁县二河泊所，蜑户鱼课悉令隶各县带管"。《明英宗实录》卷 167，正统十三年六月庚申。此类记载不胜枚举。

[2]　徐斌曾根据湖广地区搜集到的若干族谱推断，州县有司对归入的渔户可能会另行编定里甲，且设置有里长，即"对渔户原有的编制不作大的改动，而只是将之冠以州县里甲之名"。参见徐斌《明代河泊所的变迁与渔户管理——以湖广地区为中心》，《江汉论坛》2008 年第 12 期，第 87 页。

十三年（1448），河泊所即遭裁革。嘉靖《兴宁县志》中记载了相关情况：

> 蛋人者，舟居水宿网捕为生。……国初置河泊所辖之。正统间朱令奏革，以其人附贯下六都籍，仍立其中首甲以领之。
>
> 六都析其赢，益以徭人、蛋人之有税者，置为七图，遂为编户七里，称旧六都为上六都，七图为下六都云。[1]

由上可知，正统年间兴宁河泊所裁革后，疍户归于州县管理；而后，兴宁县的都图也进行了调整，将六都中多余人户析出，与承担税课的徭人、疍人一起编为第七图，也叫"下六都"。疍民附籍于下六都，并从中选出首甲统领。可见归州县管理后的疍户仍集中在相对独立的都图里。

户籍在明朝是对应于特定赋役责任的"役籍"，因此，渔课米和鱼油翎鳔仍尽可能由疍民专职办纳。前引嘉靖《兴宁县志》中记载该县嘉靖三十一年（1552）渔课折银额数时，还专门注明该项为"蛋民办纳"。[2] 这种情形在广东其他沿海州县也可看到。万历《琼州府志》中记录了原崖州河泊所下属"番蛋"的聚集处——"保平里、番坊里、望楼里、所三亚"，并注明："以上四里属河泊所，番蛋采鱼纳课，多佃食民田。"[3] 崖州河泊所已于嘉靖三十七年（1558）裁革，疍民属州县所辖，但在万历府志中，仍习惯将所三亚等标为河泊所属地，是番疍集中地方，并且明确他

1　嘉靖《兴宁县志》卷4《人事部》、卷2《地理部上》，第1201、1019页。
2　嘉靖《兴宁县志》卷3《田赋》，第1135页。
3　万历《琼州府志》卷3《地理志》，第67页。

们的职责是"采鱼纳课"。雷州府的海康所、遂溪所和徐闻所先后在嘉靖十年（1531）和隆庆元年（1567）被裁革，但万历《雷州府志》记载：

> 又立河泊所以榷渔利，岁有常额，其后逃绝过半，亦派其课于民户。
>
> 万历四十一年……（海康县）鱼课并比附米无闰二百二十七石六升八合二勺，遇闰年添派二十二石四斗八升二合，俱课户办纳，不入通县条鞭银内。
>
> （遂溪县）鱼油料并水脚无闰银六十五两七分二厘三毫九丝四忽，以鱼课米每石派银一钱五分七厘五毫五丝五忽零，遇闰年照闰米添派。俱系课户办纳，不入通县条鞭银内。
>
> （徐闻县）鱼油料并水脚无闰银五十八两六钱一分六厘一毫二丝五忽，遇闰年添派，俱系蛋户办纳，不入粮米内派。[1]

可以看出，万历年间，雷州府本应由渔蛋户办纳的渔课分成两个部分：一部分是因课户逃绝而形成的无征课额，被摊入民户办纳；另一部分是仍有承办课户蛋民的有征课米，即使在一条鞭法推行之后，这部分鱼油料和渔课米仍由蛋户对口办纳，而未被计入全县的条鞭银中。不过，实际情形更为复杂。民户、蛋户统归州县管理，渔课由州县征纳，使得民户、蛋户所承担赋役出现了混同的可能。以潮州程乡河泊所为例，康熙《程乡县志》载：

> 南临梅溪，编户为里，曰南厢一图，图有十里，俱蛋人舟

1　万历《雷州府志》卷9《食货志》，第112~125页。

处者，只输鱼课，其秋夏税粮皆各里大家所寄，蛋户无粮而有
追呼之扰。[1]

乾隆《嘉应州志》中的描述更加详细：

> 明洪武时，遣校尉于各产鱼之处点视，遂以所点额设课
> 米。十四年设程乡河泊所，以榷渔利，籍蛋户为南厢一图，有
> 里甲以供鱼课。……嘉靖十一年，裁革河泊所，其折银归县带
> 征，而蛋户人贱且蠢，势豪往往鱼肉之，则投诸大家求庇，各
> 里大家乃以秋夏税粮寄南厢，日久弊生，所寄粮悉蛋人完纳，
> 于是蛋人受代赔之累。本朝康熙十年知县王仕云清还大家粮，
> 而蛋户止办鱼课，额载赋役。[2]

潮州程乡县在洪武十四年（1381）设立河泊所，管辖蛋户，办纳
渔课。这些蛋户立有一图，曰南厢一图，只输鱼课。嘉靖十一年
（1532）程乡河泊所裁撤之后，蛋户纷纷依附"各里大家"，"大家"
将田粮寄于南厢，蛋户遂有秋税夏粮赔累之苦。"寄"字暗示了河
泊所裁革之后，"南厢"仍然是一个相对独立的单位，原先的蛋户
也没有打散编入州县里甲，而是维持了旧有编制。不过，原先蛋户
在行政系统上的直接领导者是河泊所，赋役负担明确，除缴纳渔课
外，"惟供船差，不事他役"。[3]而今与民户一同直属州县，成为里中
"大家"诡寄田粮的方便对象，他们不得不开始缴纳田赋了，蛋民

1　康熙《程乡县志》卷1《舆地志》，第369页。

2　乾隆《嘉应州志》卷3《田赋部》，《广东历代方志集成·潮州府部》第35册，岭南美术出版社，2009，第265页。

3　康熙《海阳县志》卷1《兵事》，潮州市地方志办公室，2001年影印本，第25页。

需要承担的赋役开始与一般州县民户逐渐混同。

同时,渔课的纳税主体也不再限于疍民,出现了由里甲负担的情况。如顺德县的渔课米,供办者除"水图蛋人",还有"岸图"即"里甲"。当时人称,渔课米等几乎"皆田赋所办也"。[1] 易言之,州县官府征收赋税已不再拘泥于编户的"役籍"身份了。

二 明中期后沿海渔课征纳方式的新趋向及其影响

正如前述,河泊所系统面对的是"流动的人",维持运作并不容易,被编入河泊所体系的渔户疍户多有逃匿,无征渔课越来越多,终于导致河泊所被大量裁革。明中期后,福建、广东地区只有少数沿海河泊所保留下来。裁所归县并不能解决"课额空悬"的问题。从正统年间开始,无论河泊所还是州县,能够真正管辖的渔疍户和由他们办纳的有征渔课越来越少,无征渔课比重不断增大,如广东肇庆府高要县,其河泊所原有渔课米 1619 石 4 斗 9 升,至嘉靖四十年前后无征课额为 1053 石 3 斗 7 升 9 合,到万历十六年前后无征渔课米再增加到 1167 石 7 斗 5 升 6 合,超过了原额的七成。[2] 为办纳无征的"渔课虚米",地方官不得不采取豁免、摊派或抵补等方式来解决。

豁免渔课的做法在明朝初年已经出现了。洪熙元年(1425),"福州府连江县河泊所鱼课一百五户皆绝,其课米二百五石四斗无

---

1 万历《顺德县志》卷 3《赋役志》,《广东历代方志集成·广州府部》第 15 册,岭南美术出版社,2007,第 31 页。

2 万历《肇庆府志》卷 11《赋役志一》,《广东历代方志集成·肇庆府部》第 1 册,岭南美术出版社,2009,第 230 页。

征，乞除免，上皆从之"。[1] 然而，得到豁免的渔课毕竟是少数，大部分无征课额仍需以其他方法补足。摊派是明中期赋税改革的共同趋势，州县为了完成任务，多采取摊派方式强令民众包纳赔补，相关记载在明代广东、福建的方志中比比皆是。《闽书》载：

> 海滨渔户，故有折色本色，岁额一定，间有久绝逃亡，官辄敷派同甲，责令分偿。[2]

又如广东新兴县的渔课：

> 米一百二十石九斗，共银三十五两一钱五分八厘五毫。县报万历十一年以前蠲免蛋人，以通县民粮融纳，拖负者众。[3]

如上所见，不同地方赔补的具体方式又有差别：既有令同甲渔户包赔交纳的，也有将渔课银向全县民粮摊派的。此外，有些州县还运用会计层面的操作，将诸如"寺租银""鱼苗银""河利银"等别项课额递补上解，以充渔课虚米。[4]

在各地纷繁复杂的渔课征纳方案里，可以看到一个共同的趋向：船只逐渐成为官府管理渔民的关键，也成为渔课征收的重要单位。如前所述，渔课被分成有征和无征两个部分，对于有征渔

1　《明宣宗实录》卷 10，洪熙元年十月甲午。

2　何乔远：《闽书》卷 45《文莅志》，《四库全书存目丛书》史部第 205 册，第 107 页。

3　万历《肇庆府志》卷 11《赋役志一》，第 230 页。

4　参见杨培娜《明代中后期渔课征纳制度变革与闽粤海界圈占》，《学术研究》2012 年第 9 期，第 123 页。

课，地方官员仍试图将其缴纳责任限定在渔疍户身上，而不是变为全县的负担。但这通常只是一种理想，实际执行中渔课摊派对象范围扩大，船作为水上生民重要的生产生活单位，逐渐受到地方官员重视。无论有征课额的征收，还是无征渔课的递补，都有按船摊派的趋势。

弘治十四年（1501），福建巡按吴一贯整饬沿海渔户渔课，"攒造渔课册"，将"新造漏船之未及报与旧有漏报者，皆得举收而补之"。[1]隆万年间惠安知县叶春及将惠安县各澳渔课额数固定下来，以船网为征收对象。[2]广东潮阳县、澄海县则"议将通县有业无课船只通行查补"，以补河泊所虚悬米。对地方官员而言，"查船以补虚课，犹之丈田以补虚粮"，[3]是颇具可操作性的选择。他们试图重新编定渔户册籍，在册籍中重点登记船只网具，通过对新造的船网收税来补充渔课，而摊派渔课的原则就是"以船大小纳米"。[4]渔船逐渐成为渔课最重要的摊派对象。

随着渔课征纳方式的变革，渔课征缴不再限定于渔疍户之内，这就为各色人等以承办渔课之名插手甚至独占濒海资源提供了可能。而当承纳渔课成为合法垄断滩涂等资源的根据时，办课就是一种特许权利，这深刻影响了 16、17 世纪的濒海地域社会秩序。

1　何乔远：《闽书》卷 45《文莅志》，《四库全书存目丛书》史部第 205 册，第 108 页。

2　嘉庆《惠安县志》卷 15《权政·渔课》，《中国地方志集成·福建府县志辑》第 26 册，上海书店出版社，2000 年影印本，第 54 页。

3　郭子章：《潮中杂纪》卷 6《请查鱼课议略》，第 39 页。

4　万历《肇庆府志》卷 11《赋役志一》，第 230 页。上引万历年间潮州知府郭子章《请查鱼课议略》中言"酌樑头以定税额"（《潮中杂纪》卷 6，第 40 页），樑头即是衡量船只大小的重要标准。

三　海界圈占

渔课课额在地方财政中所占份额并不高，但对濒海民众而言，却关系重大。

濒海渔利，"半取于海水之中，半出于海涂之上"。[1] 宋元时期海洋渔业捕捞主要在近岸浅海进行，随潮水涨落而作息，是宋人鲍祇所谓"两信潮生海涨天，鱼虾入市不论钱"。[2] 明代以后，渔业生产技术改进，近岸滩涂和深海作业均得到快速的发展。[3] 渔业生产需要一定的工本，船只、网具所费颇多。所以，在沿海滩涂捡拾虾蟹蚬蛤等物是一般贫民的另一生计手段。但是明代中期以后，在办纳渔课的名义下，近海滩涂却时常被势豪之家划为己有，海界的圈占和争夺成为福建、广东沿海地区一个非常普遍的问题。

万历《漳浦志》载：

> 海跨邑之东南，弥望无际。潮至而网取鲜物者谓之网门，有深水网，有浅水网；潮涸而手取鲜物者，谓之泊网。门之下即泊也，有泥泊，有沙泊。泥泊产鲜盛，沙泊次之。网泊以水涨涸为限，各有主者。往百年，滨海民以力自疆界为己业有之，于今必以资直转相鬻质，非可徒手搏之矣。顾其为直一而利十之，明年利辄盈其直。环海之利，岁收不啻四五千金，其

1　康熙《诏安县志》卷3，第440~442页。

2　王应山：《闽都记》卷2，《中国方志丛书》第71号，台北：成文出版社，1967年影印本，第10页。

3　丛子明、李挺主编《中国渔业史》，中国科学技术出版社，1993，第58~61页。

所输官课未及五十分之一也。[1]

这则材料涉及几个重要问题。首先是近岸渔作方式的分类。在靠近海岸的地方，随着潮水的涨退，有"网门""泊网"之分。当涨潮之时，或以小船顺水流张网，或在岸边插木竖竹挂网，鱼虾顺流入网，这就是"网门"；退潮之后，海涂露出水面，捡拾遗留在上面的鱼虾等物，即所谓"泊网"。二者大致类似于水面和水底的区分。其次，"网门""泊网"均有主人，依照海水的涨退进行捕捞权的划分。但随着时间的推移，泥泊的重要性越发凸显。究其原因，潮水涨退有时，海泊滩涂却是固定的，确立了对滩涂的所有权，即拥有了海水涨退所带来的渔获。在人口和资源之间的关系还不甚紧张时，人们在近岸滩涂各划疆界；而当滩涂的圈占趋于饱和，其价值日升，冲突也迅速涌现。

　　嘉靖万历之后，关于圈定滩涂泥泊的文献记录越来越多，"泥泊"逐渐成为泛指各类沙田涂泽的名词。此外，还有类似"海荡""沙荡""沙坦""沙田""潮田"及"埭""浦""渚"等各类称谓，因时间、地域和方言的不同而有所区别。[2]泥泊被划定之后，有"四至"等既定的范围，如漳浦县万历八年《古雷社永记公业碑》中所载："泥泊□□座址西江巡前江下……至大口，西至□地沙湾，南至古雷头……"[3]

　　在此过程中，对泥泊滩涂的控制权越来越集中到士宦豪强手中。万历二年（1574），辞官在家的原南京太仆寺少卿朱天球撰《云霄复公溪泥泊记》一文，记漳浦县云霄镇大溪入海处大泥泊在

1　顾炎武：《天下郡国利病书》第 26 册《福建》，第 2240~2241 页。

2　刘淼：《明清沿海荡地屯垦的考察》，《中国农史》1996 年第 1 期，第 15~16 页。

3　王文径：《漳浦历代碑刻》，漳浦县博物馆，1994，第 70 页。

成化到万历百年间被豪民所据，拥为己业，传诸子孙，"渔者必入税而后敢碾足"。[1] 隆万年间，福建惠安知县叶春及所修《惠安政书》，专门论及濒海海扈网罟课税混淆难辨之事。他说：

> 盖鱼课网罟与海扈等地，本不相侵，制具存也。为扈者曰所，其米重；为荡者曰亩，其米次之；他为罟网诸业，同安志，取之于潮，既泛，其得之有数，利必薄，故米尤轻，是也。今之扈荡，在课册者少，而多入于黄册，岂制哉？非有力不能蓄。小民安知制之不相侵？既课于所，而又纳其地租，故民偿私而负公，至烦县而征之，加以澳甲，又饷于兵船，不胜其苦，余故鸣而蠲之矣。[2]

叶春及注意到濒海渔课的征收对象，有网罟和海扈、荡地之别。其中，海扈的单位是"所"，交税最重，荡的单位是"亩"，课税次之，网罟等最轻，因为需要随潮而出，其获利薄。但不知从何时起，很多扈、荡都记载到黄册而不是课册中，"非有力不能蓄"。这提示我们，濒海资源掌控的变化有多种解释：可能是蜑户上岸转变为民户，海扈也变成登入民册的财产；也可能是身为民户、灶户的势豪通过各种办法将原属河泊所课程对象的资源占为己有。海扈原应登记在课册，名义上由渔户办纳渔课，但是现在多被豪强占有，并作为自己的财产登记进了黄册。结果导致渔户需缴纳渔课和私税（租）双重租课，否则就不能去捕鱼作业。

　　康熙年间，漳浦知县陈汝咸在重整地方里甲赋役过程中，对这

1　康熙《漳浦县志》卷17《艺文志上》，《中国方志丛书》第105号，台北：成文出版社，1968年影印本，第1384~1388页。

2　叶春及：《惠安政书》卷3《版籍考》，福建人民出版社，1987，第42页。

种现象有所说明：

> 渔课米，业溪海者之所输。邑海利为大，溪次之。自鹿溪以南至旧镇，向无专主，听民采取蚬蚝微物，其后有请升斗课米者，民供其税，而后敢入。[1]

康熙年间漳州府诏安知县秦炯对濒海泥泊之争占深恶痛绝，认为这是诏安的一大弊病。濒海海涂往往被"科甲之家"或"丁壮之族"截占为"子孙世业"或"一姓私业"，小民"欲前往采捕必纳私税"，而势豪之间为争夺海涂往往斗讼不断，告上公门，势家则"将多收海涂之利以为打点衙门之费"，而官家不念小民之苦，或给告示承认其划定之界，其断案的依据就是"以户有课米为词"。[2]

漳州东山县博物馆内收藏有一块碑刻，所记为明万历七年诏安五都东山岛民黄忠、郭林、陈曾等联名上告漳州府海防同知，状诉当地陈显、吴集包纳渔课、垄断采捕之利一事。碑文中说：

> 陈显穿山湖下网门三十槽带课米二斗；吴集有沙尾鱼埕五所，带课米乙石八斗，共米二石，每年纳银六钱，致占一方民利，深为不便。[3]

明代中期以后，濒海地方"宦族""豪民"可以以承纳课米为由，依势恃力圈占滩涂，划定海界，占为私业，小民或避往别处或缴纳私税方可作业；地方官员往往从保证课额的角度，对这

1　康熙《漳浦县志》卷 7，第 519~521 页。
2　康熙《诏安县志》卷 3《方舆》，第 441 页。
3　《宪断公海帖文》，福建东山县博物馆所藏碑刻。

些海界予以确认。这种现象在广东同样非常普遍。嘉靖《香山县志》载：

> 本县沿海一带腴田各系别县寄庄，田归豪势，则田畔之水埠、海面之罾门亦将并而有之矣。[1]

万历《顺德县志》又载：

> 棹艇往来，浮业也；罾门禾虫埠之类，实业也。邑中实业，尽入豪宗，利役贫民，而不佐公家之赋。[2]

万历《顺德县志》编纂者叶春及指出滨海之地那些获利稳定的"实业"如近海罾门、禾虫埠等基本被"豪宗"所占，而地方官员不但没有尝试去改变这样的局面，反而跟小民争利，把无征的渔课虚米摊派到内河船夫身上，[3]加重了他们的负担。明中叶是珠江三角洲沙田开发的重要阶段，岸上大族在围筑沙田的同时，也拥有了对近岸水埠、罾门的控制权。在州县官眼中，舟楫出没风波从事捕捞，风险大而收获不定，是"浮业"，而近岸水埠、罾门收获稳定，是"实业"，且大部分都归势豪所有，利益难以撼动。[4]

当我们细究这些变化的时间及势豪大家的出身时，会发现一些有意思的现象。濒海之地是一个复杂的自然生态系统，不同生计的人群有密切联系，人员流动也相当频繁，最明显的莫过于"疍"身

1　嘉靖《香山县志》卷3，第333页。
2　万历《顺德县志》卷3《赋役志》，第32页。
3　万历《顺德县志》卷3《赋役志》，第32页。
4　嘉靖《香山县志》卷3，第332~333页；万历《顺德县志》卷3《赋役志》，第32页。

份的转变。嘉靖《广东通志》中称"疍户者，以舟楫为宅，捕鱼为业，或编蓬濒水而居……广中近年亦渐知书，或登陆附籍，与良民同编，亦有取科第者矣"，[1]即说疍民有通过科举而成为士大夫的。万历《顺德县志》中言"介麟而衣冠"，是对这种显著转变的概括。仔细检阅明中期后珠三角兴起的大家族族谱，可以发现其祖先故事中隐含的出身疍民的痕迹。更重要的是，这些较早上岸定居下来的疍民逐渐在文化权力意义上建立起一种身份优势，其标志就是宗族祭祀的传统和正统神明信仰。[2]这些优势使他们成为有能力控制本地各种资源的人群，其中包括对土地、网罟、海凮等资源的圈占以及对其他未上岸水上人的管控。嘉靖《广东通志》中说沿海"罾门多势家所夺，蛋民亦行劫盗"，官府清查过程中，发现这些疍船居然有"尚书主事批文"。[3]

明代中后期，户籍职役的限定逐渐淡化，开发濒海海荡、滩涂，或利用近海资源养殖蛏、海蛎等海产，成为越来越多不同户籍身份民众的生计方式。在河海交汇处修筑基围，障隔海潮，再引溪水灌注，使得海水淡化，附近盐碱之地变为潮田；[4]围造海涂，修筑石凮、鱼塭，发展定置渔业；围筑盐田，运用日益推广的晒盐法技术，获取盐利。这些生产方式都会改变濒海涂地的形态，并使之最终成田。明清时期沿海地区大量的沙田、滩涂开发大多采用了这些

1　嘉靖《广东通志》卷 68《外志五》，第 1793 页。

2　萧凤霞、刘志伟：《宗族、市场、盗寇与蛋民——明以后珠江三角洲的族群与社会》，《中国社会经济史研究》2004 年第 3 期；刘志伟：《地域社会与文化的机构过程——珠江三角洲的历史学与人类学对话》，《历史研究》2003 年第 1 期。

3　嘉靖《广东通志》卷 68《外志五》，第 1793 页。

4　康熙《香山县志》卷 3《盐法》，《广东历代方志集成·广州府部》第 34 册，岭南美术出版社，2007，第 206 页。

方法。[1] 随着农耕或盐业这类相对固定的生产方式的普及，劳动者的活动范围也趋于稳定。资本雄厚的陆上家族势力得以进一步成长和扩张，压缩依海为生、以船为家的人群的生活和生产空间。这些人群或者上岸，或者活动的区域向深海扩展，作为生产工具的船只越来越重要。这是一个相辅相成又错综复杂的过程，不仅表现为生态系统的演变，同时也体现在社会组织方式的变化上。

势豪以认纳渔课为前提圈占海界，成为濒海资源的实际占有者——"海主"或"港主"。正所谓：

> 外海原无税粮，向有豪强地棍认纳渔课，霸占海面，号为海主、港主。凡出入渔船认纳租银，方得采捕。[2]

万历中期以后，为了应对各方加派尤其是辽饷所需，广东地方官员纷纷对鸭埠、禾虫埠等濒海水埠征税充饷。顺德北门《豫章罗氏族谱》中收录了一份天启五年（1625）罗大宗告承鸭埠的给贴：

> 广州府顺德县为酌议抵免辽饷以足军需以固邦本事。天启五年正月二十七日奉道、府信牌，奉两广军门何宪牌前事，转行，仰县即将发来核过该县应抵长饷数目……查得册开，一议复鸭埠饷银三百八十两七钱五分。奉此，案查先奉宪牌，行县酌议抵免辽饷，已经具由详报去后，今奉前因，就据大良堡第四图业户罗大宗呈为遵示确报饷额事，称宗有祖经奏开垦土

1　刘淼：《明清沿海荡地开发研究》，汕头大学出版社，1996；叶显恩、谭棣华：《明清珠江三角洲农业商业化与墟市的发展》，《广东社会科学》1984年第2期。

2　《雍正二年六月二十四日孔毓珣奏陈广东内河外海事》，《宫中档雍正朝奏折》第2辑，台北："故宫博物院"，1977，第802页。

名半江宪司第四洲东翼外栏沙，万历二十九年，以孙罗约出名告承鸭埠三十顷，纳饷给帖，粮东案证。近奉明文承复，因约已故，今大宗遵承罗约原额鸭埠田三十顷，岁纳饷银三两等情。……为此，帖付饷户罗大宗收执，照依事理，即将所承前项上名鸭埠田三十顷，查照界至，看养鸭只，食田遗下子粒，递年该饷银三两，务要依期赴县秤纳，类解充饷，毋得遒负，如有奸徒纵鸭越界挽食赚饷者，许即指名告究。须至帖者。

右帖付饷户罗大宗执照

天启五年五月初二日给[1]

万历、天启年间军费大增，各级官府需要从多种渠道扩充军饷，于是广东官员大规模确认濒海埠主业权，发放埠帖征收饷银。所谓"粤自正饷外，有鸭饷、牛饷、禾虫等饷……皆豪门积棍钻纳些须于官府以为名……旧督臣何士晋慨然为抵免辽饷之计而奉行"。[2] 两广总督何士晋就是罗氏埠帖中的"何宪"。为抵辽饷，何士晋等广东地方官员多方抽补，顺德县鸭埠饷银有 380 多两，其中罗大宗所纳鸭埠饷为每年 3 两。罗氏原于万历二十九年（1601）承纳该鸭埠，天启年间官府为派辽饷，要求其重新确认，获取官府颁发的照帖，罗氏也由此进一步巩固了自身的资源垄断权力。

滨海利权被垄断，贫民往往不得不选择依附豪门，通过缴纳私税获得捕鱼的权利。[3] 屈大均在《广东新语》中有如下感叹：

1　顺德北门《豫章罗氏族谱》卷 20《宪典》，转引自谭棣华《清代珠江三角洲的沙田》，广东人民出版社，1993，第 66~67 页。

2　《明熹宗实录》卷 60，天启五年六月甲辰，第 2860 页。

3　康熙《漳浦县志》卷 8《赋役志下》，第 520~521 页。

　　　　按吾广多杂食物，而水居尤易为生，顾禾虫之埠，蠔蚬之
　　塘，皆为强有力者所夺，以渔课为名，而分画东西江以据之，
　　贫者不得沾丐余润焉。蛋人之蚬筡虾篮，虽毫末皆有所主。海
　　利虽饶，取于人不能取于天也。[1]

　　正是在明代中期渔课征纳方式改变的背景之下，濒海"宦
族""豪民"才有可能以承纳课米为由，圈占滩涂划定海界以为私
业。而地方官府为了应对军费开支广开税源，只能承认豪强大族包
纳渔课这一既成事实。面对身份复杂多样的从事采捕的民众，政府
无论从治安还是税收的角度，在管理上都更加强调对渔船的登记编
甲而不是其户籍身份的归属。

第三节　"盗寇"与文教并兴

　　　　东里之在潮郡，虽云僻处一隅，而其间疆域之延袤，山川
　　之灵毓，人文之宣朗，国赋之萃聚，科目贤才辈出于是，兵防
　　城守森立于是。盖自僻壤以来，有声东广旧矣。[2]

　　这是明万历年间一个叫陈天资的士绅描述自己家乡——东界

1　屈大均：《广东新语》卷14《食语》，中华书局，1985，第395页。
2　陈天资：《东里志·序》（汕抄），第1页。

半岛的文字。东里又名东界，是明代饶平县宣化都的一部分，俗称"下宣化"。《东里志》就是一部关于"下宣化"都（东里）的志书。

陈天资，字石冈，东界半岛东部上里乡人，灶籍，[1]嘉靖十四年（1535）登乙未科进士，官至湖广左布政使，嘉靖三十三年（1554）致仕乡居。[2]陈天资所说的"兵防城守"即指明代洪武年前设立在东界半岛上的大城所。他本人就居住在大城所城里，而非上里乡内。大城所地处东界半岛东西南交通线的交叉点，有坚固的堡垒、丰富的物资和文化活动，陈天资在这里与多位同居所城的士绅以及其他地方的文人诗文唱和，与地方军事将领也有往来。[3]他在万历二年与友人吴少松为家乡编撰的这部志书中，着力描述本地诗书弦歌、渔盐甚饶、贸易兴盛，但都是正规日常生活的样貌，不像隔壁的梅岭走马溪一带，是海上私商、盗寇的故乡。

他极力描述这样的地方历史，自然有他的出发点。[4]这么一个在陈天资笔下科甲兴盛、民人恬淡自守的乐园，[5]即使有盗寇，也只是小偷小摸，不至于攻城掠堡、结寨拒命，[6]而在其他官员和士人心目中居然是漳潮一体，同为贼巢，所以他必须自我表白申明立场，"厘清"历史，通过各种"规范"的礼仪凝聚人心、重整秩序（后详）。

1　参见李周望辑《国朝历科题名碑录初集》，《北京图书馆古籍珍本丛刊》第 116 册，书目文献出版社，1988 年影印本，第 746 页。

2　参见陈天资《东里志》卷之三《人物志》（饶民抄），第 23 页。

3　《东里志》中收录多篇陈天资唱和诗文，另《东里志》中收有陈天资所作之《贺守备陈龙厓华诞序》，陈龙厓就是当时柘林的守备。又，万历三年，戚继光的部将王如龙领浙兵一营来戍守所城，陈天资于是作《贺凤山王君镇守东里序》（王凤山即王如龙）表示欢迎。

4　陈春声：《嘉靖"倭乱"与潮州地方文献编修之关系——以〈东里志〉的研究为中心》《潮学研究》第 5 辑，汕头大学出版社，1996，第 65~85 页。

5　陈天资居于"茂林真乐园"。

6　陈天资：《东里志·序》（汕抄），第 2 页。

那么，陈天资所处的这样复杂、看似矛盾重重的生活世界，又是怎么形成的呢？

一　海上贸易勃兴

明代中后期，闽粤山区和濒海均得到进一步的开发，不同身份、生计的人群被逐步整合到一个更大范围的经济和社会体系之中。[1] 前文所揭，明代中叶闽粤沿海经济技术和社会组织均发生重大转变，户籍与职役之间的联结被大大削弱，纳税转而也变成一种权利。在此过程中，海界等资源多为"豪族""仕宦"所占，贫民则依附其下，成为佣工或者家仆。这种转变有时是静水深流难以觉察，有时又如惊涛骇浪席卷而来。

陈春声言商业交易是濒海经济中的应有之义，传统海上活动人群是天然的"商业族群"。[2] 贸易与渔盐之利同为濒海民众日常谋生方式，也是宋以后王朝越来越重视的滨海利源。明王朝建立之后，推行朝贡和海禁相结合的海外贸易政策，私人海上贸易成为非法行径，但是从未断绝。明嘉靖年间《筹海图编》中有一段话常被引述：

> 三四月东南风汛，番船多自粤趋闽而入于海，南澳云盖寺、走马溪乃番船始发之处，惯徒交接之所也……
>
> 倭寇拥众而来，动以千万计，非能自至也，由福建内地奸

1　参见刘志伟《在国家与社会之间——明清广东里甲赋役制度研究》，第20页。

2　陈春声：《16世纪闽粤交界地域海上活动人群的特质——以吴平的研究为中心》，《海洋史研究》第1辑；陈春声：《序》，谢湜：《山海故人：明清浙江的海疆历史与海岛社会》，第5~12页。

人接济之也。济以水米，然后敢久延；济以货物，然后敢贸易；济以向导，然后敢深入。

　　……漳潮乃滨海之地，广福人以四方客货预藏于民家，倭至售之。倭人但有银置买，不似西洋人载货而来，换货而去也。[1]

　　这段记载非常清晰地勾勒了闽粤地区繁盛的海上贸易活动，很多关键信息在短短的文字中都有披露。学界关于明代海外贸易政策的演变及海上走私贸易的研究成果积累极为丰厚，[2]不过相较于对正德嘉靖以后的关注，对明前期私人海贸的研究则受限于史料而明显不足。张侃、刘正刚、陈尚胜等利用新史料，对正统到弘治之前东亚海域的私人贸易活动进行了重新梳理和分析，认为正统以后明王朝在海洋战略上的退缩，为东南沿海的私人贸易腾挪出了巨大的活动空间，成化弘治年间闽粤沿海豪势和权贵势力的走私活动向规模化方向发展，由此形成内商走私贸易与外商朝贡贸易相互依存的局面。[3]这些研究帮助我们进一步了解了东亚海域贸易活动独有的格局和特点。

1　郑若曾：《筹海图编》卷4《福建事宜》，李致忠点校，中华书局，2007，第277~278页。

2　关于明代海外贸易的研究，学术成果丰硕。可参见张维华《明代海外贸易简论》；林仁川《明末清初私人海上贸易》，华东师范大学出版社，1987；杨国桢《闽在海中》，江西高校出版社，1998；李金明《明代海外贸易史》，中国社会科学出版社，1990；陈尚胜《“怀夷”与“抑商”：明代海洋力量兴衰研究》，山东人民出版社，1997；晁中辰《明代海禁与海外贸易》；郑永常《来自海洋的挑战——明代海贸政策演变研究》，台北：稻乡出版社，2004；李庆新《明代海外贸易制度》，社会科学文献出版社，2007。

3　张侃：《从月港到十字门：漳州海商严启盛再研究》，《闽台文化研究》2013年第1期，第22页；刘正刚：《明成化时期海洋走私贸易研究——基于条例考察》，《暨南学报》2019年第8期，第66~78页；陈尚胜、鲍海勇：《明成弘时期（1465~1505）走私活动与沿海豪势及权贵——兼论15世纪下半叶东亚海洋贸易体系》，《济南大学学报》2022年第1期。

1. 海禁背景下沿海卫所的"交易"

为了防止来自海洋上力量的侵扰，其实更是怕海陆散逸人群联动造成的统治失序，明王朝在绵长的海岸线上设置了大批沿海卫所以资哨守。不过，正如前揭，闽粤沿海卫所设置时，其军源多来自原来的海洋人群，虽然一度通过调戍让他们离原籍有一定距离，但是惯习滨海风俗的"土人"为军的整体格局并未改变。他们相对于被官府禁止出洋的一般民众而言，身处海防前线，又有"兵船"可供使用，种种交易行为可在出海"巡捕"时一并进行。

关于闽粤沿海卫所官军的海上走私活动，《明实录》多有记载：

（洪武四年十二月乙未）上谕大都督府臣曰：朕以海道可通外邦，故尝禁其往来。近闻福建兴化卫指挥李兴、李春，私遣人出海行贾，则滨海军卫岂无如彼所为者乎？苟不禁戒，则人皆惑利而陷于刑宪矣。尔其遣人谕之，有犯者论如律。[1]

（宣德八年七月己未）上谕右都御史顾佐等曰：私通外夷已有禁例，近岁官员军民不知遵守，往往私造海舟，假朝廷干办为名，擅自下番，扰害外夷或诱引为寇。[2]

（宣德九年三月辛卯）巡按福建监察御史黄振奏漳州卫指挥覃庸等私通番国，巡海都指挥张翥、都司都指挥金瑛、署都指挥佥事陶旺等及左布政使周克敬俱尝受庸金银帽带等物。[3]

这些零星碎片的记载自然难以钩稽出明代前期沿海军民海洋贸易的整体场景，但也可以帮助我们发挥想象，理解滨海社会运作的

1　《明太祖实录》卷 70，洪武四年十二月乙未。

2　《明宣宗实录》卷 103，宣德八年七月己未。

3　《明宣宗实录》卷 109，宣德九年三月辛卯。

一些事实。景泰天顺年间，广东巡抚叶盛曾经在闽粤沿海追捕并最终招抚、击溃海上势力陈宽和严启盛。[1] 兵部尚书于谦曾详细描述广东沿海卫所官兵在追捕过程中的一些行径：

> （景泰三年六月）初九日午时，望见白船一只，在下川嘴挂篷行驶，有千户冯意就时追捕，赶至荔枝湾海面，得获白船一只，装载槟榔、苏木等物。贼人俱下小船，望洋奔走。其船物件系百户沈祯着令小旗叶深等坐驾，至初九日酉时驾回夏春长港湾泊。有指挥王俊在稳江坐视，不行督运追捕前贼，将官军考打，赶出港口湾泊。仍将前船撑进港内，就夜同百户毛俊、总旗王政、军伴李源、蓝神旺等二十一名驾放料船二只，将原获船内槟榔、苏木等物约有二百余担、竹笼十个，俱各封记，尽行船装回家。止留白船一只、槟榔六篓，差百户沈祯领军解送前来。[2]

在这一事件中，处于海防前哨的卫所官军发现海面行驶的可疑船只，在千户冯意的带领下立行追捕，缴获一应物资，带回湾泊（是否等待时机再上缴就不得而知了）。指挥王俊黄雀在后，指派自己的人马将大部分缴获物资据为己有，剩余一点再行上缴。一段文

1 　徐晓望曾对严启盛的身份和相关史事进行考辨，张侃利用此前未被注意到的于谦和叶盛的奏疏对严启盛的相关史事进行细致的考证，并结合时代背景进行分析，认为严启盛作为漳州月港海商的先驱，其活动不仅有王朝制度和地域社会的背景，而且与东亚贸易的市场结构和商业惯习有极大关联。此外，陈贤波分析了严启盛案所反映的正统天顺广东海防危机及其背后存在的海陆防御重心转移问题。参见徐晓望《澳门开港者严启盛史事考——兼论澳门妈阁庙的创建》，《论闽南文化：第三届闽南文化学术研讨会论文集》（下），鹭江出版社，2005；张侃《从月港到十字门：漳州海商严启盛再研究》，《闽台文化研究》2013 年第 1 期；陈贤波《重门之御：明代广东海防体制的转变》，上海古籍出版社，2017，第 116~120 页。

2 　于谦：《于谦集》奏议卷之四，《景印文渊阁四库全书》第 1244 册，第 132~133 页。

字，内里隐藏的人事、利益关系、行事逻辑呼之欲出。明代沿海卫所官军，可能通过合作或者以合法之名行黑吃黑之实的方式，参与到海上私人贸易的链条中。其实，若把卫所收缴赃物后变卖也理解为商业交易之一环，则海禁背景下，作为海防力量的卫所便成为官方和私人贸易的合法交易点。

成化弘治年间，明廷不断补充并完善海禁相关法令条例，[1]反之也可以推知这一时期的海洋走私贸易活动有不断增加的趋势。根据陈尚胜、鲍海勇的分析，成弘年间走私案中，卫所军官的角色有略微改变，从原先直接参与走私贸易变为接受部下或商民贿赂，坐收通番之利，如成化十八年（1482）潮州卫指挥佥事李雄即接受了下海商民的贿赂，听任他们接买番人货物并装运到南京等处发卖。[2]不过从该文所举另一例子，广海卫人叚镇出海通番诱使爪哇朝贡使节驾贡舶前来潮州停泊，而广海卫指挥周岳则借检查贡物封舱之机私扣爪哇朝贡物品，[3]则卫所官军借巡捕、检查之机查扣违禁贸易货物，并将之据为己有的行径，跟前引严启盛案广海卫官军的做法还是同一逻辑。卫所军伍的层级也可能是海贸走私货物的流通路径。

通番案例多发生于广东洋面。广州是东南亚入贡之传统港口，广东海域多番船停泊的港湾，私舶与贡舶在此交会。嘉靖《广东通志》中言：

1　参见刘正刚《明成化时期海洋走私贸易研究——基于条例考察》，《暨南学报》2019年第8期。

2　《皇明条法事类纂》卷29《兵部类》，刘海年、杨一凡总主编《中国珍稀法律典籍集成》乙编第5册，科学出版社，1994，第150~152页。

3　陈尚胜、鲍海勇：《明成弘时期（1465~1505）走私活动与沿海豪势及权贵——兼论15世纪下半叶东亚海洋贸易体系》，《济南大学学报》2022年第1期，第77页。

布政司案，查得递年暹罗国并该国管下甘蒲沲、六坤州与满剌加、顺塔、占城各国夷船，或湾泊新宁广海、望岗，或新会奇潭，香山浪白、蚝镜、十字门，或东莞鸡栖、屯门、虎头门等处海澳，湾泊不一。[1]

这是东亚海域商贸网络的重要节点，广东沿海卫所官军亦参与其中。如弘治六年（1493）两广总督闵圭所言：

广东沿海地方多私通番舶，络绎不绝，不待比号，先行货卖。备倭官军为张势，越次申报，有司供亿，糜费不赀。[2]

这则材料清晰显示出在明朝合法海外贸易是朝贡加市舶合一的形态下，私人海商多假托番舶朝贡名号行市易之实；而沿海负责缉拿走私的卫所军官则半真半假，推波助澜，多有通同合作放行收取贿赂，或者以查检名义勒索者。结合第一章所述，闽粤沿海卫所军伍多"土人"，且随着卫所融入地方社会，卫所人户的生计自然处于这个网络之中。在海禁政策的虚与实、制度与常情之间，东亚海域众声喧哗。

2. 东亚海域商业热潮里的"漳潮海盗"

漳潮海域地界两省，诏安湾之梅岭、走马溪与柘林湾外围南澳岛组成的海面水深洋阔，港汊曲折，便于避风和藏匿，成弘以后成为东亚海域走私贸易的重要基地，杨国桢先生称嘉靖倭乱之前"东

1　嘉靖《广东通志》卷66《外志三》，第1723~1724页。
2　《明孝宗实录》卷73，弘治六年三月丁丑。

亚海域漳州时代"即以诏安湾和九龙江口的闽商活动为重点。[1] 当
然，海域之勾连重不在地缘，而在可能提供的商贸网络，闽粤海洋
相通，海商逐利而行，前引严启盛后来的活动轨迹主要在粤海、澳
门。来自福建、广东、江西等不同地域的商人，"以贩海为利益，海
洋成为纽带，使之形成经济合作的群体，为葡萄牙人来到澳门打开
通道"。[2] 正德以后，葡萄牙人、西班牙人、荷兰人相继东来，加入
早已存在的东亚贸易网络，[3] 也给这片海域的利益竞逐带来新的动向。
傅衣凌先生较早指出海上私商的特性及其影响，指出嘉靖时期民间
造巨船下海通番已经蔚然成风，导致了沿海社会经济出现了很大变
化。[4] 20 世纪 80 年代初，戴裔煊先生进一步提出东南沿海的海商集
团具有"盗商不分"的性质。[5] 21 世纪随着海洋重要性的凸显，越
来越多的学者从全球化视野重新理解明代中后期东亚海域的私商活
动。[6] 本书主要从日常生活的角度，描述私人海贸兴盛背景下地方经
济商业化对不同生计人群的整合。

　　海上贸易需要较大资本，除了商品之外，船只、人工、各类生
活物资以及港口停泊费等，都需要大量资金，能够进行独资经营的

1　杨国桢：《东亚海域漳州时代的发端——明代倭乱前的海上闽南与葡萄牙（1368~1549）》，（澳门）《文化杂志》第 42 期，2002。

2　张侃、水海刚：《闽商发展史·澳门卷》，厦门大学出版社，2016，第 27 页。

3　滨下武志：《近代中国的国际契机——朝贡贸易体系与近代亚洲经济圈》，朱荫贵、欧阳菲译，中国社会科学出版社，1999。

4　傅衣凌：《明代福建海商》，傅衣凌：《明清时代商人与商人资本》，人民出版社，1956。

5　戴裔煊：《明代嘉隆间的倭寇海盗与中国资本主义萌芽》，中国社会科学出版社，1982，第69 页。

6　杨国桢：《十六世纪东南中国与东亚贸易网络》，《江海学刊》2002 年第 4 期；钱江：《古代亚洲的海洋贸易与闽南商人》，亚平、路熙佳译，《海交史研究》2011 年第 2 期；万明：《商品、商人与秩序——晚明海上世界的重新解读》，《古代文明》2011 年第 3 期；李伯重：《多种类型、多重身份：15 至 17 世纪前半期东亚世界国际贸易中的商人》，《南京大学学报》2016 年第 1 期；陈尚胜：《隆庆开海：明朝海外贸易政策的重大变革》，《人民论坛》2018 年第 30 期；等等。

往往都是“豪门巨室”“势家大族”，他们自有商船，自备资本，可以独资经营。嘉靖十五年（1536）七月“兵部覆御史白贲条陈备倭事宜”中记“（福建）龙溪、嵩屿等处地险民犷，素以航海道番为生，其间豪右之家往往藏匿无赖，私造巨舟，接济器食，相倚为利”。[1] 不过大资本拥有者也往往采用委托经营的形式，所谓“富家以财，贫人以躯，输中华之产，驰异域之邦，易其方物，利可十倍”。[2]

　　商家一船造起，便为致富之业，“欲世世传之子孙，即他年厌倦不自出，尚岁收无穷之租贷”。[3] 但商船价格高昂，一般商人难以独立承担，多合伙集资造船，然后自带货物出洋贸易，还可将船上舱位出租，招徕散商一同出海，出资最多者往往被推为船长。[4] 明代海商中的合伙、租赁、借贷关系多见诸史料。《东西洋考》中言“夫一船商以数百计，皆四方萍聚雾散之宾”。[5]《泾林续记》中言“闽广奸商惯习通番，每一舶推豪富为主，中载重货，余各以己资市物往，牟利恒百余倍”。[6] 这些都指出海外贸易中存在大量中小商人的事实。他们身家单薄，往往先以借贷形式筹集到资金购买货物，亲身随船出海或将货物附搭，待船只回航，再本利还清。正如朱纨所言：“下海通番之人借其资本、借其人船，动称某府，出入无忌，船

1　《明世宗实录》卷 189，嘉靖十五年七月壬午。

2　乾隆《海澄县志》卷 15《风土志·风俗考 纂旧志》，《中国方志丛书》第 92 号，台北：成文出版社，1968，第 171 页。刘秋根认为这可能是一种领本经营，但逐渐会向合伙制转变，船商与舵工、水手也可视为资本与劳动的合伙。刘秋根：《明代工商业中合伙制的类型》，《中国社会经济史研究》2001 年第 4 期，第 61~62 页。

3　蓝鼎元：《鹿洲全集·鹿洲初集》卷 3《论南洋事宜书》，厦门大学出版社，1995，第 55 页。

4　陈希育：《清代海外贸易的经营与利润》，《中国社会经济史研究》1992 年第 1 期，第 52~53 页。

5　张燮：《东西洋考》卷 7《饷税考》，谢方点校，中华书局，1981，第 136 页。

6　周玄暐：《泾林续记》，《丛书集成初编》第 2954 册，中华书局，1985，第 27 页。

货回还，先除原借本利相对，其余赃物平分。"[1] 边海之民以海为生，捕鱼贩盐相对于海上走私贸易而言收益太低，"商人贸迁多以巨舶行海道，所获之利颇厚，时有飓风之险，亦冒为之"。[2] 在这样的情形下，闽粤沿海民间借贷盛行，所谓"农亩之夫，辍耒不耕，赍贷子母钱往市者，握筹而算，可坐至富也"。[3]

　　海上航行多有风险，除了风涛莫测之外，还有海盗劫掠等事，所以需要有相应的武力保护。有力之家自行配备武器，有诸多义男女婿家仆供其驱使，[4] 如被朱纨弹劾的福建同安大乡宦林希元即"以豹虎之豪奴，驾重桅之巨航"经营海外贸易；[5] 中小船主或依附势宦、海上武装集团，领取他们的旗号，获得航海保护券。《筹海图编》中说："漳泉多倚著姓宦族主之，方其番船之泊近郊也，张挂旗号，人亦不可谁何。其异货之行于他境也，甚至有借其关文，明贴封条，役官夫以送出境至京者。"[6] 官商共谋是海上走私贸易的重要模式。崇祯初年，郑芝龙战胜竞争对手俞咨皋、刘香等势力后接受招抚，"海舶不得郑氏令旗，不能往来"。[7] 海上私商"亦商亦盗"的色彩中，濒海贫民在海船上充当水手、船工，同时也可能是打手。

　　除了"犯禁"远出重洋贸易之外，真正让整个沿海地区都卷入

1　朱纨：《甓余杂记》卷 2《阅视海防事》，《四库全书存目丛书》集部第 78 册，齐鲁书社，1997，第 25 页。

2　嘉靖《龙溪县志》卷 1《地理》，第 16 页 b。

3　《瓶台潭侯平寇碑》，洪朝选：《芳洲先生文集》，转引自《闽商发展史·漳州卷》，厦门大学出版社，2016，第 68 页。

4　韩振华：《一六五〇——一六六二年郑成功时代的海外贸易和海外贸易商的性质》，厦门大学历史系编《郑成功研究论文集》，上海人民出版社，1965，第 178~187 页。

5　朱纨：《甓余杂记》卷 2《阅视海防事》，第 25 页。

6　郑若曾：《筹海图编》卷 4《福建事宜》，第 281 页。

7　计六奇：《明季北略》卷 11《郑芝龙击刘香老》，中华书局，1984，第 186 页。

“通番”浪潮的其实是“窝藏”和“接济”。能够亲身出洋的人毕竟还是少数，对于一般民众而言，在日常农作或晒盐捕鱼之外，贸易季节里待商船停靠时拿点日用品或其他商品到海湾与之交易，换取一点额外补贴，可能是日常便可习得的生活经验。王文禄《策枢》中有这样一段记载：

> 前者我民被石墩寇掳下舡，沿海候风行月余，至大高桥。桥上人言皆闽音。自言漳州过此桥五十余里，芦苇沙涂，至一村约有万家，寇回家皆云做客回，邻居皆来相贺。又聚数千，其冬复至柘林，今春满载仍回漳州去矣。[1]

文中过桥、做客、回家、邻居、相贺，稀松平常之口吻，道出滨海生活的烟火气；候风、贸易季节往返柘林漳州，则勾勒出日常生活的节奏。嘉靖年间潮州知府郭春震即指出窝藏、接济和通番使得滨海倭寇难以禁止。[2]闽粤沿海地方上民盗难分，牵连起来可能全民皆“盗”。[3]隆万年间，潮州著名士绅林大春痛陈“沿海之乡，无一而非海寇之人”，他富有层次地分析说：

> 自州郡以至监司，一有举动，必先知之。是州郡监司之左右胥役，无一而非海寇之人也。舟楫往来，皆经给票。商旅货物，尽为抽分。是沿海之舟楫商旅，无一而非海寇之人也。夺

1　王文禄：《策枢》卷4《截寇原》，《丛书集成初编》第756册，商务印书馆，1936，第78页。

2　嘉靖《潮州府志》卷1《地理志》，第20页。

3　陈春声对明代中后期闽粤沿海民“盗”难分的根源及背后之整体社会转型有详尽分析，在此不赘。参见陈春声《从“倭乱”到“迁海”——明末清初潮州地方动乱与乡村社会变迁》，《明清论丛》第2辑，紫禁城出版社，2001。

人之粮，剽吏之金，辄以赈给贫民，贫民莫不乐而争赴之。是沿海贫民，无一而非海寇之人也。又集四方亡命，征无赖生儒，稍习文义，以治其部伍，修其辞约。而彼乃深居大舶，行王者之事，公然出入城郭，列羽卫以要陪官之宴，此其目中已无岭南久矣，若何而急图之也。[1]

沿海村落就是走私船只的交易地和补给站。靠近港湾可"给票"收通行费，货物交易可收"抽分"，所以乡民乐意走私船到港湾停泊；抢来之物，还会用来赈济贫民，所以一般民众乐于与之接触。林大春对此现象痛心疾首，也足以说明是滨海社会之常态。

私人海上贸易如火如荼，其间可能充满各种激烈的商业竞争，甚至夹杂着政治博弈和暴力冲突。嘉靖二十五年至二十七年（1546~1548）朱纨禁海及其结局就是其中一种表现。葡萄牙人进入东亚海域后，一直寻求跟中国商人开展贸易，先后在广东屯门、漳州月港、海沧、浙江双屿等海面游弈，而后以双屿为据点，在贸易季节"私招沿海无赖之徒往来海中，贩鬻番货"。[2]嘉靖二十六年朱纨巡行漳泉，在地方上严保甲，"禁乡官，革渡船"，以清源弊。他认为闽南沿海"本盗贼之渊薮，而乡官渡船，又盗贼之羽翼"。沿海灶丁私造船只，常常利用乡官名号，"装载木石、粜买米谷、雇兵渡人"，行接济甚至通番之事。[3]在朱纨的强力干预下，"漳泉之人

1　林大春：《论海寇必诛状》，冯奉初辑《潮州耆旧集》，吴二持点校，暨南大学出版社，2016，第323页。

2　《明世宗实录》卷363，嘉靖二十九年七月壬子。

3　朱纨：《甓余杂记》卷8，第196页。

稍知避忌，则潜入潮州造船下海”。[1] 朱纨的举动触动了地方大族的利益，“中朝士大夫先入浙闽人言，亦有不悦纨者矣”。[2] 嘉靖二十七年朱纨在浙江填塞双屿港、驱赶岛上中外私商后，嘉靖二十八年，卢镗、何乔等人在走马溪击败佛郎机夷和海盗，俘获伪千总“李光头”等 96 人，[3] 随后这 96 人被朱纨斩杀。此事致使朱纨大遭非议，被朝中大臣弹劾，嘉靖二十九年七月自杀，“自是，舶主、土豪益自喜，为奸日甚，官司莫敢禁”。[4]

与此同时，朝贡贸易持续萎缩。在正德、嘉靖间，广东官方开始对贡舶和商舶实施抽分，确立新税收体制；同时，澳门开埠，实施“澳票”制，出现“客纲”、“客纪”和“十三商行”等商业组织，最终获得朝廷的认可，此即“广中事例”。[5] 而后，隆庆元年月港开海，福建准贩东西二洋，征收水、陆、加增等饷，“一年得税二万有余两，以充闽中兵饷”。[6] 官府实际承认了海上私人贸易的合法化，[7] 原来海禁框架下将此贸易活跃地视为盗寇之区的固化观念也出现松动。如抗倭援朝之后，明廷一度又严格控制海外贸易后，福建地方官员以海上贸易不仅跟日本也跟吕宋做生意为由请求放宽限制，兵部接受了这一说法，强调吕宋从明初就是通贡之国，“（吕宋）其岛

1　朱纨：《甓余杂记》卷 3《冒大讥昧大罪以赞成大计事》，第 49 页。

2　《明史》卷 205《朱纨传》。

3　杨国桢认为走马溪大捷真相扑朔迷离，96 人不一定是在战事中俘获的，朱纨存有造假之嫌疑。有关朱纨海禁的具体过程及其评价，可参考杨国桢《东亚海域漳州时代的发端———明代倭乱前的海上闽南与葡萄牙（1368~1549）》，（澳门）《文化杂志》第 42 期，2002。

4　谷应泰：《明史纪事本末》卷 55《沿海倭乱》，中华书局，1977，第 847 页。

5　李庆新：《明代海外贸易制度》，第 249~266 页。

6　沈钛：《上南抚台暨巡海公祖请建澎湖城堡置将屯兵永为重镇书》，顾炎武：《天下郡国利病书》第 26 册《福建》，第 2155 页。

7　王日根、苏惠萍：《明海洋管理制度化进程中的朝廷与地方——以漳州月港贸易的合法化为中心》，福建省炎黄文化研究会、中国人民政治协商会议厦门市委员会：《守望与传承——第四届海峡两岸闽南文化学术研讨会论文集》，鹭江出版社，2010。

眇小无逆形，闽岁给文往者，船凡四十艘，输军饷四万两，而地方收其利，不必与倭并论也"。[1]

东南海上贸易兴盛，白银通过闽粤商民的活动大量流入中国，[2] 进入了本地市场，深深影响了滨海民众的日常生活。万历《漳浦志》记录了漳州各县从嘉靖到万历年间从用钱到普遍用银的变化：

> 我朝钱法，遇改元，即随年号各铸造通用，但民间使用，则随其俗。……方其用之时，民间惟藏钱，凡田宅蔬菜之属皆用钱，交易契券亦以钱书。乡村自少至老有不识银，一村之中求一银秤无有也。……今民间皆用银，虽穷乡亦有银秤。[3]

陈春声、刘志伟的研究已经充分揭示了白银流入与明清贡赋经济体制之关系，强调白银货币化深刻影响了编民与政府之关系，原先"划地为牢"、百姓亲身应役的职役制度"发生了带有根本性的改变，人口空间流动的可能性明显增强"。[4] 在此背景下，闽粤之交的漳潮地区市场日益整合，包括粮食、鱼盐等关系日用民生的物品流动频繁。[5] 如前述，漳潮接壤，传统上漳州是潮州私盐的一大销地。随着晒盐法的推广，漳州漳浦、诏安等地亦有晒盐丘盘，

1　《明神宗实录》卷 498，万历四十年八月丁卯。

2　梁方仲：《明代国际贸易与银的输入》，《中国社会经济史集刊》第 6 卷第 2 期，1939。

3　万历《漳浦志》，顾炎武：《天下郡国利病书》第 26 册《福建》，第 2241 页。

4　陈春声、刘志伟：《贡赋、市场与物质生活——试论十八世纪美洲白银输入与中国社会变迁之关系》，《清华大学学报》2010 年第 5 期，第 67 页。

5　黄挺：《明清时期的韩江流域经济区》，《中国社会经济史研究》1999 年第 2 期，第 27~34 页；叶锦花：《盐政制度变革与明中后期商业的发展——以漳州、泉州地区为例》，《清华大学学报》2014 年第 6 期，第 65~78 页。

但所产盐色不如潮州盐，难以在竞争中获利，转而将销地转向山区，商人售盐后再从山区购入当地特产，如九龙江上游大田县，"民食盐皆以土产苎麻贸易南盐"。南盐即漳、泉二府食盐。乾隆《泉州府志》录《黄河清文集》亦载："泉郡宅于山海间。山而居者，岁食其山之入，尤出其余以贸易于海。海而居者，亦食其海之入，举得而有焉。盖山海之利居田之半也。"[1] 山海间贸易规模日趋扩大。

伴随海外贸易的进行，新作物如落花生、番薯、玉米等从海路传入中国。[2] 明代的福建泉州、漳州沿海地区是严重缺粮之地，濒海土地若没有淡水注入则难以耕作，大部分旱园只能种植少许杂粮。番薯传入后很快在滨海地区获得广泛种植。[3] 何乔远《闽书》中言："蕃薯，万历中闽人得之外国，瘠土砂砾之地皆可以种，用以支岁，有益贫下。"何乔远大力推荐种植番薯，还为之作《蕃薯颂》。[4] 番薯容易适应较贫瘠的土地，对大部分濒海生民而言是救命之粮，地方族谱如漳州东山岛《樟塘张氏志谱》之《大事记》中也专门记载：

> 明万历初年，铜山水寨把总张万纪出汛南澳，从外国船上获得甘薯（即番薯），交张塘村民试种成功，为东山有甘薯作

1　乾隆《泉州府志》卷20《风俗》，《中国地方志集成·福建府县志辑》第22册，上海书店出版社，2000年影印本，第482页。

2　新作物的传入可能有多种路径，东南海路之外，从滇缅地区传入也是非常重要的渠道。参见何炳棣《美洲作物的引进、传播及其对中国粮食生产的影响》，《世界农业》1979年第4、5、6期。

3　何炳棣：《美洲作物的引进、传播及其对中国粮食生产的影响》，《世界农业》1979年第5期，第21~25页。

4　何乔远：《闽书》卷150《南产志》，《四库全书存目丛书》史部第207册，第688页。

物之始。里人张人龙著《番薯赋》。[1]

濒海斥卤，粮食短缺。漳泉米粮多仰潮州输入，嘉靖四十年（1561）泉州晋江县人参议林一新记道：

> 泉介山海为郡，高确而下卤，所可耕牧壤土十仅四三。往岁稔时，厚产家粗给足，其微薄无资产者，犹仰于粤东粟米，而后瞻粤东为泉之外府，自昔然也。[2]

潮漳泉之间的粮食问题，往往被明末官员士大夫们视为"民变为盗"的导火索。董应举（福建闽县人，万历间曾官至工部右侍郎）说：

> 福建治乱，视乎漳泉。漳泉饥则盗贼众，盗贼众则福建乱，此必然之势也。……漳泉近粤，故专粤粟。……论势则漳泉不可使饥，论事则海民不可遏籴。[3]

漳州缺米，每岁往潮州买粮。潮州滨海产米地区主要集中在韩江三角洲之揭阳、潮阳以及韩江中上游三河一带。明代前期，潮州尚是粮食输出之地，[4]中期之后，潮州亦开始缺粮，商人多有从外地

1　东山《樟塘张氏志谱·大事记》，2005 年编修，第 8 页。

2　道光《晋江县志》卷 18《武功志》，《中国地方志集成·福建府县志辑》第 25 册，上海书店出版社，2000 年影印本，第 282 页。

3　董应举：《崇相集》卷 4《议二·米禁》，《四库禁毁书丛刊》集部第 102 册，北京出版社，第 199 页。

4　参见陈春声《市场机制与社会变迁——18 世纪广东米价分析》，中山大学出版社，1992，第 18~19 页。

买粮者。如嘉靖《兴宁县志》中专门记述漳潮人每岁到兴宁山区大量采购粮食的情形：

> 山氓无所事事，惟力田，新谷既升，潮之舟鳞次于河下，潮人漳人岁数千艘万艇来集。不仁者开仓要善价，虽厉禁遏籴竟顺流东下，莫之能止也。[1]

漳潮地方官员之间也因遏籴等问题多有矛盾。不过，直到明末，广东仍保持了较大规模向福建运输米粮。[2]

二　社会动乱与地方士人的文化表达

漳州潮州分属两省，然山水相连，潮汐相通。明人王士性曾以山川形势、语言风俗论潮州闽粤的归属。他认为，潮州西部有阻隔潮广的天然屏障——莲花山脉，其水系又自成一体而近于闽漳，习尚语言与漳泉相通，故而认为潮当隶属福建。[3]洪武年间，潮州辖有海阳、揭阳、潮阳、程乡四县，漳州则有龙溪、漳浦、龙岩、长泰和南靖五县。明代中叶以后，这山海一隅陆续增设新县，至明末，潮州有县十一，漳州十。县治的频繁兴设，与明代漳潮地区一直被视为"盗区"直接相关。[4]

1　嘉靖《兴宁县志》卷3《地理部》，第1009~1100页。

2　陈春声：《市场机制与社会变迁——18世纪广东米价分析》，第19页。

3　参见王士性《广志绎》卷4《江南诸省》，吕景琳点校，中华书局，1981，第101~102页。

4　司徒尚纪：《明代广东政区的形成及其与区域开发的关系》，司徒尚纪：《岭南史地论集》，广东省地图出版社，1994，第249~250页；唐立宗：《在"盗区"与"政区"之间：明代闽粤赣湘交界的秩序变动与地方行政演化》，《台湾大学文史丛刊》第118册，台北：台湾大学出版委员会，2002。

1. 山海交讧，多设政区

漳潮之界，往往成为"顽民负固""盗贼藏匿"之所在。如正统十四年（1449），福建邓茂七之乱，汀、漳、潮三地均受波及，从潮州北部程乡到南部揭阳、潮阳，东部海阳到西部惠州的河源等地，均有流贼窜入或地方土人乘机变乱。[1] 此后，地方稍平，成化年间，广东巡抚吴琛、两广总督朱英先后奏请于海阳三饶地方设立新县，即因"其氓慓悍，一或倡之，彼此响应。昔尝为不轨，朝廷命将帅师征剿，余习尚存，故于军国之需、赋税之征，梗化自恣，愆期弗至"。[2] 成化十四年（1478），饶平置县，割海阳县之峦洲、清远、弦歌、隆眼城、秋溪、苏湾、宣化、信宁八都隶属之。县治地处三饶地方，周围群山环抱，黄冈溪几处支流在此汇聚，地势平坦肥沃，是饶平主要的产粮地。首任知县杨昱到此之后，"饶始分治，民多顽暴，杨公以严治之。建城池，置公署，兴文学，辟田野，驱畬猺，劝农桑，均赋役，教民礼乐，骎骎向化"。[3]

筚路蓝缕的记载，暗示着漳潮山区原先的主人及王朝增县设治的动因。此后，正德到嘉靖年间，明廷又因地方寇乱在漳潮接壤处再设平和、大埔、诏安三县，甚至万历年间又有议论要在饶平濒海之黄冈、大城所地方置县，[4] 因遭地方士人反对而止。

1　郭子章：《潮中杂纪》卷10《国朝平寇考上》，第69页；陈璧：《南诏全城记》，万历《漳州府志》卷29《诏安县》，第623页；《明英宗实录》卷178，正统十四年五月戊子。

2　江朝宗：《新建饶平县治记》，康熙《饶平县志》卷14《艺文》，第163页。

3　嘉靖《广东通志》卷50《名宦下》，第1271页。

4　陈天资：《东里志》卷1《沿革纪》（汕抄），第11页。

表 2-3　漳潮各县建置情况

府	属县	建置时间
潮州 （所辖共 11 县。明中后期新置 7 县）	海阳	东晋义熙五年（409）
	潮阳	东晋义熙五年（409）
	揭阳	宋宣和三年（1121）
	程乡	隋大业三年（607）
	饶平	明成化十四年（1478）
	惠来	嘉靖四年（1525）
	大埔	嘉靖五年（1526）
	平远	嘉靖四十一年（1562）
	澄海	嘉靖四十二年（1563）
	普宁	嘉靖四十三年（1564）
	镇平	崇祯六年（1633）
漳州 （唐垂拱二年设，所辖共 10 县。明中期新置 5 县）	龙溪	梁天监中（502~519）或大同六年（540）*
	漳浦	唐垂拱二年（686）
	龙岩	唐开元二十四年（736）
	长泰	后晋天福八年（943）
	南靖	元至治中（1321~1323）**
	漳平	明成化三年（1467）
	平和	正德十二年（1517）
	诏安	嘉靖九年（1530）
	宁洋	嘉靖四十四年（1565）
	海澄	嘉靖四十四年（1565）

*《元丰九域志》记为"天监中"，嘉定《清漳志》记为大同六年，后续志书所依不定。

**始名南胜，南胜之乱后至正十六年迁至双溪之北，改名南靖。

　　成化至嘉靖年间，漳潮二府共置 11 个新县。新属县的建立是王朝势力在边缘地区逐渐拓展的表现，[1]同时也会促进以县治为中心

1　唐立宗：《在"盗区"与"政区"之间：明代闽粤赣湘交界的秩序变动与地方行政演化》。

的新的交通网络的形成。仍以饶平县为例。饶平本属海阳地，成化十四年（1478）设立时县治选址在"下饶堡"，即今三饶。治所位于群山环抱之中，虽有黄冈溪流经，但仍是"地僻，不当孔道"，[1]交通甚为不便，官府文书传递及民人赴县多依赖于后辟之驿路。随着政区格局的改变，以饶平县城为中心，形成了南、北、西三条驿路分别连接南部之黄冈、东北之福建永定和西面之潮州府城。[2]而后，随着沿海经济的发展，南路沿着黄冈溪一线的驿铺设置越发重要。康熙二十四年修撰的《饶平县志》就仅保留了南路铺递路线的记录。该线路上共分布有17个驿铺：县前铺、岭前铺、汤溪铺、土坑铺、荔枝林铺、汉塘铺、黄田铺、樟溪铺、径口铺、林姜铺、浮山铺、鹤袖铺、黄冈铺、竹林铺、乌溪铺、黄山坑铺、分水铺。[3]结合它们的地理位置，可知从县前总铺经九铺到达黄山坑铺，即海阳县和饶平县的驿路交界处，从黄山坑铺再经两铺路即到林姜铺，也就是潮漳官道的主干线。新设政区在明代前期文献中多被描述为未被王化、流寇聚集之所，随着新政区的设置以及这些重要驿道的扩展，不同地区的物品交换及人文交流更为便利、频繁，士大夫们所津津乐道的王朝教化也在更广大的范围内逐步推展开来。本节开头所引陈天资的《东里志》就是这一背景下文人士大夫们为诠释地方历史、拉近（或融入）国家正统文化的一个典型。

2. 界邻之地，各自表述

漳潮之界水陆相通。陆上，有自南宋以来形成的漳潮驿路，沿途有庵驿递铺之设，濒海之民则私设渡口以资往来。[4]这是一个被行

1　康熙《饶平县志》卷5《铺递》，第80页。
2　嘉靖《潮州府志》卷2《建置志》，第39页。
3　康熙《饶平县志》卷5《铺递》，第80页。
4　陈天资：《东里志》卷1《疆域志·津渡》（汕抄），第33页。

政区划区隔而实际在自然地理和经济联系上有着紧密关系的区域，对生活在边界的人们而言，往往是可以灵活利用的空间。

如前所述，明初潮州濒海有盐场之设，界邻漳州的东界半岛是潮州三大盐场之一小江场的主要盐产区。其盐场组织自元代业已存在，灶户（也称亭户）归盐司所辖。入明之后，灶户亦入州县管辖，同时推行里甲编制，原先游离于闽粤之间、处于政府户籍管理之外的人也可能由此被纳入王朝编户之内。《东里志》中记道：

> 洪武十四年，明经陈季斋奉例首垦，载粮田四石二斗，立户于小玄钟陈亚谟项下。[1]

明经陈季斋，上里人，其祖在宋末元初来到上里，父亲严恪公"为里著姓"。洪武十三年（1380）季斋改名席珍，与从弟陈少皋"同举福建明经"。[2]《东里志》中对陈季斋的改名应考写得相对隐讳，因为作者陈天资是他的五世孙，但是结合上下文，我们可以看出，洪武十四年（1381）以前，这个"上里望族"并没有入籍，所以陈季斋必须改名到与上里仅一线之隔的福建参加科举，尔后在洪武十四年首垦立籍时，他的户籍是落在福建小玄钟地方（与上里乡处同一海湾）。是故，陈季斋的后代就出现了非常有意思的现象：陈天资是陈季斋的五世孙，是东界、饶平乃至潮州赫赫有名的士大夫，但是，关于陈天资到底属于哪里人却存有争议。实际上，陈季斋之子孙后来应当已另立户籍于东界地方，即为小江场灶户，查陈

1　陈天资：《东里志》卷1《疆域志·津渡》（汕抄），第33页。
2　陈天资：《东里志》卷6《艺文志》（汕抄），第195页；卷之三《人物志·荐辟》（饶民抄），第10页。

天资户籍为"广东潮州府饶平县灶籍"。[1] 不过康熙《诏安县志》中将之列入《选举志》，[2] 雍正《福建通志·选举四》也将其列为"诏安县人"，同时注明是在"广东中式"。[3] 至今东界父老仍传说：

> 陈布政（按：即陈天资，因官至湖广左布政使，故当地人有此俗称）死后，诏安人来争棺椁，说陈天资是他们那里的人，应该葬在那里。我们这边当然不让。最后没办法，就做了两副棺木，一副是真身，一副是衣冠，然后让两边的人来选。我们这边的人太贪心，就挑了那个比较重的，其实那里面只是衣冠而已。[4]

陈季斋的例子说明在闽粤之界，户籍身份是可以被灵活运用的；同样，它也可以被趋避。福建漳州沿海最大的岛屿——东山岛，明时隶属漳浦县（后属诏安县）五都。这里土地贫瘠，濒海生民业渔盐为生，但因课额稀小，明代并没有设立专门的盐场和河泊所机构进行管理，而是由州县代征。洪武年间，沿海卫所设立的过程中，以抽丁垛集之法佥民为军，为此，濒海之民多有逃散者。前引东山前何乡族谱中言其祖思慎公原居漳浦何浔地，后因洪武九年（1376）抽充军役，"干戈四起，鸟飞星散，址居靡定。即阅历山川，遵海而南，直抵五都，观其地有渔盐之利，相其土有稼圃之甘，卜宅而居焉，佥曰靖和"。[5] 何氏先祖原来居住的"何浔"也是水边之义。而为逃避军役，

1　李周望辑《国朝历科题名碑录初集》，第 744 页。

2　康熙《诏安县志》卷 10《选举·进士》，第 551 页。

3　参见雍正《福建通志》卷 36《选举四》、卷 38《选举六》。

4　笔者 2006 年元宵节于东界半岛访问笔记。

5　康熙三十二年，何奇才：《何氏靖和谱序》，东山县《前何乡志》"附记九"，第 363~364 页。

他们越过诏安湾在东山岛落脚，以养鸭业渔为生，而后子孙繁衍，至嘉靖年间才利用诏安设县重新调整都图里甲之机入籍。[1]

嘉靖年间，漳潮地区山海鼎沸，尤以嘉靖三十九年至四十五年（1560~1566）为甚，山海之间"无有宁日"。嘉靖三十九年，地界漳潮的饶平北部张琏作乱，而后大埔萧晚、程乡林朝曦亦乱，与张琏"直称三王，师集饶平"。[2]张琏倡乱，漳潮震动。海阳、潮阳、惠来等县王伯宣、陈八、黄启荐等"复与连和，为犄角之势"。[3]而后，张琏主要往漳潮边境的平和、诏安等方向进攻。三十九年九月，"饶贼攻陷诏安二都赤岭寨，烧屋杀人不记。本月又攻大布寨。四十年二月，饶寇突至诏安县城北关外，掳掠男妇而去"。[4]八月二十日，张琏攻陷漳州镇海卫城。[5]同时，沿海倭寇海贼之乱不绝，而地方土人亦有借机据堡为巢而反者。

表2-4　嘉靖三十九年至四十五年漳潮边界动乱情况（部分）

年	月、日	事件
嘉靖三十九年（1560）		饶平张琏倡乱，程乡、海阳、潮阳、惠来均有土人与之响应
		张琏流劫平和县芦溪等村南胜等社
	五月	倭屯龙溪县八都港口
	九月	张琏攻陷诏安二都赤岭寨
	十一月	倭掠东界半岛

1　参见何奇才《何氏靖和谱序》，东山县《前何乡志》"附记九"，第365页。

2　钟秉文：《乌槎幕府记》，冯皋谟：《丰阳先生集》"附录"，《四库全书存目丛书》集部第122
　　册，齐鲁书社，1997，第308页。

3　隆庆《潮阳县志》卷1《建置沿革纪》，第19页。

4　万历《漳州府志》卷29《诏安县》，第626页。

5　万历《漳州府志》卷33《镇海卫》，第722页。

续表

年	月、日	事件
嘉靖 四十年 （1561）		张琏流劫平和县大坪社，破下寨及大溪寨
	元旦	倭攻陷东界半岛上的大城所城
	正月	龙溪县九都月港（后设海澄县）二十四将反，各立营堡
	二月三日	倭寇从大城所退往诏安四都
	二月四日	许朝光入大城所，擒杀残民报功
	二月	倭寇屯住诏安溪东村，突至县治西关外烧屋杀人
	三月至五月	倭寇数千屯住三都土桥等处，于县治东关外分伙焚劫
	八月二十日	张琏攻陷漳州镇海卫城
嘉靖 四十一年 （1562）	四月	张琏攻打平和县城，俞大猷统兵剿平
	六月初二日	海贼许朝光驾船百余艘直抵陆鳌下尾澳口泊，率其党二千余登岸薄城
	十月	倭寇数千攻围诏安县木栅
	十月二十二日	海贼吴平引倭贼袭陷玄钟所城
嘉靖 四十二年 （1563）		梅岭贼林国显寇上里
		海寇许朝光自铜山登岸攻围畬安土堡
嘉靖 四十三年 （1564）	五月	吴平以招抚为名屯聚梅岭，劫掠各村，拆毁房屋数百间，载回梅岭构为贼巢
嘉靖 四十四年 （1565）		吴平攻入诏安梅州土堡
	二月	吴平再反，戚继光攻之
	五月	吴平攻陷诏安四都厚广土围
	六月	吴平围攻诏安县城
	七月	吴平进入诏安玄钟澳，后屯住南澳
	十月	戚继光围攻南澳吴平寨，吴平溃败
嘉靖 四十五年 （1566）	三月	林道乾从走马溪登岸，攻陷五都山南村土围，进攻厥下村土围
		曾一本自泊浦澳登岸，进攻港口等村

资料来源：据嘉靖《潮州府志》、万历《漳州府志》、《东里志》、康熙《饶平县志》、康熙《诏安县志》、康熙《平和县志》等制成。

　　这些所谓山贼海寇流劫于闽粤之间，身份难辨，如大盗吴平、林国显、曾一本等人，时或被称为"潮贼"，"广东巨寇"，[1]时或成为漳寇，"诏安贼首"。[2]两地官员常相互指责，如福建总兵戚继光称惠潮为"盗薮"，[3]而广东总兵俞大猷则认为漳州地有"贼巢"。[4]又潮州东界半岛与诏安梅岭、走马溪等地最近，东界士绅对其诟病最多。

　　嘉靖三十七年至四十一年三饶张琏之变和程乡林朝曦之变规模最大，波及粤、闽、赣三省，历时四年，死伤数以万计，震动朝野。潮州士民多被胁迫，民、盗难以界分。故当时一些官员对潮州地方社会动乱的观感是"东界顽民，从倭过半"，[5]为此，东界半岛本地生员林芳奋上《辨诬枉》一文加以辩驳：

> 本县东里一方，滨海之地，土瘠民贫，俗野风朴。成化弘治以来，科甲辈出，至今菁峨乐育者五十余员，诵法孔圣者，不下千家。但地连漳州，居迫海岛，异省接济之贼，外洋出没之辈，朝劫夕残，民不聊生。[6]

　　林芳奋用科举人文兴盛、向化彬彬来显示本地的清白，强调贼人均在异省漳州之地。正如同时期本地生员陈公曾所言：

1　参见万历《漳州府志》卷12《漳州府·兵乱》，第217页；《明世宗实录》卷549，嘉靖四十四年八月丁丑。

2　《明世宗实录》卷545，嘉靖四十四年四月己丑。

3　戚继光：《经略广东条陈勘定机宜疏》，陈子龙等辑《明经世文编》卷364《戚少保文集一》，第3731页。

4　俞大猷：《正气堂集》卷15《奉报兵部尚书克斋李公书》，俞大猷：《正气堂全集》，廖渊泉等点校，福建人民出版社，2007，第374页。

5　陈天资：《东里志》卷4《公移文·辨诬枉》（汕抄），第116页。

6　陈天资：《东里志》卷4《公移文·辨诬枉》（汕抄），第116页。

　　窃惟倭寇纵横，皆由梅岭、月港等村素通日本，造船攻劫，抽取财货，延入内地，屠戮生灵。虽假重于番奴，而头目计谋，莫非漳贼。[1]

　　梅岭、月港，正是嘉靖年间商船窃发之所，月港位于九龙江口，而梅岭则和东界半岛同属大埕海湾，东里的大士绅陈天资有云：

　　（梅岭）与东里密迩，梅岭人悉从为盗。[2]

陈天资作为当时东界半岛上影响最大的灶户士绅，在他看来：

　　粤人好贾，越外洋，售奇货而百倍赢利，其实寒不可衣，饥不可食。物之出于经常者，不足数也。吾乡去省会较远，民知力于稼穑，土地宜稻麦，收果木蔗糖及渔盐之利，亦足矣。即有经商，仍不出谷糖鱼盐之门，宁贵远物哉？[3]

　　陈天资的这番表白，字面之意是东界半岛有渔盐之利，有果木蔗糖之收，经商也都以日常货物为主，无须贩卖远货，表现的是地方富足、民守本分的景象。我们再将这番言语与上文陈天资等人对漳州月港、梅岭通倭贸易的批评放在一起，其话外之音就表露出来了。他在强调东里地区民风淳朴，"有三代遗风"，这里都是"家诗

1　陈天资：《东里志》卷4《公移文·议用兵》（汕抄），第117页。
2　陈天资：《东里志》卷2《境事志》（汕抄志），第59页。
3　陈天资：《东里志》卷4《物产志·序》（汕抄），第90页。

书而户礼乐，务本力穑"[1]的传统教化百姓，跟漳州盗贼自不相同。这是在当时激烈动荡的社会环境中，在漳潮被视为盗贼渊薮的情形下，地方文人对自身文化身份、地方礼乐教化的表白，以避免成为国家的对立面；[2]同时陈天资也希望用重新解释过的地方习俗来"劝善化恶，厚风俗，正人心，而羽翼治道"。[3]

有趣的是，同样得以借助书写来重新解释地方历史传统，漳州地方文人颇有不一样的表现。《四库全书存目丛书》史部中收录《秘阁元龟政要》一书。该书不注撰者，但从行文可以判定，作者是漳州诏安县人，另外还著有《海图方程》一书，[4]故清人及后世学者多判断作者即吴朴。[5]《秘阁元龟政要》共十六卷，《千顷堂书目》将之归于典故类，《四库全书存目丛书》则列入史部编年类。该书采用编年纪事记述明初史事，起于元至正十二年，止于明洪武三十一年。书中对元末明初漳州地区罗良、陈友定等地方割据势力的纷争记载尤详。作者在文中加意赞颂元末受封为福建行省右丞兼广东道宣慰使都元帅的罗良，认为他在天下大乱之际据守地方，使民人得以安居，尤其表彰罗良平定漳潮濒海疍贼、沟通外国番舶以富民的功绩。他说：

> 良既守漳州，又兼宣慰广东，恩足以结众志，威足以行其

1　陈天资：《东里志》卷1《序》（汕抄），第2页。

2　关于《东里志》等潮州地方文献的编修与地方社会动乱之间的内在关系，可参见陈春声《嘉靖"倭乱"与潮州地方文献编修之关系——以〈东里志〉的研究为中心》，《潮学研究》第5辑。

3　陈天资：《东里志》卷2《风俗志·乡约》（汕抄），第73页。

4　一说《渡海方程》，该书已失传，陈佳荣、朱鉴秋两位先生从多种文献中辑录出来，作《渡海方程辑注》下编"吴朴与《渡海方程》资料"。参见陈佳荣、朱鉴秋《渡海方程辑注》，中西书局，2013。

5　参见宋敏《〈秘阁元龟政要〉研究》，硕士学位论文，西北民族大学，2020。

虑，外国番舶素慕政化。[1]

这位诏安士绅文人是借罗良来强调漳潮地区既有的对外贸易传统。除此之外，作者在文中表示：

> 南诏一方，西北连山，东南濒海，海山□无，而山则多出谷粟，彼此相资，古今一也。海阔山隆，可方天下，惟精淑莫气，未产名贤。臣生其中，特以此为恨耳。或者风俗颓坏，逆气交感，故山川不降时雨？其宏才硕器，将有待而兴者乎。[2]

他解释说，世人均认为诏安地方多盗，其实不是天性如此，而是地理生计所迫："固非天性之恶，抑亦地势使然耳。例以天下多必有类此者，非独诏安一邑也。"进而，他借对罗良的称颂，来表明当地经济中与外国交通的合理性，然后更进一步，认为从天下海道的形式来看，"诏安中立，实华夷之要"。[3]

这段议论在漳潮作为私人海上贸易最活跃地区的情境下颇具深意。若结合前述诏安湾在海上私人贸易中的角色，以及嘉万年间闽粤士绅多有为开海禁、通市舶而奔走呼吁，则更可以理解其在文中对诏安"实华夷之要"的判断和自信。重述历史时，《东里志》强调在主流价值中最被看重的诗书传家、礼仪重建（后详），而《秘阁元龟政要》则更流露出用历史渊源来合理解释其现实行为和诉求。但不论是哪一种，采用撰写乡志或私述本朝史这样的文本表达方式

1　《秘阁元龟政要》卷3，北京图书馆藏明钞本，《四库全书存目丛书》史部第13册，齐鲁书社1996年影印本，第299页。
2　《秘阁元龟政要》卷3，北京图书馆藏明钞本，《四库全书存目丛书》史部第13册，第298页。
3　《秘阁元龟政要》卷3，北京图书馆藏明钞本，《四库全书存目丛书》史部第13册，第299页。

本身，就是一种教化意识加强的体现，滨海地域之疏离感在逐渐被消解，地方上各色人群对自身身份的认同、对本地历史文化的建构，以及对王朝国家的感知都得到进一步彰显和强调。

小　结

濒海之地，不但渔盐、运输、贸易是古老、天然的维生手段，劫掠可能也是海洋生活中内在的一环。随着社会经济的发展，东南沿海地区渔盐生产出现了一系列生产和组织上的重大变革。一方面，明代前中期，闽粤沿海制盐技术改变，晒盐法得到推广，盐课折米折银，盐区转移，盐政管理制度和盐场组织改变，灶户从此与实际的食盐生产逐渐脱钩，灶户身份成为一种售卖食盐的权利。另一方面，明初设立的沿海河泊所维系困难，渔户逃绝，正统年间开始大量裁撤河泊所。为了解决无征渔课问题，地方官府默许濒海豪强以承揽渔课为条件圈占海界。此外，以武力为后盾强行圈占海界者也不在少数。海界代表的是对相应范围内濒海沙田、滩涂、盐场、港澳、海道、渔场等资源的垄断。这一系列技术、组织与制度变化直接导致漳潮濒海村落居民生计、生活模式的改变，进一步激发沿海人群对近岸海荡滩涂的争夺。海界圈占意味着近海利权的垄断化，地方官府在山海动荡、军需孔急之际，唯有承认豪强大族包纳渔课、圈占海界这一既成事实，通过发放埠贴等形式与之达成协议。面对身份复杂多样的从事采捕的民众，政府无论从治安还是税收的角度，都越发注意船只对滨海人群流动性管理的重要性。

闽粤沿海地区的海上贸易传统历史悠久，在明代海禁背景下，"官市不开，私市不止"，海上走私的潜流延续不断。本为海防系统核心的沿海卫所人员反而成为海上走私贸易的重要参与者。正德年间欧人东来以后，闽粤之交的南澳与其西北面的玄钟梅岭、北面的东山走马溪之间，成为当时东南沿海走私贸易最为活跃的海域。繁盛的海上贸易滋养的武装商业集团与滨海豪强、世家存在千丝万缕的联系，以"漳潮海盗"的面貌成为明中期朝廷心腹大患。盐业渔业生产技术和组织变革中滨海利权归于豪强，海上贸易兴盛下乡宦豪强势力快速扩张，资本控制下的渔工盐工船工等雇佣人群大量存在，贫民依附豪强谋生，这构成了晚明清初华南沿海基层社会军事化的基础。与此同时，文教与动荡并行，随着地方士大夫力量的兴起，对王朝正统意识的认同得到加强，《秘阁元龟政要》和《东里志》两部著述的出现正体现了地方士人的国家意识及对本地历史文化的重新建构，貌似悖论的现象正反映了闽粤滨海地区政治疏离感的逐渐消解。

第三章　明代中后期闽粤沿海的军事化与地方组织

　　前文所揭，明代中后期，闽粤沿海地方民盗难分，私人武装力量多异地流劫，在此为民，在彼为盗。陆上行政区划的界分对应海上人群的流动性，必有多方掣肘之处，也会给海上武装力量创造富有弹性、可兹利用的制度空间，"闽捕之急则入广，广捕之急则入闽"。面对这种情况，闽粤地方大员调整海防策略，重构东南海防体系。本章重点描述明代中后期闽粤海上联防体系的建立及朝廷对地方武装力量的组织和利用，并以同属漳潮海域、统属南澳副总兵管辖之大城所和铜山所为例，讨论在明中叶之后卫所民居化趋势下，二者因具体地域环境及在科贡体系等制度层面的区别而呈现出的迥然不同的发展样貌。

第一节　闽粤之界与南澳副总兵的设立

　　明代中期以后，闽粤山海鼎沸，面对屡剿不止的濒海寇盗，闽粤两省大员立场不一，在二省联合追剿海盗之时，官员们屡有矛盾，往往暗中相互牵制。以最负盛名的戚继光、俞大猷为例。

　　在针对大盗吴平的剿抚策略中，广东总兵俞大猷以抚为先，而福建总兵戚继光则主剿，对广东的招抚政策深不以为然。[1] 此后吴平接受俞大猷招抚，被安插在福建诏安梅岭地方。诏安梅岭在明代中期被认为是闽粤赣地区三大贼巢之一，吴平被安插在此，是"回居其乡"，俞大猷打算利用他来对付倭寇。[2] 然而不到两年，吴平复叛，朝廷降罪俞大猷，当时提督两广军门兼广东巡抚吴桂芳为俞大猷辩护，认为如果不是福建总兵戚继光有意刁难，则吴平不反，为此，福建巡抚涂泽民和戚继光等人深为不满。[3] 此后，在处理曾一本变乱之时，矛盾更剧。嘉靖四十四年至四十五年（1565~1566），福建与广东水师联合围剿吴平余党曾一本，嘉靖四十五年二月二十六日，曾一本前往广东"率众面缚，诣军前请降"，时任广东总兵汤克宽接受了，除"当给银牌、花红、牛酒犒赏，责令释放被虏、开报徒党，分别充兵宁家"外，还专门行文知会福建地方将官，"广、闽地方唇齿相关，今曾一本船党悉已归降，但虑闽中水哨未及详知，遽

1　参见戚继光《经略广东条陈勘定机宜疏》，陈子龙等辑《明经世文编》卷364《戚少保文集一》，第3729页。

2　俞大猷：《正气堂集》卷15《奉报兵部尚书克斋李公书》，第374页。

3　涂泽民《与巡海道副使张凤来密柬》："广贼窥伺已久，我闽所以画界自守，不行加兵，止为广中自分彼此，始而凌辱威将周道于过境追贼之日。"（陈子龙等辑《明经世文编》卷353《涂中丞军务集录一》，第3797页）

率兵船越潮哨捕，未免惊疑新抚者反侧之心"。为此，福建巡抚涂泽民大为光火，回文咨会广东官员：

> 曾一本为海中巨寇……明系阴怀异志，假为说辞。不然，既称投降，何又抢虏渔船、勒要居民报水？其顺逆之情，居然可见。彼中机宜，固非本院所宜干预，但漳潮境土相连，贼情狡诈叵测；在总兵汤则称安插散遣，在大城所则称虏船抢虏，事干地方，关系匪细。其在今日，闽人固不敢越境惊扰，然亦不敢因其借口而遂废振戎之典；万一有变，闽人固不敢越境剿贼，然亦不肯甘受侵犯而竟寝伐暴之师！所据该道呈请前因，诚为先事之见；若不预行申明，未免致有后言。[1]

措辞当属严厉之至。

闽粤军将大员之间的这些矛盾，以及各自所奉行策略的差异，反而为吴平、曾一本、林凤等人创造了诸多回旋的空间。如曾一本嘉靖四十五年二月在广东接受招抚之后，八月突犯福建玄钟，福建"方集兵船攻剿，彼即遁回潮州"。[2]于是福建巡抚涂泽民发咨文请吴桂芳协剿，吴桂芳的回复是"宁照封疆为守，贼在广则广自任之，过闽然后闽任之"，令涂泽民深为愤懑，于是回照说"会谕令官兵封疆自守"，即使贼寇已经迫近邻境，"亦不敢轻发一兵越境"，但若曾一本跑到福建来犯事，那么福建官军自然会穷追到底，只是闽兵过境之时，希望广东地方将领约束好早前已经安插在潮州沿海的林

1　涂泽民：《咨两广广东二军门》，陈子龙等辑《明经世文编》卷 354《涂中丞军务集录二》，第 3807 页。

2　涂泽民：《行广东抚镇》，陈子龙等辑《明经世文编》卷 355《涂中丞军务集录三》，第 3818 页。

道乾等抚民，不要另生事端，否则闽兵将一体剿之。[1]

又万历元年（1573），闽粤两省为争功招抚林凤，最后反被林凤加以利用，在取得自己所需之物后逃脱；[2]又有闽寇袁八老劫掠揭阳，饱劫之后再跑到福建就抚；等等。[3]

总之，闽粤之界，正可让这些游劫于海上者"闽捕之急则入广，广捕之急则入闽"。为此，嘉靖年间漳潮沿海有铜山、玄钟、柘林水寨之设，另有客兵、乡兵、渔兵等名目出现，沿海兵力剧增，然二省各为战守而地方多受其害，[4]故而，万历三年（1575），福建巡抚刘尧诲请于"贼之咽喉，闽广之门户"——南澳岛设立总兵官。刘氏强调说：

> 漳潮之间，以海为限，其海洋之南澳，地险而沃，百谷所生，百货所聚，惟以地非分土，事在两邻，故往往为贼逋逃薮，而修船制器、市药裹粮，百无所忌。至于抚民林奇才、魏朝义徒众则皆出入于贼中，居者专积蓄，行者工掳掠。今欲为两省久安计，必先治南澳，欲治南澳，必先总事权。[5]

南澳地处漳潮交界海面，与宫口半岛、东界半岛、海山岛等一系列半岛和岛屿组成的"内海"水域，是明清时期近岸帆船从浙闽经海道入粤的必经之道；南澳岛之外有大小甘山和南澎列岛等礁

1　涂泽民：《行广东抚镇》，陈子龙等辑《明经世文编》卷355《涂中丞军务集录三》，第3819页。

2　参见张居正《答两广殷石汀计招海寇》，陈子龙等辑《明经世文编》卷327《张文忠公集四》，第3499~3500页。

3　雍正《揭阳县志》卷3《兵事》，第147页。

4　《福建巡抚刘尧诲请设南澳总兵疏》（万历三年），乾隆《南澳志》卷3《建置》，《广东历代方志集成·潮州府部》第32册，岭南美术出版社，2009，第21页。

5　《福建巡抚刘尧诲请设南澳总兵疏》（万历三年），乾隆《南澳志》卷3《建置》，第21页。

石，南澎以外即黑水外洋，故外洋船舶航行必经于此，[1] 正所谓 "凡
闽船入广，广船入闽，皆不能外南澳"。[2]

　　明朝初年东南海防系统设立过程中，南澳岛民被迁入内地，南
澳弃守，是刘尧诲所谓 "地非分地" 之所由来。明代中期以后，这
个靠近大陆又没有官府管辖的海岛，成为 "各种海上势力聚集活
动的乐土"。[3] 如前所述，南澳与其西北面的玄钟梅岭、北面的东山
走马溪之间，是当时东南沿海走私贸易最为活跃的海域，包括泉、
漳、潮地区所有的重要海盗集团，如许栋、许朝光、吴平、曾一
本、谢策、洪迪珍、林国显、徐碧溪、林道乾、魏朝义等，均曾在
这片海域活动，甚或以南澳为根据地。这些武装集团往来于大陆与
海岛之间，对地方社会秩序造成极大冲击。

　　嘉靖三十年到四十年（1551~1561），针对海盗集团的活动日益
扩大，漳潮沿海兵将数量骤增，漳潮之间的海上联防体系也逐步建
立。首先表现为海防专官的设立。嘉靖三十五年，福建巡抚设立，
或驻扎漳州，[4] 同年，又将嘉靖二十八年（1549）设立的漳州参将分
为水陆两参将，水路有专官，但是未明确信地。[5] 至嘉靖三十八年，
福建沿海共有南北中三路参将，以 "漳州为南路，自诏安广东界起
至晋江县祥芝巡检司止"，南路参将驻所在漳州府城。[6] 至此，漳州
沿海水师有专官，且有明确的信地。一水之隔，毗邻的潮州也加强

1　参见英国海军海图官局编，陈寿彭译辑《新译中国江海险要图志》卷 7，光绪二十七年经世
　　文社石印本，茅海建主编《清代兵事典籍档册汇览》第 94 册，学苑出版社，2005 年影印本，
　　第 8~9 页。
2　乾隆《南澳志》卷 3《建置》，第 21 页。
3　陈春声：《明代前期潮州海防及其历史影响（下）》，《中山大学学报》2007 年第 3 期，第 50 页。
4　参见《明世宗实录》卷 442，嘉靖三十五年十二月癸卯。
5　万历《漳州府志》卷 3《漳州府》，第 66 页。
6　万历《漳州府志》卷 3《漳州府》，第 66 页。

了漳潮水陆边界——东界半岛的兵防。早在嘉靖初年，在东界半岛
士绅的请求和地方官员的支持下，当地大城所军每年轮流到广西梧
州总督军门戍守的任务被免除，同时招募当地熟悉水性之人在汛期
协助官军出海巡哨。嘉靖二十八年，在饶平沿海的另一个军事重
地、距大城所约三十里处的黄冈设立了海防馆，驻通判一名，兼辖
东界。嘉靖三十八年，倭寇流劫潮州潮阳、揭阳、饶平，攻占蓬州
所城和黄冈镇城之后，广东总兵亦迁驻潮州。[1]嘉靖四十年，改海防
同知驻于黄冈。

　　其次，逐步恢复水寨体制，加强对海外岛屿的管控。水寨是明
初海防体系的第一道防线，漳潮海域均有水寨之设，但其实际效力
有限，迟至正统景泰年间，以卫所 – 水寨巡海捕倭的海防体制基本
失控。福建水寨原多设在岛屿，官军认为"过海风浪多危险"，多
数水寨均有内迁的动作，名存实亡。[2]广东在宣德年间就有官员奏称
仿照福建设立水寨，[3]则可能原来的水寨已经废置。正统以后广东海
防体系危机重重，海防防御重心转移，"内陆山地动乱使当局不断征
调沿海卫所戍守，直接造成沿海兵备空虚"。[4]

　　至明代中期海上局势日益严峻，闽粤沿海整体性海防布局得到
调整。嘉靖四十三年（1564），福建巡抚谭纶着手恢复五水寨旧制。[5]
漳州海域有铜山水寨和受铜山水寨节制的玄钟水寨，"分信地，明斥
堠，严会哨"。[6]铜山水寨设钦依把总一员，建署所城外。其所统：

1　嘉靖《广东通志》卷 66《外志三·海寇》，第 1731 页。

2　参见黄中青《明代福建海防的水寨与游兵》，《中国海洋发展史论文集》第 7 辑，第 85~87 页。

3　《明宣宗实录》卷 87，宣德七年二月庚寅。

4　陈贤波：《重门之御：明代广东海防体制的转变》，第 113 页。

5　参见谭纶《谭襄敏奏议》卷 1《倭寇暂宁条陈善后事宜以图治安疏》，《景印文渊阁四库全书》
　　第 429 册，第 594~595 页。

6　《明世宗实录》卷 526，嘉靖四十二年十月辛亥。

北自金石以接浯屿，南自海岭以达广东。非汛期则团泊寨澳，轮番出哨，遇汛期则分哨四出，前哨镇海，左哨陆鳌，右哨沙州，后哨鲎壳澳，各防险要，如横屿、菜屿、井仔湾、大小甘山则外洋岛屿最险要者。原统福船哨船冬船快马船等四十六只，官兵一千一百四十一员名，遇汛贴驾征操军五百五十五名。[1]

玄钟水寨与玄钟所同城。同年，又将南路参将改驻于玄钟，兼管水路军兵，铜山把总听南路参将统领。[2]漳州南路参将之改设，在闽人看来正是"为有潮寇耳"。[3]嘉靖四十五年，潮州东界半岛之海口有柘林水寨之设。原先水寨欲设于南澳，但两广提督吴桂芳认为"南澳中地险而腴，在胜国时设兵戍守，其后戍兵即据之以叛，此所谓御盗生盗，覆辙照然，不如置戍柘林，而以南头参将及该府补盗官节制督察之便"，提议得到朝廷认可。[4]

嘉靖四十五年九月柘林守备设立，"以澄海、潮阳二县水兵隶之，令往来南澳及河渡门等处备盗"。[5]随后，吴桂芳认为要进一步加强广东整体海上防务，还应该参照浙江福建的经验，在广东海域设立包括柘林在内的六大水寨。[6]其中，柘林水寨设守备指挥一员，领兵1200名，领船60只，其汛防信地即包括了惠州海丰长沙碣石到潮州柘林与南澳一带海面，"董以将官，定以信地，无事会哨巡

1　康熙《漳浦县志》卷11《兵防志》，第727页。

2　万历《大明会典》卷127《兵部十・镇戍三・将领下》，第1824页。

3　郭造卿：《闽中经略议》，顾炎武：《天下郡国利病书》第26册《福建》，第2140页。

4　《明世宗实录》卷562，嘉靖四十五年九月壬辰。

5　《明世宗实录》卷562，嘉靖四十五年九月壬辰。

6　陈子龙辑《明经世文编》卷342《吴司马奏议・请设沿海水寨疏》，第3671~3673页。

缉，有警递相追捕"。[1] 陈贤波提醒应该注意整体海防布局策略和实效之间存在一定的时间差，例如吴桂芳在题请设立广东沿海水寨之后很快离任，广东整体水寨的兵力船只配备需至隆万年间才完成。[2]

柘林被视为"闽广之关钥"，其兵防在嘉靖三十三年前后已经加强，兵员船只配备可能较之其他新建水寨更有基础。至万历三年刘尧海奏设南澳副总兵时，柘林水寨领兵 1716 名，船 45 只。

所以，在设立南澳副总兵以前，沿海的游寨将闽粤交界海域划分成为三大块：铜山水寨、玄钟游和柘林寨。

然而，正如前述，两省联防多有掣肘之处，于是隆庆年间，福建巡抚涂泽民等以"广东南澳与本省玄钟铜山寨切近，盗贼不时出没，乞设参将一员于广东大城所驻扎，督理两省兵船防御"，提议得到朝廷的同意，在大城所设水路参将一员：

> 统督铜山、柘林等寨，把总守备兵船常川在于南澳东西信地加谨防捕，如有盗贼生发，即便会合追剿，仍听闽广两省抚按官节制调度。[3]

被提名担任大城所参将的是戚继光的部将胡守仁，这在当时闽粤将领互有心结的情况下，自然遭到广东将领的反对。隆庆元年（1567）七月，两广总督谭纶在《议处添设将官便督调以安地方疏》中如是说：

> 南澳本潮州地方，而大城所离府城止八十里，柘林等兵不

1　陈子龙辑《明经世文编》卷 342《吴司马奏议·请设沿海水寨疏》，第 3673 页。

2　参见陈贤波《重门之御：明代广东海防体制的转变》，第 162~183 页。

3　谭纶:《谭襄敏奏议》卷 3《议处添设将官便督调以安地方疏》，《景印文渊阁四库全书》第 429 册，第 638 页。

专统于本省之大将而分属于异省之裨将，权柄倒置，事体既觉
舛谬。惠潮既有参将二员，而咫尺之地又设参将一员，十羊九
牧，责任愈见抵牾。[1]

于是，大城所参将很快被废除，铜山、柘林各听专官调度。为
此，涂泽民认为广东官员未与福建官员会题即请废之，因而又有一
番抵牾。

到万历年间，先是福建巡抚刘尧诲提议，后两广总督、广东巡
抚、福建巡抚会题，"协守漳潮等处专驻南澳副总兵"终于在万历三
年九月得以设立，"以柘林水寨船四十五只属之，在闽以铜山游船
四十只属之，共兵三千五百一名"。[2]南澳副总兵设立之后，闽粤交
界的巡防也随之改变，首先是将原属铜山水寨节制的玄钟游改成南
澳游，如此，则从东山走马溪、宫口半岛再到东界半岛、南澳岛这
一带海域均属南澳副总兵节制哨巡：

每年春汛，福建南澳游官捕船兵俱于清明前半月点选，听
福建军门于清明或前后各十日内酌议，订期出汛三个月，行巡
海道海防馆，转文总府，整搠舟师，齐于南澳祭旗祭江，操练
犒赏，即依期督发汛地。一哨防守云盖寺等处，一哨防守青澳
以及深澳，一哨防守娘宫前以及走马溪，一哨防守玄钟胜澳以
及前浯，一哨远哨澎山，以防倭贼突犯。冬汛于霜降前半月点
选，听院道酌议，订期于霜降或前后各十日内出汛二个月，通

1　参见谭纶《谭襄敏奏议》卷3《议处添设将官便督调以安地方疏》，《景印文渊阁四库全书》
　　第429册，第637~638页。
2　参见《明神宗实录》卷42，万历三年九月辛丑。文献中或称"南澳副总兵"，或称"潮漳副
　　总兵"或"漳潮副总兵"。

行总府亦如春汛，整捌召集，祭江操练，督发各汛地哨守。广东柘林寨官捕船兵近议春汛定以清明前五日出汛，大暑日收汛，出汛日齐至南澳听候祭旗祭江，操练犒赏，分发汛地。一哨守长沙尾以及大金门、浮浔、大小莱芜，一哨防守马耳以及莲澳南、高溇，一哨防守河渡门以及广澳、华美寨，一哨防守海门以及靖海溇、赤海。冬汛定以霜降前五日出汛，大雪日收汛，亦如春汛齐至南澳听候祭江，督发各汛地防守。近议防倭兵船二哨专守云盖寺，仍轮番分班，上与玄钟游兵汛地会哨，下至广澳与游哨兵船交会，又有游哨兵船十只，劏守河渡、钱澳，仍分班，上至广澳与防倭兵船会哨，下与神泉汛船交会。春冬二汛俱照柘林寨例督发。又本镇标下有中军水哨大小兵船十三只，目兵三百五十六员名，专驻深澳，不时防守。又福广二营陆兵六百名，专守城池，分防汛地。[1]

其中尤其值得注意的是，明政府开始加强对外洋岛屿的哨守。崇祯《诏安县志》载南澳以外之"彭山"：

此外又有彭山与南澳相对，西至云盖寺约四五十里，北至胜澳约百余里，顺风一潮可到。其山有三：曰南彭，曰中彭，曰北彭。三山列峙海中，周围各一里许。又一小岛曰北尖尾，四面皆危石暗礁，可寄泊，不可久住。中彭上有泉，海舶过者必取汲于此，其下即黑水外洋，乃商渔同集、夷船必由之处。[2]

从南澳岛继续往东就是南澎列岛，这是闽粤外海一条极为重要

的航道，直到今天仍然是国际航线的经行处；同时，这里也是自明代中期以后逐渐形成的深海渔作主要渔场。明代中期，这个商船渔船必经之道已经引起明廷官员的注意，并将之列入哨守范围。此外，到万历二十年（1592）之后，澎湖也设官兵据险戍之：

> 二十五年冬，初创一游一总四哨，冬鸟船二十艘，目兵八百有奇。二十六年春，又虑孤岛寡援，增设一游总哨，舟师称是。又于海坛、南日、浯屿、浯铜、铜山、南澳六寨游各抽哨官一人，领坚船三只，汛时远哨该岛，以联声势。[1]

第二节　动乱中的卫所军、澳甲与渔兵

在闽粤濒海军事格局转变过程中，兵丁的来源也出现了重大变革。作为王朝军事力量重心——卫所军伍的溃散，直接导致了地方军事力量的兴起。

如前所述，卫所正军额数锐减，大多数卫所旗军不足原额的四分之一或五分之一。卫所余丁的角色日重，在卫人户管理政策逐步成形，余丁成为卫所军伍重要的补充来源。作为海防核心的东南沿海卫所，自明代中期以后，不断有清理卫所余丁的举措，试图维持卫所军伍。如嘉靖四十年（1561），戚继光在浙江沿海一带备倭，见"卫所

1　崇祯《漳州府志·兵防考》，顾炎武：《天下郡国利病书》第 26 册《福建》，第 2235 页。

狼狈，行伍煎销”，于是“多方比并”，为台州府一卫三所（即松门卫、新河千户所、楚门千户所、隘顽千户所）“招回别省投兵、贫流出外、官豪占役等项军舍余丁已经千有余人充补行伍”。[1] 又，嘉隆年间，福建泉州、漳州清理沿海卫所军伍，抽取精壮余丁顶补正军。这些“余丁军”[2]主要用于守城及承担卫所中的杂役，在汛期也有部分贴驾附近水寨兵出海巡哨。如漳州卫隆庆年间新选食粮余丁1007名，其中“团操等项余丁七百七十一名，出海贴驾余丁二百三十六名”。[3]这意味着，伴随着营伍之制逐步由战时组织（镇戍制）转变成卫所以外的常规兵制，余丁亦有部分被抽调为营兵。

表 3-1　万历年间漳州卫、镇海卫军额

单位：名

卫所	原额	万历年间		备注
		故军	新选	
漳州卫	5600	1226	1007	
龙岩千户所	1120[*]	329	248	成化七年调镇海卫后千户所戍守龙岩
南诏千户所	1207[**]	303	243	弘治十八年调漳州卫后千户所戍守南诏
镇海卫	6427[***]	1042	285	
陆鳌千户所	1898	417	533	
铜山千户所	1220	374	530	
玄钟千户所	1168	291	130	

[*] 此处记录的是当时作为镇海卫后千户所时的原额。
[**] 此处记录的是当时作为漳州卫后千户所时的原额。
[***] 由四所原额加龙岩原额所得。
资料来源：据万历《漳州府志》制。

1　戚继光：《清理军丁户籍议》，《戚少保奏议》卷3，中华书局，2001，第70页。
2　参见隆庆《泉州府志》，顾炎武：《天下郡国利病书》第26册《福建》，第2199页。
3　万历《漳州府志》卷32《漳州卫》，第689页。

嘉靖年间，作为海防第一前线的水寨重新在东南沿海设立，福建恢复原有的五水寨，广东则设六水寨。如上文所述，卫所与水寨构成了明初闽粤沿海的水陆防御体系，福建有烽火门、南日山、浯屿、小埕和铜山五处水寨之设，潮州亦有水寨一处，其指挥官员和军士均来自卫所。到了嘉靖年间，闽粤沿海的水寨已经成为独立于卫所体制的营兵，其兵丁主要以募兵为主，同时有部分兵力来自附近卫所的贴驾军，或称"军兵"。

表3-2 明代漳潮沿海水寨官兵员额变动情况

单位：名

时间	官员	官军额数、来源		出处
洪武年间	铜山西门澳水寨把总一员，备倭指挥二员，备倭千百户十员	额调官军1867，船20只	镇海卫轮班把总指挥1。官军来源：镇海卫：1113 陆鳌所：389 玄钟所：365	万历《漳州府志》卷33《镇海卫》，第700~711页
	守备玄钟澳指挥二员，备倭千百户无定员	额调官军1103，船20只	漳州卫轮班把总指挥1。官军来源：漳州卫：250 镇海卫：194 铜山所：359 永宁卫中左所：300	
	潮州水寨	额调官军600，船?只	潮州卫及其下属千户所	嘉靖《广东通志初稿》卷35《海寇》，第578页
嘉靖四十二年	铜山水寨钦依把总一员	官兵1140，船46只	募兵 汛期贴驾征操军555	乾隆《铜山志》卷3《武备志》，第330页
	玄钟游名色把总一员	官兵1103，船20只	募兵	乾隆《镇海卫志·兵防志》，第82页

续表

时间	官员	官军额数、来源		出处
嘉靖四十五年	柘林寨守备指挥一员	官兵 1716，船 45 只	募兵	万历《广东通志》卷8《藩省志八·兵防总上》，第 201 页
万历三年	设南澳副总兵，改玄钟游为南澳游，设钦依把总一员，与柘林寨守备一体听南澳副总兵调度	官兵 3551，船 85 只	铜山寨游兵 1835，船 40 只 柘林寨官兵 1716，船 45 只	乾隆《南澳志》卷3《建置》，第 22~24 页
万历十九年	增柘林寨兵船 14 只，哨官 2，捕兵 696			万历《广东通志》卷8《藩省志八·兵防总上》，第 201 页
万历二十六年	增柘林寨兵船 20 只，哨官 2，捕兵 632			万历《广东通志》卷8《藩省志八·兵防总上》，第 201 页
天启二年	玄钟南澳游	官兵 874，船 34 只	汛期镇海卫陆鳌、铜山、玄钟三所贴驾征操军 420	康熙《诏安县志》卷7《武备》，第 489 页
崇祯十年	玄钟南澳游	官兵 721，船 8 只	无贴驾军	

　　然而，在明代中期，尤其是嘉靖年间山海纷乱的情形之下，仅仅依靠本地官兵根本无法应对，于是大量的客兵，包括广西狼兵、浙兵等外来兵力纷纷向闽粤沿海聚集。但是，客兵在地方上的存在多受质疑。

　　如嘉靖三十七年至三十八年（1558~1559），倭寇自漳泉入潮州揭阳、饶平、潮阳等地，先后占据了蓬州千户所、黄冈镇等濒海重地，广东大规模征调广西"狼土劲兵"进入潮州地区参与围剿行动。然而"狼兵"不属正规的军队系统，将领难以驾驭，"狼兵"所过之处，地方官员和士绅也需严阵以待，"把截要害"，倘"狼兵秋毫有犯，佥事从俭（按：即岭东道佥事殷从俭）即治以军法"。嘉靖《广东通志》中载，在此次军事行动中，"乡夫之功居多，狼兵沿途恣肆，官目不能制御，徒张声势而已"。[1] 又如嘉靖四十年，戚继光兼辖浙、闽、潮三地水师，其所训练的浙兵营分布于漳潮沿海各处，控扼险要。[2] 至隆庆六年（1572），漳州知府罗青霄整饬兵防，认为其雇募来的水陆官兵，"皆系无籍乌合之徒"，"无事则虚张声势以要粮饷，有事则退避观察，以避险阻"，把总哨官侵扣包揽兵饷，兵丁则污人妻女抢掠人财者常有之。为此，罗青霄认为应该就近雇募土人为兵，待时机成熟即将客兵撤回，以防生事。[3]

　　罗青霄的这番议论，是明代中后期闽粤官员士绅中常见的观点。万历《广东通志》中言："客兵召募多无赖子弟，捐亲戚弃坟墓，喜则其人也，怒则其兽也。加之贫劣，主将日朘月削，不战而馁，战可知已，斯则所谓病也。"[4] 他们更倾向于雇募本地土兵（乡兵）用于地方防守，选拔本地卫所官军为将领。一来这些人熟悉地方，二来则可省军费，卫所也不会虚靡粮食。明代中期以后的闽粤方志中，"乡兵""乡夫"的名号大量出现。潮州地方著名士绅林大

1　嘉靖《广东通志》卷 66《外志三·海寇》，第 1729~1730 页。

2　参见乾隆《镇海卫志》、《东里志》等。

3　万历《漳州府志》卷 7《漳州府·土兵》，第 143 页。

4　万历《广东通志》卷 9《兵防下》，第 230 页。

春在《论海寇必诛状》中，直指"客兵不宜地方"，倡议由官府出面募集乡兵：

> 各处乡兵自足以供各地方之用，患鼓舞无其人耳。……今如责令州县正官，听其便宜选募，当道不得沮折之。或令各处地方，各推境内有笃行忠信无问士民但义能倡率父兄豪杰者，得自为战守，果有全城破敌之功，许以事闻，不得泯没，所在当有募义而起者矣。

他建议将客兵所需的经费转而用以选募乡兵，"宜无不足矣"。[1]总之，是将抗击盗寇、保家安民的希望寄托于乡兵之上。嘉万年间曾任诏安知县后转任福建佥事团练道、仍旧驻扎诏安的梁士楚即"练习乡兵万余，多所斩获"，[2]而同样深受寇乱的潮州地方更是多方征集或召募乡兵，甚至将之视为唯一可以依赖的军事力量。[3]对此，有反对者认为闽粤之人多通番为盗不可用，然而，正如罗青霄所言："海滨同此一民，用之则为兵，叛则为盗。"[4]

海战之舟船有如陆战之车马。在整饬水师之际，明廷亦仿效民船样式对战船进行改造，如明中期以后闽粤战船中出现的"渔船"制式，正是"边海之人造之出洋捕鱼，往来甚捷，各寨见其便捷，仿而造用，因存其名"。[5]

然而，在军饷紧缺的情况下，直接利用渔民渔船是更加切合实

1　林大春：《论海寇必诛状》，冯奉初辑《潮州耆旧集》，第 323~324 页。
2　参见万历《漳州府志》卷 29《诏安县》，第 608 页。
3　参见陈春声《从"倭乱"到"迁海"——明末清初潮州地方动乱与乡村社会变迁》，《明清论丛》第 2 辑，第 92~96 页。
4　罗青霄：《客兵土兵议》，万历《漳州府志》卷 7《漳州府》，第 144 页。
5　万历《广东通志》卷 9《兵防下》，第 229 页。

际和有效的策略。为此闽粤沿海官员尝试推行"船甲""澳甲"之制。

嘉靖初年，巡按戴璟认为要解决广东沿海港道众多，盗寇纷隐其间、伺机劫掠的问题，就必须确立"船甲"制，具体做法是：

> 通行各县，责令沿海居民各于其乡编立船甲长、船甲副，长、副不拘人数，惟其船之多寡，一依十门牌内循序应当。如船上二十只，总统于船甲长，内以十只分统于船甲副。其各船仍于船尾舷外大书某县船其甲下某人，十字翻刻，墨填以为记认。[1]

戴璟抓住了濒海渔疍民生产生活中最重要的工具——船只，将船只编甲、印号，并登记在册，保存于船甲长处。一来便于稽查，二来军门欲用船只之际，可以"按簿呼召，给价差用"，即将强悍而危险的水上力量转为军伍所用。[2] 这可视为"渔兵"的雏形。潮州知府郭子章亦认为要解决潮州地方积弊，需"酌榇头以定税额""定日期以便号集""刻船梢以寓稽查""置册籍以明消长"等，必须对濒海船只进行登记，在船只梢头做记号以便稽查，定期课税，以"上不失公家之正课，下不扰船户之生计"。[3]

在福建，地方大员试图推行"澳甲"制，以澳为单位登记澳内船户，这与明初河泊所以渔疍民主要湾泊的港澳为单位编订渔户是相同的实施原则。澳甲编成后，再与腹里居民一并列入地方保甲册，以备稽查。在保甲册内，澳长和船户是另序单列的，并不与其

1　嘉靖《广东通志初稿》卷 35《海寇》，第 579 页。
2　嘉靖《广东通志初稿》卷 35《海寇》，第 579 页。
3　郭子章：《潮中杂纪》卷 6《请查鱼课议略》，第 40 页。

他居民混编，以示区别。[1] 如果说船甲制是通过对船只清查、编甲等
方式来实现对濒海人户的管理的话，那么澳甲制则重在利用渔船聚
集于港澳的特点，通过控制陆上据点来实现对高度流动的水上人的
管理。二者虽然看上去重点有别，但实质相同，都是根据濒海人户
以海为田、以舟为居的特性制定的保甲新形式。

　　澳长往往成为地方官员与渔民船户的重要联结。如明末两大海
上势力郑芝龙与李魁奇反目，崇祯元年（1628）九月初八日，"芝龙
封银二十两与刘五店澳长高大藩，要募乡兵五百名"，后虽然被同
安知县曹履泰阻止，但曹履泰也表示愿意借乡兵即渔兵给郑芝龙，
翌日郑氏即"联结刘五店渔船"至厦门。[2] 曹履泰所著《靖海纪略》
中有专门的《编造渔舟壮丁示》《申报渔丁文册》和《团练渔兵款
目》等文，所收他与地方军政大员及乡宦往返书信中也多次提到编
订"渔船册""编成队伍""督发渔舟"。其中，以刘五店澳最为典
型，曹氏令"澳总高大藩将本澳渔船编成哨队，并壮丁姓名已经造
册申报军门及兴泉、巡海二道外，随奉军令，着该澳民出海协剿叛
贼"。福建地方官员多以刘五店澳作为样板要求其他沿海各澳也遵
照编造。[3]

　　澳甲制度的推行，与地方军事化如乡兵、渔兵的兴起紧密配
合。漳州知府罗青霄在整顿水寨战船时具体解释了设立"渔兵"的
优点：

1　耿定向：《耿天台先生文集》卷18《杂著二》，《四库全书存目丛书》集部第131册，第446页；
　　王在晋：《海防纂要》卷8《禁通番》，《四库禁毁书丛刊》史部第17册，北京出版社，1998，
　　第616~617页。

2　曹履泰：《靖海纪略》卷2《上熊抚台》，《台湾文献丛刊》第33种，台北：台湾银行经济研
　　究室，1964，第28页。

3　曹履泰：《靖海纪略》卷4《团练渔兵款目》，第67~71页。

> 如诏安县徐渡等处渔船，常在南澳等处捕鱼为生，惯谙水道。其船俱各打造坚固，舵工船夫精壮堪用，比之官兵不同。如遇防汛，即行调用，日给工食，分布信地哨探防御，汛过任其捕鱼，庶得实用。[1]

在他看来，濒海渔民容易聚集，且熟悉水道，自来骁勇、惯习风浪，如能编集为兵，则一来可省船只造费，二来无须过多训练即可参战，大省兵费开支。罗青霄的想法和做法，正是明代中期以后东南沿海频频出现的所谓"渔兵"名目的由来。渔民组织具有官府急于利用的战斗力，除澳甲制度外，更是跟外海深水渔业生产的发展直接相关。

嘉靖末年，浙江沿海就已经开始将东海黄鱼汛时大规模的渔船作业与兵防相结合。所谓黄鱼汛，是指集中在浙江淡水门黄鱼产季，"其淡水门海洋乃产黄鱼之渊薮也，每年小满前后，正风汛之时，两浙渔船出海捕鱼者动以千计，其于风涛则便习也，器械则锋利也，格斗则敢勇也，驱而用之，亦足以捍敌；缉而税之，尤足以馈军"。[2]渔民内部有专业的分工和组织，王士性的《广志绎》中较为详细地描述了东南黄鱼汛时的生产组织：

> 是渔师司鱼命，柁师司人命，长年则为舟主造舟募工。每舟二十余人，惟渔师、柁师与长年同坐食，余则颐使之，犯则箠之，至死不以烦有司，谓之五十日草头天子也。[3]

1　万历《漳州府志》卷 7《漳州府·兵防志》，第 147 页。
2　万历《绍兴府志》卷 23《武备志一》，明万历刻本，第 18 页 b。
3　王士性：《广志绎》卷 4《江南诸省》，第 75 页。

这些较大规模的渔船作业，是在明代中后期逐渐形成的，有强烈的季节性，地点多在外海，属于深海作业。到了清初，闽粤交界"沿海一带，地窄人稠，居民多以捕鱼为生，而捕鱼必在深水洋面，方能得鱼"。[1] 外海深水作业，对船只、网缯等生产工具的大小和劳力的多寡有较大的要求，生产时会结成具备严格指挥关系的组织单位，在海上如浮动的小社会，首领具有很高的权威，犹如"草头天子"。此外，至明末，闽粤渔民的活动范围已经到达澎湖、台湾等岛屿，[2] 这些深海作业的渔民所具备的航海知识、船只器具，独特的组织方式和战斗力，均让深受倭乱海盗困扰又军饷匮乏的明廷急欲加以利用。而濒海渔民之可用，还在于得到"渔魁"的支持。[3]

天启、崇祯年间，曾任工部侍郎的闽县人董应举在应答诸如福建巡抚、布政使等闽省官员询问海防机宜时，多次提议应利用濒海之渔民渔船，而濒海渔民渔船之可用，又在于必须招募海上豪杰"自相统率，人乃乐从；若分配官兵，不惟离心，必至误事"。[4] 他建议当时的福建巡抚对郑芝龙应"捐数千金以收彼中渔船，令其魁自相统率，与兵船相为经纬，则我得其用，贼不能收矣"。[5] 崇祯年间，他命其子董名玮"招练乡勇，联络渔兵，俾水陆之声势，借以壮观。因此巨魁授首，贼氛渐靖，福州一路幸安衽席"，[6] 得到了崇祯

1　《雍正二年六月二十四日孔毓珣奏陈渔船橛头管见折》，《宫中档雍正朝奏折》第 2 辑，第 798~799 页。

2　参见谢重光《金门史稿》，鹭江出版社，1999，第 156 页。

3　参见董应举《崇相集》卷 12《书四·答朱军门书》，第 568 页。

4　董应举：《崇相集》卷 12《书四·答朱军门书》，第 568 页。其余相关文书可参见董应举《崇相集》卷 4《筹倭管见》《议二·与韩海道议选水将海操》《议二·与海道议看航建牙》，第 190~196 页；卷 12《书四·与熊抚台书》《书四·与海道徐公书》等，第 569~575 页。

5　董应举：《崇相集》卷 12《书四·答朱军门书》，第 568 页。

6　《崇祯长编》卷 43，崇祯四年二月丁卯，《明实录》（台北中研院影印本）附录之四，第 2599 页。

皇帝的嘉奖。董应举提到的渔魁有陈有用、董学祥、欧文全等人。[1]
而在漳潮地区，"编乡兵，又联渔兵"，[2] 也成为明末地方官员和士绅
们赖以自保的重要军事举措。

　　总之，将沿海渔船编管起来，一来可以防范接济，二来可将之
作为水兵的补充，可以省去建造船只的费用，而且其人熟悉水道、
惯于水战，较之官军更为有利。此外，将渔船编籍在册，还可以对
渔船征收渔税和渔业用盐之税，[3] 增加军饷，一举数得。正如崇祯年
间福建巡抚熊文灿所言：

　　　　至用渔人作兵，而不耗吾兵之饷，以兵力助渔，兼可收渔
　　人之利。用力少而见功捷，公私称为两便。[4]

　　对于渔民而言，在非渔汛之时，佐官兵哨守，有工食可领，不
失为歇渔之时的生计。同时，编入兵伍之中，则器械装备就变得合
法，如此，其正常的生产也可得到保证。否则，海贼若控扼港道，
"索赎报水"，官府军兵无力，根本难以起到保护的作用，沿海数
十万生灵将尽折而入于贼。[5]

　　乡兵、渔兵的大量出现是沿海地区地方军事化的重要表现。明
代末年闽粤沿海这种军事化的趋向，不唯陆上乡村，海上的组织同

1　董应举：《崇相集》卷 12《书四·答朱军门书》《书四·与熊抚台书》，第 568~570 页。可惜
　　只能知其名而没有更详细的信息。
2　乾隆《南澳志》卷 8《海防》，第 76 页。
3　自嘉靖年间起，浙江、福建等地要求对渔业用盐进行征课。深海渔作方式的发展，又进一步
　　导致了濒海盐政的变化，尤其是渔业用盐的大量增加，使得沿海渔盐成为盐政关注的另一重
　　点，尤其是以福建为最为明显。
4　《福建巡抚熊残揭帖（崇祯三年十二月初七日到）》，《明清史料》戊编第 1 本，中华书局，
　　1987 年影印本，第 81 页。
5　董应举：《崇相集》卷 4《议二·福海事》，第 197 页。

样存在，诸如吴平、曾一本、林道乾、魏朝义等"具有明显的政治和军事性质"的海盗集团，其成员绝大部分就来自闽粤泉漳潮地区，而沿海乡民或"窝藏"或"接济"或"通番"，[1]正所谓"沿海之乡，无一而非海寇之人也"。[2]在地方社会"民""盗"难分，以及"官府苦于地方多事，兵力不暇"的实际情形中，"以贼制贼"的做法似乎成为各地方官员较为方便的选择。无论是"乡兵""渔兵"，抑或所谓"抚民"，即接受政府招抚的"海盗"，都是政府利用地方军事力量的表现。至明清鼎革、政局变幻无常，与"正统性"相联系的"民""盗"界限更加复杂的情形下，[3]不论是郑氏等大规模盘踞闽粤海屿的势力，还是分散各地的军事豪强，抑或清廷军队，这些谙习水道、惯习风浪的濒海之徒往往都被以特殊的方式组织起来，成为可资利用的重要武力之一。在这动荡的局势当中，为"兵"为"贼"，都可能成为边海之民另外的生计方式。

第三节　谁的堡垒？——沿海卫所的民居化

　　明代中期以来地方社会山海交讧的局面，显示了闽粤沿海正经历着经济和社会组织结构的急剧转型，地方聚落形态也发生着重大

1　嘉靖《潮州府志》卷1《地理志》，第20页。
2　林大春：《论海寇必诛状》，冯奉初辑《潮州耆旧集》，第323页。
3　陈春声：《从"倭乱"到"迁海"——明末清初潮州地方动乱与乡村社会变迁》，《明清论丛》第2辑，第96页。

转变，一座座城堡围寨式的建筑纷纷出现，[1]成为闽粤乡村社会军事化最直观的表现。嘉靖《广东通志》记载，嘉靖三十八年（1559）倭寇从福建进迫潮州，有司即"通行各县，谕令小民归并大村起集，父子、丁夫互相防守，附郭人民俱移入城内"。[2]那么，在此过程中，作为明王朝海防体系的核心、王朝军事力量在地方上的体现，沿海卫所又发生了怎样的变化？

　　明初沿海卫所城池是作为濒海地区备倭、防寇的驻防堡垒而设立的，而后其军事色彩日益淡化，在明中后期逐渐形成了以卫所城池为中心的社会网络，具备为各种身份的人群提供土地、市场、功名等资源的可能性。本节将以同处漳潮海域、明代中期同属于南澳副总兵节制的潮州大城所和漳州铜山所为例，讨论在明代中期闽粤沿海社会经济发生重大转变、乡村社会军事化的进程中，沿海卫所演变轨迹的差异及可能的诱因。

一　灶户士绅的兴起与地方卫所角色的转变——以潮州大城所为例

　　潮州大城所，全称"潮州大城守御千户所"，位于闽粤海陆交界的东界半岛上。明清时期，东界属广东潮州府饶平县宣化都管辖，[3]民国以后，乡镇级行政建置更改频繁，至1986年，半岛分辖于

1　陈春声：《从"倭乱"到"迁海"——明末清初潮州地方动乱与乡村社会变迁》，《明清论丛》第 2 辑，第 96 页；饶伟新：《明清时期华南地区乡村聚落的宗族化与军事化——以赣南乡村围寨为中心》，《史学月刊》2003 年第 12 期；陈春声、肖文评：《聚落形态与社会转型：明清之际韩江流域地方动乱之历史影响》，《史学月刊》2011 年第 2 期，第 58 页；肖文评：《白堠乡的故事：地域史脉络下的乡村社会建构》，生活·读书·新知三联书店，2011。

2　嘉靖《广东通志》卷 66《外志三·海寇》，第 1730 页。

3　明成化十四年（1478）饶平置县，之前属海阳县。

饶平县所城、大埕和柘林三镇，行政格局基本稳定，大城所属所城镇辖内。

　　洪武二十七年（1394），朱元璋命吴杰等往广东训练沿海卫所官军，以备倭寇。[1] 都指挥同知花茂奏设广东沿海二十四卫所，大城所为其中之一，属潮州卫管辖。大城所额军 1225 名，假定军伍足额，依明初屯三守七的比例，则守城军应为 857 名，屯军为 368 名。其屯田有十一处：东洋、漳溪、南洋、黄竹洋、梅花阪、双溪、溪南、西洋、秋溪岗、上寨和黄大潭。东界半岛田地稀少，屯田皆不在所城附近，而是分布于东界西面黄冈河沿岸的玄歌、秋溪和隆眼城等都，共田一十顷零三十亩，子粒米二百四十六石一斗六升五合。[2]

　　大城所的选址，与其地理位置直接相关。其所在的东界半岛，是潮州地区最大盐场——小江场的一部分，与福建山水相连，东面大埕湾直通福建诏安湾，南端柘林与南澳岛隔海相望，南澳岛之外就是外洋。所以在以帆船为海上主要交通工具的时代，柘林与南澳之间的水道是浙江、福建船只顺风南下进入广东的必经之路。洪武年间，迁南澳居民上陆居住，[3] 南澳弃守，柘林成为从福建进入广东的水上第一门户。明初沿海布局以防为重，东界半岛上设立大城所驻扎军队，柘林等地属在外烽堠，有派军防守，位于苏湾都的水寨在汛期也会兼哨柘林。[4]

1　《明太祖实录》卷 234 "洪武二十七年八月甲戌"条："命安陆侯吴杰、永定侯张铨等率致仕武官往广东训练沿海卫所官军，以备倭寇。"

2　参见嘉靖《潮州府志》卷 2《建置志》，第 39 页；卷 8《杂志·村名》，第 122 页。

3　南澳的迁民行动，在洪武和永乐年间各有一次，具体时间各地方志记载不一，但可以肯定的是，大城所设置之时，南澳属弃守状态。参见陈天资《东里志》卷 1《疆域志·澳屿》："洪武二十四年，以居民顽梗，尽发充海门千户所军。"[（汕抄），第 21 页]

4　嘉靖《广东通志初稿》卷 35《海寇》，第 578 页。

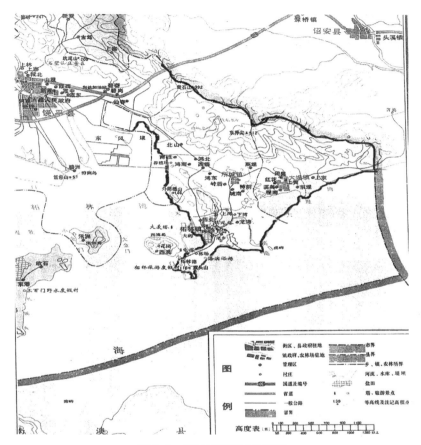

图 3-1　柏林湾东界半岛示意

说明：笔者用黑线加强的轮廓即今天的东界半岛，图中标示"所城镇"者，即为大城所所在。东界半岛、柏林湾经 20 世纪六七十年代围海造田后自然生态环境有很大改变。

资料来源：饶平县《东里大观》编纂委员会《东里大观》，2000。

　　在这个土地贫瘠、生计主要依靠周边丰富渔盐资源的地方，作为朝廷军事机构的大城所，其运作必然与大批具有灶户身份的人发生复杂的关涉。设立大城所，名为备倭，实则亦有监视濒海地区众多不驯之徒的意味。对于地方卫所而言，"敌人可能来自海上，也可能是四面包抄"。[1] 所以，在大城所设立之初，城里与城外、军户与灶户界限分明，彼此间甚至存在某种紧张关系。前引明万历年间东界半岛灶户士绅陈天资所撰《东里志》中，记载了洪武三十一年（1398）倭寇入侵东界半岛时卫所的真正作为：

> 洪武三十一年，倭夷寇东里。大城所原设以备倭也，至是倭掠东里，百姓皆趋避城内。东门百户顾实开门纳之，民免于难。其西、南、北三门百户韩、马、谢皆闭门不纳，遇害甚众。[2]

在这一事件中，倭寇入侵时，当时卫所官兵根本不敢出战，甚至对逃难的百姓都闭门不纳。此外，《东里志》还记载了宣德年间另外一个事件：

> 宣德元年，倭夷犯上里……通事刘秀勾引倭舟入泊于湾港，威召各村各里之保长，赴舟领货，名曰"放苏"，邻村皆靡然从之。遂以肆掠，即大城所危如累卵。[3]

文中通事刘秀通番引倭，在当时海禁的背景下是违法的，但对那些拥有长久海上活动传统的人们而言，这更像是他们追逐利益的日常惯习。这种民盗难分甚至民盗"合一"的情势，一直持续到明末。这样的情况对设置在本地的千户所而言，无疑是极大的威胁。

1　陈春声：《明代前期潮州海防及其历史影响（下）》，《中山大学学报》2007年第3期，第48页。
2　陈天资：《东里志》卷2《境事志》（汕抄），第48页。
3　陈天资：《东里志》卷2《境事志》（汕抄），第49页。

可以说，大城所的城墙内外，即军、民、盗分界的空间标识。而到了明代中期，大城所有了新的样貌，其在当地社会中的角色发生了很大改变。

1. 从"议迁大城所"事件中看东里士大夫力量的兴起

万历时期编修的《东里志》言及大城所的位置时说：

> 东里旧名太平乡。东则上里、东埕、大埕，南则神前、岭后、长美、上湾、下湾、柘林、下岱，北有高埕，西有大港。而大城屹立于诸村之中。[1]

寥寥数语，勾勒出大城所地处内腹、周围烟村绵密的图景。只是这样的地理环境是否跟大城所的海防功能存在矛盾呢？嘉靖时期的饶平地方官员和当地士绅就对此多有诟病。嘉靖二十一年（1542），饶平县知县罗胤凯议请迁移大城所：

> 窃惟柘林前金门一道，上据白沙墩，下距黄芒、南洋，外跨隆、南、云、青四澳，内则延袤黄冈、海山、钱塘、樟林等处乡村，闽广货舟所经，本地鱼盐所萃，颇有贸易之利……而大城一所，又深居腹里，名虽备寇，实则虚糜粮食。……今将水寨移之黄芒，将大城所移之陈旗，大金门多置战舰器械，练习水战，以备不虞。[2]

在这位知县眼中，大城所并没有发挥应有的作用，卫所军士

1　陈天资：《东里志》卷 1《疆域志·村落》（汕抄），第 32 页。
2　陈天资：《东里志》卷 4《公移文·议地方》（汕抄），第 122 页。

只是在浪费粮食徒增负担而已，所以他建议把大城所移驻到陈旗，也就是柘林湾湾口的一个小岛上。[1] 这样的建议并没有得到落实，十二年后，嘉靖三十三年（1554）时任饶平县知县徐梓再次提出：

> 国初倭寇为患，沿海多设备倭官军，故于宣化、柘林之东北，特建大城备倭之千户所，而今则无益矣。盖以地理论之，东界一方，北负尖峰峻岭，而大城乃在岭之下，东有大埕，西有大港，南有柘林、上下湾、下岱、神前、岭后诸村，四面环居，隐处内地，去柘林十里之遥。海寇登岸劫掠，尚不知闻，是何益于有无之数也。[2]

徐梓讲得更加清楚，即认为从军事的角度而言，隐处内地的大城所已经可有可无了。只是，两位知县最终未能如愿。整个事件个中因由值得进一步分析。

到了嘉靖年间，大城所军额缺失严重，军力下降。但如前所述，若从整个闽粤交界地带整体观察，则军备相较于洪武年间已经大为加强。首先，在正德年间，因为海寇金章作乱，有一批达官军调戍大城所。[3] 其次，嘉靖初年开始，大城所官军不需再借调到梧州戍守，专一守备地方。[4] 此外，"嘉靖年间藩司因佛郎机之虑，定

1　今天该岛已经同陆地相连，当地人称"旗头"。
2　陈天资：《东里志》卷4《公移文·议地方》（汕抄），第123页。
3　参见陈天资《东里志》卷2《境事志》（汕抄），第51页。
4　参见陈一松《为盗贼纵横恳乞天恩复回守御以急救生灵疏》，冯奉初辑《潮州耆旧集》，第252页。

岁募舟兵十余艘，以协防其处（按：即柘林）"。[1] 这些招募来的兵丁共有三百名，多为当地熟习水性之民，每年在汛期与官军协同哨守，下班则掣散。[2] 嘉靖二十八年（1549），根据罗胤凯的提议，在饶平沿海的另一个军事重地、距大城所约三十里处的黄冈设立了海防馆，驻通判一名，兼辖东里。[3] 此外，本地还有乡兵组织，嘉靖十二年（1533）河头贼攻掠大埕富民陈胜家时，"东里乡兵四集，并大城所官军，共追至狮山。贼败，擒杀殆尽。其走匿山谷者，三四日歼焉"。[4] 可以说，到了明代中期，东界地方的总体军事力量并没有因为大城所卫所军队力量的削弱而下降，反而是有所加强的，只是这个时候海防军事重心已经从大城所转移到了其南面十里的海口柘林。

饶宗颐先生在《柘林在海外交通史上的地位》一文中指出，柘林在置寨之前兵防薄弱，随着嘉靖年间海上寇盗活动的加剧，柘林在海防上的地位迅速提升。[5] 嘉靖十四年（1535）戴璟在编撰《广东通志初稿》时说：

> ……独柘林濒海，最为沿边要害之地。漳州番舶北风过洋必经此路，水寨去此尚离一日之程，彼处海贼出没，水寨一时何知。倘视我无备，乘虚而入，无柘林是无水寨矣。[6]

---

1 嘉靖《广东通志初稿》卷34《营堡·关津》，第 563 页。所谓佛郎机之虑，或指正德嘉靖年间佛郎机在沿海地方的活动，尤其嘉靖十四年，佛郎机占有澳门。参见《明史》卷 325《佛郎机列传》。

2 参见戴璟《增减夫船新议》，嘉靖《广东通志初稿》卷 35《海寇》，第 577~578 页。

3 参见陈天资《东里志》卷 1《沿革纪》（汕抄），第 10 页。

4 陈天资：《东里志》卷 2《境事志》（汕抄），第 53 页。

5 饶宗颐：《柘林在海外交通史上的地位》，黄挺编《饶宗颐潮汕地方史论集》，汕头大学出版社，1996，第 283 页。

6 戴璟：《增减夫船新议》，嘉靖《广东通志初稿》卷 35《海寇》，第 578 页。

嘉靖十四年开始，风汛期间军兵在柘林澳往来巡捕，下班之后，军兵"定以柘林为堡，阻其咽喉之路，且附近大城所官军互相哨守，庶可以保无虞"。[1] 尔后，在嘉靖四十三年（1564）柘林兵士因拖欠军饷造反，[2] 驾船直逼省城，粤省哗然。嘉靖四十五年（1566）八、九月间，两广提督吴桂芳题设柘林水寨，定守备柘林水寨指挥一员，领兵 1200 名，领船 60 只。[3] 在整体军事重心转移的趋势下，当地官员题请把大城所迁置到更为重要的柘林似是无可厚非。[4]

然细读史料，仍可发现其间颇具玩味之处。从明代中期惠潮东路的兵力布置来看，因为卫所发展自身存在的问题和地区海防重心的前移，大城所在军事上不再具备优势，但是，它也并非如两位知县所强调的那么可有可无。例如当时防守东路募兵，"其工食议于本府军饷银内支给，口粮就于大城所逐月关领"。[5] 或者可以说，大城所成为前方军事重地的后勤基地了。隆庆年间，朝廷甚至还考虑在大城所添设参将一员，统管闽粤交界的铜山、玄钟和柘林等处兵力，由名将胡守仁担任，只是后来因为闽粤官员互相掣肘而作罢。[6] 由此可以看出，中央大员与地方官员在对大城所的角色定位上存在分歧。

那么，当地官员为何如此强烈批评大城所的选址设置呢？军饷的供给可能是其中一个重要因素。罗胤凯强调：

1　戴璟：《增减夫船新议》，嘉靖《广东通志初稿》卷 35《海寇》，第 578 页。

2　参见郭子章《潮中杂纪》卷 11《国朝平寇考下》，第 80 页。

3　凌云翼：《吴桂芳请设沿海水寨疏》，应槚辑，凌云翼、刘尧诲重修《苍梧总督军门志》卷 25《奏议三》，全国图书馆文献缩微复制中心，1991 年影印本，第 285~288 页。

4　关于柘林在明代潮州海防地位的演变，可参见饶宗颐先生《柘林在海外交通史上的地位》一文。

5　戴璟：《增减夫船新议》，嘉靖《广东通志初稿》卷 35《海寇》，第 578 页。

6　参见谭纶《谭襄敏奏议》卷 3《议处添设将官便督调以安地方疏》，《景印文渊阁四库全书》第 429 册，第 637~638 页。

　　　　大城一所，又深居腹里，名虽备寇，实则虚糜粮食。况
　　本所近以奏免征调，专以守御为事，顾置之空间，方且外募兵
　　夫，岁给千金，月支百石，以资顽恶。岁月无穷，公帛易耗，
　　几何不至于上下俱疲耶。[1]

　　身为饶平县知县，罗氏最不满的应该是需要支付双重军费。宣
德以后，大城所仓已经归并饶平县管辖，民运粮也成为军卫屯粮的
重要补给方式，那么官军的俸粮和募兵的月粮都需要饶平县来负
担。罗胤凯希望将大城所军迁往柘林，就是想让卫所军切实发挥
其军事职能，依明代中期军制改革的趋势而言，[2]极可能所军会改为
"军兵"，这样地方州县的军费开支可以减少，饶平县的军饷负担就
不像之前那么沉重了。
　　除此之外，如此奏议的背后有当地士绅的影响。徐梓明确提到
"近时乡官陈珖、苏信奏欲迁所于海滨，诚是也"。[3]
　　陈珖、苏信何许人也？陈珖，大城所西面大港栅磁窑村人，弘
治甲子（弘治十七年，1504）解元，官至"南京户部员外郎"。[4]他
卷入了张璁、桂萼和夏言的党争，嘉靖十二年（1533）"归家安
食"。[5]苏信，"少有文名，登正德丁丑（正德十二年，1517）进士，
擢留台御史，复除北道巡按闽省"。[6]苏信的生卒年份不详，从零碎

1　陈天资：《东里志》卷4《公移文·议地方》（汕抄），第122页。

2　参见王莉《明代营兵制初探》，《北京师范大学学报》1991年第2期，第85~93页。

3　陈天资：《东里志》卷4《公移文·议地方》（汕抄），第122页。

4　陈天资：《东里志》卷之三《人物志·乡举》（饶民抄），第12页。

5　陈珖：《处士吴松斋墓志铭》，陈天资：《东里志》卷6《艺文·铭》（汕抄），第189页。

6　陈天资：《东里志》卷之三《人物志·乡贤》（饶民抄），第22页。

的材料中可知他是大埕乡人，进士题名碑记录其户籍为灶籍。[1] 苏信正德五年（1510）中举，正德十二年登舒芬榜进士，嘉靖十一年（1532）时曾任经筵侍讲、陕西道监察御史，后任巡按福建监察御史，其间还为当地官员刊刻的朱熹《晦庵集》作序。尔后，致仕归家，乡居多年，着意地方事务。[2]

苏信致仕的确切时间不明，但嘉靖十四年他肯定已经回到家中，因为在这一年发生的一次寇乱中，他成了主角。《东里志·境事志》中载：

> （嘉靖）十四年海寇郭老寇大城所，掳乡官御史苏信浮海以去，年余索金帛甚多。[3]

苏信在被掳期间曾作诗《被倭掳将终作》：

> 三月暮春景和时，胡虏长叹任播离。鱼雁有缘频附信，金银无意出孙儿。一生艰苦勤劳事，万古埋冤天地知。东北小岩溪夹口，英雄无计念慈悲。[4]

那种心惊肉跳、几欲将死的心情表露无遗。曾为经筵官的致仕御史在千户所中被掳走、遭勒索钱财，这一事件在当时应是引起了极大的轰动。掳人事件发生在三月，四月汛期到了，除备倭官军出

1　李周望辑《国朝历科题名碑录初集》（第719页）："明正德十二年进士题名碑录　丁丑科　赐同进士出身第三甲二百二十一名……苏信，广东潮州府饶平县，灶籍。"

2　陈天资：《东里志》卷之三《人物志·乡贤》（饶民抄），第22页。

3　陈天资：《东里志》卷2《境事志》（汕抄），第54页。

4　陈天资：《东里志·艺文集》（饶宣抄），第31页。

海巡捕外，再加募海夫三百名，同时要求汛期结束后军兵须在柘林等紧要之地戍守。[1] 但是，兵力的加强并没能解救苏信，最后事件的平息颇富戏剧性。贼船"抵琼南，陡遇飓风，舟将覆。信拜祷，风息，贼惊，以为神，乃释归"。[2] 惊魂未定的苏信终于平安回到家乡，自此之后，我们可经常在地方事务上窥见他的身影。

大城所内城隍庙前有一块嘉靖十八年（1539）苏信所立的匾额，可推知他应当参与了这次所城的重修事务。另外，苏信还奏免大城所班军戍守广西梧州（两广总督衙门所在地），[3] 专以镇守所城。同时，他还在大城所的北门外买了一座荒山，"盖之以归支贫而无告者，人谓之泽及枯骨云"。[4] 最后，就是要求把大城所迁至东界海口柘林。但是，他所要求迁走的其实是军士，所城城池还是留在原位，只是改变主人而已。何以言之？

《东里志·疆域志·坊市》中载：

　　宪台坊，在大城南门内。御史苏公信立于家堂前。[5]

苏信是大埕人，大埕即大城所外东面的一个大村落，东界盐场四栅之一。为什么他可以居住在所城里？

翻检史料，可发现苏信并非特例。周用是明代东界半岛第

1　戴璟：《增减夫船新议》，嘉靖《广东通志初稿》卷 35《海寇》，第 578 页。

2　乾隆《潮州府志》卷 38《征抚》，潮州市地方志办公室，2001 年影印本，第 926 页。

3　参见陈一松《为盗贼纵横恳乞天恩复回守御以急救生灵疏》："……嘉靖初年，饶平县乡官苏御史奏准，大城所旗军永免调征，迄今本地赖以安妥。"（《潮州耆旧集》，第 252 页）成化五年（1469）两广总督衙门在广西梧州府创设，总督韩雍奏请调拨广东官军轮番戍守，加剧广东海防空虚局面。可参见陈贤波《重门之御：明代广东海防体制的转变》，第 119~121 页。

4　陈天资：《东里志》卷之三《人物志·乡贤》（饶民抄），第 22 页。

5　陈天资：《东里志》卷 1《疆域志·坊市》（汕抄），第 32 页。

一位进士，也是大埕人，灶籍，其墓志铭即苏信所撰。嘉靖五年（1526）三月十三日，周用避寇所城，其间有朋友来访，他在所城中接待他们并作诗唱和。[1] 由此或可推知，周用虽是大埕乡人，但他在大城所中应有较固定的住所，以让他在避寇之时仍有闲暇待客酬唱。另外，时至今日，在所城中有一处大屋，乡人称为"陈衙"，耆老们说那是明代大官陈布政即《东里志》作者陈天资的府第。陈天资是大城所东面上里乡人，同属大埕栅灶籍，官至湖广左布政使。周用、苏信、陈天资正好是东界半岛弘治、正德、嘉靖年间的三位进士。他们与所城的联系暗示着明代中期地方灶籍士大夫的兴起与卫所所城在地方上角色的转换。

大城所在创设之初，城池规制完整，内有官署营房供官军及其家人居住其中。有贼寇来犯时，周围村落的居民或可避居其中。然而，城墙内外还是军民分隔。但是，如第一章所述，明代卫所制度在创设之初并没有管理卫所军户的明确政策，正统之后，明王朝对卫所人户实行"在卫生根"政策，允许多余人丁留居卫所，以保证军伍供应。[2] 如此，这些卫所人丁除了少部分人需要在卫当差、听继军役之外，大部分人需要另谋生业。这些人可以在卫所附近购置田产，可以从事各种生业，可以参加科举，只是需报上军籍。同时，卫所与周围村落人群的流动是双向的。随着时间推移，真正居住在卫所所城内的人员身份变得复杂起来。

《东里志·疆域志·祠庙》中记道：

1　饶平大埕《周氏族谱》，1994 年按道光年间手抄本重录，周用《贺刘监州七十生二子·序》："丙戌三月十三日，避寇于所城，郑别驾同刘监州来访。郑道刘有二子之喜。刘年已七十，因道及囗囗七十二生子。噫，刘强哉矫。"

2　参见于志嘉《明代江西卫所军役的演变》，《中央研究院历史语言研究所集刊》第 68 本第 1 分，1997。

　　观音堂，在大城内西南隅。嘉靖四十五年，生员林芳奋、陈守化、周文翰等呈为会馆，蒙宗师罗批：前任君子举有成规，兴废补弊，望贤有司加之意耳。据呈庞千区等惑众建祠，得罪名教大矣，仰县查勘，如再违碍，本官并参夺。知府杨批：据呈淫祠理应拆毁，但地原为陈乡官所买，林芳奋等呈为欲造书馆，未审彼肯与否。仰县查勘，如无违碍，许造书堂。毋违。蒙管知县札陆巡检勘丈四十余丈无碍。缴。依准。讫。今生员即门前建立小斋五间，肄业其中。[1]

　　生员林芳奋、陈守化和周文翰都是周边村落的灶户，而非卫所军户。[2]但是，他们可以呈请在所城内修造书馆，供生员们读书聚会。文中还提到观音堂这块地方"原为陈乡官所买"，据上下文及《东里志》相关记载，这位"陈乡官"很可能就是与苏信一并议迁所城的陈琠。这提示我们，明代中期，入居所城的人可以是周围村落中具有一定身份地位的人，他们可以在所城内买地、建屋、聚会。城里城外的界限被打破，所城作为王朝军事堡垒的性质已经发生改变，它与周围村落间的人员流动乃至聚落融合可见一斑。而像陈琠、苏信这样的人居住在所城内，他们的力量甚至会影响所城的发展方向。

　　明代中后期是东界半岛士大夫力量迅速发展的时期。成化十四

1　陈天资：《东里志》卷1《疆域志·祠庙》（汕抄），第38~39页。

2　参见陈天资《东里志》卷之三《人物志》（饶民抄）："林芳奋，万历三十一年（1603）拔贡生，南山人。"（第18页）"陈守化，下岱人。隆庆六年（1572）贡生，字时孚，号见宇，入太学。官隆林、龙岩二县丞。"（第17页）"周文翰，大埕人，邑庠生。"（第27页）

年（1478）饶平置县后，[1] 有明一代，共有举人 108 人，进士 14 人，东界半岛有举人 37 人，占全县34%强，进士 7 人，占全县的一半，[2] 其中又以上里、大埕，也就是半岛的东部地区最盛，共有 20 名举人，5 名进士，还有大批生员。苏信、陈琮、周用、张存诚、陈天资、黄锦等，即是其中的佼佼者。从进士题名录和现存族谱来看，他们的户籍均为"灶籍"。[3] 这些灶户士绅彼此间均有师生、同年或姻亲关系，[4] 同时他们也多与其他地区的文人，例如潮州第一位状元林大钦、理学名家薛侃等相交甚好，与地方军政官员也关系紧密。这个时间段饶平知县也与他们频频进行诗文唱和，对其示好。东界半岛至今仍流传一句话，"欲知朝内事，需问东里人"，正可见"东里人"特殊的地位。[5]

成化后兴起的这批文人士大夫，大多有一段不太长的时间出仕外地，然后更多时间是乡居本地。这使他们有机会以自己理想的方式改造乡里，深度参与地方事务。他们修建祠堂、聚宗会族，结社聚会、开馆授徒，践行教化理念。例如大埕士绅陈理和吴良栋主持的乡约：

> 东里旧有乡约，通一方之人。凡年高者，皆赴大埕三山国王庙演行，以致仕陈大尹和斋、吴教授梅窝为约正，府若县皆

1　成化十四年之前，东界半岛属海阳县管辖。

2　陈天资：《东里志》卷之三《人物志》（饶民抄），第 11~15 页；康熙《饶平县志》卷 7《选举志》，第 97~102 页。

3　参见李周望辑《国朝历科题名碑录初集》。如苏信，"明正德十二年进士题名碑录　丁丑科　赐同进士出身第三甲二百二十一名……苏信，广东潮州府饶平县，灶籍"（第 719 页）；"陈天资……广东潮州府饶平县灶籍"（第 744 页）；等等。

4　例如，陈理是饶平置县后的第一批举人，他跟周用的族兄周献交好，周用是陈理的学生，陈解元陈琮又是周用的妹婿。

5　东里是明代后期东界半岛的另外一个指称（后详）。

雅重焉。[1]

这批新兴灶户士绅在地方事务中日益掌握了主导权。到了苏信的时代，伴随着海上盗寇侵犯的加剧以及大城所城日渐民居化，苏信要求迁置大城所又似乎在情理之中了。

2. 经济形态、社会组织转变与大城所角色的转换

明初，东界半岛的盐场管理按四栅组织起来，其产盐区的分布基本与四栅的地理位置吻合。东部为大埔栅，东南部为高埔栅，南部是柘林栅，西部是大港栅。但是，百年之间，沧海桑田。《东里志》中记录了明初到明代中叶东界半岛地理环境的变化。兹以大城所东门外两条港道为例：

> 东门港，在大城东门外，有水二条，俱发源于尖峰山下。由高埔而南，至神前合流，经赤墩山下，由下湾前入海。往来潮长，此小港可扁舟通往来。近潮水渐塞，小舟时有至者，大舟不能行矣。
>
> 湾港，在下湾东南，港口有山，曰虎屿、狮屿，二兽屹然雄据海口。海水由此而入，经红螺山、江浦镇通于东门港。昔时水深可容千斛之舟，江浦屯兵以镇其地。今水浅镇废，江浦村为沙场矣。沧海桑田，令人有感。[2]

文中提到的东门港和湾港，属于半岛东部到东南部的同一条港

1　陈天资：《东里志》卷 3《风俗志·乡约》（汕抄），第 73 页。另据《东里志》卷之三《人物志·乡贤》（饶民抄），第 20~21 页，陈和斋即陈理，和斋是他的号；吴梅窝即吴良栋，弘治十一年贡生。

2　陈天资：《东里志》卷 1《疆域志·川》（汕抄），第 18 页。

道。淡水从大城所东北面的尖峰山蜿蜒而下，流经大城所东门外，再继续向南偏东，从下湾湾港口入大埕湾。大埕湾位于柘林湾的东面，与周边有众多岛屿拱卫的柘林湾不同，大埕湾外无有阻挡，直通福建诏安湾，水深浪高。明初曾在港口屯驻兵力，但到了明代中期，就可见海岸线外移、河道湮塞严重，原先的驻兵之地已变为沙场。环境变化如此之快，除了自然地理因素外，可能跟地方人口增长也有关系。例如大城所东门外，到了嘉靖年间已经衍生出一个新村落，称为"所东门"，"附于大城之闉之外"。[1] 可以说，明代应该是东界半岛尤其是东部地方迅速屯垦的时期，其动力跟大城所的存在不无关系。

沧海桑田变化中，地方盐区发生转移。明代以来，伴随着半岛东部的淤垦和制盐法的改变，东界的产盐区呈现逐渐向西转移的趋势，越发靠近黄冈河方向。到了嘉靖年间，东部大埕栅原先"计漏千余，迩来海浪排沙，壅塞沟港，淡潦潴蓄，埕漏淹没已尽"。东南部高埕栅已经未见记录，南部柘林栅"水决潮深，间或沉没不可复砌"。而西部的大港、新村、下寮等栅，"水浅汐平，埕围岁增，举望极目"。[2] 到了清代乾隆年间，大埕栅最终与柘林栅合并，[3] 而大港等栅的盐区却一直延续到新中国成立后的围海造田时期。

总之，至明代中期，东界半岛的盐区已经全部采用晒盐法，埕、埇成为生产的基本单位；东部、东南部盐场湮没，西部埕埇日增，但盐课仍照旧计丁办课，按栅追征，即以四栅为单位分派盐课。这引起了大埕栅和柘林栅的极大不满，多次要求改革盐课征纳制度。嘉靖中期，南京山东道监察御史、大埕栅人张存诚奏请盐课

---

1   陈天资：《东里志》卷1《疆域志·村落》（汕抄），第32页。

2   陈天资：《东里志》卷4《公移文·议征盐》（汕抄），第111页。

3   参见乾隆《潮州府志》卷13《都图》，第155页。

"就埌征纳"。[1] 张氏奏请时间当在嘉靖十七年到二十三年之间。[2] 所谓"就埌征纳"，就是要求突破四栅的限制，直接按晒盐的单位——盐埌征税，"奈多丁塌者不愿结，少丁塌者欲结不能，停搁不行"。"又前盐法道亲临，案行惠潮各属盐场，各行计塌追征，不果而去。"[3]

如果按埌塌来征税，那么日益萎缩的东部盐区课税定然减轻，而扩张中的西部大港等盐区课税必然加重。这样的建议定遭到西部盐区，尤其是多数盐埌拥有者的反对，最终也没有得到实施。

产盐区转移、土地淤垦，使半岛东部对田地、水利资源的争夺更加激烈。东界半岛土地贫瘠，少良田，水源缺乏，田地灌溉主要依靠发源于东北面两座大山——尖峰山和大幕山上的溪流，粮田主要集中在两座山下的高埌、大埌和上里等村。这几大村落之间为了争夺水源发生过较大冲突。在此过程当中，日益发展起来的士绅阶层在其中起到组织、调和作用，其地位也相应提高。如位于上里和大埌之交的陈百陂是明代东界半岛上最大的水利工程，"灌田数千亩"，《东里志》中言：

> 往时二村（按：即上里和大埌）民争水利，至于斗殴死伤。弘治中，知县张浚亲至陂所勘处，以息其争。正德初，乡约陈和斋复会二乡耆老，为之分班轮流，申张公之约。人始贴然。[4]

1　陈天资：《东里志》卷4《公移文·议征盐》（汕抄），第112页。
2　张存诚，上里人，属于半岛东部大埌栅，嘉靖"十六年十二月行取授，十七年实授……二十三年三月升江西九江府知府"。《中宪大夫知九江府知府前南京山东道监察御史尚里张公存诚行状》，陈天资：《东里志》卷6《艺文》（汕抄），第197页。
3　陈天资：《东里志》卷4《公移文·议征盐》（汕抄），第112页。
4　参见陈天资《东里志》卷1《疆域志·水利》（汕抄），第19~21页。

陈和斋，即主持大埕乡约的陈理。此外，当地水田稻种也有所改良。《东里志》中记录有一种叫"快种赤"的水稻品种是万历中后期由大埕人李日新引进东界半岛的：

> "快种赤"一种，乃李日新公宦来阳县时带归，后人每每思其德云。盖是种宜于洼田，吾里之田多洼，故至今其种不断。[1]

按，"李日新，大埕人，万历三十七年（1609）举人。字举仁，号怀玉。习书。官湖广来阳县知县"。[2] 因为《东里志》成书之后并没有刊刻，所以世之所传皆为手抄本，而在传抄过程中，后人也对之进行了增补。这则增补的材料具体写作时间不明，但由此可见稻种改良在东界半岛的重要性。

因此，笔者认为，到了明代中期，东界半岛东西部的经济形态出现分化，地方社会的组织形态也相应发生转变，在各类地方事务运行过程中，我们见到的大多是灶籍士大夫的身影。灶户家族在此时快速发展。兹以大埕乡周用家族为例。

周用，字舜中，号顾影道人，后号瞻峰，生于成化元年（1465），即其兄周猷中举之年。弘治十八年（1505）登顾鼎臣榜进士，与同年王守仁、魏校等一同在兵部武选司待职，[3] 而后被任命为江西江昌知县，正德四年至七年（1509~1512）归家守制。其间，周用修建祠堂，与其兄周猷、其弟周舜卿[4]一同将始祖周梅岗墓迁至

1　　陈天资：《东里志》卷4《物产志·谷》（汕抄），第91页。

2　　陈天资：《东里志》卷之三《人物志·乡举》（饶民抄），第13页。

3　　周用：《司马庭柏赋》，饶平大埕《周氏族谱》，1994年按道光年间手抄本重录。

4　　周舜卿，字希稷，号东屿，正德十四年（1519）举人，官任琼州教授。参见陈天资《东里志》卷之三《人物志·乡举》（饶民抄），第13页。

东界半岛东南海面的虎屿上，正对湾港出水口，当地人至今称为风
水宝地。[1] 周氏家族产业极大，即使是嘉靖四十年遭受重大的兵祸冲
击，[2] 仍"家资数千金者十有余人"。[3] 周氏家族所在之大埕盐区已然萎
缩，但是并不妨碍他们掌握地方上重要的经济命脉，当然可能包括
半岛西部扩张中的盐区，以及参与繁盛的商业活动。或许，正是科
举与财富的交相作用令周氏家族在地方上拥有较高的地位，乃至经
历了清初迁界等重大打击之后，周氏家族已然衰微，[4] 但其在地方上
的影响仍不可忽视。[5]

　　就在半岛东西部经济形态发生转变，灶户士绅力量迅速膨胀的
过程中，大城所的角色也在发生改变。大城所除了作为东界半岛士
绅们重要的活动据点外，《东里志》中还提示了大城所另外的角色：

　　　　大城所仓前市，行者挑贩鱼鲜瓜果，居者聚收布匹麻铁杂
　　货等物。东里家用食物皆贸易于此。[6]

　　　　大港，接横山之海水，入自南碑前，经大港、西寨至磁
　　窑、下寨，而接东山涧水，商船凑集于此，就此觅车起货至大

1　笔者在调查中看到，大埕"周氏家庙"为周用所建，位于大埕乡的中心位置。另外，笔者
　　2006 年 4 月 23 日随大埕周氏族人前往虎屿祭拜始祖，大埕周氏始祖的石碑为周猷、周用、
　　周舜卿等人所立，康熙四十五年（1706）重修。周氏后人有不少关于周用（当地人称为"周
　　金事"）寻找风水的传说。
2　嘉靖四十年正月，大城所被攻破，城池陷落达一个月之久。大城所，或者说整个东里地区遭
　　受了前所未有的打击。参见陈天资《东里志》卷 2《境事志》（汕抄），第 58 页。
3　康熙元年周章启《序》，饶平大埕《周氏族谱》，1994 年按道光年间手抄本重录。
4　族谱材料所反映出来的情况：大埕周氏自康熙之后，其下子孙零散，族谱记录成为简单的世
　　系图，大异于前。
5　据笔者的田野观察，大埕乡现有人口一万多人，乡民有九成为陈姓，其次是周姓和黄姓、
　　汤姓、吴姓、范姓等。每年大埕最重要的仪式——元宵三山国王出巡时，周姓头人要走在
　　最前面，乡中事务也需尊重周氏族老的意见。
6　陈天资：《东里志》卷 1《疆域志·坊市》（汕抄），第 32 页。

城，或肩挑至大埕、上里、岭后、神前、上下湾诸村。[1]

　　大城所仓在所城西门内，明中叶已经形成了一个相当兴盛的集市。大港是大城所货物运输的重要水道，位于大城所西面，港道可直通南饪海口。这里商船聚集，各种"家用食物"在此汇聚，满足资源缺乏的东界半岛居民的需求。需要注意的是，《东里志》中对此处商品的描绘多以民生日用为主，笔调甚是平和，但不可忽视这里就是漳潮海上贸易核心区域的一部分。大城所成为整个东界半岛日常贸易和货物转运中心，其实也是繁盛的海上贸易网络中的一个节点。

　　综上可见，到了明代中期，潮州大城所内军民混杂，且有不少周边村落的灶户士绅移居所城，以之为重要的活动据点。嘉靖年间是东南沿海所谓"倭寇""海盗"之乱的高峰期，沿海乡村普遍筑堡建寨以自保。[2] 在这种乡村军事化的趋势中，原来属于王朝军事堡垒的大城所已经不再仅仅属于卫所军队所有，它的命运更多地受到周边灶户士绅们的影响。苏信等人议迁大城所事件，实际上就是当地迅速发展的灶户士绅们要求迁走朝廷军士，而保留卫所城池作为地方自身军事防御堡垒的一次动作。虽然这样的努力最终没有得到朝廷的同意，但是嘉靖中期以后，东界半岛的地方军备确实加强了，大城所在朝廷的军事设计中成了后勤基地。而伴随人群流动和半岛人群身份的重新定位，大城所这个明初朝廷的军事堡垒成为"东里人"的所城（详见第五章）。

1　陈天资：《东里志》卷1《疆域志·川》（汕抄），第18页。

2　参见陈春声、肖文评《聚落形态与社会转型：明清之际韩江流域地方动乱之历史影响》，《史学月刊》2011年第2期。

二　卫学与军户士绅的兴起——以漳州铜山千户所为例

洪武二十年（1387），周德兴巡视福建沿海，设卫筑城以备倭。第二年二月，周德兴向朱元璋汇报沿海城池修筑情况：

> 置福建沿海五卫指挥使司，曰福宁、镇东、平海、永宁、镇海，所属千户所十二，曰大金、定海、梅花、万安、莆禧、崇武、福全、金门、高浦、六鳌、铜山、玄钟，以防倭寇。[1]

地处漳州地区的是镇海卫及其下辖三个外千户所：六鳌、铜山和玄钟。洪武二十年，这四座卫所城池沿着漳南海岸梯级而下。铜山所，在今福建东山岛上，现属福建省漳州市东山县东北角铜陵镇。

东山岛是自浙江经水道南下福建最南的一个大岛，与西面诏安玄钟所所在之宫口半岛围成了诏安湾。东山岛与宫口半岛几乎并列，但因为东山岛面积较宫口半岛大很多，所以实际上从海道而言，东山岛围住了诏安的外围海域。正如民国《诏安县志》所说，诏安外有"东山、南澳环拱"。[2]铜山所跟大城所处于同一海域，万历三年（1575）之后同属设置在南澳岛的漳潮副总兵管辖。

东山岛原属漳浦县五都，嘉靖九年（1530）后改属诏安县，"统图五，在四都海水之外"。岛上居民散居各处，虽有图甲之设，但针对岛民最直接的生计——渔盐，却没有盐课司、河泊所等专职机构直接管理。岛内田地稀少，濒海多埭田，主要课税为渔课，由知县代征。洪武二十年（1387），周德兴在岛上的东北角设置铜山

1　《明太祖实录》卷188，洪武二十一年二月己酉。

2　民国《诏安县志》卷2《地理》，《中国地方志集成·福建府县志辑》第31册，上海书店出版社，2000年影印本，第651页。

千户所时，抽垛漳州本地民户，额设官军 1200 多名，后因"军家于漳，多不在伍"，故与福建莆田兴化卫莆禧所对调，"军一千二百名，百户十员，千户四员，佥事一员，皆聚处于城中"。所城"周围八百六十，有四垛，其门有四，其窝铺十有六间"。[1]

在这个僻远海屿上，铜山所成为岛上人烟最辐辏之地。岛上西岸设有金石和洪淡巡检司，东南部东沈地方还曾经建有赤山巡检司城。[2] 此三巡检司均为洪武二十年配合海防体系的构建而从别处迁徙调配而来，巡检司有城，但规模和人员远不及千户所城。

海岛上的铜山虽"无桑麻之乐而有鱼盐之饶"。[3] 所城位于东山岛东北角，东南北皆临海，东面是东山港的港门，周围多良好的避风港和优良的渔场，所城南面有沙陂湾，"大小舟可百艘，以网以渔，四时不易其业，而暑天尤盛"。[4] 所城西面与岛上铜钵、铜坑村相邻，在西门的演武亭外"架搭草寮，运转以轮，列市肆而集商贾也。市肆与商贾集，则铜虽为边岛，而得通天下之货矣"。[5]

铜山所西门外演武亭市是明代东山岛上最大且可能是唯一的大型墟市，其他村落或有小型市场，但未见记载。康熙《诏安县志》中明代东山岛上墟市仅录演武亭市，其他较大市场均在清代以后才建成：

> 西埔墟，在五都，距铜二十里。国朝康熙三十七年始设，今成大埔头。至有此墟而铜之生理渐微，下社之贸易便焉。

1　陈锦：《铜山所志旧序》，乾隆《铜山志》，第 310 页。

2　正德十五年迁往漳潮分界之分水关。参见万历《漳州府志》卷 29《诏安县》，第 614 页。

3　乾隆《铜山志》卷 1《方域志》，第 314 页。

4　乾隆《铜山志》卷 1《方域志·沿革》，第 314 页。

5　陈锦：《铜山所志旧序》，乾隆《铜山志》，第 311 页。

　　后林墟，在五都，距铜三十里，乾隆二十六年四月二十四日设。

　　杏陈墟，在五都前何村，距铜三十里，乾隆三十七年新设。

　　陈城墟，在五都南边，距铜三十里，乾隆三十九年新设。[1]

军队的驻扎对地方人口、经济发展有重要影响。这里是明代中后期海上私人贸易最活跃的海域，渔盐资源丰富，商贾流通频繁，人口聚集再加之卫所的军事地位等，都促进铜山市场的发展。当然，铜山所的重要性并不仅仅表现在经济上。

　　1. 从"戍卒之徒"到"诗礼之家"

　　嘉靖五年（1526），蔡潮任福建参政，对漳州地方文教多有贡献，如修建漳浦文公祠、石屏书院（后属诏安），在铜山、玄钟所内修书院文祠等。[2] 至今仍有一个风水故事，说因为蔡潮开了铜山北门所以铜山自嘉靖之后人文蔚兴。清初《台湾外记》如此写道：

　　　　及江夏侯周德兴建铜山所，城设四门，而塞其北，从未有发科甲者。至巡海兵备道蔡潮点军至铜，见北门不开，哂江夏侯之未全识地理，当开以收逆水。令人挖之，内竖一石，书"遇潮则开"四大字。潮叹服曰："夏侯真神人也"！从此，铜山文物济济。[3]

蔡潮开风水的故事在乾隆《铜山志》中也有记载：

1　参见乾隆《铜山志》卷2《建置志・市墟》，第326页。

2　参见沈铁《夏车两侯合创悬钟文祠祀典碑记》，康熙《诏安县志》卷12《艺文》，第604页。

3　江日升：《台湾外记》卷1，福建人民出版社，1983，第2页。

图 3-2　民国东山县村落示意

资料来源：据民国《东山县全图》制。《东山县志·附图》，中华书局，1994。

（蔡潮）筑望海台于城中，南北相直之处，高十丈，备海
氛之瞭望也。开周公所闭之北门，作浮阁于东屿中，为铜山造
福，以东木不锐故也。筑水城于西门外，治海直至小澳，防北
方之空隙也。益南溟书院于古嵝山上以教乡之子弟习书礼焉。[1]

明代东山岛上有书院两处，均在铜山所内。嘉靖二年（1523），

<hr />

1　陈锦：《铜山所志旧序》，乾隆《铜山志》，第 311 页。

福建提学副使邵锐改铜山城内武氏家塾为学社。嘉靖五年，蔡潮在铜山设南溟书院，以祀朱熹，同时又改邵锐设立的学社为东璧书院。[1] 然而这两所书院除祭祀先贤外，"仅为铜之社学，及岁时以文会友之所，无疑有书院之名而无其实之本"。直到明末黄道周才开始"立规抚进诸生，而讲于其堂，游于其宇"。[2] 如此看来，明代中期之后铜山"文物济济"还另有因缘，其中最大的制度性保障应是镇海卫学的设立。

铜山所洪武二十七年（1394）与莆田兴化卫莆禧所官军对调，所以大部分铜山所军原籍均在莆田一带。在镇海卫学没有设立之前，当地士人"或还莆籍，或附近县"。嘉靖三年（1524），镇海卫设学的申请终于得到批准，镇海卫及其下属千户所子弟均可就学，以卫学生的名义参加科考、序贡。在独立的卫学设立之前，卫所军生需与州县学生共同竞争。而卫学有独立的学额和岁贡名额，镇海卫学的设立无疑让铜山所人登科中举的机会极大地增加了。正如崇祯年间镇海卫学生、《铜山人物志序》的作者陈锦所言，镇海卫建学后，铜山所附之，"每科取士照中县额数目而文人蔚然，科甲蝉联"。[3]

铜山科第自嘉靖二十八年（1549）唐文灿、游天庭中举，翌年游天庭中进士之后开始大盛。《铜山志》中有唐、游二人的传记：

> 唐文灿，字若素，号鑑江，嘉靖二十八年举人，铜山之登第自文灿始。当五六岁时，独喜学，颖慧绝伦，年十三府试第一，十六冠卫庠，旋食饩，有奇童之目。[4]

1　后改为崇文书院，祀孔子，即铜山文庙（后详）。陈锦：《铜山人物志序》（康熙十四年），乾隆《铜山志》，第309页；乾隆《铜山志》卷4《学校志》，第334页。

2　光绪九年《重兴南溟书院碑记》。石碑今位于东山县博物馆碑林。

3　陈锦：《铜山人物志序》（康熙十四年），乾隆《铜山志》，第309页。

4　乾隆《铜山志》卷6《选举志》，第354页。

　　游天庭，字行野，少孤，家贫，从母杜浔就外戚居
住。……嘉靖二十八年以贡赴京，登顺天榜，明年连捷进士。[1]

　　万历《漳州府志》中记录游天庭为镇海卫学嘉靖二十八年岁贡生，[2] 则可知，游天庭与唐文灿一样，都有在镇海卫学学习的经历。不过因为游天庭是以岁贡进京，而后在顺天中式，所以铜山人言中举第一人，一般是以唐文灿为先。有明一代，东山岛上共有进士 12人，举人 33 人，其中铜山所进士 9 人，举人 26 人，占了 3/4 强。26 名举人中，除 4 人分别从府学、漳浦县学和诏安县学中式外，其余 22 人均为卫学生，从镇海卫学中式。[3] 此外，铜山所还有贡生 20多人，庠生 400 多人，这更是与镇海卫学有学额、岁贡名额直接相关。难怪铜山人黄道周不无自豪地说："吾乡之子弟，拖船荡桨亦能文章。"[4]

表 3-3　明代铜山所科贡情况

单位：名

科贡	嘉靖	隆庆	万历	天启	崇祯	隆武	总计
进士	2	2	2	3	——	——	9
举人	4	3	12	1	6	2	28
贡生	7	1	8	2	3	6	27
总计	13	6	22	6	9	8	64

　　资料来源：据民国《诏安县志》、乾隆《铜山志》所列科贡情况制成，同时参考康熙《诏安县志》、光绪《漳州府志》、光绪《漳浦县志》。

1　乾隆《铜山志》卷 7《人物志》，第 355 页。

2　万历《漳州府志》卷 33《镇海卫》，第 712 页。

3　参见民国《诏安县志》卷 12《选举》，第 744 页。

4　陈锦：《铜山所志旧序》，乾隆《铜山志》，第 311 页。

2. 铜山之"僭越"

洪武年间，明太祖令天下州县皆立学校，建置文庙，春秋释奠孔子，并规定了各级学校祭孔的成套礼仪，以示崇重。[1] 至此，尊孔崇儒与学校、科举的结合乃是有明一代不变之制。[2]

镇海卫自嘉靖三年设立儒学之后，即有文庙之设。刚开始规制简陋，"以佛堂之地为之学，庙以前所地为之"。如此庙学隔为两处，"朔望师生展谒不便"，于是在嘉靖三十四年（1555）乃在文庙之右建儒学，使庙学合一。[3]

镇海卫学设立后，其学额、规制俱与县学同。陆鳌、玄钟、铜山三千户所皆附属其下，所以乾隆年间《镇海卫志》修撰时也将三千户所的文教情况加以记录。其中专门指出：

> 铜山文庙，在铜山所内。时明季簪缨盛起，遂请当道，私立文庙于此。[4]

言外之意，铜山是隶属于镇海卫的千户所，并没有资格单独设立文庙，私立实属僭越。对此，后于《镇海卫志》修成的《铜山志》另有说法：

> 铜之有圣殿也，始于善士武公守为创为家塾以教子弟，后乃公于乡。越二年丙戌，黄、游、陈、刘四生呈请，蒙直指周

1　俞汝楫纂修《礼部志稿》卷1《圣训·尊崇文庙之训》，《景印文渊阁四库全书》第597册，第10~11页。
2　关于明初的兴学与祭孔礼仪的考察，可参见朱鸿林《明太祖的孔子崇拜》，《中央研究院历史语言研究所集刊》第70本第2分，1999。
3　参见乾隆《镇海卫志·学校志·学宫》，第55页。
4　乾隆《镇海卫志·祀典志》，第68页。

公鹓、学宪胡公铎、郡守张公鹏后先报可，扁曰崇文书院。至
神宗万历九年辛巳奉例改为社学，而庙祀遂废。四十年壬子，
铜之绅笏盈床，儒彦云起，乃醵金拓旧址而鼎新之，以臻有恤
而增光矣。[1]

铜山文庙，在《铜山志》中更多被称为"圣殿"，其前身为武
氏家塾，后成为全乡学社。蔡潮到铜山后改称"东璧书院"，后又
以崇文书院为名祀孔子，实为文庙。万历九年（1581）铜山文庙改
成社学，直至万历四十年（1612）方修复。关于万历年间的这次变
动，《铜山志》中语多隐晦：

　　万历七年军门劳公勘查文庙有碍，遂拆棂星间匾额。[2]

"劳勘"，应为"劳堪"，万历七年至十年任福建巡抚。由此材
料看来，则劳堪在任期间，认为铜山所设立文庙乃是有碍规制，故
而要求拆毁，改成了社学。对于这段故实，铜山所的士大夫们自然
力加辩解。《铜山志》中保存了铜山所人朱瑛[3]为重修崇文书院所写
的文引，其中言：

　　铜之有崇文书院也，祀孔子也。铜之有孔　也，首夫肃
　安武君之劳于筑，而盼夫庠士刘生富、崔生凤、刘生尧夫等之
　请也。直指周公鹓、学宪胡公铎、邵公锐先后皆报可，而大役
　成矣。追维　　兵戎甫息，云物初升，铜人士有如今之津津勃

1　陈锦：《铜山人物志序》（康熙十四年），乾隆《铜山志》，第309页。
2　乾隆《铜山志》卷4《学校志》，第334页。
3　卫学生，万历十六年举人。参见民国《诏安县志》卷12《选举》，第743页。

奋者乎？而稷下乐群，槐垣揖让，乃及此役。若举鼎之不遗余
力，　　　　　　　而蓋计又乃反此，肃安君亦谓吾义赢举赢，以
俟后之君子，敢以擅施为侈乎？岁辛巳奉例撤书院扁，庙祀寝
阁。郡大吏刘公命存其主，以为将来告朔。[1]

　　文引中肃安武君即指武守为，崇文书院的基础是武守为创设的
家塾，此后修建书院时，武氏又"助银百余两"。[2]刘富、崔凤、刘
尧夫均为卫学生，刘尧夫为嘉靖二十七年岁贡。[3]周鹓、胡铎分别为
正德年间的福建巡按御史和提学副使，邵锐则为嘉靖二年提学官。
朱瑛首先以得到巡按、提学官的许可来说明书院之设并祀孔子是合
乎礼仪的，并非"擅施为侈"，然后说明铜山士人是多么恭谦崇重
才有文庙之修成。此后在迫于无奈将书院匾额撤去之后，铜之士大
夫们仍将孔子木主保存了下来，"以为将来告朔。"终于，等到万历
末年，在铜山所"绅笏盈床，儒彦云起"的助力之下，铜山人大感
"宇启风雷，凤际天开"，于是文庙得以重建，并塑孔子圣像以祀
之。[4]万历一朝，铜山有进士2人，举人12人，贡生8人，如此繁
盛之科甲，莫怪其人意气如此之高。

3. 城里城外

　　铜山之城建于洪武年间，城内官军整体从福建莆禧所调派而
来。正如万历《漳州府志》所言，"皆非本处人云"。[5]作为外来的军
事力量，铜山所与周边村落又存在怎样的关系呢？

1　《重修崇文书院引》，乾隆《铜山志》卷8《艺文志》，第370页。

2　万历《漳州府志》卷33《镇海卫·武守为传》，第716页。

3　乾隆《铜山志》卷6《选举志》，第341页。

4　《重新铜山文庙上梁文》《新塑孔子圣像开光文》，乾隆《铜山志》卷8《艺文志》，第
　　371~372页。

5　万历《漳州府志》卷33《镇海卫》，第697页。

　　铜山所城东有一座关帝庙，该庙自洪武二十年建城之时即
"刻像祀之，以护官兵"，正德年间扩建为"纵袤百二十尺，横广
五十一尺"的大庙，[1] 此后又陆续重修增建，至今仍为"东山最重要
最有影响的庙宇"。[2] 这座备受尊崇的关帝庙内有一块康熙年间的碑
记，言及东山岛原先的居民：

　　　　考之上世，吾铜乃海外岛屿，为渔人寄居，民未曾居焉。[3]

　　这块碑记的叙述显然是将铜山所视若整个东山岛，而查看明清
关于东山岛的文献，这是极为普遍的现象，铜山与东山五都几乎画
上了等号。明代铜山军事、经济和人文之鼎盛使其在东山岛上占有
绝对的优势，乾隆年间《铜山志》的编修，更直接影响了后世志书
的记述。[4] 事实上，东山岛原来的居民，或正如碑刻中所言原先大
部分为渔人，但也已经有都图之设。能在文献中留下略微模糊影子
的，是铜山所外几个规模较大、曾经在明中后期出过科第人才的村
落，如樟塘乡。

　　樟塘乡，原名"张塘"，是东山岛上几大村落之一，居民多为
张姓，"自张之子姓属外，拾不得一焉"。[5] 张塘乡位于东山岛中北部
羊角山下，山前不远是东沈海湾，山后是古港湾，正处于岛内交通
要道上，是漳浦、诏安县经陈平渡前往东北角铜山所的必经之路，
明时有张塘铺之设。[6]

1　正德十一年《鼎建铜城关王庙记》。碑今在东山县铜陵镇关帝庙内。

2　东山县地方志编纂委员会编《东山县志》，中华书局，1994，第 658 页。

3　康熙五十二年《公立关永茂碑记》。碑今在东山县铜陵镇关帝庙内。

4　参见民国《东山县志》序。

5　万历《张塘地形记》，东山《樟塘张氏志谱》，《旧谱志文选》，2005 年编修，第 185 页。

6　参见万历《漳州府志》卷 29《诏安县》，第 606 页。

张塘原属五都二图一甲，居民于羊角山左臂"错聚群居"。[1] 嘉靖年间滨海骚动，地方社会急剧动荡，闽粤沿海纷纷修堡建寨。地处闽粤边界、两岸港澳众多利于海舟停泊的东山岛，海上力量极为活跃，当时被视为番舶始发地的走马溪就在东山岛西南部被称为"贼澳"的东澳地方。[2] 东山岛上亦有土围寨堡之设，如张塘土堡、后江头土城、东坑口土楼、畲安土堡、山南土围、厝下土围等。东山岛上聚落分散，明代中后期这些围堡修筑后，基本就是村落的中心。

张塘乡民在嘉靖三十九年（1560）呈请筑堡，四十年（1561）修成。嘉靖四十二年（1563），林时中作《张氏土堡记》时言及修筑土堡的缘由：

> 余闻王公设险以固国，群生依国以为安。我高皇帝轸念边民，设立铜山所、金石、汤（应为洪）淡二司，盖以为防倭以安民，非为军戍设也。不意倭戎益蛮，铜地自保，寨镇难依，蕞尔都民，逃生无地。今兹之垒，盖不容已矣！[3]

万历《漳州府志》中记：

> 国朝嘉靖三十七年十月，倭寇数千突攻铜山水寨，劫掠附城诏安县东坑、畲安一带地方，烧毁民房，杀伤男妇莫计。[4]

1　万历《张塘地形记》，东山《樟塘张氏志谱》，《旧谱志文选》，第 185 页。
2　参见万历《漳州府志》卷 29《诏安县》，第 615 页。
3　嘉靖年间，张氏筑堡，并立有碑记。该碑现存福建省东山县博物馆碑林中。另樟塘村 2005 年编修的《樟塘张氏志谱》中《旧谱志文选》也有收录。内文与原碑文略有差异。
4　万历《漳州府志》卷 33《镇海卫·兵乱》，第 722 页。

东坑、畲安位于张塘与铜山之间，此次倭寇应是从东北角铜山向西边各村落劫掠，张塘在这次寇乱中虽然得以幸免，但邻近的东坑、畲安即便已筑有土围仍遭劫难，[1] 而原先在岛上设以备倭的铜山所却据城自保，这样的状况当让张塘人感到极大的不安。在张塘人自己所作的《张塘地形记》中，其对铜山的不满表达得更加直接：

> 凡五都之地，东西有二十里，南北倍之，星屯棋布，凑聚如鳞。……其东北极海之处谓铜山所，屹然孤城，仅里许外置水陆二寨，军守于内，兵护于外，非仅防一孤城也，亦以卫五都之民，使不幸有警，可恃无虞耳。迨及嘉靖庚申年盗贼蝟聚，诸武弁者流，不悟朝廷抚驭深意，置民度外，仅以自保。于是孤城之中禁特严，内不得出，外不得入，五都之受干戈者日以待毙。[2]

在这段叙述中，屡屡以"孤城"来形容铜山所，说明在明代中后期地方安全堪忧的情形下，铜山所与周围村落的关系显得非常紧张，铜山人与本地居民之间仍然存在着鲜明的军与民、城里与城外的区隔。甚至，这种区隔还会扩大成"军""盗"之分。

张氏族谱记载，其始祖惟善公原是东山对岸诏安四都渐山人，于南宋末渡过八尺门（即东山岛与诏安之间狭长的海港）进入东山，最后于羊角山下落脚。起先以养鸭为业，娶当地叶姓女，逐渐开枝散叶。至第九世、十世家道始兴，族人中有精通岐黄术、青鸟术者，有善经营者，家业逐渐扩大并拥有从东赤港到湖后的海界。

---

1 万历《漳州府志》卷29《诏安县》，第625页。
2 万历《张塘地形记》，东山《樟塘张氏志谱》，《旧谱志文选》，第185页。

至第十一、十二世，族中廪庠生众多，举人张敏、其子进士张廷范即出此间。比照《张氏土堡记》中的题名，张塘堡修筑之时，正是族谱所列第十至十二世之间。此时张氏已成为五都著姓，首倡建堡者，正是乡宾奇谟、奇杰等人，并得到宗长尔成的支持。张氏在面对本是朝廷设以备倭的铜山所据地自保之后，其愤懑之情也仅能见诸自家文字。那么，对于东山岛上一般的小村落，铜山人又意味着什么？

与樟塘张氏、康美林氏等大族不同，岛内大部分聚落相对分散，居民多是逐海而生。2003 年新修的《东山吴氏宗谱》统合了东山岛上几个较大的吴姓村落，其人户多者不过两千，少则支系芜杂，无从计算。其中，径里村可算是岛内吴氏相对集中的地方，在名为《吴怀潮公艰辛开基龙峰径追远堂》的文章中，记载了径里吴姓族人在东山西岸多次迁徙寻求生计的过程。该族谱中载：

> 今日的径里村，是经祖上多次迁徙后才定位的。崇祯十三年（公元 1640 年），铜山一位在四川任官的陈士奇回家，请一地理师在龙峰径香埔小丘坡上择下名为虎穴的墓地，葬其父陈学箕。据传，此墓造后，翌年，陈士奇遂升四川兵备副使，然而，龙峰径人却因此遭了殃。不出一年，村里丧事连连，子孙遭难无奈四散。……复界之后，因铜山学箕墓伤村，怀潮公裔孙居住的香埔村址也因此向村后壁山东北段移动，并易名良峰径。[1]

这是一个带有风水传说成分的迁徙故事。根据后世出土的陈学

1　《东山吴氏宗谱》，2003 年编修，第 59 页。

箕墓志铭记载，陈学箕卒于崇祯五年（1632），崇祯十三年方始下葬于"诏安五都龙峰径"，[1] 说明确实有风水宝穴的考虑。陈氏一家为铜山望门，陈学箕之子陈士奇更被当世尊为"经师"，[2] 在四川任上抗击张献忠而死，后被隆武政权誉为"铜山三忠臣"之一。[3] 只是，这一宝穴在附近村落的传说中却是破坏本地风水的源头。乡民的流徙故事反映的是明中叶之后铜山人相对于周边村落的强势。

　　明中叶之后，漳潮沿海屡屡被视为盗寇渊薮，东山岛西南部的走马溪地方，更被称为"贼澳"，从东山岛与玄钟半岛之间的内港到南澳一带的海域，是所谓"番船始发之地"。[4] 自明嘉靖以后，大量兵力向漳潮交界海域集中，除了外来兵力如戚继光的浙兵营外，隆庆六年（1572）还有土兵营之设。崇祯《漳州府志》有载：

> 陆鳌土兵营始于隆庆六年，因诏安县五都土瘠民贫，寇盗蜂起，当事者议设土兵一营，抽选贫民充之，为弭盗安民计。初守铜山，续与浙营对调，扎守陆鳌城外。平时则操练弹压……有警则随贼向往剿击，用为哨探向导耳目。[5]

　　府志的这段叙述说明土兵营的设立其实是"以贼制贼"之计，一来可以安置当地贫民，为其提供些许生计出路，二来可以利用他们的特长充当哨探向导，正与"贼""知己知彼"。故而，或者对于铜山人而言，其周围村落也是不安全的。

1　墓志铭现存于福建漳州东山县博物馆碑林。

2　参见《明累封承德郎礼部精膳司主事学箕陈公墓志铭》。墓志铭于 1998 年 2 月于东山县前楼乡径里村被发现，今存于东山县博物馆。

3　另外两位为黄道周及陈士奇族人陈瑸。参见江日升《台湾外记》卷 2，第 69 页。

4　郑若曾：《筹海图编》卷 4《福建事宜》，第 277 页。

5　崇祯《漳州府志·兵防考》，顾炎武：《天下郡国利病书》第 26 册《福建》，第 2234~2235 页。

特殊的地理位置、官军来源的相对统一，使铜山所长期保留了
较为稳定的人员结构和语言风俗。万历年间何乔远《闽书》中提及
沿海卫所与周遭环境的隔阂时说：

> 洪武二十年遣江夏侯周德兴经略海上，防倭戍守。德兴
> 刺福兴泉漳四郡民三丁抽一以为军，于是有沿海军卫。卫所初
> 定，民未习土，率潜离城戍。二十五年互调其军于诸卫，故今
> 海上卫军不从诸郡方言，尚操其祖音而离合相间焉。[1]

一方面，在铜山人的记忆中，自身作为"戍军"的身份存在于
东山岛上是一种非常坚定的记忆，在铜山人的著述中，称本地原为
"戍卒之区"的文字比比皆是。另一方面，正德、嘉靖以后铜山社会
发展的中坚——铜山士绅阶层的产生与当地社会的融合并不密切。镇
海卫学的存在，使得铜山的读书人得以通过卫学系统参加科贡进登
仕途，这也更进一步提醒铜山人作为卫所军生与州县民生的区别。而
后，铜山所的军户家族组织逐步建立起来。如铜山所内的陈氏各有
派系，其中南屿陈氏有小宗祠，天启年间开始修谱，崇祯年间开始
修建宗祠并第二次重修族谱，设立春秋二祭等。[2]

总之，作为朝廷的戍军，铜山有着全岛最为坚固的堡垒和辐辏
的人烟，有全岛最大的市场和最为鼎盛的科甲，铜山人在东山岛上
有着特殊的地位，也拥有对自身身份的认同和自豪，所谓"戍卒之
徒变为诗礼之家"，"戍卒之区变为神仙之洞府"。[3]

1　何乔远：《闽书》卷40《扦围志》，《四库全书存目丛书》史部第205册，第13页。

2　铜山《南屿陈氏族谱·族谱序》，第1页。

3　陈锦：《铜山所志旧序》，乾隆《铜山志》，第311~312页。

小　结

　　日益窘迫的海上局势促使闽粤地方大员不断调整其处理海洋相关事务的观念和政策，并逐渐形成相应的滨海人群管理和海上防御经验。一方面，他们积极调整沿海军事策略，从明初的"以陆为重"转变成加强对近岸岛屿的控制，并努力重构东南海上联防体系。南澳副总兵正是针对明代中期以来各种海上势力活动最为频繁的漳潮海域而设立。另一方面，为了掌控濒海人群的流动，官员们尝试以船只或港澳为中心编制保甲，既可对其监督，又可对船只征收各项课税，补充军费。此外，随着明中期以后较大规模深海渔业作业的快速发展，深海渔民人员众多，站海时间久，形成如"罟䑩"等独特的生产组织，"渔师""渔魁"犹如"草头天子"，这样的渔民群体逐渐壮大为一股官府和盗寇争相利用的力量，"渔兵"由此而生。对渔民而言，在动荡的局势当中，为"兵"为"贼"，无非是濒海平民日常生计的补充或者替代。这一生计模式与官盗双方行动共同导致沿海基层军事力量的兴起，也成为明清鼎革时期闽粤沿海战局陷入拉锯状态的社会基础。

　　在东南沿海普遍动荡、乡村军事化的进程中，沿海卫所堡垒的民居化也融于这一潮流当中。闽粤沿海卫所驻防地逐渐形成了以卫所城池为中心的社会网络，具备为各种身份的人群提供土地、市场、功名等资源的可能性。只是在这一过程中，谁能成为堡垒的主人却是需要在不同的地域社会人文脉络中去考察的，答案可能截然相反。大城所与铜山所虽然同处一片海域，发展也循着明代沿海卫所的共同趋势，却因为具体地域环境及在制度设置如科贡体系上的区别而呈现出不同的发展轨迹。潮州大城所地处盐场村落之中，周边灶户士绅力量兴起并进入所城成为资源的掌控者，主导了大城所民居化进程；而漳州铜山千户所则由于卫学的存在，形成了卫所军籍士绅群体，军户家族组织逐渐建立，延续并强化了军户身份的记忆。二者的区别进一步造成清代卫所裁并之后所城内社区组织结构的差异（详见第五章）。

第四章　乱世争雄：明清鼎革中的闽粤
　　　　　沿海战局

　　明末清初，闽粤沿海地区呈现出纷繁复杂的局势。以郑成功集团为代表的抗清势力与清廷在东南沿海地区展开了数十年的拉锯战。郑氏拥有强大的水师，而清廷早期自身海上作战能力极弱，其水师主要靠吸纳郑芝龙、黄梧等归降的水师部队整编而成，[1]在迁界之前，清廷对东南沿海地区的控制及对郑氏作战，往往还借助当地军事集团的力量来实现。漳潮海域是清廷与郑氏集团攻防战的前线。郑成功几乎封锁了东南沿海岛屿，垄断海上商贸活动。而在顺治十年（1653）清政府试图与郑成功议和之前，粤东沿海虽处于郑

1　参见李其霖《见风转舵——清代前期沿海的水师与战船》，台北：五南图书，2014，第62~63页。

氏势力边缘，却是其最主要的军粮来源地。[1] 纷乱的粤东战事中，充斥着延续自明代后期以来不同地方豪强之间的利益争夺，最终形成吴六奇、许龙、苏利三大势力联合对抗郑氏的局面。本章梳理在明清鼎革大变局中，粤东本地军事势力如何在郑氏海上势力的边界形成相对平衡的态势，结合地方社会经济及海上贸易情况来探析明清鼎革之际滨海地域社会的复杂性。

第一节　海上竞逐中郑氏之崛起

　　如前所述，明代后期，随着东南边患日益严重，明廷海防政策发生了重大改变，重新构建沿海水寨巡哨联防体系，同时开始注重对外洋岛屿的哨守。万历年间，明廷在澎湖设置汛兵，轮番戍守，并将管辖范围扩大为整个台澎地区。

　　作为东洋航道上的指标性岛屿，[2] 澎湖早在宋时即为"泉之外府"，"讼者取决于晋江县"。[3] 从泉州顺风两昼一夜水程可至澎湖，再往东一日夜水程可至台湾琉球。元至元年间在澎湖设巡检司，"地隶泉州晋江县"，岁办盐课，"别无科差"。[4] 然而，明代朱元璋奉行

1　杨彦杰：《郑成功兵额与军粮问题》，《学术月刊》1982 年第 8 期，第 9 页。

2　参见张燮《东西洋考》卷 9《舟师考·东洋针路》，第 182 页。

3　陈懋仁：《泉南杂志》（上），《泉郡志》，转引自杨彦杰《荷据时代台湾史》，江西人民出版社，1992，第 2 页。

4　汪大渊著，苏继庼校释《岛夷志略校释》"彭湖"，中华书局，1981，第 13 页。

海禁政策，其海防布局以近岸汛防为主，对外海岛民多实行内迁，闽粤沿海近岸者诸如金门、南澳等岛民多被安插入内地，澎湖亦于洪武二十年（1387）"尽徙屿民，废巡司而墟其地"。[1] 在明朝，这些岛屿周遭海域成为 15 世纪以后各方海上势力主要的活动范围。海上活动中，季风、洋流是关键，正如王世贞《倭志》中所言，"若其入寇，则随风所之，东北风猛，则由萨摩或五岛至大小琉球，而仍视风之变迁，北多则犯广东，东多则犯福建"。[2]

嘉万年间，诸如吴平、曾一本、林道乾等多以闽粤交界、靠近大陆的近岸岛屿——南澳为基地，澎台地区多成为逃窜之所。万历三年，南澳设漳潮副总兵之后，闽粤海上联防系统建立，澎湖等地也被列入巡哨之属。万历二十五年（1597）更设游兵，春冬汛守，然而汛兵前往澎湖，"往往畏途视之，后汛而往，先汛而归，至有以风潮不顺为辞，而偷泊别澳者，则有守之名，无守之实矣"。[3] 于是，较之有副总兵及大量兵力驻防的南澳，兵力宽疏的澎湖一带成为各海上集团新的活动基地。

与此同时，自正德年间欧人东来以后，明廷的贸易政策也有所改变，"广中事例"逐渐确立，广东澳门首先尽擅闽粤海上之利。[4] 隆庆元年（1567）以后，福建漳州月港准贩东西洋，鸡笼、淡水等地各有船引额数。然而，因为引额有限，且限定贩洋的货物和地域，故能够自由往来海上且操有实际海上利益者，仍大多是被明廷视为违法犯禁的海盗集团，尤其是活跃于闽粤直至台湾、日本之间海域的李旦、郑芝龙等人。

1　顾祖禹：《读史方舆纪要》卷 99《福建五》，上海书店，1998，第 644 页。
2　王世贞：《倭志》，陈子龙等辑《明经世文编》卷 332《王弇州文集一》，第 3557 页。
3　黄承玄：《条议海防事宜疏》，陈子龙等辑《明经世文编》卷 479《黄中丞奏疏》，第 5271 页。
4　李庆新：《濒海之地：南海贸易与中外关系史研究》，中华书局，2010，第 184~201 页。

在欧人来华贸易中，以葡萄牙、西班牙为先，而后是荷兰。万历二十九年（1601），有荷兰船只抵达澳门要求通商，但是当时澳门为葡萄牙人所据，"香山澳夷虑其以互市争澳，以兵逐之"。[1] 在葡萄牙的阻挠下，荷兰人的行动宣告失败，他们转而计划占据澎湖作为对中国通商的据点。万历三十二年（1604），荷兰人第一次占据澎湖，而后在福建官员的压力或者说协商之下撤走。[2] 天启二年（1622），[3] 荷兰人再次来到澎湖，并开始修造城堡，后来在福建水师的进击以及海商头目李旦的斡旋之下，荷兰人和领兵出征的漳州南路副总兵俞咨皋达成协议，从澎湖撤往台湾。荷兰人据有台湾，将之变成自己在亚洲从事转口贸易的重要据点，同时通过活跃于东亚海域的海上头目李旦、许心素、郑芝龙、李魁奇等人来实现对华贸易。

许心素、郑芝龙等人原先均为李旦下属，李旦死后，许、郑、李等人为争夺对荷贸易的控制权，又联合明廷、荷兰等多方势力，合纵连横，彼此之间纷争不断，最后，郑芝龙在击败、吞并许心素、李魁奇、钟斌等主要竞争对手之后，独擅对荷贸易，而且还因清除了其他对手而成为明王朝"剿除海贼有功"之人。崇祯初年，郑芝龙就抚，成为明廷剿灭其他地方动乱的利器，同时郑氏也得到进一步扩充实力之机会。[4] 乾隆《漳州府志》如是评说：

　　　　芝龙授游击，寻迁副总兵，盘踞海滨，上至台温吴淞，下

1　王临亨：《粤剑编》卷3《志外夷》，中华书局，1987，第92页。

2　参见沈有容《仗剑录》、韦麻郎《航海日记》，转引自杨彦杰《荷据时代台湾史》，第15页。

3　其间，荷兰又有数次在南澳、澳门活动试图获得通商的举动，但均以失败告终。参见韦麻郎《航海日记》，转引自杨彦杰《荷据时代台湾史》，第9~18页。

4　卢正恒对郑芝龙霸权确立过程中的人事网络和关键战事有详细考证，参见卢正恒《官与贼之间：郑芝龙霸权及"郑部"》，硕士学位论文，新竹清华大学，2012。

至潮广，近海州郡皆报水如故。[1]

其间，闽粤官员对待郑氏的态度时有变化，而荷兰为求直接对华贸易也与郑芝龙关系微妙，此外还有新兴的诸如刘香等势力的兴起，海上纷争不断，最终，崇祯八年（1635）前后，郑氏清除了刘香的势力，与荷兰人亦达成协议，郑氏几乎垄断闽粤海上的对荷对日贸易，闽粤交界沿海岛屿也多为郑氏据点，尤以厦门、铜山、南澳为基地。郑氏不仅掌控了这些海域的港道、渔盐和贸易之利，同时在闽粤田园广布，"田租不可胜计"。[2]

崇祯十三年（1640）以后，郑芝龙逐渐抛开荷兰，自己在国内收购货物，直接派船只前往日本和东南亚贸易。[3]1644 年清军入关，战乱频仍，郑芝龙于顺治三年（1646）八月降清，其子郑成功及其他族属如郑彩、郑联等人皆率部入海。当时，东南沿海一带诸岛屿多被各派系之人所占据，《海上见闻录》记：

> 时海上藩镇分驻各岛：监国鲁王别将平夷侯周崔之、闽安侯周瑞、定西伯张名振、总兵阮美等守舟山至沙埕，郑彩、郑联守厦门、金门，定国公（按：即郑鸿逵）守安平之白沙，使其将陈豹守南澳。[4]

郑成功几乎没有属于自己的立足点，"兵将战舰百无一备，往

1　光绪《漳州府志》卷 47《灾祥·附寇乱》引乾隆旧志卷 31，光绪三年刻本，第 1135 页。

2　《朱克简题为清查郑氏家产以资军饷事本》（顺治十三年四月二十九日），厦门大学台湾研究所、中国第一历史档案馆编辑部主编，中国第一历史档案馆满文部选译《郑成功满文档案史料选译》，福建人民出版社，1987，第 245 页。

3　参见《巴城日记》第 2 册，第 257~258 页，转引自杨彦杰《荷据时代台湾史》，第 133 页。

4　阮旻锡：《海上见闻录》卷 1，福建人民出版社，1982，第 8 页。

南澳召募……有众三百人，于厦门之鼓浪屿训练，委黄恺于安平镇措饷"。[1] 顺治四年至七年（1647~1650），郑成功只能游弋于漳潮海域，或在鼓浪屿，或在镇海卫，或在铜山等地以观其变，[2] 其间多次南下潮州取饷。但是，潮州一地亦群雄分立，各有地盘。顺治五年至六年，福建饥荒，郑彩、郑鸿逵等人均"舟师至潮州，随地取饷"。此时，郑成功与永历政权开始取得联系，以"出师从王"为号，亦于顺治六年十一月进入潮州，大战潮地之许龙，收并黄海如、陈斌、朱尧、张礼等人，于潮州沿海各县"征收正供"，[3] 顺治七年之后，据有厦门、金门的郑彩、郑联被郑成功所逐，[4] 南澳陈豹顺服，原据浙江舟山[5]的鲁王也只得寄食其下，[6] 郑成功掌控了福建到粤东的海上局势，并独擅东南沿海对外贸易之利。[7] 顺治十年至十一年（1653~1654），郑成功更利用清廷有意招抚之机将兵力扩展至福州、浙江舟山一带，与浙江张名振（鲁王派系之定西侯）互通消息。[8] 而作为其军费开支主要来源的海外贸易也在此期间达到最盛，建立起山、海五大商，在日本和东南亚各地的对外贸易中都占了支配地位。[9] 郑氏南取米于惠潮，中取财于兴泉漳，北取造船物料于福州

1　阮旻锡：《海上见闻录》卷 1，第 7 页。

2　江日升：《台湾外记》卷 3，第 82~96 页。

3　杨英撰，陈碧笙校注《先王实录校注》，福建人民出版社，1981，第 13 页。

4　参见阮旻锡《海上见闻录》卷 1，第 11 页。

5　顺治八年九月被清军攻下。

6　参见杨英撰，陈碧笙校注《先王实录校注》，第 24 页。

7　参见韩振华《再论郑成功与海外贸易的关系》，《中国社会经济史研究》1982 年第 3 期。

8　《秦世桢为郑军水师围困舟山请调援兵事揭帖》（顺治十二年十一月初三日），厦门大学台湾研究所、中国第一历史档案馆编辑部编《郑成功档案史料选辑》，福建人民出版社，1985，第 134~137 页。

9　参见杨彦杰《荷据时代台湾史》，第 259 页。

福宁温州，故而"粮取之不尽""饷用之不竭""舻络绎不绝"。[1] 闽粤商民出海，往往需持郑氏牌。如顺治十五年（1658）两广总督王国光的题本中言，有福建海商李楚、杨奎二人，因持郑氏之牌进行海外贸易而被视为反清的郑氏一党，而调查结果则认为他们"原系福建顺民，本非郑逆之人，止因血贷经商，不得已，求郑氏之牌为护"。[2] 同时，外国贸易船只亦需向郑氏缴纳入口税，中心即在厦门，清政府为劝降郑成功，曾试图将东南沿海关税交与郑成功管理来换取郑氏的就抚。[3] 正如郑成功自己所言："夫沿海地方，我所固有者也；东西洋饷，我所自生自殖也。进战退守，绰绰余裕。"[4]

第二节　寨堡经济与粤东三总兵的发迹

在与郑氏在粤东沿海的拉锯战中，清廷借助了大量地方豪强的

1　《黄梧题为条陈郑军情形及剿灭之策事本》（顺治十四年三月二十四日），陈支平主编《台湾文献汇刊》第 1 辑第 6 册《清初郑成功家族满文档案译编》（一），九州出版社、厦门大学出版社，2004，第 343 页。

2　《明清史料》己编第 5 本，中华书局，1987 年影印本，第 841 页。

3　《浙闽总督刘清泰题为招抚郑成功事本》（顺治十年四月初九日），厦门大学台湾研究所、中国第一历史档案馆编辑部主编，中国第一历史档案馆满文部选译《郑成功满文档案史料选译》，第 12~13 页。

4　杨英撰，陈碧笙校注《先王实录校注》，第 63 页。关于郑氏海外贸易的规模及其组织，前辈学者论者甚多，在此不赘。可参见韩振华《再论郑成功与海外贸易的关系》，《中国社会经济史研究》1982 年第 3 期；郑克晟《郑成功海上贸易及其内部组织之特点》，《中国社会经济史研究》1991 年第 1 期；等等。

力量，方能与拥有强大水师的郑氏抗衡。江日升在《台湾外记》中把鼎革之际在粤东地区与郑氏对抗的吴六奇、许龙、苏利列为"五虎乱潮"的代表，[1] 同被视为地方强权人物的还有黄冈黄海如、澄海杨广、海山朱尧和潮阳张礼等。他们各自拥有自己的地盘，并根据自身利益和局势变化决定"明""清"归属。

吴六奇，[2] 潮州府海阳县丰政都汤田乡（今丰顺县）人。《丰顺汤田吴氏敦伦堂族谱》载其生于万历丁未（万历三十五年，1607）七月十二日，卒于康熙乙巳年（康熙四年，1665）五月初三日。[3] 吴六奇顺治七年（1650）降清，屡立战功，顺治十一年（1654）获授饶平总兵，[4] 顺治十七年（1660）因捐造战船加左都督衔，[5] 康熙三年（1664）加封少傅兼太子太傅，死后追赠少师兼太子太师，谥号顺恪。[6]

关于吴六奇的发迹，杨旬瑛在《饶镇顺恪吴公墓志铭》中写道：

> 明末纷扰之际，潮郡大盗迭起，滋蔓难图。公发愤为乡闾计，偕其弟参戎君广集精锐，厉师以向，歼逆讨叛，遂为一时长城。[7]

1　江日升在书中三次提到"五虎乱潮"，并明确注明许龙、苏利、吴六奇为其中三虎，但剩下的二虎是谁就没有再说明。

2　有关吴六奇的坊间故事传闻颇多。汪价、王士禛、钮琇、蒲松龄等人分别在《三侬赘人广自序》、《香祖笔记》、《觚剩》和《聊斋志异》中记述吴六奇发迹的故事，今人武侠小说家金庸在《鹿鼎记》中对吴六奇着墨甚多。

3　《丰顺汤田吴氏敦伦堂族谱》卷1下，六奇公，1987，广东省立中山图书馆藏，第20页a。

4　《清世祖实录》卷84，顺治十一年六月丁卯。

5　《清世祖实录》卷141，顺治十七年十月庚寅。

6　《清圣祖实录》卷12，康熙三年闰六月己丑；卷17，康熙四年十月甲戌。

7　乾隆《丰顺县志》卷8《艺文志》，乾隆十一年刻本，第27页b。

　　吴六奇所在之汤田乡，旧有通判府之设。吴六奇以通判府城为据点，"训练乡勇，捍卫闾里，屡歼群贼，以留隍地滨韩江，为丰政都辖境门户，联络留隍乡民，促令沿河干筑寨自守，使相呼应"。[1] 崇祯年间，丰顺设营，吴六奇被任命为丰顺千总。顺治二年（1645），九军刘公显等进攻汤田附近的金瓯山寨、金汤寨等，吴六奇作为援兵解围，并跟金汤寨首领罗万杰建立联系，相互响应。顺治三年（1646）十一月，吴六奇溯韩江北上，杀原先占据三河城的刘良机，率部进驻三河城。

　　三河是汀江、清远河和梅江的交汇处，是闽粤赣地区重要的交通枢纽，三河往南即韩江，是粤东沿海通往内陆山区的唯一水道。控扼三河，对控制粤东乃至粤闽赣三省边区具有战略性意义。三河自明代嘉靖年间即有三河城和三河坝市的设立，是闽粤赣边经济区的重要货运中心和中转地。[2] 该地"舟楫辐辏鳞次，两岸贸易者为浮店，星布洲渚，凡鱼盐布票器用百货悉备，人谓之小潮州"。[3] 吴六奇屯兵三河，与当地望族饶氏关系密切，得到他们的支持，[4] 经费有着，地位稳固。紧接着，吴六奇以此为基地向周围扩散。他一方面网罗各地土豪壮大势力，另一方面向各地征收钱粮作为军饷，不从则以官府名义征剿。经过数年经营，吴六奇所部成为粤东山区最大的一股势力，掌控三河、大埔地方长达二十年之久。[5] 不过，此时吴六奇的活动范围，仍以韩江中上游山区为主。他的势力往沿海地区延伸，则要等到顺治七年降清

1　李介丞：《明季岭东山寨记》卷3，广东省立中山图书馆藏。

2　参见黄挺《明清时期的韩江流域经济区》，《中国社会经济史研究》1999年第2期。

3　嘉靖《大埔县志》卷2《地理志·街市》，《广东历代方志集成·潮州府部》第20册，岭南美术出版社，2009，第236页。

4　罗万杰：《潜我公八十有一寿序》，《三河汇城饶氏族谱》，2001年续修手抄复印本。

5　肖文评：《白堠乡的故事：地域史脉络下的乡村社会建构》，第121~122页。

之后。

　　许龙，号庆达，澄海县苏湾都南洋人，康熙《澄海县志》专门在《人物志》中单列"武功"一条，言其"明末拥众据南洋，擅海上鱼盐之利，家数十万。海寇出入，屡为所挠截。投诚后加都督衔。时有斥地之命，南洋捱延不行。平南王至郡，迁之程乡。数年召入旗，卒，子天凤继其职"。[1] 南洋寨位于澄海县东北十里南洋中社，西面与韩江东溪相接，东溪在此分岔横流，通篷子港出海。其东北面即海山岛、柘林湾，东面正对着南澳岛。由海山、南澳航往潮州、揭阳等地的船只多选择经南洋溪进入东溪，以避开风浪。[2] 乾隆《潮州府志》中言"其地环城皆水，直通外海，可泊战船，四乡米谷云集，居民富庶，乃可战可守之地"。[3]

　　南洋寨为嘉靖年间海寇朱良宝就抚后的安插之地。万历元年（1573），朱良宝与安插在潮阳招收都的林道乾同时"叛抚"，万历二年（1574）总兵张元勋攻破南洋寨，朱良宝败亡。[4] 崇祯末年，许龙据南洋寨，"擅海上鱼盐之利，家数十万"。李介丞评价其"保卫有方，商贾四集，遂雄视一隅，海寇出入亦惮之"。[5]

　　许龙占据南洋，不仅仅勒船报水、"计舟榷税"，其所拥有的田粮租税，数量也非常巨大。顺治六年（1649）十一月黄海如引郑成功进攻南洋寨，许龙败走，郑氏从南洋寨"搬运粮粟万余石，余军器船只称是"。[6] 顺治七年，许龙终于又回到南洋寨，同年捐建苏湾

1　康熙《澄海县志》卷15《人物·武功》，第139页。

2　李才进编著《三湾史略》第3卷《地理生态》，广东人民出版社，2007，第32页。

3　乾隆《潮州府志》卷6《城池》，第78页。

4　郭斐:《粤大记》卷3《事迹类》，第59~60页。

5　李介丞:《明季岭东山寨记》卷3。

6　杨英撰，陈碧笙校注《先王实录校注》，永历三年十一月初八日，第8~9页。

都文昌祠，将"海后十八门田园共一千二百零亩，南畔洲田园共二千二百二十亩"的一半租息捐给文昌祠作为祠产，一半作为许氏子孙产业。[1]其中，"海后十八门"，当地人称为"头塭尾塭"，十八门也称"十八桁"，指十八个可供近岸定置渔业使用的桁位。[2]此外，许龙还在海后建"许府"，专为南洋许氏掌管海滨田地和贮存租粮。许氏家族在地方上拥有的资产非常雄厚，即使经历了迁界的打击，雍正年间，许龙之孙许捷仍捐海后潮田300亩，作为苏湾文昌祠祠产。[3]

明末清初，韩江三角洲的滨线继续外移，濒海多沙洲、圩田、潮田，土地面积逐渐增加，圈占海界的许龙拥有对这些新生土地的权力。从十八桁、潮田等名目可以看出，许氏实际上占有南洋附近的田园、滩涂、渔业、港口等多种濒海资源，并能从中征收租税，获取丰厚利润。当然，许龙的经济活动不仅仅局限于获取本土资源。

明代中后期，潮州所处之漳潮海域，是海上私人贸易最繁盛的区域。郑舜功《日本一鉴·桴海图经》卷1《万里长歌》中记载其嘉靖三十五年（1556）从广州出发前往日本的航线：

> 钦奉宣谕日本国，驱驰岭海乘槎出。
> 五羊歌鼓渡三洲，先取虎头出慄头。
> 大鹏飞鸣平海札，看看碣石定铁甲。
> 靖海东头马耳还，大家井里傍牛田。

1　嘉庆《澄海县志》卷16《祀典》，《广东历代方志集成·潮州府部》第27册，岭南美术出版社，2009，第441页。
2　李才进编著《三湾史略》第3卷《地理生态》，第25页。
3　嘉庆《澄海县志》卷16《祀典》。

天道南阳王莽灭，诏安走马心旌节。

镇海先须定六鳌，下门平静金门高……

郑舜功从广州虎门出海，沿着广东、福建沿岸北航，经大鹏、碣石、靖海、南阳、王莽、诏安、镇海、金门等港口到日本的有马岛，最后到达长崎。这是明中后期中日贸易的一条重要航线。[1] 其中，南阳、王莽都是地名，《日本一鉴》中自注为：

南阳，地名，约去大家井五十里。王莽，地名，约去南阳九十里，皆潮海地方。诏安，县名，约去王莽六十里。走马，溪名，约去诏安八十里，皆漳海地方。而我俱道其右。[2]

文中的南阳当为"南洋"，而"王莽"应为"黄芒"，位于南洋东北方的海山岛。其他地名，如大家井、牛田洋等，都是粤东沿海重要的港口，也是许朝光、朱良宝等人对外走私贸易的活动基地。许龙接续朱良宝占据南洋寨，也可视为其涉足海上商贸的尝试。只是当时郑氏集团几乎垄断东南海上贸易，作为郑成功的敌对一方，他的海上商业活动当受到很大的限制。

苏利，据传是潮州饶平东界半岛人，后流落惠州海丰，[3] 以惠州碣石卫为据点，成为清初粤东沿海几大实力人物之一。碣石卫设立于洪武二十七年（1394），位于惠州东南部沿海碣石湾，水深山险，海礁错列，有利攻守。碣石卫除辖前、后、左、中、右

1　朱鉴秋：《〈日本一鉴桴海图经〉及明代中日海上航路的研究》，《海交史研究》2000 年第 2 期，第 31 页。

2　郑舜功：《日本一鉴·桴海图经》卷 1《万里长歌》，1937 年影印旧抄本，第 3 页 a~b。

3　江日升：《台湾外记》卷 3，第 98 页。

五个内所外，还辖有平海所、捷胜所、甲子所和原属惠州卫的海丰所。[1]

崇祯末年，碣石卫指挥张明珍掌控碣石卫城，据言此人"残酷异常"，"居民岌岌"。顺治二年，石桥场居民"阴通海寇苏成，阳与明珍合伙，珍不觉，遂为所擒，囚解至县，余党悉溃"，苏成入踞碣石卫城，占据当地重要的盐场——石桥场，"抽租占业，丰民自是受其荼毒"。[2]

顺治五年（1648）正月，苏成去世，其部下苏利接续其力，占据碣石卫达二十年之久，并以碣石卫为据点陆续控制了周边的甲子所、捷胜所、坎下城等军事要地，[3] 与南下征粮的郑成功也有过数次交锋。顺治七年，苏利迎降平南王，获封副将，但并未实授，至顺治十一年六月，被正式授予碣石总兵，"升水军左都督，统本部官兵，驻劄碣石卫，防御海寇"。[4]

苏利占据惠州东南沿海地方，"自称太师"，境内田地、矿场、盐场等资源多为其所占，"抽租无处不到"，"卫户钱粮"也收归苏利囊中。[5] 除此之外，他也同许龙一样，参与对日贸易。日本《唐通事会所日录》中康熙初年有数次关于"碣石卫船"的记录。[6]

总之，从吴六奇、许龙、苏利三人的发迹经历可以看出，纷乱时期的豪强们踞堡自守，往往控扼地方水陆交通枢纽，或开辟市

1　嘉靖《广东通志初稿》卷 10《公署》，第 211 页。

2　乾隆《海丰县志》卷 10《邑事》，《广东历代方志集成·惠州府部》第 12 册，第 321 页。

3　乾隆《海丰县志》卷 10《邑事》，第 322 页。

4　《清世祖实录》卷 84，顺治十一年六月丁卯。

5　蔡皇勷：《华衮手记》卷下《清朝纪事》，《明清广东稀见笔记七种》，李龙潜等点校，广东人民出版社，2010，第 55 页。

6　东京大学史料编辑所编纂《唐通事会所日录》（一），东京大学出版会，1955，第 23 页。感谢焦鹏博士提醒并惠赐资料。

场，召集商贾，征收地租和货税，或圈占海界，获取潮田、盐场和渔业资源，并且接续本地既有的贸易传统，获利丰厚。战乱之中，他们聚拢资源、训练壮丁、修备器械，逐渐成为掌控地方局势的强权人物。

第三节　与郑氏抗衡

总体而言，以吴六奇、许龙、苏利为主的粤东豪强势力的发展可分成三个阶段：崇祯末年到顺治七年之前、顺治七年至顺治十一年、顺治十一年之后至康熙五年。

如前所述，顺治七年之前，粤东地区处于群雄混战的状态。其中，黄海如跟许龙、张礼等人矛盾最大，多次因争夺地盘发生混战，以重兵扼守韩江中上游的吴六奇在黄海如围困潮州城时也跟黄氏有过交锋。而此时郑成功刚刚入海不久，基业未稳，东南沿海一带岛屿多被其他派系占据，郑成功无有定地，只能在厦门、金门到南澳之间的海域游弋。顺治六年，福建粮荒，郑鸿逵等人南下潮州，据有揭阳，"随地取饷"，[1] 郑成功也于当年改奉永历正朔，并在十月自统兵马下诏安，屯兵于漳潮交界之分水关，欲与"复明潮兵并"，共图进取。[2] 醉翁之意，溢于言表。郑成功之南下，一来为抢

1　阮旻锡：《海上见闻录》卷1，第8页。
2　参见杨英撰，陈碧笙校注《先王实录校注》，永历三年十月初十日，第4页。

粮，二来更是希望能占据潮州作为地盘。

此时的潮州总兵为郝尚久，顺治五年两广都督李成栋叛清归明之后，郝被驰封为新泰伯，郝与郑氏"两家虽同奉正朔，实则各按剑"。[1] 然而，郝尚久虽为潮州总兵，实则仅仅据有潮州城，潮城之外，是各豪强的地盘。正如当时随郑成功驻师漳潮边界分水关的户科官员杨英所记录的：

> 时潮属不清不明，土豪拥据，自相残并，粮课多不入官。黄冈有挂征南印黄海如，南洋有许龙，澄海有杨广，海山有朱尧，潮阳有张礼。[2]

顺治六年十一月，郑成功进抵黄冈，黄海如请见郑成功，极力劝说郑成功驻军潮阳，因为"潮阳饶富，甲于各邑，且近海口，有海门所、达濠浦可以抛泊海艘，通运粮米次守"。[3] 黄海如的建议，无非是要引郑氏进击许龙、张礼，而自己坐收渔利，因为占据潮阳"须假道南洋，由鲨澳过达濠浦至邑"。郑成功采纳了黄海如的建议，以"出师从王"之名发谕许龙，"令除道并备小船以候过师"，许龙拒绝，于是郑成功"以陆师捣其巢穴"，许龙仅以身免。郑成功在南洋"搬运粮粟万余石，余军器船只称是"。[4] 许龙败走后，附近之杨广、朱尧等人都来归附，唯张礼拒绝。时达濠有三寨，张礼踞青林寨，"每寨千余□□，负固自恃，不隶版

1　不著撰者：《闽海纪略》，永历四年，《台湾文献丛刊》第23种，台北：台湾银行经济研究室，1959，第4页。

2　杨英撰，陈碧笙校注《先王实录校注》，永历三年十一月初一日，第7页。

3　杨英撰，陈碧笙校注《先王实录校注》，永历三年十一月初一日，第8页。

4　杨英撰，陈碧笙校注《先王实录校注》，永历三年十一月初八日，第8~9页。

图，每岁截海剽掠。先年径与定国公为难，至是仍复自逞，不遵谕令"。于是郑军先攻青林，张礼降（后被郑鸿逵所杀），达濠等地均归顺。[1]

顺治七年正月，郑成功到达潮阳，潮阳知县率父老郊迎，郑成功驻师潮阳城，进攻潮阳、普宁等地寨堡，征输粮米。而后，又往攻揭阳，时占据揭阳县城的九军首领邱瑞、刘公显等人归顺，"至是追取正供数万，俱乐输"。[2]郑军一度进攻碣石，不过被苏利击退。[3]

顺治七年六月，郑成功、郑鸿逵合力围攻郝尚久，包围潮州城，漳州兵来援，原先被郑成功打败的许龙亦"渡载入城"。潮州城屡攻不下，郑军退回潮阳。[4]当是时，尚可喜、耿继茂所率清军已经从粤北紧逼广州，郝尚久于是"削发归清"。八月，原据有金门、厦门地方的郑彩、郑联和郑芝鹏有隙，郑芝鹏南下潮阳劝说郑成功趁机夺取厦门为家，于是郑成功回到厦门，使计杀郑联，"尽收其战舰兵卒"，其手下将领都归附郑成功，郑彩出逃，后来郑成功以书招回。至此，郑成功占据了厦门、金门，控制了从厦门到铜山、南澳、海山、达濠等闽粤沿海一线的重要岛屿。

就在郑成功势力迅猛发展之时，清廷对广东的另一波大规模军事行动也正在进行中。顺治六年五月，清廷命平南王尚可喜、靖南王耿仲明进剿广东，[5]以收复因李成栋反叛而重入南明的版图。是

1　杨英撰，陈碧笙校注《先王实录校注》，永历四年四月，第 10 页。

2　杨英撰，陈碧笙校注《先王实录校注》，永历四年四月，第 14 页。揭阳九军之乱，可参见陈春声《从"倭乱"到"迁海"——明末清初潮州地方动乱与乡村社会变迁》，《明清论丛》第 2 辑，第 99~100 页。

3　杨英撰，陈碧笙校注《先王实录校注》，永历四年二月，第 14 页。

4　杨英撰，陈碧笙校注《先王实录校注》，永历四年七月二十日，第 17 页。

5　《清世祖实录》卷 44，顺治六年五月丁丑。

年十一月，二藩所率清军进入广东境内，攻克南雄等粤北重镇。随后，清军在粤北修整，为第二年十月全力进攻广州备战。在此期间，粤东豪强如苏利、吴六奇等，"率所部弁兵迎降"，被授予副将衔。[1] 许龙归附清廷的具体时间不详，但在顺治八年（1651），他已经是"抚兵"的身份了。[2]

随着清军在广东的军事推进，各地多改易旗帜，郑军在潮州的粮饷无法继续追征。顺治七年十一月，郑成功再次南下潮阳，围攻潮州城。此时，清廷将福建、川湖等地兵力调来协助尚可喜，十二月潮州解围，郑成功退回南澳。顺治八年，郑成功改厦门为思明州，斩杀郑芝鹏，解除郑鸿逵兵务，重新部署闽粤一线岛屿兵将，与清廷展开长期的对峙。

此后，粤东地区几番易帜，郑氏集团内部和清廷将领亦叛服不常。[3] 随着战局的发展，许龙、苏利、吴六奇三人的地位日益突出。

顺治十年（1653）三月，潮州总兵郝尚久宣布反清复明，八月，遭到平南王、靖南王亲自率兵全力围攻，不久战败投井身亡。[4] 在此期间，吴六奇扼守程乡、大埔等处，并先后协助清兵解除潮州府城、揭阳等多处危机，出力甚巨。[5] 苏利亦"调集本部弁兵船只，忘身尽职，毫无迟误"。许龙原归属郝尚久，后在澄海知县王躬允的劝说之下，转而投清。[6] 三人联合对抗郝、郑军队，得到清廷的

1　《清世祖实录》卷84，顺治十一年六月丁卯。

2　乾隆《揭阳县志》卷7《兵燹》，《广东历代方志集成·潮州府部》第17册，岭南美术出版社，2009，第316页。

3　关于顺治、康熙年间郑氏集团将领的归降，可参见孔立《郑氏官兵降清事件述论》，《郑成功研究国际学术会议论文集》，江西人民出版社，1989。

4　关于顺治年间广东整体战局情形，可参见刘正刚、乔玉红《在清与明之间徘徊：顺治时期广东社会考察》，《暨南史学》第6辑，暨南大学出版社，2009。

5　乾隆《揭阳县志》卷7《兵燹》，第316~318页。

6　《明清史料》己编第2本，中华书局，1987年影印本，第324~333页。

嘉奖。顺治十一年，许龙授水师副将，驻扎南洋，后又"以总兵官用"。[1] 苏利和吴六奇则分授碣石总兵和协镇潮州总兵，[2] 而后又再得超擢：

> 苏利著升水军左都督，统本部官兵，驻劄碣石卫，防御海寇。吴六奇著升左都督，统本部官兵，驻劄饶平卫，防御邻境盗贼。俱换给敕印。[3]

如此，许龙、苏利的势力得到巩固，吴六奇的势力范围也开始延伸到潮州沿海之饶平南部，并在平南王尚可喜的支持下除去原先盘踞黄冈、大城所等饶平沿海的余仁势力，掌控了漳潮边界的战略要地黄冈、柘林等地。[4] 至此，粤东沿海逐渐形成了吴、许、苏三足鼎立之势。

当时，擅长陆战的满汉骑步兵根本不足以跟郑氏的兵船抗衡，清廷所能利用者就是这些占据闽粤濒海十数年的地方豪强。许龙、苏利久居海滨，"饶获鱼盐之利，其所团练劲旅，俱系土著，且多自备海船"。清廷在广东沿海的战事，多借助他们的人员和船只。如清军进剿海南，所用船只即主要来自苏利，平定郝尚久之乱，也是调用苏利兵船"往潮协剿"。[5] 而后，清廷也开始修造战船，但只能巡行内海，出外海船只还是需要借助许、苏二人之力。至于发迹于

1　《清圣祖实录》卷 6，康熙元年正月乙丑。

2　参见《明清史料》甲编第 4 本，商务印书馆，1930 年影印本，第 336 页；《明清史料》丁编上册第 1 本，国家图书馆出版社，2008，第 189 页。

3　《清世祖实录》卷 84，顺治十一年六月丁卯。

4　参见《明清史料》己编第 5 本，中华书局，1987 年影印本，第 856~857 页。

5　顺治十一年三月二十五日平南王、靖南王揭帖，参见《明清史料》丁编上册第 1 本，第189 页。

山区的吴六奇，其下属多为陆兵，不谙水性，"向无战船及熟悉航海之官员"。顺治十五年（1658），有海寇攻破饶平大城所，[1] 寇降之后，吴六奇重整饶平沿海军事要地柘林的兵力，从广州、南雄、惠州、罗定、肇庆等地"抽足缺饷千名"充柘林水兵，捐造战船数百艘，[2] 不过还是不能与苏利、许龙的水师战备相比较。许龙的汛地在澄海南洋、莱芜一带，苏利则以碣石为基地，势力扩张到潮州惠来县，接近潮阳一带，二者正处于潮州重要的产粮区揭阳、潮阳的两翼，是对抗郑氏的关键地带。尤其是许龙的地盘，与控扼闽粤航道、地当郑军南下要地的南澳隔海相对。康熙元年（1662）正月，平南王尚可喜以"南洋与南澳相对，最为要地"，加之许龙自投诚以来屡建功绩，请命授许龙为潮州水师总兵官，驻扎南洋，得到批准。[3] 第二年，清廷更将进攻南澳的任务交给许龙，吴六奇的船队也统归许龙代管。[4] 故而，郑成功在粤东沿海最防备的就是许、苏二人，多次要求驻守南澳的猛将陈豹小心提防许、苏二处会师；而许、苏与陈豹之间攻防数百余战，按许龙的说法，彼此是"有不共戴天之仇"。[5]

　　不过，在郑成功势力逐渐巩固壮大之时，清廷也在酝酿对郑氏的招安。从顺治十年开始，[6] 经过一番讨价还价，顺治十一年二月，清廷与郑成功达成和议，郑成功接受清廷"海澄公"封号，挂"靖

1　　参见乾隆《潮州府志》卷30《人物·列女》，第667页。

2　　《李栖凤为潮属沿海防务事揭帖》（顺治十六年十一月），厦门大学台湾研究所、中国第一历史档案馆编辑部编《郑成功档案史料选辑》，第323页。

3　　《清圣祖实录》卷6，康熙元年正月乙丑。

4　　《明安达礼等题为进剿南澳事本》（康熙二年八月初九），陈支平主编《台湾文献汇刊》第1辑第8册《清初郑成功家族满文档案译编》（三），第27页。

5　　《明安达礼等题为进剿南澳事本》（康熙二年八月初九），陈支平主编《台湾文献汇刊》第1辑第8册《清初郑成功家族满文档案译编》（三），第26页。

6　　《浙闽总督刘清泰题为招抚郑成功事本》（顺治十年四月初九日），厦门大学台湾研究所、中国第一历史档案馆编辑部主编，中国第一历史档案馆满文部选译《郑成功满文档案史料选译》，第12页。

海将军"印，防剿浙、闽、粤海寇，得到的好处是"海洋船只，俱令管理稽察，收纳课税；所部官员，照旧管辖"，同时得在泉、漳、潮、惠四府安插兵马，四府水陆寨游营兵饷均属郑氏部下官兵。[1]根据此和议，郑成功除了可以合法垄断东南沿海贸易税额之外，还可统率泉、漳、潮、惠四府兵防。

可想而知，清廷开列的这份招抚清单，势必引起泉漳潮惠等地原有将领，尤其是吴六奇、苏利、许龙等本地豪强的极大不满。而对于郑成功而言，这却是一个"将计就计，权借粮饷，以裕兵食"的大好机会。[2]他在顺治十一年二月接到顺治皇帝的敕谕之后，立即分遣各提督总镇上至福州、下至惠潮派助捐输，同时派出部下欲行统管四府兵备，在惠潮各地招募兵丁。[3]郑成功在福建漳、泉、福、兴等地征派助饷时，各地"以和议未定"，"无敢阻抗"。[4]但其在粤东的遭遇就大不相同了。如前所述，至顺治十一年，惠潮濒海已经逐渐形成吴、许、苏三足鼎立的局势，此时清廷以四府为郑氏兵卒安插之地，并同意郑氏原辖武官听其酌量委用，势必将当地渐趋平衡的军事势力划分重新打破，首当其冲的就是刚刚升任总兵不久的吴六奇。

吴六奇于顺治十一年初在平南王尚可喜的推荐下被授予"协镇潮州总兵"，统兵一千，驻防漳潮交界之饶平地方。而就在顺治

1　《李栖凤题为海澄公郑成功委官到饶平并与官兵冲突事本》（顺治十一年三月初四日），厦门大学台湾研究所、中国第一历史档案馆编辑部编《郑成功档案史料选辑》，第 74~75 页。

2　杨英撰，陈碧笙校注《先王实录校注》，永历七年八月，第 62 页。

3　参见杨英撰，陈碧笙校注《先王实录校注》，永历八年三月，第 74 页；《兵部题为郑氏部将在潮属招兵事本》（顺治十一年），厦门大学台湾研究所、中国第一历史档案馆编辑部编《郑成功档案史料选辑》，第 85~86 页；《李栖凤题为郑成功派兵南下潮州事本》（顺治十一年十月初三日），厦门大学台湾研究所、中国第一历史档案馆编辑部主编，中国第一历史档案馆满文部选译《郑成功满文档案史料选译》，第 55~58 页。

4　杨英撰，陈碧笙校注《先王实录校注》，永历八年七月，第 79 页。

十一年二月初十日，郑成功得到清廷应允，十五日，即命部下李为荣为饶平总兵，火速赴饶平上任。十七日，李为荣人马到达饶平县城，吴六奇派部下开门出战，李氏败走。吴六奇的解释是没有接到部文，真假难分；而事实上，吴六奇的背后有平南王尚可喜等人的支持。郑氏若与清廷和议，尚可喜等人的力量和利益也将被削弱。[1]

尽管如此，郑成功继续增派部下为总兵前往诏安、漳浦、黄冈等地，也继续遭到潮州方面官兵的堵御。时任潮州总兵刘伯禄在九月份的塘报中说：

> 照得海澄公占据福建岛屿，距潮州甚近，红头兵结党结伙，接连不断，且差总兵来潮，塘报频繁，因不知其意图，人心浮动。[2]

此时，许龙、苏利等人也感受到郑氏的威胁，故而当郑成功派部下朱跃前往饶平沿海占据海山岛时，许龙以"汛地相近，聚众防御"。苏利亦表态"荷蒙皇恩，舍身报效，至死不忘"。[3]其实言外之意，是欲誓死抵挡郑军。

无论如何，顺治十一年，在和议的名义之下，郑成功以"海澄公"之名，将触角延伸至福州、浙江绍兴一带，甚至要求"以浙、

---

1 《李栖凤题为海澄公郑成功委官到饶平并与官兵冲突事本》（顺治十一年三月初四日），厦门大学台湾研究所、中国第一历史档案馆编辑部编《郑成功档案史料选辑》，第73~74页。

2 《李栖凤题为郑成功派兵南下潮州事本》（顺治十一年十月初三日），厦门大学台湾研究所、中国第一历史档案馆编辑部主编，中国第一历史档案馆满文部选译《郑成功满文档案史料选译》，第55~58页。

3 《李栖凤题为郑成功派兵南下潮州事本》（顺治十一年十月初三日），厦门大学台湾研究所、中国第一历史档案馆编辑部主编，中国第一历史档案馆满文部选译《郑成功满文档案史料选译》，第55~58页。

闽、东粤近沿各郡与其安插，并支粮饷"，[1] 直至当年十二月，清廷决定放弃对郑氏的招抚政策，"特命世子充定远大将军，统率大兵征剿"。[2] 第二年，郑成功再次攻陷漳泉地方，进攻潮州，吴六奇等人再次与之交锋。[3] 顺治十六年（1659），郑成功北征失败，清廷纠兵围剿厦门、铜山等地，福建总督李率泰行文请苏利、许龙二人发兵前往福建协同作战，二人迅速调集兵船，未获邀请的吴六奇也主动请求一并出战，甚至不等总督批示，"业移苏镇、许龙订约旗帜色号，及将战船移送潮道验阅出海"。[4]

吴六奇等人的举动，与其说是对清廷的效忠，不如说是利用郑氏北征失败之机，对屡次侵占自身地盘的郑氏的一次反攻。

康熙元年南澳陈豹降清之后，郑成功又派杜辉等人前来驻守。不久，郑成功亡，郑氏内部因承继问题发生内讧，许龙认为此时正是进击南澳、削弱郑氏势力的大好时机，于是极力赞成康熙二年五月针对南澳的进攻。但是，在五月的备战过程中，吴六奇、苏利二人均试图脱身在外，吴六奇以舟师不备为名，苏利则以碣石汛防为由，并不打算亲自前往督战。最后在镇海将军王国光、提督杨遇明等人的督促下，吴六奇亲率额定官兵船只等候进击，苏利则仍以不可擅离驻地转派副将前来。进兵过程中，唯许龙船队较卖力，吴六奇部将虽待命，然而"双方言语不通"，许龙派下将领难以驾驭；

1　《刘清泰为郑成功终不受抚事揭帖》（顺治十一年十月），厦门大学台湾研究所、中国第一历史档案馆编辑部编《郑成功档案史料选辑》，第 109 页。

2　《敕谕世子吉都稿》（顺治十一年十二月），厦门大学台湾研究所、中国第一历史档案馆编辑部编《郑成功档案史料选辑》，第 110~111 页。

3　《李栖凤题为郑军包围揭阳事本》（顺治十二年九月初二日），厦门大学台湾研究所、中国第一历史档案馆编辑部主编，中国第一历史档案馆满文部选译《郑成功满文档案史料选译》，第 157 页。

4　《明清史料》己编第 6 本，中华书局，1987 年影印本，第 1100~1101 页。

苏利的船队则放开缺口，"放走贼船"，铜山郑军来援南澳，苏利船只即不知去向，剩许、吴二人船队停泊在莱芜，"得不偿失"。于是，平南王尚可喜等人同意了许龙的奏请，将进击南澳的任务交由许龙，"相机独自奋进，相应将攻打贼船之兵饷交许龙，并增补吴总兵官之船兵，统归许龙管带"。如果不足，还可以从总督、提督下的水师各营抽调，"渡海之船，仍交给许总兵官备办为宜"。[1]

可以说，此次进击南澳虽然失败了，许龙却由此得到了清廷的信任，并完全获得潮州沿海水师的管治权。只是未几，康熙二年十一月，许龙即被奏报其兵船秘密将揭阳、潮阳等地米粮运到厦门、南澳贸易，遭到警告。[2]

第四节　禁海与迁界

清军入关之后，面临着铸钱乏材的问题，于是鼓励出海贸易。[3]而后，清军继续南下，在东南沿海地区与以明郑集团为主的反清势力展开了近四十年的拉锯战。在此背景之下，清初政府延续明代的

1　《明安达礼等题为进剿南澳事本》（康熙二年八月初九），陈支平主编《台湾文献汇刊》第1
　　辑第8册《清初郑成功家族满文档案译编》（三），第5~28页。

2　《明安达礼等题复杨遇明为许龙等违禁与贼通商事本》（康熙二年十一月初三日），陈支平主
　　编《台湾文献汇刊》第1辑第8册《清初郑成功家族满文档案译编》（三），第51页。

3　《皇朝掌故汇编·内编》卷19《钱法一》，光绪二十八年求实书社排印本。

做法，实行海禁政策。[1]

顺治十二年（1655）六月，在与郑成功和议的尝试失败、郑氏势力从原先的闽粤交界地方扩张到浙江沿海后，"兵部议覆浙闽总督屯泰（按，即佟代）疏言，沿海省分应立严禁，无许片帆入海，违者立置重典。从之"。[2]有关该年出台的海船政策的具体情形，《大清会典则例》中载：

> 顺治十二年题准，海船除给有执照许令出洋外，若官民人等擅造两桅以上大船，将违禁货物出洋贩往番国，并潜通海贼，同谋结聚，及为向导劫掠良民，或造成大船，图利卖与番国，或将大船赁与出洋之人，分取番人货物者，皆交刑部分别治罪。至单桅小船，准民人领给执照，于沿海近处捕鱼取薪，营汛官兵不许扰累。[3]

所谓"无许片帆入海"，应是限制民人未经政府允许擅自出海捕鱼贸易；而得到清廷执照被允许出海的商船，实指对日贸易的商船，这是清廷为了持续获取铸币的铜材不得已的做法。[4]其余濒海之民，则亦需领照方准在近海地方捕鱼采薪。然而，如前所述，明末清初，闽粤沿海地方豪强往往圈占地盘，各擅一地，拥有地方渔盐与贸易之利。顺治十二年这一禁令并无多大收效，甚至成为那些控

1　参见马楚坚《有关清初迁海的问题》，马楚坚：《明清边政与治乱》，天津人民出版社，1994，第258页。

2　《清世祖实录》卷92，顺治十二年六月壬申。

3　《钦定大清会典则例》卷114《兵部·海船制造之禁》，《景印文渊阁四库全书》第623册，第394~395页。

4　关于此部分的研究，参见焦鹏《跨国贸易与地方社会——16世纪以降乍浦港的研究》，博士学位论文，中山大学，2007，未刊稿，第39页。

扼地方的人物进一步垄断利益的助力。如顺治十六年（1659），福建漳州海防同知蔡行馨在《请除弊害以图治安七条》中所言：

> 至于沿海一带每有倚冒势焰，故立墟场，有如鳞次。但知抽税肥家，不顾通海犯逆。或遇一六、二七、三八等墟期，则米、谷、麻、篾、柴、油等物无不毕集，有发无发，浑迹贸易，扬帆而去。此接济之尤者，而有司不敢问，官兵不敢动也。[1]

此时郑成功已基本垄断了东南沿海的海外贸易，清廷的海禁只是使得沿海商民私潜出海时，更多持郑氏之牌护身。如前引顺治十五年（1658）因私出海被抓的福建海商李楚、杨奎二人，"原系福建顺民，本非郑逆之人，止因血贷经商，不得已，求郑氏之牌为护"。[2]所谓禁海，反促使"通洋之利惟郑氏独操之，财用益饶"，[3]降清的原郑氏大将黄梧称："令虽禁止沿海接济，而不得要领，犹弗禁也。"[4]

随着东南沿海战局的发展，清政府于顺治十八年（1661）在沿海地区施行坚壁清野的迁界政策，于标界挖沟立墙，设兵戍守。[5]闽粤濒海之民奉旨内迁，生灵涂炭，哀鸿遍野。清初著名学者屈大均在《广东新语》中记述了迁界之时广东沿海居民的颠沛流离：

1　蔡行馨：《请除弊害以图治安七条》（顺治十六年），佚名：《皇清奏议》卷13，民国影印本。

2　《兵部残题本》，《明清史料》己编第5本，中华书局，1987年影印本，第841页。

3　黄叔璥：《台海使槎录》卷4，《景印文渊阁四库全书》第592册，第918页。

4　《伊图题为海澄公黄梧敷陈灭贼五策事本》（顺治十四年十月初五日），陈支平主编《台湾文献汇刊》第1辑第6册《清初郑成功家族满文档案译编》（一），第477~482页。

5　学界对此关注由来已久，成果丰硕。可参见顾诚《清初的迁海》，《北京师范大学学报》1983年第3期；李东珠《清初广东"迁海"的经过及其对社会经济的影响》，《中国社会经济史研究》1995年第1期；鲍炜《迁界与明清之际广东地方社会》，博士学位论文，中山大学，2005，未刊稿；等等。

先是，人民被迁者以为不久即归，尚不忍舍离骨肉。至是飘零日久，养生无计，于是父子夫妻相弃，痛哭分携，斗粟一儿，百钱一女。豪民大贾，致有不损锱铢、不烦粒米而得人全室以归者，其丁壮者去为兵，老弱者展转沟壑，或合家饮毒，或尽帑投河。有司视如蝼蚁，无安插之恩；亲戚视如泥沙，无周全之谊。于是八郡之民，死者又以数十万计。[1]

在福建，按巡抚许世昌在康熙元年冬的疏报中称，迁界第一年，福建迁民死亡数字是 8500 多人，而事实上，"时疫流行、水土难调"，"未经报册者又不知凡几"。[2]

迁界使濒海的田地、渔盐生产均遭受重大破坏。顺康年间游历闽浙湖广地区、时任漕运总督周有德幕府的王沄[3]记述亲见之广东界外：

以予所睹，界外所弃，若县若卫所，城郭故址，断垣遗础，髑髅枯骨，隐现草间。粤俗乡村曰墟，惟存瓦砾，盐场曰漏，化为沮洳。水绝桥梁，深厉浅揭，行者病之。其山皆丛莽黑菁，豹虎伏焉。田多膏腴，沟塍久废，一望污莱，良可惜也。[4]

就荒废的田地而言，据康熙二十二年（1683）奉命巡视粤闽开界事宜的工部尚书杜臻所列数字，广东之"广州、惠州、潮州、肇

1　屈大均：《广东新语》卷 2《地语·迁海》，第 57~58 页。
2　《清圣祖实录》卷 7，康熙元年十一月乙未。
3　参见谢国桢《明清笔记谈丛》，上海书店出版社，2004，第 51 页。
4　王沄：《漫游纪略·粤游》，樊尔勤校，新文化书社，1934，第 20 页。

庆、高州、雷州、廉州等七府所属二十七州县、二十卫所沿边迁
界并海岛港洲田地共三万一千九百九十二顷"，福建则"福州、兴
化、泉州、漳州等四府、福宁一州所属十九州县，原迁界外田地共
二万五千九百四顷零"。[1]海盐的生产基本停顿，渔业几乎陷入绝境：

> 渔者靠采捕为生，前此禁网严密，有于界边拾一蛤一蟹
> 者杀无赦。咫尺之地，网阱恢张，渔者卖妻鬻子，究竟无处求
> 食，自身难免，饿死者不知其几。[2]

耕地大量荒废，渔盐无征，清政府的赋税损失极大。

然而，既有研究也已经表明，对于控制沿海的藩王和地方实权
人物而言，清廷所厉行的迁界和禁海，非但没有太多约束力，反而
更利于他们垄断濒海贸易之利。[3]粤东三总兵可谓获益者，他们与郑
氏之间的竞争，既表现在潮州本土，又波及海外的活动。

如前所述，康熙元年、二年，清廷多次催促许龙、苏利、吴
六奇三人对南澳用兵，所以三人在沿海的主要据点并没有内迁。从
《华夷变态》《唐通事会所日录》等日本文献来看，就在康熙初年迁
界令最严格之时，仍存在潮州商船前往日本贸易的记录，[4]只是相较
于郑氏集团，所占份额极小。

《唐通事会所日录》还记录了一起潮州商船索赔事件。康熙二

1　杜臻：《粤闽巡视纪略》卷 5，《景印文渊阁四库全书》第 460 册。

2　《全省子民痛哭总督大老爷姚恩德述略》，陈支平主编《台湾文献汇刊》第 2 辑第 1 册《闽颂
　　汇编》。

3　参见韦庆远《论康熙时期从禁海到开海的政策演变》，《中国人民大学学报》1989 年第 3 期；
　　李金明《清初迁海时期的海外贸易形式》，《南洋问题研究》1995 年第 3 期；等等。

4　参见焦鹏《清初潮州的对日海上贸易》，《潮学研究》第 13 辑，汕头大学出版社，2006，第
　　75 页。

年七月，一艘潮州商船在日本五岛冲被荷兰船撞沉，大概与荷兰人要报复郑成功夺取台湾有关。但是，荷兰人分不清楚郑氏船和其他中国商船的区别，于是误伤了潮州船。为此，潮州船船主和另外一艘"碣石卫船"船主一并在康熙三年九月二十日向长崎奉行提出申诉。随后，"潮州许龙"和"郑经"分别写信给长崎奉行，最后许龙方面同意和解。而在后续处理中，日本方面要潮州商船的人员乘坐郑氏的"廿四番船"回国，但被拒绝了，因为该船跟他们是敌对关系，最后改为乘坐荷兰船回国。[1]

　　这一事件充分证明，在严厉的迁海时期，许龙还是可以派出商船前往日本做生意，并且从潮州商船与碣石卫船一并提出赔偿的举动来看，面对郑氏在海上的垄断势力，许龙和苏利二人的联合不仅仅是在粤东陆上，他们在海上贸易方面同样存在合作关系。

　　当时的东亚贸易，以中国—东南亚—日本三角贸易最盛。[2]许龙等人的海上活动也应放在这一贸易圈中理解。如《华夷变态》中记，康熙五年，有两艘潮州商船二月二日从潮州南洋出海，先到暹罗、广南，六月六日启程回南洋。结果到了附近，才发现此时许龙所在的南洋地方也被迁界，许龙已经被带走。于是，这艘船只能转航向日本，最后在十一月二十六日、二十七日分别自长崎出船回国。[3]

　　海上贸易网络中各方势力彼此交织，在变幻的时局中和利益驱动下，政治上对立的势力偶尔联手、秘密交易亦非罕见。虽然许龙等与郑氏各属不同阵营，双方争斗持续十数年，但如前述，康熙二年，有官员举报许龙竟将揭阳、潮阳等地米粮运到南澳、厦门等处

1　东京大学史料编辑所编纂《唐通事会所日录》（一），东京大学出版会，1955，第21~27页。

2　吴伟明：《17世纪的在日华人与南洋贸易》，《海交史研究》2004年第1期，第51~52页。

3　林春胜、林信笃编《华夷变态》卷5，东洋文库，1958。

贸易，这一情况可为例证。

　　康熙元年之后，郑氏与清廷在东南沿海的力量对比逐渐发生逆转。郑成功去世，郑氏集团内部矛盾公开化，康熙二年、三年，有大批郑氏部将降清。对粤东局势影响最大者，当是南澳守将杜辉降清。康熙二年十月，杜辉开始与吴六奇接触，酝酿降清，号称所带"官兵有五千，大船肆拾只，中船百余只，民有二十万"。十一月，杜辉家眷及部兵被接往揭阳安插，民众则被安插于饶平黄冈等地，[1]而后南澳岛内城郭屋宇遂毁，清廷在粤东沿海的最大威胁消失了。

　　康熙三年，迁界令再次下达，此时的粤东三总兵已经失去了作为直接对阵郑氏的"防火墙"的价值，此后他们的命运也各有不同。

　　康熙三年，濒海再迁，吴六奇统领的饶平沿海如大城所、黄冈等地军民均需内迁。吴六奇呈请平南王，将"大城之兵移处界上，爰就西林度地建寨而驻守之"。西林位于饶平县黄冈河上溯十里的地方，属于界内，吴六奇在此修筑城寨，将军民分别安置。[2]总体看来，吴六奇的举动显示其对清廷的高度配合。八月，在抗拒不迁的苏利被杀之后，吴六奇上书请调任别省。[3]而后，他又以身负重病、饶平地方重要，上书奏请次子吴启丰承袭饶镇总兵，《清圣祖实录》中载：

　　　　（康熙四年七月己亥）平南王尚可喜疏言广东饶平总兵官吴六奇老疾不能供职，上念吴六奇有投诚防汛功，命其子吴启

1　吴六奇：《招抚南澳题疏》，乾隆《丰顺县志》卷8，《广东历代方志集成·潮州府部》第30册，岭南美术出版社，2009，第357页。

2　吴六奇：《鼎建西林寨碑记》，《丰顺汤田吴氏敦伦堂族谱》卷3《艺文记序类》，1942。感谢肖文评博士惠赐资料。

3　吴六奇：《题请别调疏》，乾隆《丰顺县志》卷8，《广东历代方志集成·潮州府部》第30册，第361页。

丰以副将管广东饶平总兵官事。[1]

　　清廷一开始同意了吴六奇的请求，不过到康熙十一年（1672），还是将吴启丰调任贵州安笼总兵官，[2]以远离吴氏的大本营。

　　三总兵中，相较于吴六奇的全身而退，苏利的结局最为悲惨。康熙元年，苏利所在的碣石卫尚不需内迁，成为粤东沿海界外迁民的避难之所。[3]康熙三年要求续迁海界时，苏利拒迁，其部下私自毁掉界石墩台，被副将曹志密告。康熙三年八月十二日，平南王下属镇海将军王国光等进剿碣石卫，苏利出城迎战，中箭而死，苏利余党逃散，[4]海丰、碣石沿海续迁。

　　至于许龙，则一直保全至康熙五年。其所在南洋地方，康熙元年免于迁斥，康熙三年濒海再迁时仍保留下来，俗称"两河中间"。至康熙五年，南洋一圈居民亦需迁入内地，澄海县撤销建置，归并入海阳县。许龙家属被迁往程乡，许龙被带到北京入旗。康熙二十七年（1688）樟林寨上林氏所撰《古迹大观》记录了这一过程：

　　　　时幸新授总兵许龙保荫，是以缓迁。众荷其功，乡绅里老乃题捐派凑，买乡中林家祠堂边空地，筑盖一祠以奉许公生辰。不意盖建未成，即复有奉旨斥地之令。随于康熙三年甲辰，我澄全斥，仅留南洋、澄洋冈、南沙寨等乡一圈，名曰两河中间。我乡先斥，屋宇、砖石、物件、树木，悉被未迁之人搬砍已尽。后至丙午年，南洋等乡也斥。即有奉旨着许眷属搬

1　《清圣祖实录》卷16，康熙四年七月己亥。

2　《清圣祖实录》卷40，康熙十一年九月丁亥。

3　参见黄挺《清初迁海事件中的潮州宗族》，《社会科学》2007年第3期，第144页。

4　蔡皇勷：《华衮手记》卷下《清朝纪事》，《明清广东稀见笔记七种》，第60~61页。

程乡。未几，又钦差大人同提督拘许上京归旗。[1]

至此，显赫一时的粤东三总兵全数消散。至于郑氏集团，康熙元年至康熙三年，大批郑氏亲族、将领降清。康熙二年，清军与荷兰船只合作，进攻金、厦。[2]《台湾外记》中载：

> 红毛登岸，凡庵观庙宇神佛诸像俱被损坏，以为鬼也，惟有达摩存之。[3]

郑经在失去厦、金之后，退守铜山。康熙三年二月，在南澳守将杜辉降后，广东总督卢崇峻、潮州水师总兵许龙等人前往南澳，"将南澳城池房屋悉行拆毁，夷为废墟"。[4]三月，郑经放洋至台湾，留守铜山断后的周全斌、黄廷等人在镇海卫投诚，耿继茂、李率泰等进入铜山，拆毁城楼房屋，迁民入内地。

至此，郑氏在闽粤沿海的重要据点均被暂时拔除。然而，迁民之外，清军并未专门派兵在这些岛屿上驻守。[5]如此，那些原先张挂郑氏旗号的闽粤群雄或归清，或游于界外诸岛。

当时厦门有陈白骨、水牛忠；漳浦、铜山一带有江胜；粤东有

1　上林氏：《古迹大观》，载汕头市政协学习和文史委员会、澄海区政协文史资料委员会编《樟林古港》，香港天马出版有限公司，2004，第162~163页。

2　《耿继茂等题报荷兰船助攻出力并窥伺台湾事本》（康熙二年十一月二十日），陈支平主编《台湾文献汇刊》第1辑第8册《清初郑成功家族满文档案译编》（三），第63~65页。

3　江日升：《台湾外记》卷5，第186页。

4　《卢崇峻题报周全斌自南澳逃逸事本》（康熙三年二月二十五日），陈支平主编《台湾文献汇刊》第1辑第8册《清初郑成功家族满文档案译编》（三），第71页。

5　《卢兴祖题为台湾船艘飘突现督舟师追击事本》（康熙六年闰四月二十五日），厦门大学台湾研究所、中国第一历史档案馆编辑部编《康熙统一台湾档案史料选辑》，福建人民出版社，1983，第64页。

邱辉等。郑经退守台湾之后，仍不时派船只在漳潮沿海哨探。康熙五年九月，郑经、陈天华因台湾与大陆贸易阻隔，日用品"货物难周"而"值价甚告"，于是打算派"一旅驻劄厦门，勿得骚扰沿边百姓，善与内地边将交，便可接济"，实际做法就是给予当时正在漳浦、铜山一带活动的江胜名号进行收编，如此，郑氏可得接济，而江胜得郑氏旗号，为壮大势力，与盘踞潮州达濠的邱辉结成姻亲，二人协力攻下盘踞厦门的陈白骨、水牛忠。[1]于是，就在清廷奉行迁海、退守内岸之际，江胜据有厦门、铜山等地，邱辉则以潮州沿海的达濠、南澳为基地。《台湾外记》中如此记载：

> 胜踞厦门，斩茅为市，禁止掳掠，平价交易。凡沿海内地穷民，乘夜窃负货物入界，虽儿童无欺。自是，内外相安，边疆无衅。其达濠货物，聚而流通台湾。因此而物价平，洋贩愈兴。[2]

康熙七年（1668）展界之后，这种情形并未发生改变，江胜在厦门与清兵守将相安无事，邱辉在达濠"横行无忌，官军无奈何"。不久，邱辉在江胜的引荐下得郑氏"义武镇"名号，"公然开府于达濠埠，置市廛数百间，擅一府鱼盐之利。潮商买盐上广济桥贩卖，非有贼票不敢出港也"。[3]其与台湾交通接济、货物兴贩，两相得利。[4]

在郑经和清廷彼此有意识的克制之下，闽粤沿海数年未有重大战事。[5]康熙十三年（1674），三藩乱起，沿海局势又趋紧张，漳

1　参见江日升《台湾外记》卷6，第193~194页。
2　江日升：《台湾外记》卷6，第194页。
3　康熙《澄海县志》卷19《海氛》，第168页。
4　江日升：《台湾外记》卷6，第210页。
5　"康熙十年辛亥……郑经敕诸岛守将，勿得侵扰百姓，与边将相安。"江日升：《台湾外记》卷6，第210页。

潮几番易帜，郑经也从台湾回到厦门亲督战局，直到康熙十六年
（1677）再次退回台湾。康熙十八年（1679）正月，福建总督姚启
圣因招抚郑氏不成，在福建又进行新一轮迁界：

> 上自福宁，下至诏安，赶逐百姓重入内地，或十里，或
> 二十里，凡近水险要，添设炮台，星罗棋布，稽查防范。

广东则因"平南亲王尚之信力争不必迁移，因而粤东无恙"。[1]
如此，直至康熙十九年（1680），郑氏留守厦门、铜山等地的将领
或渡台，或降清。江胜与邱辉在铜山朱天贵归降之后，"席卷而去"，
潮州濒海的达濠、南澳亦平，闽粤地区局势渐趋平稳，福建百姓得
以返乡复业。清廷也吸取之前的教训，开始在濒海岛屿驻军。康熙
二十二年（1683），郑克塽降清，清廷在东南沿海地区的统治终于
稳定下来。同年，康熙皇帝派内阁学士席柱等人前往广东福建沿海
查勘复界，翌年十月解除海禁，[2]清廷进入对东南海疆秩序的重建和
巩固阶段。

小　结

明清鼎革的闽粤沿海地区，清廷与郑氏长时间拉锯，正统之争

1　江日升：《台湾外记》卷8，第287页。

2　《清圣祖实录》卷117，康熙二十三年十月丁巳。

的旗号下掩映着自明代后期以来不同地方豪强间的利益争夺，并最终形成吴六奇、许龙、苏利三大势力（粤东三总兵）联合对抗郑氏的局面。他们与郑氏持续抗衡，成为清王朝对阵郑氏的"防火墙"。而海上贸易网络中各方势力彼此交织，三总兵与郑氏在政治军事上对立，但基于经济利益的秘密交易也时有发生。顺治初年到康熙二十三年（1684）的禁海与迁界对东南沿海地方社会造成了深远的影响。禁海迁界是清王朝在创建之初扩充政治版图所采取的强制措施，是直接针对郑氏而推行的"坚壁清野"政策，但同时也是打破闽粤沿海旧有势力格局的雷霆手段；在此过程中，闽粤沿海各主要军事势力或彼此消耗，或为清廷收编。顺治年间与郑成功在粤东沿海持续抗衡的苏利、许龙、吴六奇等人，在康熙初年或被剿灭，或被迫内迁，调离自身的地盘；而清廷安置郑氏投诚官兵的主要做法，就是将大部分人马调往外省，例如四川、湖广等地屯垦。[1] 此后整个康熙年间，清廷在闽粤沿海重新部署兵防，又多次招抚所谓"海上游魂"，逐步确立自身在闽粤沿海地区的统治秩序。

---

1 《明安达礼等题复安置投诚官兵事本》（康熙四年正月初十日）、《明安达礼等题复安置投诚官兵事本》（康熙四年四月初九日），陈支平主编《台湾文献汇刊》第 1 辑第 8 册《清初郑成功家族满文档案译编》（三），第 178~180、202~204 页。

第五章 立营废所：清代前期沿海军事格局的调整

　　顺治三年（1646），清军进入闽粤地区后部署的驻防八旗和绿营均属陆路兵种，为对付占据濒海岛屿诸抗清力量，清廷需要依靠收编当地军事豪强来扩充战力。后清廷进一步吸纳郑氏降将、舟师等为己所用，同时加紧修造船只、训练水师。台湾平定以后，经历过长时间东南战事的清廷意识到濒海军防尤其是控扼外海岛屿的重要性，于是在康熙二十三年（1684），清政府一方面宣布开海，另一方面则重新调整其在东南沿海地区的军事布防。本章主要描述清代前期沿海军事格局的调整，重点分析清代裁斥卫所之后屯田屯丁管理的制度变化，并仍以漳州铜山所和潮州大城所为例讨论卫所军户在此历程中的心态与行为选择，以及最终形成的所城内部社区组织结构的差异。

第一节　绿营之制与清代前期闽粤沿海汛防

清代的绿营经制是通过划分军区来进行镇戍。[1] 在每个军区里，以"镇"作为基础单位。每镇设有总兵官一员，其下有副将、参将、游击、都司、守备、千总、把总。总兵官之上，有提督、巡抚、总督等，节制每一军区内的各镇权。在绿营经制中，总督、巡抚、提督、总兵官所属称为"标"，副将所属称为"协"，参将、游击、都司、守备所属称为"营"。标兵专备调遣作战，协兵协守要地，营兵则防守一城一邑。[2]

作为清初主要战场的闽粤沿海地区，其绿营兵马数目大大超过其他各省，虽然在平定三藩之后，两省均有裁军举动，但兵额仍旧庞大，尤其是福建漳州海域，屯聚了清廷大部分水师兵力。康熙十三年（1674）之后，为了应对"三藩之乱"及郑经的进攻，清廷允许新投诚官军不需迁移，直接在本省留用，漳州因与郑氏直接对垒，"海上大伙投诚，漳州实收十分之九"，[3] 当地水师兵力远远超过其他地方。康熙十九年（1680）裁军，福建仍存陆兵 55650 名，又水师 25000 名。康熙二十二年（1683），郑氏归降，总督姚启圣再议裁兵。[4] 至康熙二十三年，福建有提督总兵官驻扎泉州，辖全省

1　关于清初水师布防的观念和总体制度框架，可参见王宏斌《清代前期海防：思想与制度》，社会科学文献出版社，2002，第 60~72 页。

2　参见罗尔纲《绿营兵志》，中华书局，1984，第 116 页。

3　《姚启圣题为安插投诚官兵开垦界外田地事本》（康熙二十年十月二十二日），厦门大学台湾研究所、中国第一历史档案馆编辑部编《康熙统一台湾档案史料选辑》，第 236 页。

4　《姚启圣题为请少裁闽省绿旗兵丁事本》（康熙二十二年八月十七日），厦门大学台湾研究所、中国第一历史档案馆编辑部编《康熙统一台湾档案史料选辑》，第 298 页。

陆路官军，又有水师提督总兵官驻扎厦门，辖全省水师，其大部分兵力集中于泉漳沿海。在泉州，陆上有城守营、晋江营、同安城守营、围头营、惠安营、灌口营等马步战守兵 6400 名，水师则有水师提督镇标、金门镇标、厦门镇标共兵额 11000 名；在漳州，陆路有漳州镇标、漳浦镇标、漳州城守营、海澄城守营、漳浦营、诏安营、云霄营、龙江营、铜山城守营共经制兵 14530 名，另有铜山水师镇标中、左、右三营 3000 名。[1]

至于广东惠潮地区，在经过康熙初年对各种地方军事力量的削减，尤其是吴六奇、许龙、苏利、刘进忠等主要势力消亡之后，兵力较之漳泉大幅减少。至康熙二十三年，潮州水师总兵官被裁，仅剩陆路官兵。潮州镇辖下，镇标、潮州城守营、潮阳营、海门所营、达濠营、饶平营、澄海营、黄冈营、平镇营等经制兵共计11788 名。其中，以濒海一带之达濠、澄海、黄冈屯兵最多，占潮州兵防的一半。[2] 在惠州，最主要的兵力集中于碣石、海丰一带，统属于碣石总兵官，经制兵额 3575 名，主要驻防地点正是惠州沿海所城：碣石卫、捷胜所和甲子所。[3]

康熙二十三年，清廷重新调整绿营经制，重点削减康熙十三年后大量留用本省投诚官军的漳泉兵额。[4]

据康熙《大清会典》中所记，仅康熙二十三年，福建裁去厦

1　参见康熙《福建通志》卷 15《兵防》，康熙二十三年序刊本，《北京图书馆古籍珍本丛刊》第 34 册，书目文献出版社，1988 年影印本，第 1544~1546 页。

2　参见康熙《潮州府志》卷 5《兵防》，《广东历代方志集成·潮州府部》第 2 册，岭南美术出版社，2009，第 143~144 页。

3　乾隆《陆丰县志》卷 11《兵防》，《中国地方志集成·广东府县志辑》第 29 册，上海书店出版社，2003 年影印本，第 151 页。

4　参见施琅《靖海纪事》卷下《移动不如稳定疏》《留用人材疏》等，《续修四库全书》第 390 册，上海古籍出版社，1996，第 613~623 页。

门总兵官、铜山总兵官和漳州总兵官三处镇营，广东裁去潮州水师总兵官、廉州总兵官和顺德总兵官等，其余各营兵额也大为削减。至康熙二十五年（1686），漳泉地区原有的五镇仅剩陆路漳浦镇和水师金门镇，粤东地方则有潮州镇和碣石镇，[1]各地驻防兵力大幅缩减。以曾经作为郑氏重要据点的铜山岛为例。战时，铜山曾设"援剿前镇总兵官"，康熙十九年，郑经再次退守台湾，清廷即将"援剿前镇总兵官"改为铜山总兵官，标下中、左、右三营经制兵三千员名，再加上铜山城守营兵，共兵额四千，分驻铜山、六鳌和玄钟地方。康熙二十三年，裁减福建兵防，以铜山临近南澳，将铜山总兵官裁去，"改镇为协，裁中、左二营，设官兵一千六百员名"。康熙三十一年（1692），改协为营，独设游击一员，"官兵驻铜者六百七十四名，分防悬钟等汛者三百一十名，共九百八十四名"。至康熙四十八年（1709），考虑到铜山地理位置重要，又从汀州总兵官镇标中划拨守备、把总各一员，汀兵二百一十六名前来铜山驻防，补足一千二百名兵额，雍正二年（1724），又改游击为参将。[2]铜山营参将属驻防于厦门的水师提督直辖，其汛地包括漳州府漳浦县、诏安县濒海要地：

> 分防陆鳌，辖陆鳌水师；分防古雷，兼辖杏仔、杜浔；分防悬钟，兼辖西澳、八尺门；分防北山，兼辖苏尖、西浦等处。[3]

削减兵力的同时，清廷也注意均衡各地兵备，并与行政建置相

1　参见《康熙会典》卷92《兵部十》，线装书局，2006，第1194~1234页。
2　乾隆《铜山志》卷3《武备志》，第331页。
3　乾隆《铜山志》卷3《武备志》，第330~331页。

配合，以利于统辖。如康熙二十七年（1688），福建通省营制再行调整时，将原先驻守漳州府漳浦县的漳浦镇总兵官移驻漳州府城，改设漳州总兵，将原漳浦镇标右营留驻当地，改为漳浦营；而后，又将原属兴化镇的同安营以及金门镇的云霄、诏安、海澄等营也划归漳州镇管辖。至此，漳州陆路有镇守总兵官一员，"驻扎漳州府城，标下中、左、右三营，管辖漳州城守、漳浦、同安、云霄、诏安、海澄六营"。[1]

此外，与明代弃海岛不守的海防线内缩政策相比，清代的水师布防显然加强了对海岛的防卫，[2]尤其是在郑氏集团的刺激之下，着意加强对漳潮沿海南澳、澎湖、台湾一线海峡的控制。

漳潮之界，有隶属漳州总兵官的镇标左营游击驻防平和县、[3]诏安营游击驻防诏安县、铜山营兵把守诏安海口如玄钟和八尺门等船只出入要冲之地；有隶属潮州总兵官的饶平营驻扎饶平县城，潮州镇第二大经制之黄冈协标扼守潮漳边界分水关、上里尾、柘林寨及鸿门井洲一带柘林湾内海沿岸。[4]

陆上的汛防因行政区划各有统属，海上则事归一体。从福建铜山、诏安南面之海域如诏安湾、洋林湾，到饶平东界南面之柘林湾至南澳，及广东澄海、达濠、海门等可直达外海的要地，都由南澳总兵官统辖。南澳总兵官设于康熙二十四年（1685），由裁撤后的厦门镇官兵移驻于此，分左右二营，左为福营，右为广营。汛防分有陆汛与海汛。陆汛包括南澳城汛、草寮尾汛（即深澳口）、西炮

1　参见《雍正会典》卷 128《兵部十八》，线装书局，2006，第 2061~2063 页。

2　王宏斌：《清代前期海防：思想与制度》，第 71 页。

3　康熙《平和县志》卷 5《兵防》，《中国地方志集成·福建府县志辑》第 32 册，上海书店出版社，2000 年影印本，第 84 页。

4　参见乾隆《潮州府志》卷 36《兵防》，第 839~867 页；光绪《漳州府志》卷 23《兵纪二》。

台汛、云澳东墩泰字楼等汛、青澳竹栖墩汛、隆澳汛、浮浔汛（兼辖石狗门、牛心石、栢洲三汛）、西山汛（兼辖信洲汛）等；海巡则有内外洋之分，从洋林湾内洋到三澎外洋，左、右营兵分班巡哨。[1]大抵福营以二月至五月为上班，六月至九月为下班，而广营则以半年为一班，亦分上下班。每年正月到十月的初十和二十四日，左右营舟师北与铜山营参将会哨于玄钟洋面，南会哨于东虎屿洋面，[2]总兵官则在六月到九月之间统巡闽粤洋面。按照会哨定制，每年二月十五日，广东碣石镇总兵来南澳会哨，南澳总兵官则于六月十五日至铜山大澳与金门镇会哨，"巡阅营伍，考验官兵，查验军装器械"，九月初十日至莱芜与澄海协会哨。[3]

铜山、南澳绵延往东，顺风两昼一夜即到澎湖，再二十里水程就是台湾。康熙二十四年，在姚启圣、施琅等人的努力之下，[4]清廷于台湾置府设镇：

> 以总兵一员驻府治，水师副将一员驻安平，陆路参将二员分驻诸、凤，兵八千名；澎湖水师副将一员，兵二千名；皆调自福建各营，三年一换，谓之班兵。[5]

其兵丁均调自福建，水陆官兵一万，战舰百艘，[6]故而南澳、铜

1　乾隆《南澳志》卷8《海防》，第78~80页。
2　乾隆四十八年以后南面会哨延伸至五屿洋面，与澄海都司会哨。
3　乾隆《南澳志》卷8《海防》，第78~80页。
4　参见邓孔昭《李光地、施琅、姚启圣与清初统一台湾》，《台湾研究集刊》1993年第1期等。
5　连横：《台湾通史》卷13《军备志》，商务印书馆，2017，第220页。
6　关于澎湖、台湾的兵防，可参见许雪姬《清代台湾的绿营》，中研院近代史研究所，1987；余光弘《澎湖移民与清代班兵》，《台湾与福建社会文化研究论文集》（二），中研院民族学研究所，1995；等等。

山等地兵员有赴台班兵之役，澎台一线的戍防也大大加强。

总之，经过了康熙雍正年间多次调整，清廷在东南沿海布置了一条以海岸、海岛为依托，水陆相维的海防线。海上力量以驻扎海岛、海口的绿营水师为主，岸上以绿营陆师为主，又以八旗兵在沿海核心城市集中驻防，加以监控。

绿营的布防分散，犬牙交错，有母汛、子汛以及大汛、小汛之分，濒海之地还有陆汛和海汛之别。明代诸多沿海卫所城池往往成为濒海汛防的重要据点。汛地由各营分领，派兵防守，遇沿边沿海沿江之处及陆路要道，均按段置立墩堡，分驻弁兵防守。弁兵以差操为专职，从镇守、作战到缉捕、解送、缉私、承催等百役均由其担任。[1]

清初用兵紧急之时，随地召募绿营之兵；待战事渐趋平息，清廷遂定募补兵士必须用本地土著的原则，假使本地战乱，壮丁凋敝，无人应募，则从外省移调的兵士，都必须携家带口赴军营所在地居住，成为本地土著之人。

土著之兵与地方相维系，绿营兵士一列兵籍，终身不改，同时有父子余丁制度。所谓余丁制度，就是将营中清出火粮收养兵丁子弟，每名月给饷银五钱，以备出缺挑补，名为"余丁"；余丁十六岁，即有资格考补守兵。[2]所谓绿营"兵皆土著""兵家世业"，都是针对绿营兵士拨补、从保证兵源的角度而言，与明代卫所世袭军役的设计有相同的考虑，但是也存在本质上的区别。卫所世袭制度存在的基础是明代的里甲户籍赋役制度，不论是原籍还是在卫军户，都是以整个家庭为单位在承充军役，军丁的勾补是差役、强制性质

---

1   参见罗尔纲《绿营兵志》，第250~256页。

2   罗尔纲：《绿营兵志》，第233~234页。

的。清代的绿营兵从本质而言是募兵制，余丁是作为先行培育的募兵兵源，未有如军户余丁那样强制性的户籍登记、军役杂差。

清代闽粤濒海的绿营兵丁，多是召募边海之民自行投充，将领多拔自戎行。[1] 战事初平之际，闽粤濒海，尤其是南澳、台澎一线将官，多属施琅部将或随征台湾的将领，他们大部分是在康熙十三年之后投诚的，并没有被安插在内地，而是因应当时的战局在军中录用，随施琅出征澎台。台湾平定后，闽粤沿海整饬营制，施琅请求将其中精锐官兵留用本省，[2] 康熙二十四年，清廷遂废除原先关于海上投诚官员不准在福建、广东、江南、浙江四省任职的规定，同意"海上投诚各官，遇近海员缺，俱准推补，停其回避"。[3] 此后，在进一步的军防调配过程中，这些将领几乎把守了从厦门到碣石之间的闽粤海域，如南澳镇总兵杨嘉瑞、碣石镇总兵曾成、潮州镇总兵薛受益和台湾总兵王国兴等。[4]

表 5-1　康熙年间闽南粤东沿海兵防调整情况

镇	营制	职衔	兵防调配
广东提督驻防惠州府城	镇标五营		节制全省兵防
惠州副将驻防惠州府城	协标二营	左（都司金书）右（都司金书）	原属海丰总兵官标下，康熙五年裁海丰总兵官，改副将，康熙九年移驻惠州府城
	和平营	守备，驻扎和平县	
	兴宁营	守备，驻扎兴宁县	

1　乾隆《南澳志》卷 8《海防》，第 80 页。

2　参见施琅《靖海纪事》卷下《移动不如安静疏》《收用人材疏》，第 613~616、619~621 页。

3　《雍正会典》卷 134《兵部二十四》，第 2146 页。

4　施琅：《靖海纪事》卷下《君恩深重疏》，第 623~625 页。

续表

镇	营制	职衔	兵防调配
碣石镇 总兵官驻扎碣 石卫	镇标三营	左营游击，驻扎捷胜所；左营守备，驻扎甲子所 中营游击、守备驻防卫城 右营游击，驻扎东海滘；右营守备，驻扎海丰县城	海丰总兵官于康熙三年设，康熙五年裁，改为惠协副将，康熙九年移驻惠州府城，海丰改由碣石镇总兵官所辖。碣石、捷胜、甲子、东海滘等均属海丰地界
	惠来营	游击，驻扎惠来县	惠来县属潮州府，地处惠潮交界，清初为碣石总兵苏利的势力范围
潮州镇 总兵官驻扎潮 州府城	镇标三营	左、中营游击，驻防府城 右营游击，驻防揭阳	
	城守营	游击，驻防海阳县	
	平镇营	游击，驻防平远县	
	饶平营	游击，驻防饶平县	康熙八年，饶平总兵官裁。改设游击驻防
	黄冈协	副将，驻防黄冈	康熙二十四年，裁去都司金书一员
	潮阳营	游击，驻防潮阳县	康熙二十年，潮阳协副将改为游击，兼辖海门水师营。康熙四十二年，海门营改归南澳镇
南澳镇 总兵官驻扎 南澳	镇标二营	左营游击属福建 右营游击属广东	康熙二十三年，将厦门镇移驻南澳，裁去中营官兵
	澄海协	副将，驻防澄海县	康熙二十三年，裁去都司金书一员
	达濠营	守备，驻防达濠	康熙二十三年，改达濠副将为游击。康熙四十二年，裁游击，改守备驻防
	海门营	游击，驻防海门所	康熙二十年，海门水师副将改为守备，由潮阳营兼辖。康熙四十二年，海门营设游击，单独成营，改归南澳镇

续表

镇	营制	职衔	兵防调配
漳州镇 总兵官驻扎漳州府城	镇标三营	中营游击 左营游击，驻防平和县 右营游击，驻防龙岩县	康熙二十七年，由漳浦镇总兵官改设漳州总兵官。原漳浦镇右营留守漳浦，将原漳州副将右营拨补为漳州镇右营
	漳州城守营	游击，驻防漳州府	原设副将，康熙二十三年副将调往澎湖，康熙二十七年改原漳州副将左营为漳州城守营
	漳浦营	游击，驻扎漳浦县	原设漳浦营参将，隶属漳浦镇总兵，康熙二十三年裁。康熙二十七年，漳浦镇总兵官改为漳州镇总兵官，将右营留驻原汛，改为漳浦营
	同安城守营	游击，驻防同安县	原设副将，康熙二十三年裁，属兴化镇管辖。康熙三十六年，改归漳州镇管辖
	云霄营	游击，驻防云霄城	原为云霄守备营，康熙二十七年，将铜山营游击移驻云霄，原属金门镇管辖，康熙三十六年改归漳州镇管辖
	诏安营	游击，驻防诏安县	原属金门镇，康熙三十六年改归漳州镇
	海澄营	游击，驻防海澄县	原设海澄协副将，康熙二十三年裁，存右营游击。原属金门镇，康熙三十六年改归漳州镇
金门镇 总兵官驻扎金门	镇标二营	左营游击 右营游击	康熙二十七年裁镇标中营，存左右二营。康熙三十六年，将诏安、海澄、云霄三营改归漳州镇

续表

镇	营制	职衔	兵防调配
台湾镇 总兵官驻扎台湾府	镇标三营	中营游击 左营游击 右营游击	
	南路营	参将，驻防凤山县	
	北路营	参将，驻防佳里兴	
	淡水营	守备，驻防淡水城	康熙五十七年设
	台湾水师协	副将，驻防安平镇	
	澎湖水师协	副将，驻防娘妈宫	
兴化城守协	泉州营	游击，驻防泉州府	康熙三十六年，将兴化总兵官移驻汀州，将汀州副将移镇兴化为城守协，仍管辖长福营、泉州营
福建陆路提督驻扎泉州府	提标五营		统辖全省陆路镇营
福建水师提督驻扎厦门	提标五营		统辖全省水师镇营

资料来源：据康熙《大清会典》、雍正《大清会典》、康熙《平和县志》、乾隆《潮州府志》、乾隆《陆丰县志》、光绪《漳州府志》制作。

第二节　闽粤沿海卫所的裁撤及所城的演变

如前所述，入清以后，以营兵制为基础的绿营取代了卫所成为清王朝地方兵制的主体。卫所屯粮归并各该地方州县征收，卫所官废除，旗军改成"屯丁"。不过在有漕运的江浙等地，卫所旧制仍得保留，以卫军运漕。[1] 在福建广东地方，至雍正初年，卫所全部裁撤，卫所军户归并入州县民籍之中，卫所的军事色彩最终淡去。[2]

一　从"旗军"到"屯丁"——清代军籍的变化

顺治三年十月，清廷批准兵部奏议，将明代遗留下来的卫所指挥、千户、百户等名色裁革，卫所则不必裁去，"每卫设掌印官一员，兼理屯事，改为卫守备，千户改为卫千总，每所设一员，俱由部推。百户改为卫百总，每所设一员，由督抚选委。其不属于卫之所，俱给关防，卫军改为屯丁。凡卫所钱粮职掌，及漕运造船事务，并都司、行都司分辖，皆宜照旧"。[3] 第二年，东南沿海的浙、闽、粤相继进入清王朝版图，顺治皇帝以恩诏方式重申："卫军已改屯丁，永不勾补。"此外，班军等名目一概免除，永不赴班著役，"官吏人等谪戍到卫者，悉放回原籍"。[4]

顺治初年的一系列诏令，奠定了清代卫所制度改革极为重要的基调。

1　参见于志嘉《明清时代江西卫所军户的管理与军役纠纷》，《中央研究院历史语言研究所集刊》第 72 本第 4 分，2001，第 834 页。

2　关于明代卫所制度到了清代的演变情况，已经有多位学者做过探讨，可参见顾诚《卫所制度在清代的变革》，《北京师范大学学报》1988 年第 2 期；邓庆平《州县与卫所：政区演变与华北边地的社会变迁——以明清蔚州为中心》，博士学位论文，北京师范大学，2006；孟凡松《卫所沿革与明清时期澧州地区地方行政制度变迁——以九溪、永定二卫及其属所为中心》，《历史地理》第 23 辑，上海人民出版社，2008。关于屯田屯丁的转变，还可参见薛理禹《清代屯丁研究：以江南各卫所及归并州县屯丁为例》，《史林》2012 年第 2 期；谢湜《"以屯易民"：明清南岭卫所军屯的演变与社会建构》，《文史》2014 年第 4 辑；毛亦可《清代卫所归并州县研究》，社会科学文献出版社，2018；等等。

3　《清世祖实录》卷 28，顺治三年十月乙未。

4　《清世祖实录》卷 30，顺治四年二月癸未；卷 33，顺治四年七月甲子。

首先，废除卫所武职世袭制度，卫所中的守备、千总、百总等，全部改为选委。其次，将卫军改为屯丁。康熙《大清会典》中关于"屯丁"的部分如此表述：

> 凡屯丁。顺治三年题准，改卫军为屯丁。九年覆准，各省屯丁，有关漕务者，仍留驾运。又覆准，陕西凉州戍军改编屯丁，除免军名，令承种屯地，照旧征输。又覆准，江岸输运漕粮，开报殷实运丁，不论官舍书承，一体金运。十二年，覆准军民籍贯，原有分别，有屯丁窜入民籍，希图免运者，有运弁卖富差贫者，有军民相邻，运弁借勾摄以滋扰者，令督抚委廉明道员，分别军民，应除应补，五年一次编定册籍，俾伍籍充盈，不致军民相混。[1]

需特别注意的是，顺治十二年（1655），重新确定军民籍贯之别，要求分别造册。如此，在八旗、绿营兵制之外，沿袭明代旧制，将卫所屯丁单独列为军籍。

而后，从顺治中期一直延续到雍正初年，清廷陆续将各省卫所裁撤，存留下来的基本上是边地没有州县或者是具有漕运功能的卫所。这些卫所军丁的户籍编审继续进行，与当地卫所屯田册一起成为编金漕运军役的最重要依据。[2]相对于明代的"军籍"，清代的"军籍"所对应的范围极大缩小了，被裁卫所的屯丁则陆续

1　康熙《大清会典》卷 22《户部六·卫所屯田》，线装书局，2006，第 250 页。
2　参见于志嘉《明清时代江西卫所军户的管理与军役纠纷》，《中央研究院历史语言研究所集刊》第 72 本第 4 分，2001，第 849 页。

改入民籍。[1]

　　不过，清初卫所的屯丁数不能代表卫所军户数目，不能将卫所屯丁数视为改归州县的军户数。众所周知，到了明末，卫所正军额数已经所剩无几。如潮州沿海五处千户所：

　　　　大城守御千户所，原额旗军一千二百二十五名，后存七十五名，改为屯丁。蓬州守御千户所，原额旗军一千一百七十一名，后存一百四十八名，改为屯丁。靖海守御千户所，原额旗军一千一百二十一名，后存四十二名，改为屯丁。海门守御千户所，原额旗军一千一百九十六名，后存八十名，改为屯丁。……澄海守御千户所，原额旗军一千一百一十名，后存三十六名，改为屯丁。[2]

　　在这里，屯丁的数目是明代卫所军额的遗留。康熙十七年（1678），清廷下令将各省"归并卫所屯丁亦照州县人丁例一体编征"，[3]除早有编征屯丁银两的北方、西南地方卫所外，东南、华南各省也开始对屯丁征收丁银。[4]于是，各地均将本地卫所屯丁按照本县民丁之例征银，如潮州府饶平县之大城所：

　　　　额存旗军改屯丁七十五丁。康熙十七年奉行编造饶平县民丁之例，每丁岁征银一钱六分五厘九丝二忽，共征银一十二两

1　《清朝文献通考》卷 21《职役》，浙江古籍出版社，1988，第 5044~5045 页。毛亦可进一步厘清了屯丁归入州县后不同区域里甲编排原则，指出南方各省多为附里附甲，而北方则多见新编里甲。毛亦可：《清代卫所归并州县研究》，第 214~228 页。

2　康熙《潮州府志》卷 5《兵防》，第 143 页。

3　《清朝文献通考》卷 19《户口》，第 5024 页。

4　毛亦可：《清代卫所归并州县研究》，第 240~243 页。

三钱八分一厘九毫，遇闰加银五钱零八厘五毫。[1]

而在福建漳州，是按屯田派丁征纳屯丁丁银。乾隆《漳州府志》中载，康熙十七年征收屯丁丁银时，"有司不寻军籍子孙，编户止将屯田一分配以一丁，是屯既纳米又纳丁矣"。[2]

顺治七年，清廷规定凡是有漕运任务的卫所，其屯粮仍按照原先的科则征派，较之民田为轻；而没有漕运任务的卫所，屯粮则按照州县民田一体起科。[3]结合材料所述屯丁丁银的计算方式考虑，明代卫所系统存留下来的军额和屯田额，正是通过屯丁屯田税银的征收，进入了清王朝的赋役系统之中。

但是，正如前文所述，卫所正军仅仅是卫所人户中极小的部分，明中期以后，卫所已经不再仅仅是军事性的设施，更成为类似于州县的人户管理机构，所以，对于清廷而言，接收了明代的卫所，意味着还有一批卫所军户需要处理。他们在户籍上不属于州县所辖，卫所城池内的社会组织形态也可能自成一体。所以，除了顺治年间裁撤了一批卫所之外，至康熙年间，保留下来的卫所机构基本上成为当时与州县并行的另一套人户管理机构。故而，康熙十六年（1677），"又覆准，卫所清出余舍闲丁，每名征银二钱"。[4]

不过，当时闽粤沿海地区战事尚未平息，沿海各处卫所均为战场，此诏令的实施情况并不乐观。尤其是在福建，至康熙五年（1666），全省卫所已经全部裁撤，[5]但卫所军户并未纳入民籍，一时

1　康熙《潮州府志》卷5《兵防》，第144页；康熙《饶平县志》卷5《屯田》，第71页。

2　光绪《漳州府志》卷14《乾隆旧志·赋役上》，第249页。

3　参见《清朝文献通考》卷10《田赋·屯田》，第4941页。

4　康熙《大清会典》卷22《户部六·屯丁》，第251页。

5　参见康熙《大清会典》卷83《兵部三·都司卫所上》，第1101~1102页。

之间，这些卫所军户是"弃之有籍，反散而为无"，[1] 正所谓"脱然籍外"。[2] 直到康熙中期，地方官员重整里甲赋役，才将这些军户编入黄册之中征纳丁粮。[3] 而在广东沿海的卫所军户则更晚，大部分需至雍正初年才纳入民籍。下文中，笔者拟以前举铜山所和大城所为例，分析卫所裁撤之后卫所军户在此历程中的心态、行为和所城社区组织变化。

二　纳入州县与卫所军户立籍——以福建漳州铜山所为例

前文所述，福建铜山所隶属于漳州镇海卫，洪武二十年设立于漳州府漳浦县东山岛东北角，[4] 控扼东山湾港门，是闽粤船只南下北上的必经之道。明代中期以后，当地经济发展、人文兴起，尤其是依托镇海卫学，铜山所培养出一大批军籍士绅，以唐、游、方、黄、陈等为著姓。他们在铜山所城内修造祖祠庙宇、设立家塾书院、凿池筑馆，[5] 改造城池景观，动乱之时据城自保，对铜山社会的发展有着举足轻重的作用，也影响着铜山人的身份认同。铜山所与其所在的东山岛其他村落有着明显的军民之别。

明崇祯以后，铜山所成为郑芝龙、郑成功父子在漳潮海域的重要活动基地之一。郑军舟师训练的场所就在铜山东北面的水寨大山。他们以铜山所城为据点向周围村落寨堡进攻，募兵措饷。位于铜山所西面的东山岛康美乡，与前文所举之樟塘乡同为明代中期以

1　参见康熙五十二年《公立关永茂碑记》。
2　光绪《漳州府志》卷 14《乾隆旧志·赋役上》，第 249 页。
3　参见康熙五十二年《公立关永茂碑记》。
4　嘉靖九年后东山岛隶属诏安县。
5　参见乾隆《铜山志》卷 7《人物志·缙绅》，第 354~355 页。

后东山岛上几大村落之一，拥有地理位置极佳的东山马峦湾海界。[1]
顺治四年（1647），郑成功在其父郑芝龙降清之后，游弋于铜山、
南澳之间，八月，入铜山募兵筹饷，"诏安县五都人林日灼鼓众拒
之。功令甘辉往征，日灼旋灭"。[2]林日灼是康美乡人，明末甘肃巡
抚、后被崇祯皇帝追赠为"兵部尚书"的林日瑞之弟。[3]郑氏进举东
山岛，遭到康美林氏的对抗，但很快，康美即被纳入郑氏地盘，郑
氏部将万礼驻扎康美，并修筑城寨——木杨堡。[4]

而后，随着郑成功势力的壮大，福建东南沿海厦门、金门、镇
海、陆鳌、铜山等卫所均列入郑军势力范围之内。在此情形下，清
廷在顺治十四年（1657）裁并了一批福建沿海卫所，包括厦门中左
所、金门所、镇海卫及其下属的陆鳌、铜山、玄钟等千户所。[5]

如此，直到康熙三年（1664），郑经放洋至台湾，原先的郑氏
基地才进入清军地界。但是，时逢迁界，清廷采取的政策是将厦
门、铜山、南澳等地居民再行迁徙，同时将这些岛上的城池宫室全
部摧毁，以断后路。康熙三年三月，留守铜山断后的周全斌、黄廷
等人在镇海卫投诚，耿继茂、李率泰等进入铜山，拆毁城楼房屋，
迁民入内地，铜山仍未入清王朝版图。康熙七年（1668），闽粤濒
海展界，但战事仍未平息，铜山再为郑氏所有，直至康熙十九年
（1680）。

1　东山县《樟塘张氏志谱》中收录有一无名石碑，言明代康美林氏与樟塘张氏为争夺海界所起
　的纠纷。参见《樟塘张氏志谱》，2005年编修，第80页。
2　江日升：《台湾外记》卷3，第89页。
3　康熙《诏安县志》卷11《人物》，第575页；《林氏康美世纪源流》，《东山康美林氏志谱》
　（1999年据康熙四十年《铜山林氏族谱》、1990年《康美林氏族谱》等旧谱编修），第
　107~108页。
4　参见江日升《台湾外记》卷3，第89页；《康美林氏历代大事记》，《东山康美林氏志谱》，第
　29页。
5　参见康熙《大清会典》卷83《兵部三·都司卫所上》，第1092页。

亲身经历了这一重大变革的铜山人陈锦如此写道：

> 我铜为郑藩所据者几二十年，而城郭宫室依然如故。不
> 幸顺治间闽之部院李公率泰倡移海之说，兵部苏纳海主其议上
> 之，下其故事。康熙三年甲辰，西平藩统大兵勒移铜山，百姓
> 先数日或买舟或从陆，尽逃窜于漳潮内地。兵乃于　月十三日
> 过陈平渡，十四、十五日摧城焚屋，致二百六十余年花锦文献
> 之地顿成邱墟，不能不令人涕泪交颐也。[1]

文中西平藩即靖南王耿继茂。[2]陈锦为明崇祯七年（1634）庠生。[3]
在陈锦等旧明生员看来，郑成功等人在铜时并未对铜山造成实质性
的伤害，反而是清初的迁界，让铜山元气大伤。铜山《南屿陈氏族
谱》中记道：

> 国朝康熙三年甲辰，铜被迁移，西平藩统大兵至铜山勒
> 迁，摧城焚屋，居民逃窜，惨甚不堪。祖祠焚毁，屋舍丘墟，
> 而坟墓亦复凄然。族人分散各处，不可胜纪。[4]

铜山所以外的其他村落，同样在此变乱中伤亡惨重。康熙
三十二年（1693）前何乡何奇才所作之《何氏靖和谱序》中言：

1　陈锦：《铜山人物志序》（康熙十四年），乾隆《铜山志》，第309页。
2　参见《耿继茂等题报进兵铜山日期事本》（康熙三年二月初二日），陈支平主编《台湾文献汇
　　刊》第1辑第8册《清初郑成功家族满文档案译编》（三），第68~69页。
3　参见乾隆《铜山志》卷7《人物志》，第346页。
4　转引自郑振满《明清福建家族组织与社会变迁》，湖南教育出版社，1992，第178页。

合族八房有千余人，不幸播迁避寇，男妇老幼入界逃生，死失莫计，及复地回乡，人不满百。[1]

康熙十九年（1680）之后，福建沿海全部复界，闽浙总督姚启圣等人开始着力地方秩序的恢复。当时台湾未平，铜山仍为战略要地，有"福建援剿前镇总兵官"之设，其标下兵员三千，控扼铜山、陆鳌、玄钟三地，又有驻防铜山城守营一千员名，康熙二十三年（1684）郑氏归降，铜山兵防才大幅裁减，改总兵官为铜山协副将，直接隶属驻守于厦门的福建水师提督。在此期间，主持铜山事务的将领有总兵官晋江人黄镐、副将漳浦人詹六奇等，他们在康熙十九年十月，合漳浦、诏安、平和三县民力重修铜山所城，[2]着力恢复铜山经济和社会秩序，重新聚集居民，"庐舍被占住也，则禁饬以还旧居之民；铜人之望海为田也，听民之小艇捕采以厚其生"，[3]恢复明代东山岛上最大的市场——铜山演武亭市，"建筑店宇，通贸易焉"。[4]

在此过程中，虽然主持者多为当时的将官，但更重要的参与者还是铜山所的士绅们。

康熙十九年，铜山总兵官黄镐主持修复铜山所最重要的庙宇关帝庙，除各主要将官共捐俸三百余金外，"暨铜内信官及铜善信各输金布地，仍故址而重兴之"。第二年四月，庙宇修成，铜山人在进士唐朝彝的主持下刻碑立石以记。碑刻中所列题名如下：

1　东山县《前何乡志》"附记九"，第 365 页。

2　《大都督詹公重建铜城功德碑记》，乾隆《铜山志》卷 8《艺文志》，第 372~373 页。

3　康熙二十年《大都督鼎翁黄公兴庙惠民功德碑记》。该碑刻现存于东山县博物馆碑林。

4　《参府黄公德政碑》，乾隆《铜山志》卷 8《艺文志》，第 375 页。

　　　赐进士出身掌河南道事、广西道监察御史一级前奉旨管理登闻鼓厅事务、掌山西道稽察兵部、掌陕西道稽察工部、掌山东道稽察刑部、掌浙江道稽察礼部、光禄寺巡视北城、翰林院庶吉士眷弟唐朝彝顿首拜撰。

　　　解元李达可、经元唐誉、贡生游大复、监生唐詧、黄子渊。庠生方喜规、黄增龄、黄茂颖、田瞻、陈先声、陈锦、陈麟祉、黄钟、石维垣、陈言、唐尧臣、余寿国、李在公、林天盛、刘廷金、许文奇、谢维嵩同士民立石。

　　撰文的唐朝彝是铜山人，康熙五年（1666）在平和县学中式，康熙六年（1667）中进士。其后的解元李达可，康熙二年（1663）在诏安县乡试第一。经元唐誉，也就是铜山所第一位进士唐文灿的曾孙，顺治十七年（1660）在漳浦县乡试擢为经魁。[1] 其余的诸如游大复、方喜规、陈锦等人，原先大多是崇祯年间镇海卫学庠生。镇海卫及其下属千户所虽然在顺治年间就被废除，但是卫学直到康熙十六年（1677）方被裁撤。[2] 游大复，铜山人，崇祯十五年进入镇海卫学为庠生，至康熙十年，充镇海卫学岁贡。[3] 这些铜山文人在动乱之际迁居内地，并且在当地参加科考。铜山展复之后，他们成为铜山重建的主要参与者。例如铜山朱文公祠，"国朝康熙三年迁移，毁。二十三年乡绅唐公朝彝倡议重建，即以其祠

1　参见雍正《福建通志》卷41；康熙《漳浦县志》卷12《选举志上》，第894页。

2　参见乾隆《镇海卫志·方域志上》，第36页。

3　参见乾隆《铜山志》卷6《选举志·庠士》，第346~347页；光绪《漳州府志》卷20《乾隆旧志·选举五》，第379页。如方喜规，崇祯十六年庠士；黄增龄，崇祯七年庠士；陈锦，崇祯七年庠士；李在公，崇祯三年庠士；许文奇，崇祯十一年庠士；谢维嵩，崇祯七年庠士；等等。

为南溟书院"。[1]

经此大乱，铜山所原有的人文景观和社区秩序还是遭到极大破坏。铜山士人最为骄傲的铜山文庙在康熙三年迁界之时，得士人之力将孔子圣像救回界内，奉入漳浦县学中。复界后，镇海卫学废除，铜山文庙也再没有恢复，铜山人叹为"天丧斯文哉！"[2]铜城之中原先各姓氏支派分布的格局已经大乱。以"铜山三忠臣"黄道周、陈士奇、陈瑸为例。黄道周家族聚居于铜山城东面深井地方，当地称为"深井黄"；陈士奇所属陈氏支派主要聚居于铜城西面，时人称为"西陈"；又陈瑸所在陈氏支派在铜城南面，有"南陈"或"南屿陈氏"之称。[3]前引之铜山《南屿陈氏族谱》即属陈瑸所属支派，迁界之时，"祖祠焚毁，屋舍丘墟，而坟墓亦复凄然。族人分散各处，不可胜纪"。乾隆《铜山志》中言原先有陈、方二氏聚居于铜城东南隅角巾山之下，"家多巾服"，至乾隆年间，已不可知。[4]又如铜山文庙的奠基者武氏家族，故老相传其原先聚居于铜山城顶街，有数百户，迁界之后"全无生还"。[5]此外，居住于铜山城顶街的林氏支派，嘉靖年间由卫庠生林敦山倡议，建有林氏祖祠（后人称为铜山顶街"林氏家庙"），迁界后该支派已经散失、难觅踪迹。近年修撰的《铜山林氏敦本堂宗谱》虽然将明代铜山顶街林氏族人[6]罗列其中，但很明显跟后世支系难以接续，

1　乾隆《铜山志》卷4《学校志》，第335页。

2　参见康熙《漳浦县志》卷10《祀典志》，第680页；乾隆《铜山志》卷4《学校志》，第334页。

3　参见洪思《漳浦黄先生年谱》，《黄漳浦先生文选》"附录二"。

4　乾隆《铜山志》卷1《方域志·形胜》，第321页。

5　参见《东山文史资料》第8辑，中国人民政治协商会议福建省东山县委员会文史资料研究委员会，1989，第43页。

6　据《铜山林氏敦本堂宗谱》所言，顶街林氏原为铜山所百户林贻派下支系。

所以只能注明是"考讳九世至十一世因清朝迁界灾难，家谱失记。清复界后，十一世祖返回家乡，在敦本堂林氏家庙周围建宅定居，衍系顶街世系"。[1]

铜山重建的过程中，需要面对的另一大问题就是户籍的归属。正如康熙五十二年（1713）铜山众人立于关帝庙中的碑记所言：

> 　　迨明初江夏侯德兴周公沿海设立，以此壤接粤境，为八闽上游之要区，所以铜山名之，调兴化莆禧众来守此城。官与军咸袭封，是为军籍。里甲丁粮，世莫之闻。至国朝定鼎，凡天下卫所，仍旧无易。惟闽炽于海氛，故弃之有籍，反散而为无。[2]

明代铜山所内人户多为官军舍余，属卫所军籍，不需承充州县差役，征纳丁粮。入清之后各地纷纷裁并卫所，铜山所在顺治十四年与镇海卫一体裁撤，原先依托于卫所的军户实际上没有了户籍存在的依据，正所谓"弃之有籍，反散而为无"。只是，当时闽粤濒海战火正炽，沿海卫所例如厦门、金门、镇海、六鳌、铜山等地均是清廷与郑氏拉锯对决的战场，社会实际上是脱序运转。直到台湾平定，濒海局势稍稍稳定，散逃人户重新聚集，地方官员开始整饬地方赋役里甲，这些原属沿海卫所军户的户籍就成为亟须解决的问题了。

康熙十九年，铜山归入清王朝版图，但铜山人不隶属于任何州县都图组织。铜山所所在的东山岛属于诏安县五都，铜山所隶属

1　《林氏敦本堂长房源流世系》，《铜山林氏敦本堂宗谱》，2004年修。

2　参见康熙五十二年《公立关永茂碑记》。

的镇海卫却地处漳浦县。成书于康熙三十九年（1700）的《漳浦县志》中关于"坊里"部分如此记载：

> 国朝顺治初，患海寇，十八年削去边海诸地，梁山以南旧镇以东皆为弃土，幅员益狭。康熙二十一年，海平收复如故，合一坊九都五十二图，为保一百七十四。[1]

其中，记录了"六都铜山保"：

> 在海岛中。本五都地，去县一百五十里即铜山所也。今五都已属诏安，唯旧所城隶漳浦。[2]

这是将铜山所纳入地方保甲系统的体现。一般而言，清代的基层组织管理制度中"都图""约保"分属于两个不同的体系，都图的功能是"定赋式、均徭役"，而约保则是"一以宣文教、一以寓武功，相并行也"。[3] 只是，在康熙中期漳州地方所编修的县志中，都图所记已经不清，而约保则相当明确。如诏安县有"二、三、四、五"都，共四都二十二图，又有"约寨之设，即前朝保甲耆老之制"。其中东山岛五都地方有十六堡，"每堡设堡长一人"，十六堡分别为：

> 前何堡、后林堡、张塘堡、径口堡、畲安堡、康美堡、南山堡、良峰堡、石坛堡、探石堡、东坑堡、吾龙堡、南埔堡、

1　康熙《漳浦县志》卷2《坊里》，第143页。
2　康熙《漳浦县志》卷2《坊里》，第147页。
3　康熙《诏安县志》卷4《建置》，第455页。

东沈堡、陈城堡、厩下堡。[1]

这个以堡为单位组成的地方保甲系统正是以明中叶以后东山岛内逐渐形成的较大聚落和寨堡为基础的。不过，就在这一以地域分布为原则的系统里，同属一岛的铜山所并不属于诏安五都十六堡，而是划入了漳浦县六都，也就是与之有内港相隔的云霄地方。

《漳浦县志》中对铜山所作如是记载：

> 铜山守御千户所，在五都界内。明洪武二十一年设。今五都已割隶诏安，惟所属镇海卫。本朝裁卫归县，故所城隶漳浦，即今铜山营地。[2]

也就是说，康熙二十一年（1682）前后，各县重新整合乡村基层管理系统时，将铜山所跟随原先所隶属的镇海卫一并划入漳浦县。而铜山所周围其他村落，仍为诏安县五都。铜山城成为漳浦县在诏安县境的飞地。不过，这还只是从地方保甲的角度进行的安置，铜城中人户的户籍赋役需在康熙四十年（1701）才由漳浦知县陈汝咸"将铜地户口编入黄册，而铜至此有丁粮之事焉"。不过又出现卫所军户"泛而无宗，傍人门户"的问题。这是因为康熙中期以后，福建各州县整顿户籍赋役乃以"粮户归宗"为原则。据康熙五十三年（1714）《漳州府志》中有关"合户始末"的说明，"归宗合户"是康熙二十六年（1687）海澄县乡绅郑之惠倡导，得到闽浙总督兴永朝的支持，通行全省，"各去里甲名色，听

1　康熙《诏安县志》卷4《建置·都里》，第458页。

2　康熙《漳浦县志》卷11《兵防志》，第721页。

均甲立户自便"。[1]

康熙年间"粮户归宗"制度的推行在闽粤等地均有所见，这与明代中期以后里甲赋役制度的变异和宗族组织在闽粤地方社会的发展密切相关。[2] 但是，对于铜山所军户而言，铜城之内军户姓氏支系芜杂，原先诸如顶街林氏、顶街武氏、南屿陈氏等，虽有祖祠之设，但并非全铜同姓所有。此外，铜山所虽然设立于洪武二十年，原本的驻军都从本地抽选，但是洪武二十七年，整体军伍与莆田莆禧千户所互调，也就是说这些驻军都不是本地人，远离祖籍，在卫所的发展演化过程中跟本地社会始终存在隔阂。所以，在军籍被取消、地方官员以"归宗"为原则重新编排户口的时候，这些军户变得无宗可依。

事实上，这种情况并非铜山独有，诏安县的南诏千户所军户也面临同样的问题。南诏千户所位于诏安县城内，弘治十八年（1505）由漳州卫后千户所调派前来戍守，顺治十四年（1657）裁并。为了纳入州县民籍，南诏所军户们"共尊关圣帝君为祖，请置户名曰关世贤，纳粮输丁，大称其便"。"关世贤"的户名一直延续到清末，道光年间诏安知县陈盛韶所作《问俗录》中言：

更有因隐避役徭数姓合立一户，如李林等户合为关世贤。[3]

原先在康熙年间为卫所军户设立民籍以纳粮当差的户名，到清末已经成为州县官员眼中集体隐产、逃避赋税抗粮的代表，此是后话。总之，铜山所军户也借鉴了南诏千户所军户的做法，在康熙

1　光绪《漳州府志》卷14《乾隆旧志·赋役上》引康熙旧志，第252页。
2　参见前引郑振满、刘志伟、陈春声等人的研究。
3　陈盛韶：《问俗录》，书目文献出版社，1983，第92页。

五十年（1711）重新编审之时，请以"关永茂"之名，"顶补十七都六图九甲，输纳丁粮"。而后，康熙五十二年（1713），更将户下分成七房，"小事则归房料理，大事则会众均匀。叔伯甥舅，彼此手足，并无里甲之别，终绝大小之分，不得以贵欺贱，不得以强凌弱，有异视萌恶，许共鸣鼓而攻"。这七房中，四、六、七房分别为陈、林、黄三姓，余者数姓合为一房，如大房为"游继业、游琨玉、吴葛江、欧绍宗、蓍衍、洪福安、桑传嗣"，三房为"郑祯吉、唐绵芳、李玉承、廖光彩、吴日彩、何兴隆、田兴邦、张发祥"。[1] 房份大小"当神拈阄"，各房中又包含城内各支系，例如陈、林、黄三大姓，各有宗支，各立名号。参照乾隆《铜山志》中记录的明末清初诸生姓氏，基本上都罗列在内。在这个模仿性质的家族组织中，各房子姓，如唐、游、黄、陈、林等，正是明代中期以后铜山千户所中最为兴盛的士绅之家。复界之后，在适应新的制度框架的同时，他们也在试图维系原先的秩序。而正是通过这样的方式，铜山所军户完成了从卫所军籍向州县民籍的转变。至雍正十三年（1735），铜山人的户籍再次发生改变，从漳浦县划归诏安县。关于这次转变的原因尚未得而知，不过铜山所划入诏安县后，其保甲仍单独立为"六都铜山保"，并没有完全与诏安五都十六堡合编。

随着地方社会日益稳定，铜山的社会经济也逐步恢复和发展。铜城之中，除水师千余人，"城中居民倍之，俗以商贩捕采为业"。[2] 铜山周围有良好的近海渔场，地近大、小甘山等深海渔场，又"近通杜浔、云霄、漳浦、诏安，远通日本、吕宋、暹罗、直沽诸番

---

[1] 参见康熙五十二年《公立关永茂碑记》。

[2] 康熙五十八年《都督苏公德政碑记》。该碑刻现存于东山县博物馆碑林。

国，下达湖广，上达福、温、苏、锦诸州"，[1]商贸繁盛。铜山的演武亭市场相沿有年，到雍正年间已经"市廛林立，辐辏熙攘，已成盛世，化育乐土"。[2]只是，乾隆以后，随着集中于东山岛西岸、诏安湾东岸的前何、西埔等地的快速开发，尤其是盐场和近岸滩涂作业的快速发展，东山岛的市场中心转移到西埔墟，那里更靠近大陆市场，有多处港口码头，盐船运贩便利，漳潮富商多有聚集，"自有此墟，而铜之生理渐微"。[3]不过，清代铜山本地渔业生产一直兴盛，至今仍为东山县渔业经济的中心。[4]

图 5-1　东山岛铜山关帝庙

　　说明：笔者 2007 年 2 月 16 日摄于东山县铜陵镇铜山旧城。左边即关帝庙，右边是城隍庙。当地人称铜山关帝庙为"帝君庙"，是东山岛上最重要的庙宇。关帝庙坐西向东，庙门为牌楼式，正上方悬挂"武圣殿"匾额，背面悬挂明代铜山士绅文三俊所撰《关圣帝君赞》。庙内存有多方碑刻，《公立关永茂碑记》为其中之一。

1　乾隆《铜山志》卷 1《方域志》，第 318 页。

2　《参府黄公德政碑》，乾隆《铜山志》卷 8《艺文志》，第 375 页。

3　乾隆《铜山志》卷 2《建置志·市墟》，第 326 页。

4　参见东山县地方志编纂委员会编《东山县志》卷 6《渔业》，第 192 页。

三　成为区域认同的中心——以广东潮州大城所为例

潮州大城所，位于福建与广东沿海交界的东界半岛上，设立于洪武二十七年。前文所揭，大城所是明朝初年设置在边海地区的军事堡垒，属明初东南海防体系的一部分，而后随着卫所制度的演变及其所在东界半岛上灶户士绅力量的兴起、周边经济形态和社会组织结构的转变，大城所在地方上的角色逐步发生转变，军民的界限被打破，所城成为地方文化和市场的中心。而且事实上，大城所在东界半岛上的角色还不仅如此。明代中期以后的东界半岛有了另外的称呼——"东里"，所城城隍庙就是"东里人"身份认同的中心。

前文所述，大城所与周围村落之间有着频繁的人员流动，在嘉靖年间濒海社会动荡不安、山寇海盗窃发的状况下，大城所成为东界半岛民众最重要的堡垒。嘉靖四十年（1561）正月，大城所被攻陷：

> 时四栅居民尽入保所城，贼恣意焚杀，凡东里累世积蓄、书籍文史、前贤名作、家谱典故，烧毁无存，积尸如山。[1]

官员们束手无策，于是起用接受招抚的海盗许朝光、林道乾等人来解围。许、林炮轰所城，贼人逃往诏安，许、林等人进入所城后又是一番劫掠。[2] 整个东界半岛遭受了前所未有的打击。与此同时，东界半岛被官员视为梗化之地，居民"从倭过半"，当时的地方生员林芳奋更言"风闻各处关津严稽东界人民，虽有员役，亦被

---

[1] 陈天资：《东里志》卷2《境事志》（汕抄），第58页。
[2] 参见陈天资《东里志》卷2《境事志》（汕抄），第58页；钟秉文：《乌槎幕府记》，冯皋谟：《丰阳先生集》"附录"，第306页。

谴诘"。[1]

万历年间，以陈天资为代表的地方士绅努力重塑东界地方形象，其间，大城所城隍的权威被不断地强调。陈天资所作的《东里志》非常重视对地方礼仪的描述和重新解释，其中在关于"厉祭"仪式的描写中，陈天资不厌其烦地把整个仪式中需要使用的祭文、祝文长篇抄下，并把祭文、祝文中涉及的乡都里图都填写进去，或许这一部分内容就是陈天资在实际活动中会运用到的。明代社祭、厉祭仪式的核心正是城隍。[2] 故而，此时的大城所城隍，已经不再仅仅是所城内的神明，它成为整个东界半岛，或者说是"东里地区"共同的信仰，至于"东里"，则成为东界半岛另外的称呼。

明清鼎革，山海震动。顺治六年（1649），尚可喜与耿仲明征讨广东。顺治七年（1650），兵行至潮州一带时，吴六奇、苏利等请降，同年，"潮州守将郝尚久、惠州守将黄应杰，皆以其城降，遣将士戍之"。此时，潮州才全归入清，不过海防一线仍是被苏利、许龙、吴六奇等豪强控制，他们归附清朝，并与郑成功在粤东海面直接拉锯对峙。这段时期，东界半岛是闽粤交界海岸线上重要的军事据点，尤其是柘林、横山、马头山以及同属柘林湾的海山、井洲一带，最为紧要。小船可从海上直入黄冈，大船就在柘林马头山一带登陆，再趋黄冈，郑氏人马经常在这一带游弋，打粮索饷，或经由这几处进逼潮州、潮阳等地。因为毗邻强大的明郑集团，清初整个粤东地区的海防线内缩，大城所再次成为闽粤交界举足轻重的军事据点。顺治十一年（1654）十月十七日，吴六奇为饶镇总兵，开

1　陈天资：《东里志》卷4《公移文·辨诬枉》（汕抄），第116页。

2　关于明代城隍信仰的研究，可参见滨岛敦俊《朱元璋政权城隍改制考》，《史学集刊》1995年第4期；《明清江南城隍考——商品经济的发达与农民信仰》，沈中琦译，《中国社会经济史研究》1991年第1期，第39~48、108页。

阃三饶，并控制黄冈、大城等地方，派其弟吴汉掌管大城所军事。[1]
顺治十五年（1658），有海寇攻破大城所。[2]寇降之后，吴六奇重
整柘林兵力，从广州、南雄、惠州、罗定、肇庆等地"抽足缺饷
千名"充柘林水兵，捐造战船，[3]并在顺治十七年（1660）和十八年
（1661）次第重修黄冈镇城和大城所城。[4]

　　康熙元年（1662）迁界令下，东里地区四栅中大埕栅（包括大
埕和上里乡）、柘林栅（包括柘林寨、赖家、下岱埔、上湾、下湾）
及大城所南面和西南面的长美、神前、岭后等村民俱迁入大城所内
居住。《迁地告示》见下：

　　　　迁地告示
　　　　平南王尚、钦差副都统科、兵部侍郎介、镇海将军王、协
　　镇将军沈、总督部院李为钦奉上谕事。
　　　　照得藩院公同钦差大人、将军、提督踏勘海滨。今勘得
　　澄海起，除南洋不迁外，以港口、南洋、南砂寨、樟林、鸿
　　沟、饶平县属盐灶村、仙村立为边界。又，饶平县属盐灶村起
　　大城所止，除大城所系饶镇守防外，盐灶村起，沿驿边村、水
　　磨村、长富村、市头村、黄冈江台埭村大路一直至大港寨村
　　止；大港村起，沿南山顺小路一直至福建省之边界汾水关止，
　　立为界限。所有后开界外乡村，俱系边海，应遵旨迁移内地。

1　参见广东中山文献馆藏《丰顺汤田吴氏敦伦堂族谱》，民国31年刊本；吴六奇《忠孝堂文
　　集》，载温廷敬《潮州文萃》，汕头市图书馆藏。

2　参见乾隆《潮州府志》卷30《人物·列女》，第667页。

3　参见《李栖凤为潮属沿海防务事揭帖》（顺治十六年十一月），厦门大学台湾研究所、中国第
　　一历史档案馆编辑部编《郑成功档案史料选辑》，第323页。

4　参见吴六奇《鼎建西林寨碑记》，《丰顺汤田吴氏敦伦堂族谱》卷3《艺文记序类》，1942年
　　序刊本。

合就出示晓谕。为此示谕，仰界外乡村居民人等知悉，各照立定界限，告示一到，即刻尽数迁入界内地方居住，勿得留恋抗违，致干法度。既迁之后，不许出界耕种，不许复出界外建房屋居住。如有故犯，俱以通贼处斩。此系上谕森严，尔民倘濡滞、观望不行，即迟迁移者，定以逆民发剿。至迁移之民所需田地、房屋，候督抚衙门即行查勘，拨给耕种、居住。毋违特示。

计开界外应迁乡村：洪洲山村、洪洲上下家、东灶、田中、鹅仔、水麻峡、海山十八乡村□界内，柘林寨、赖家、下岱埔、上湾、下湾、上里乡、大埕、长美、神前、岭后等村俱令迁移大埕所内等处居住。

康熙元年正月二十九日　示 [1]

康熙三年（1664），濒海再迁，原先聚于大城所的官兵军民被迁往内地称为"西林"的地方。当时，吴六奇呈请平南王，"题大城之兵移处界上，爰就西林度地建寨而驻守之"。西林位于饶平县黄冈河上溯十里的地方，属于界内，吴六奇在此修筑城寨，将军民分别安置：

内则专以处兵，置公署一，将领而下各有屋宇，其外则居民市廛而环移，而复散处耕垦另为一区，使不杂处，而缓急可相应卫视。[2]

1　转引自林远辉编《潮州古港樟林——资料与研究》，第178页。
2　吴六奇：《鼎建西林寨碑记》，《丰顺汤田吴氏敦伦堂族谱》卷3《艺文记序类》，1942年序刊本。

　　动乱之中，东界之民流离失所，原先各大家族均遭受重大冲击。如前引大埔周氏家族，康熙元年迁界令下，周氏有名"章启"者，在庞大家族即将分崩离析之时，"恐伦辈无分，盛衰无传，集古残篇而详记"，详细记录了大埔周氏在明代的辉煌，并说：

> 　　迨甲申以后，清顺治入中国，天下鼎沸，盗贼蜂起。东里受害逃亡者不可省数，而鸿程又甚焉者。[1]

　　周章启的文章被清代中期周氏族人收录进族谱中。查看《周氏族谱》，可以发现迁界对这个濒海灶户家族打击极大，以致元气大伤，难再有所作为。周氏族人逃散各地，有移居潮州府城或其他地方，有入旗或被掠卖，而较大部分人跑到海丰碣石等地，投奔苏利。苏利原本就是东界人，后流落海丰，[2]明末占据碣石卫。康熙元年迁界，苏利所在碣石卫尚不需内迁，所以成为粤东沿海界外迁民的避难之所，这也是在康熙三年要求续迁海界时，他可以拥众数万，"据竭石倡乱"的原因之一。[3]但是，苏利的叛乱很快被平息，海丰、碣石沿海续迁。如此，周氏族人有的死在那里，有的继续迁走，之后就难觅其踪了，这在族谱中历历可见：

> 　　日隆公，今子孙住海丰县捷胜所，在碣石卫苏太师部下，守镇甲子所中军。
> 　　茂之公，讳篦，因甲子所缩地，入碣石，病故，遗一子，三岁，不知所之。

1　康熙元年周章启《序》，饶平大埔《周氏族谱》，1994年按道光年间手抄本重录。
2　江日升：《台湾外记》卷3，第98页。
3　参见乾隆《潮州府志》卷38《征抚》，第947页。

　　大孙公，充苏利兵，移住捷胜所。

　　启能公，业儒不进。因斥地住碣石。生二子，并妻被王兵掠去，后身下广东投王下（按：王，即指攻打苏利的镇海将军王国光）……[1]

　　总之，大埕周氏自康熙之后子孙零散，族谱记录成为简单的世系图，大异于前。

　　康熙七年（1668），濒海展复，第二年，饶平知县刘鸿业重建大城所。[2] 大城所在康熙年间并未裁撤。入清之后，卫所千户改成千总，卫所钱粮职掌仍旧。大城所存留旗军额七十五名，顺治年间改军为屯丁，康熙十七年（1678）开始征收丁粮。但是在康熙《饶平县志》中，屯丁丁银的征收被列入"屯田"项下，故笔者怀疑入清之后，原先这些卫所旗军、后来的屯丁，其实是"存虚名，无实用"，[3] 所以在清廷欲对屯丁征收丁银时，福建方志中清楚记录为"按屯配丁"，康熙《饶平县志》中虽没有如此清楚的记载，但也以"屯田"项列之，或许有其共通之处。

　　卫所所城自明代中后期开始存在民居化的趋势，大城所从一个朝廷的军事堡垒逐渐转变成"东里人"的所城。这样的趋势在迁界时得到进一步加强。迁界促成人员急剧流动，彻底使东里人休戚与共，也没有了城里城外的界限。复界后的所城驻兵并不多。按乾隆《潮州府志》中所记，大埕所（即大城所）为黄冈协右营汛地，没有营房，有城垣，有兵八十四名，乃诸汛中兵员最多的，有中军守备驻防。与此同时，大城所千总仍然存在，称为

1　《世系》，饶平大埕《周氏族谱》，1994 年按道光年间手抄本重录。

2　康熙《饶平县志》卷 2《城池》，第 32 页。

3　乾隆《潮州府志》卷 37《屯田》，第 868 页。

"大城所正堂"，掌管原属千户所的屯粮征收及其他诸如地租、铺租等钱粮收入。[1] 至于原属所城的军户，也仍属千总所辖，照旧免力役杂派。直至雍正八年（1730），大城所被裁并，所内军民立碑以记：

> 饶平县正堂周为城居例免力役所地籍属军伍再叩移销杂派以除积弊以均同仁事。本年八月初六日准大城所正堂加三级张备移到县，准此合就示谕东界大城所内军民知悉，嗣后凡奉公务杂派，应照以前豁免，如敢违扰，尔等赴县指禀，以凭究处，宜凛遵毋违，特示。时雍正八年岁次庚戌腊月大城所内绅衿里老军民人等同立。[2]

按，饶平县正堂周，即当时饶平知县周世濂，大城所正堂即大城所千总张玟。从碑文中看，卫所裁并之时，大城所内官军仍想保留原属卫所军伍豁免公务杂派的权利，至于能否实行或者实行多久，因史料阙如，不得而知。从整体趋势而言，卫所裁斥后原有卫所军籍皆需编入州县里甲一体应差，大城所内"绅衿里老军民"混杂，已废军籍单独免差的情况应该也不可能持续太久。雍正十一年（1733），东界场大使进驻大城所，大城所城又成为东界半岛盐务管理机构的所在地。

除此之外，早在康熙中期以后，大城所已经被列入地方保甲系

---

1 参见雍正七年六月初一日《大城所正堂张玟拨给城隍庙香灯钱碑》。该碑现铺于大城所城城隍庙附近。

2 该碑现存于所城城隍庙内。据所城者老言，该碑原立于千户衙署内，后衙署被毁，复兴庙宇之后将石碑移至城隍庙内。感谢韩山师范学院黄挺老师、许泽芬老师、吴榕青老师、郑守治老师一同对东界半岛碑刻进行拓片整理。

统之中，大城所的事务往往也是整个东界半岛，或者说是"东里地区"的公共事务。

康熙三十二年（1693），陕西武举王吉士任黄冈协左营守备，驻守大城所，[1]康熙三十四年（1695）离任，东界半岛耆老乡宾、生员及各村落的保正、乡民共同为王氏立碑，称颂其莅任"东里"，整饬兵甲、聚集居民之功。[2]该碑立于康熙三十五年（1696），现存于大城所城隍庙内，碑文已然模糊，不过落款处尚能依稀辨识。碑文题名中，可辨识的除了当时大城所内武职之外，还有"冠带乡宾周士璋"，"生员"二十名，"监生"七名，所城铺商两名，以及"柘林排年""上里保正""龙湾保正""大港保正""所内保正""所内保长""柘林乡民""长美乡民""神前乡民""龙湾乡民""大港乡民""口埕乡民"等名号。由此可以看出，设有"保正"的是柘林、上里、龙湾、大港和所内。"所内"即指大城所城，其余四者分别位于半岛的南部、东部、东南部和西部，这意味着大城所已经成为半岛上的几大聚落之一，且同样建立了保甲组织。从这块碑刻还可以看出，为驻守大城所的中军守备立碑刻石是整个东界半岛的公共事务，大城所与周围的村落都参与其中，并且共同使用"东里"这一自称。

现存于所城中的其他同期碑刻也是如此。康熙五十二年（1713），大城所鹤松庵一忍禅师修造连接东界半岛和黄冈的要道——横山石桥和竹林石桥，五十三年竣工。第二年，东界士绅们为之竖碑作记，落款是"东里绅衿士庶"。[3]康熙六十年（1721）东界半岛士民又为黄冈协左营守备蔡冯禄立有功德碑，落款同为"东

1　参见《潮州志》第 5 册，潮州市地方志办公室，2004 年重印本，第 2507 页。

2　参见康熙三十四年七月《都阃王公功德碑》。该碑现存于大城所城隍庙内。

3　该石碑存于所城西南隅鹤松庵，嵌于庵大门东壁上。

里绅衿"。[1]

　　笔者在田野调查中经常听到这样的说法：东界半岛上最大的神明是大城所"城隍"，管的是全东里，"整个东里都有份"。[2] 据当地老人回忆，所城城隍掌管着全东里人的生死，旧时各乡新婚添丁要到城隍那里去"报数"，乡里老人过世都需要到庙里告知城隍。[3] 东界半岛上有大小四十几个村落，每村各有自己的"地头庙"，外乡人不得随意进入，但是所城城隍庙，当地人有时也称为"大庙"，"是全东界的，大家都可以去拜"。[4] 此外，每年正月初四，地方上称为"老爷下天"的日子，所城城隍庙庙祝需为全东里人祈福，求取"八大灵签"。此"八大灵签"为："平安"、"早冬"、"晚冬"、"海利"、"功名"、"盐利"、"蔗冬"和"麦冬"，即涵括了整个东界半岛最主要的生计。2005 年，笔者在当地访问大城所庙祝时，庙祝如是说：

　　　　那些墙上的红纸，是今年的八大灵签。用"掷杯"的方式，由我来掷的。就在初四的晚上。这八大灵签，海利盐利什么都管。所城虽然没有海了，但是大埕和柘林还有，就得掷。[5]

1　康熙六十年《护理黄冈协镇中军都阃蔡公功德碑》。该碑现存于大城所城隍庙内。

2　在与当地人访谈的过程中，关于所城的修建、所城"城隍公""城隍夫人"的故事多次被提起，而所城城隍是全东界半岛都"有份"的说法，更是人人皆知。

3　据笔者 2006 年 4 月 2 日访谈笔记。地点：柘林帝君庙前小商铺，庄振材老人（人称李伯），85 岁。小时候在柘林上私塾，后曾到广州做水产生意。属柘林新街祠庄氏，当地人公认的有学识之人。

4　据笔者 2005 年 7 月 26 日访谈笔记。地点：所城许厝巷，杨姓婆婆，80 岁。从所城西面之大港乡嫁到所城，在所城里已经 60 多年，家住许厝巷，属关爷社。

5　据笔者 2005 年 7 月 30 日访谈笔记。地点：所城城隍庙，刘心想老人，66 岁。曾任所城生产队队长，现为所城城隍庙庙祝，在城隍庙中进行日常清理和维护。

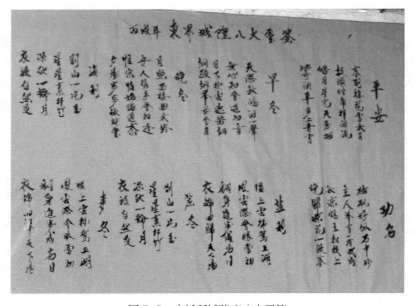

图 5-2　大城所城隍庙八大灵签

说明：笔者 2006 年 2 月 11 日摄于大城所城隍庙中。此为 2006 年（丙戌）的八
大灵签。庙祝在农历正月初四晚掣签求得之后，即以红纸张贴于城隍庙中。

　　庙祝姓刘，时年 66 岁。他与侄子一同为城隍庙的管事。刘姓
老人所属支派主要居住在所城的东北面，老人的祖、父辈均为庙
祝。按其侄子的说法，就是：

　　　　我们这间庙自旧社会就我们这几个房头在管理。我们姓
　　　刘。原先我们是有几个房头轮流看管的。原来这里是王封的，
　　　这里还有刘家祖公的义牌，当时是王封的，还有二十亩田。我
　　　们不用收租，自种自食，别人是不能来争取的。[1]

1　据笔者 2005 年 8 月 5 日访谈笔记。地点：所城城隍庙，刘子合，55 岁。所城城隍庙管事之
　　一，农历每月初一、十五负责在庙里帮乡民赞福、解签。

按，自明代中期以后，随着东界半岛地理生态环境和社会经济文化的转变，大城所成为东界半岛的中心，围绕着大城所城隍庙为核心的关于"东里人"的身份认同得以确立。从当地人的理解来看，所城城隍庙的庙祝所进行的仪式就是整个东界半岛的仪式。

康熙二十三年清廷开海禁，海上贸易合法化。开海对整个闽粤沿海社会经济结构的发展和变化产生了深刻的影响，一方面，商人的势力进一步向外扩张，沿海如厦门、宁波、上海、天津等重要港口城市，外如日本、琉球、东南亚等地，到处可见闽粤海商活动的身影；另一方面，山海经济进一步整合，逐渐实现内部原料生产、成品制造和再加工的地域分工。[1]潮州沿海港口的海阳庵埠、澄海樟林和饶平黄冈、柘林等地，成为地区重要的货物转运中心。康熙中期以后，东界半岛乃至整个闽粤沿海都进入相对稳定的发展阶段。在此过程中，所城城隍庙作为地区认同的中心一直存在，例如所城城隍庙的八大灵签，每年仍然要为全东里而求。同时，所城内部社区组织也在进一步变化。明代的大城所未能如铜山所那样培养出大规模的具有影响力的军户士绅阶层，而是由其周遭村落的灶户士绅主导着地方事务。入清之后，大城所作为诸村落的中心，成为当地盐场管理机构和汛兵衙门的所在。从当地保存的一份同治年间手抄本族谱中，我们可以窥见清代大城所内主要的机构和建筑，例如盐场衙门有所谓"大堂""暖阁""仪门""二堂"之设，大堂对联"渔盐绝私征远来近悦；山海兴美利府溢库充"。[2]此外，城里还有船政馆、医馆、钱店、剃头

1　参见黄挺《明清时期的韩江流域经济区》，《中国社会经济史研究》1999 年第 2 期。

2　参见刘文思《所城刘氏族谱》，同治年间抄本。

铺、书屋学阁，还有东界半岛上文人活动的中心——文祠。所城内人员支系芜杂，多有祖厅之名，少宗祠之立。所城内现有的几座祠堂均是清道光之后所立，多属外来商人家族，也不属于城内全部同姓所有。至于其他姓氏，或有傍于周围大村落者。如居住在所城南门的刘氏一支，据其旧谱所记，其祖为雍正以后入居所城的盐场官，在所城南门定居。同治年间，大城所南面的长美乡（刘姓聚居）维修宗祠及祖坟，此刘氏支派中有刘文思者，屡考功名不中，习青鸟之术有成，家道殷富，于是也出资合同修造。刘氏在其编修的族谱中特别言明，他出资参与维修长美刘氏宗祠及祖坟，即说明长美的宗祠祖坟他也是有份的，如长美后世子孙有"放肆大胆言三语四，谓此祖坟为予无份者，小则□众攻之，大则呈送与官府究治"。[1]

在人员芜杂、流动频繁的情况下，所城中以社庙为中心的社区组织形式越发系统化。事实上，对于明代大部分卫所而言，城内的军伍营房必定对应着一定的祠庙。《东里志》记载，大城所城中自明代就有几大主要庙宇，包括城隍、天妃、北帝、关帝和五通庙，除城隍庙在东北角外，其余四庙各对应所城的东、北、南、西四门。嘉靖以后，城外生员在所城西南隅买地建立书斋，明末修建成鹤松庵（今天称为大佛寺）。至清代，鹤松庵在所城中的地位日益提高。而后，以这几大庙宇为中心，大城所内部形成了以"社庙"为主的"角落式"社区组织结构。

根据田野考察，至迟到清末民初，所城中已经形成了以"七大社"为中心的社区组织形式，这"七大社"的社庙分别是

1　参见刘文思《所城刘氏族谱》，同治年间抄本，《同治五年二月吉旦因修整祠堂之后安堂手记》。按，安堂，即刘文思。

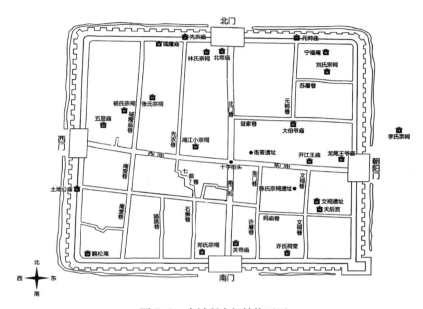

图 5-3　大城所内部结构平面

资料来源：据所城镇张惠炎先生提供的底图并结合笔者的田野考察，谢珂瑶同学协助重新绘制。

城隍庙、北帝庙、关圣帝庙、五显大帝庙、天后宫、大伯爷庙和大佛寺。这些社庙按其所处方位（当地人称为"角落"）拥有各自的管辖范围，社内有理事组，负责本社一年中的各种活动。城中居民则分属这几大社，人口统计、捐纳丁钱等事务均以本社为单位完成。各社按地理方位有清晰的界限划分，乡民们也都清楚自己所属的"庙社"或"角落社"。所城中一年有很多仪式活动，最隆重的是元宵游神、端午游竹篾龙和十月拜平安。在这三个大节日里整个所城的角落神都会被"请"到大衙（原千户所署）去看戏，还有绕境巡游等。其中较特殊的是端午"六社游竹篾龙"。每年端午节前后，所城内有六个社

（而非全部七社）的社众要派钱、捐款参加仪式，每社要请人糊一条竹篾龙，竹龙颜色是固定的。农历五月初二开始，六社各游一天，所有竹龙都经过所城内主要的街巷，但各自有固定的绕境顺序。笔者先后多次参加所城的端午游龙，据当地老人解释：

> 五月节我们游竹篾龙，一社一社，一街一巷游。七个社有六尾龙，龙尾爷跟翘脚大伯（即大伯爷社的地头神）不用，因为他们早前都是从我们（妈祖社）这里分出去的。龙尾社是妈祖社的首社。
>
> 所城这里最早一间庙是城隍。抗倭寇时，这乡里大扫荡，恰好这里演戏，老人说梦见戏台下全部人都没了头，那时死了非常多人，于是才建了六间庙：城隍、北帝、妈祖、大佛、关帝和五显爷。所以这个地方要游竹篾龙，是清煞，游龙收煞。一开始只是游城隍龙，后来多个庙社了，就各个社各自游。大庙（即城隍庙）先游，然后北帝、关帝、妈祖、五显，大佛最后。我们龙尾爷才三百多年，叫新庙，老庙是妈祖。[1]

从乡民们口耳相传的传说和社区仪式中，我们可以看到所城中最重要的社庙还是原先的城隍（即大庙）、北帝、关帝、天后、五通和大佛，正好对应的是城隍、佛寺和四个城门。至于"七社"乃

1　据笔者2005~2006年田野考察及笔记。2005年7月26日，陈友亲老人，70岁，所城下堂人，所城妈祖庙管事，不识字；2006年4月10日，陈良枝老人，73岁，所城老人组头人，属龙尾社。

至更加细化的"九社""十社"，均为社区内部在这个模式下继续分化的结果。[1]

小　结

台湾平定后，清廷重新调整东南沿海军事布防，突出控扼外海岛屿的重要性，形成以海岸、海口、海岛为依托的海疆防线。闽粤沿海卫所陆续裁撤，原来的旗军变为屯丁，原来户籍不隶属于州县系统的卫所人户被纳入州县民籍管辖，卫所内部社区组织结构发生了较大的变化。前举铜山所和大城所均在清代前期完成废军入民的过程，但具体转变形式有很大差异。铜山所在顺治年间即已裁并，其下军户在康熙年间地方社会推行"粮户归宗"的改革中并入州县民籍，采取拟制家族组织的形式重构城内的社区组织，这既是在适应当时新的制度架构，实际上又延续了原本明代中期以后形成的、士绅为主导的宗支组织。这一演变路径与明代铜山所卫学造就的军户士绅有密切关联。而大城所在雍正年间裁撤后，城内各色生民以社庙为中心形成"角落"式社区内部组织，以"社"为单位维系着社区的运作。这一演变路径与明代中期大城所的军事色彩消退后，城内人员的复杂化和高流动性有关。大城所不仅是地方兵防、盐政衙署和文化机构所在地，所城的城

1　所城现今有称"十社"，但乡民们提起大社就还是六个或七个。

隍庙更成为整个东界半岛"东里人"身份认同的核心。无论是铜山还是大城，这些沿海卫所最终都完全褪去王朝军事色彩，成为其所在地方社会中的一个乡村聚落，这也是绝大部分闽粤沿海卫所最后的归宿。

第六章　清代海洋商渔船只管理体系与滨海社会

　　康熙中期，东南沿海战事日渐平息，被迫迁界的濒海民众终得回归故土。台湾平定之后，清廷开放海禁，允许沿海商民出海捕贸。与此同时，长达四十年的拉锯战也让清廷充分意识到加强规范和管理濒海人群及其活动的重要性，故而在清代前期，清廷逐步确立起一系列相应典章规制，对滨海社会产生了深远的影响。清代对职役制度进行了调整，灶籍、军籍的意义在官方制度层面发生改革。通过裁斥盐课司、卫所，以及极少数零星的河泊所，滨海管理机构逐渐统于州县，而清王朝在吸收明代东南沿海官员行政经验的基础上，对海洋人群和资源的具体管理越发细化。本章勾勒清代前期海洋商渔船只和渔盐管理规制的形成及演变过程，探究政策和措施背后可能存在的各种政治人事纠葛和观念差别，分析制度的实施困境以及官民妥协下的灵活应对策略，理解王朝制度在滨海社会的运行实态。

第一节　康熙开海与商渔分离

　　清王朝允准各省开海的时间各有差异，大抵北直、山东最先，其次为浙江，最后才是福建、广东，至康熙二十三年（1684）十月，康熙皇帝正式宣告海禁结束。

> 今海外平定，台湾、澎湖设立官兵驻扎。直隶、山东、江南、浙江、福建、广东各省先定海禁处分之例，应尽行停止。[1]

　　开海，是清王朝收回此前被郑氏、藩王、地方大员垄断的濒海之利的一项举措，同时也让私人海上贸易合法化。清初海禁未开，不论是出洋贸易还是采捕，都属于违法行为，然而，正如众多研究已经指出的，清廷厉行之海禁，对控制沿海的藩王和地方大吏而言，非但没有太多约束力，反而更有利于他们借机扩充经济和军

1　《清圣祖实录》卷 117，康熙二十三年十月丁巳。关于由清初的海禁向开海的政策转变，学界已有不少研究成果，可参见韦庆远《论康熙时期从禁海到开海的政策演变》，《中国人民大学学报》1989 年第 3 期；韦庆远《有关清初禁海和迁界的若干问题》，《明清论丛》第 3 辑，紫禁城出版社，2002，第 189~214 页。近年来，学者更强调从区域社会发展脉络来探讨清初迁海复界的实际场景和影响，具体可参见陈博翼《漳浦迁海考：堡寨所见迁界范围与社会变迁》（《历史人类学学刊》第 15 卷第 2 期，2017，第 91~96 页）一文中的学术史回顾。

事实力。尚可喜雄踞广东三十年，名为恪遵清廷的禁海令，实则以此为掩护，占据濒海渔盐海贸之利。[1]台湾平定之后，康熙皇帝立即宣布开海，以收回此重要利源。康熙皇帝如此表述其开海贸易的意图：

> 向令开海贸易，谓于闽粤边海民生有益。若此二省民用充阜、财货流通，各省俱有裨益。且出海贸易，非贫民所能，富商大贾，懋迁有无，薄征其税，不致累民。可充闽粤兵饷，以免腹里省分转输协济之劳，腹里省分钱粮有余，小民又获安养，故令开海贸易。[2]

康熙皇帝意识到鉴于福建广东沿海地区固有的海上贸易传统，如果取消海禁开海贸易，会对濒海民生、国家财政和整体政局均大有裨益。而后，清廷在广州、厦门分别设立粤海关、闽海关，康熙二十四年（1685）又在宁波和上海分设浙海关和江海关，[3]对江浙闽广四省出洋贸易的商船征收课税，而"采捕鱼虾船只及民间日用之物并糊口贸易，俱免其收税"。[4]

清初东南沿海战事让清廷充分了解边海之地的重要性和复杂性，濒海之民耕海牧渔，最基本的交通工具就是船舶，所以，清政

1　具体研究可参见顾诚《清初的迁海》，《北京师范大学学报》1983 年第 3 期；韦庆远《论康熙时期从禁海到开海的政策演变》，《中国人民大学学报》1989 年第 3 期；黄国信《藩王时期的两广盐商》，《盐业史研究》1999 年第 1 期；韦庆远《有关清初禁海和迁界的若干问题》，《明清论丛》第 3 辑，第 189~214 页；等等。

2　《清圣祖实录》卷 116，康熙二十三年九月甲子。

3　黄国盛：《鸦片战争前的东南四省海关》，福建人民出版社，2000，第 21~22 页。

4　《清朝文献通考》卷 26《征榷一》，第 5079 页。

府在宣布开海的同时，也开始尝试规范对濒海船只的管治。[1]

开海之初，清廷对船只的管理规制并不完备。如康熙二十三年四月允许浙江沿海地方百姓出海贸捕时规定：

> 听百姓以装载五百石以下船只往海上贸易捕鱼，预行禀明该地方官登记名姓、取具保结、给发印票，船头烙号。其出入令防守海口官员验明印票、点明人数。[2]

所谓五百石以下，就是樑头不过七、八尺的船只，这样的限定实则沿用了明季的规范，可视为清廷对开放海禁的初步尝试。然而，这样大小的船只，仅能行驶于近岸海面，根本无法满足出洋船只的要求，也没法起到限制的实效，大型的商渔船只仍然普遍存在。而且，规定中对船只在何处取具保结、申领印票程序、烙号内容、不同类型船只有无区别等问题都没有明确说明。对此，施琅等人认为这样的做法太过松散。康熙二十四年三月，施琅上疏言：

1　关于清王朝对出海船只管理的先行研究，前辈学者于海疆海防、海外贸易、造船业等领域多有涉及，如杨金森、范中义先生的《中国海防史》（海洋出版社，2005）、王宏斌的《清代前期海防：思想与制度》、王日根的《明清海疆政策与中国社会发展》（福建人民出版社，2006）、徐建青的《清代前期的民间造船业》（《中国经济史研究》1992 年第 4 期）、万明的《中国融入世界的步履：明与清前期海外政策比较研究》（社会科学文献出版社，2000）等。刘序枫曾探讨清政府对出洋船只（主要是以民船为讨论对象）的管理政策，详细考察如船只的建造、出洋手续、人员货物违禁转载等规定。不过其论述明显侧重于商船部分，对渔船则着墨甚少。参见刘序枫《清政府对出洋船只的管理政策（1684~1842）》，刘序枫主编《中国海洋发展史论文集》第 9 辑，中研院人文社会科学研究所，2005。笔者所见最新研究是朱勤滨的《清代前期帆船出海管理研究》（博士学位论文，厦门大学，2018），该文尝试从帆船出海管理相关章程制度、实施主体、特定空间和民间基础等四个方面，归纳清代海洋船只管理的体系性和实效性。

2　《清圣祖实录》卷 115，康熙二十三年四月辛亥。

顾臣思前因海禁森严，堤防易于画一。兹海禁既展，沿海内外，贸易船只，给有关臣照票而往，采捕船只，给有道府县由单而出，丛杂无统，兼数省内地积年贫穷，游手奸究，实繁有徒，乘此开海，公行出入，恐至海外诱结党类，蓄毒酿祸。

施琅认为应该"审弊立规，以垂永久"，对"其欲赴南北各省贸易并采捕渔船，亦行督抚提作何设法，画定互察牵制良规，以杜泛逸海外兹奸"。[1]

康熙四十二年（1703），兵部尚书金世荣以"出洋巨舟易藏盗"，奏请对濒海商渔船只的具体规格加以限定，饬令沿海船只加以改造，得到康熙皇帝认可。是年，颁布了商渔船只的管理则令：

> （康熙）四十二年，覆准海洋渔船，只许单桅，樑头不得过一丈，柁工水手不得过二十名，取鱼不许越本省界。未造船时，先具呈州县询供确实，取具澳甲户族、里长、邻佑，当堂画押保结，方许成造。造定之日，报县亲验，明白印烙字号姓名，并将柁工水手一体查验，取具澳甲长船户保结，然后给照。其照内，仍将船户、柁工、水手年貌籍贯开列，庶便汛口地方查验……不许夹带硝黄等物，否则以通贼论，当斩。……
>
> （康熙）四十二年，覆准商贾船只，许用双桅，樑头不得过一丈八尺，柁工水手不得过二十八名；其一丈六七尺樑头者，不得过二十四名；一丈四五尺樑头者，不得过十六名，一丈二三尺樑头者，不得过十四名。造船时，先具呈州县，取供

1　施琅：《论开海禁疏》，贺长龄辑《皇朝经世文编》卷83《兵政十三·海防上》，台北：文海出版社，1966，第2966页。

严查，确系殷实良民，亲身出洋，船户取具澳里甲各族长并邻
佑当堂画押保结，然后准其成造……[1]

此则材料载于会典中，所据原文查而未得。但由行文可见此次
定例特别将商渔船只分开，表明开海之后清政府对商船和渔船态度
已有所区别。开海的直接目的是获得贸易之利，而要获取海上贸易
之利益，自然必须借助商人的力量。清廷对沿海私人商贸船只的态
度从限制转为对其安全的保护。康熙五十年（1711）六月初八，闽
浙总督范时崇上疏论闽浙海防，言及商船与渔船的区别：

商人造船置货，资本自饶，即或船系雇募，货非一商，大
约以本求利，未肯为非作奸。若渔船之所有者，不过网鱼之具
而已，原无厚资，难守恒心，即其初意未必尽怀不完，及至鱼
无所获，食又不充，急而走险，势所不免。是商船渔船，其身
家之重轻，未可同日而语也。[2]

范时崇这番说法代表了开海之后大部分浙闽粤地方大员的观
念。资本的厚薄，被视为商渔船是否会为非作歹的因由。商人"资
本自饶"，顾惜身家，不会为非作歹，所以是朝廷要合作和重点保
护的对象。当时地方大员有不少关于"卫商"之法的讨论。如范
时崇提议将闽浙沿海各州县渔船一一对应水师营汛统辖，"以渔卫
商"；[3]康熙五十一年（1712）三月初四，广东提督施世骠奏陈地方情
形，说广东目前海洋平静，间有奸民抢坐渔艇，"窥视商船"，所以

1　《雍正会典》卷139《兵部二十九·职方司·海禁》，第2213页。
2　中国第一历史档案馆编《康熙朝汉文朱批奏折汇编》第3册，档案出版社，1985，第541页。
3　中国第一历史档案馆编《康熙朝汉文朱批奏折汇编》第3册，第541页。

要"统巡官兵在洋巡逻"。[1] 又，康熙五十六年（1717），两广总督杨琳题准"将商船设立联艍护送之法"，以确保船货安全。[2] 与此相对，"无恒产无恒心"的渔民渔船则成为清代官员眼中沿海地区最大的不安因素。如何对这数十万计、"毫无家业""惯习风浪、不惜性命"，"以捕鱼为养命之本"[3] 的人群实施有效的规范和管理，也成为整个清代从中央到地方都极为关注的问题，清代渔船管理制度的设立，即由此而来。

康熙四十二年（1703）定例，正式把商船和渔船分开，限定了濒海商渔船只形制如桅数、樑头大小及船员的人数等，同时也确定了船只成造手续、船照的印给，以及不许夹带违禁物品等，是清代商渔船只管理制度开始趋于明确的标志。本年规制开放商船许用双桅，船只的大小也大为放宽，但渔船仍限以单桅，樑头不过一丈；不论商船渔船，船只成造需有澳甲等人的保结，正说明清廷试图将对濒海船只的管理连接于严密的保甲制度之上。

康熙四十二年定例奠下了清代商渔船规制的基础，多为官员订立典章和施行规范时所援引。此后，商船渔船规制的内容陆续有所修订和增加。至康熙五十三年（1714），又准江苏巡抚张伯行所请，要求商船渔船前后刊刻省份州县，或商或渔及船户人名等，"并商渔各船船户、舵工、水手、客商人等，各给腰牌，刻明姓名年貌籍贯。庶巡哨官兵、易于稽查。至渔船出洋时、不许装载米酒。进口时、亦不许装载货物"。[4] 以此来区别商、渔船只，以防海上盗案。

1　中国第一历史档案馆编《康熙朝汉文朱批奏折汇编》第 3 册，第 34 页。

2　《雍正元年七月二十六日杨琳复奏筹海事宜》，《世宗宪皇帝朱批谕旨》卷 14，《景印文渊阁四库全书》第 417 册，第 72～73 页。

3　《雍正四年十月二十一日杨文乾奏陈广东海洋渔船事务》，台北"故宫博物院"编《宫中档雍正朝奏折》第 6 辑，台北："故宫博物院"，1977，第 759 页。

4　《清圣祖实录》卷 258，康熙五十三年三月甲辰。

雍正元年（1723），规定各省商渔船只分省油饰，雍正九年（1731）再进一步，规定在商渔船篷上，大书州县和船户姓名，并且对字迹的大小、颜色、质地都有所规定。[1]类似的规定在乾隆以后仍有不断的修订，各省亦有不同的细部规定。[2]

第二节　商船船税的征收与樑头限制的废除

　　考察清代的沿海船只管理制度，不能不提及关于船只"樑头"的规定。所谓樑头，指船体的最宽幅，即在大桅处隔舱板的横梁。清廷以樑头长短来计算船只大小，判断船只是否符合法定规制，并依照樑头大小制定一系列税则及携带米、盐等数目。不同海域的水文特点决定了适航船只形制的差异。在深受自然生态环境制约的濒海地区，船只大小直接关系着濒海民众的生计，决定着他们的活动范围。故而，在清代沿海商渔船制的形成过程当中，如何订立"樑头"的标准往往成为中央和地方争论的焦点。

　　康熙四十二年（1703），清廷关于濒海船只的管理逐渐明晰，并确定了商渔船只规制中最主要的内容之一：船只的式样，包括桅杆数目和樑头大小。一别于明代禁止民间私造双桅大船，清代沿海商船均可采用双桅，至于渔船，则福建省可以任用单双桅，其他沿

1　《钦定大清会典事例》卷629，中华书局，1991年影印本，第7册，第1151页。

2　参见刘序枫《清政府对出洋船只的管理政策（1684~1842）》，刘序枫主编《中国海洋发展史论文集》第9辑，第356页。

海各省均限定为单桅。桅杆的数目显而易见，故樑头的大小就成为清代前期商渔船制度在实际运作中关键而又充满弹性的部分。就商船而言，樑头的大小，直接关乎船税的征收。

考之文献，五代已有针对商船船只的税收。如在海南岛，有"定舟船之丈尺量纳，谓之格纳"，即不论货物的轻重贵贱，以船身长度为基准进行课税。宋代，这些具有地方色彩的船舶税与商税制度一起延续了下来，后因税法过于简单，容易因载货种类不同而导致明显的负担捐税不均而被逐渐废除。如海南岛的格纳税法，使来自泉州两浙等地的奢侈品和来自高州等地的米、瓦、瓷器均以船只尺丈纳税，故泉福两浙商人"多方规利"，而高化等地商人则不愿到此，致使琼州本地日用之物锐减，于是宋神宗元丰三年（1080），在本地官员的奏请之下，改以物货收税。[1] 但是，据斯波义信的研究，宋代商税中，针对船舶货物装载量所征收的关税——"力胜税"，实际上就是源自五代节度使私征税权的带有船舶税性质的一种内地通关税。所谓"力胜"，如《宋会要辑稿·商税》中所云"力胜者，计所载之多寡，以税其舟"，[2] 即按其运输货物重量而作的课税。船力胜通常用"料"或"石"来表示，"料"表示船型，与重量单位"石"同等，五百料船就是载重五百石，实质是指船只装载货物的能力，即重量吨数，[3] 而货物量就以"几分力胜"来表示。黄纯艳进一步辨析"力胜"和"料"二者的差异，指出"力胜"是指船舶

1　参见李焘《续资治通鉴长编》卷310，神宗元丰三年十一月，上海古籍出版社，1986，第2904页。

2　《宋会要辑稿》食货一八之商税，孝宗淳熙十四年八月十三日，第6381页。

3　关于"料"的理解，学者存在争议。大部分学者同意一料等于一石，也有学者认为料指船只的容积，石是重量单位，两者之间不是必然的对等，而是存在一定的换算关系，但是官方与民间、不同地方、不同船型的换算率都存在差异，大抵民料是对等的。参见陈希育《中国帆船与海外贸易》，厦门大学出版社，1991，第38~42页。

有效载货容积，即净吨位，在征收力胜税时有时指船舶的实际载货量。同时指出宋代船舶的形制，包括力胜大小、长宽比、船舶形状（方形系数），与船舶航行水域的水情密切相关。[1]

元代延用宋时的力胜税制，"料"成为宋元乃至明初造船的流行术语，并存在针对船料所征收的税项。邵远平《续弘简录》中言："元有商课，又有额外课。若税及船料，又在额外课之外者。"[2]此处，"料"当指造船物料。不同用途、式样的船只，造船物料也不相同，官方有专门的船匠进行估价，有相应的"料例文册"参考，明初所实施的船料税，或许是沿用了元代的做法。考之文献，明代对船只征收船料税是自宣德年间开始。《续文献通考》中记载：

> 宣宗宣德四年始设钞关及收钞官。时以钞法不通，由商居货不税与市肆鬻贩者阻挠所致，乃于京省凡三十三府州县商贾凑集地市镇店肆门摊税课。……舟船受雇装载者，计所载料多寡、路远近纳钞。……凡船料始时，估料定税。后以估料难核，乃度樑头广狭为率，自五尺至三丈三尺有差。嘉靖时又命以成尺为限，勿科畸零焉。[3]

由此看来，明代征收船舶税，是跟宣德年间开始在从南京到北京的运河一线设置钞关联系在一起的。[4]起先是征收船料税，即按照

1　参见斯波义信《宋代商业史研究》，庄景辉译，稻禾出版社，1997，第501~511页；黄纯艳《宋代船舶的力胜与形制》，《厦门大学学报》2015年第6期。

2　《续文献通考》卷18《征榷一》，第2929页。

3　《续文献通考》卷18《征榷一》，第2931页。

4　魏林考证了明代钞关的兴废过程和相关管理制度，认为明代设钞关、征收船料税，是为疏通钞法而加重敛收，钞关一开始多设于大运河沿岸，按照货物樑头广狭征收船料税。魏林：《明钞关的设置与管理制度》，《郑州大学学报》1986年第1期，第94~102页。

造船物料估价定税，后因船料太难估定，就改成根据樑头大小来收税。只是，当时这部分税收主要由设立在江南和江西九江的钞关来征收（称为"船料钞"），属于朝廷正供，其他地方官员也会私自征收，是属于私税科索。[1]

这种以樑头大小为标准、针对船只征收的船舶税后来被称为"樑头税"，有时也仍然被称为"船料税"，成为明代中期商税"三税"中的一种。所谓三税，即户部所征之货物税、工部所征之船上箱桶等器物税，再加上樑头税，正所谓"商税，百里之内，辖者三官"。[2]隆庆年间准贩东西洋之后，同样"既税其货又税其船"，[3]樑头大小成为商船水饷的征收标准，按尺抽税。[4]

进入清代之后，樑头成为修造船只最重要的基数，以之为核心对应着一系列代表船只形制的比例关系。[5]清政府也延续了樑头税的征收。[6]其初，樑头税属州县征收，康熙二十三年开海，江、浙、闽、粤四海关分别设立，樑头税的征收对象和征收机构都发生了改变。

清王朝开海之初，濒海船只管理尚未明确，只许载重五百石，即樑头在七、八尺之间的单桅船只出海，不论商渔船只，均需请领船照，出入由海口官员查验，入则于海关纳税。康熙二十八年（1689），议准"采捕鱼虾船只及民间日用之物并糊口贸易，俱免其收税"。[7]于是，樑头税从开始的商渔并征改成只针对出洋商船，而

1　《明神宗实录》卷135，万历十一年三月丁酉。

2　《明神宗实录》卷139，万历十一年七月戊子。

3　《明神宗实录》卷210，万历十七年四月丙申。

4　张燮：《东西洋考》卷7《饷税考·水饷》，第140~141页。

5　参见陈希育《中国帆船与海外贸易》，第150页。

6　韦庆远先生认为清朝抽收樑头税，是大体沿袭明代及参照郑、尚集团的做法，按船只的长短宽狭抽收税银，较少考虑到不同货物的价值和贸易利润的差别，这可能导致税负的不公平。韦庆远：《论康熙时期从禁海到开海的政策演变》，《中国人民大学学报》1989年第3期，第107页。

7　《清朝文献通考》卷26《征榷一》，第5079页。

后各省情况又有所变动（详后）。

　　至康熙四十二年（1703），清政府对沿海船只的管理制度趋于明确，对商渔船只的形制均有所限定。按照规定，商船樑头最多不过一丈八尺，舵水最多不得过 28 人。这样的船只形制，相较于明末的大型商船，如《东西洋考》中记录樑头二丈六的船只，是大大缩减了。有学者认为这可能跟康雍年间船舶多属于中小型船只有关。[1] 其实这样的限定可能更是清政府从制约的角度考虑，而非顺应当时商船形制较小的实况。如康熙四十六年（1707）闽浙总督梁鼐言，自康熙四十二年商渔船只定例颁布之后，即饬令各地改造船只樑头，商船不得超越一丈八尺，只是改造所需费用巨大，很多商人"皆畏缩迁延，其已改造者，仅求合于丈有八尺之樑头，而船腹与底皆仍其旧"。[2] 若据梁鼐的说法，则原先沿海商船形制多有超越一丈八尺者。雍正十一年（1733），福建总督郝玉麟又奏称：

> 　　臣访查出洋商船，吃水每至一丈二三尺，缘其舱深，便于多载货物。舱口既深，是以樑头丈尺多有浮于定制之外者。查其由来，商船樑头止就含檀量算，除去两边水沟约有三四尺不算外，止报樑头一丈六七尺，其实樑头原不止此，以致多带水手偷渡。[3]

　　康熙四十二年关于船只樑头的规定中，虽然定下了商船樑头不

1　参见陈希育《中国帆船与海外贸易》，第 155 页；刘序枫《清政府对出洋船只的管理政策（1684~1842）》，刘序枫主编《中国海洋发展史论文集》第 9 辑，第 350 页。

2　李元度：《国朝先正事略》卷 11《梁敏庄公事略·子鼐》，易孟醇点校，岳麓书社，2003，第 338~340 页。

3　《雍正十一年四月五日福建总督郝玉麟折》，中国第一历史档案馆编《雍正朝汉文朱批奏折汇编》第 21 册，江苏古籍出版社，1991，第 354 页。

得过"丈八"之制，但是并没有明确丈量樑头的具体方法，于是樑头也就成为沿海商船形制中充满弹性的部分，商人或取巧少报，沿海官员或引以勒索。对此，清廷多次饬令核实丈量船只，并详细规定樑头的计算方式。如乾隆元年（1736）受福建巡抚委派总管闽海关关务的兴泉永道佥事朱叔权定议：

> 丈量船只，无论关、县，总以含檀与船傍内面接连之处丈起，不除舰堂，含檀实长若干，即为樑头实在数目，不得以船艕外之两舣算作樑头丈量。[1]

而后，乾隆五年（1740）、嘉庆五年（1800）、嘉庆十二年（1807）又再特别重申。然而，这种限定往往仅仅得到表面上的遵守，实际执行过程中，又出现了所谓"折造"之法，即将船只实际尺寸加以折算，只需符合"丈八"之制即可。例如，商船出入港口，需在海关领牌报税，自雍正七年（1729）起，已允许商船在海关纳税的丈尺与各州县丈量的丈尺有所不同，海关税收则例中登载的船只樑头并不是船只实际的樑头大小，而是经过折算的。各海关的折算率均有所差别，如厦门闽海关：

> 樑头七尺以外，折作五尺二寸。每增一尺，加二寸，以次折算，至一丈八尺作八尺而止。是樑头七尺者，作五尺二寸；一丈八尺，作八尺。其二丈外者，均作八尺。以例不得过一丈

1　《福建省例·船政例·丈量商船樑头之法》，《台湾文献丛刊》第 199 种，台北：台湾银行经济研究室，1964，第 683 页。

八尺也。[1]

　　按照福建定制，樑头七尺以内的船只在州县课税，七尺以上的船只在海关纳税，由上，则说明在闽海关报税的船只均实行折算之法，而海关的折算正是为了让出海商船全部符合"丈八"之制。这反过来也就暗示实际中存在的商船樑头根本不可能被限制在丈八以内，甚至出现了商民在修造船只时，也"仿照海关输税之例，七尺以外者递行折算，巧为影混"。[2]这就是所谓的"折造"船只。对此，清廷虽多次饬令禁止，但是收效甚微。到了乾隆中后期，正如官员们所抱怨的，在洋行驶的贸易船只已经没有一只是符合规定的了，沿海汛兵将领也不认为商船仍然存在樑头定制上的限制，[3]甚至在乾隆年间颁行的《福建省例》还载有"梁头丈尺，不必过于拘泥，以免纷扰"之说。[4]

　　嘉庆初年，闽粤洋面因为蔡牵、朱渍之乱而一度重现对樑头的制约，但很快就松弛，嘉庆二十三年（1818）对商船樑头的限制终于完全废除。嘉庆二十三年九月二十六日，嘉庆皇帝谕：

　　　　闽省商民置造海船，大小本无限制。嗣因洋匪滋事，动坐商船，奏明商民造船只以一丈八尺为准，原属一时权宜之计。现在洋面肃清，该省商民以船小不能重载，难涉风涛，多致失业；并官运兵粮，亦多积压。兹据该督等查明，请复旧章，著

1　道光《厦门志》卷5《船政略・商船》，《中国方志丛书》第80号，台北：成文出版社，1967年影印本，第110页。
2　《福建省例・船政例・丈量商船樑头之法》，第683页。
3　王苎孙：《浙江提督总统闽水师追封三等壮烈伯谥忠毅李公行状》，《皇朝经世文编》卷85《兵政十六》，第3079~3083页。
4　《福建省例・船政例・洋政条款》，第706页。

照所请，嗣后商民置造船只，樑头丈尺照前听民自便，免立禁
限，仍报官给照验烙放行。其配载米谷，亦令查照旧章，如数
配运，毋任积压。[1]

福建船只条例在有清一代均有别于浙江广东等其他沿海省份，
尤其是自台船配运米谷实施之后，其对商贸船只的限定更为宽松。
嘉庆二十三年的上谕，是应时任闽浙总督董教曾所请，针对的是福
建的商船，但是从其他各省的形制看来，东南沿海诸省亦以此为
据，至嘉道年间，各省关于沿海贸易船只的大小和船员人数的限制
都大大放宽了。[2]

第三节　"违式"与"定例"——清代渔船管理规制的演变

清代的船只管理制度不仅涉及出海贸易船只，也涉及渔船。自
清代海禁政策发生改变、私人海上贸易合法化之后，清廷对沿海私
人商贸船只的态度从限制转为保护，对清代官员而言，那些"以海

1　《嘉庆二十三年九月二十三日内阁上谕董教曾等奏商民置造海船免立禁限一折》，中国第一历
　　史档案馆编《嘉庆道光两朝上谕档》第 23 册，广西师范大学出版社，2000，第 432 页。
2　参见刘序枫《清政府对出洋船只的管理政策（1684~1842）》，刘序枫主编《中国海洋发展史
　　论文集》第 9 辑，第 352~353 页。

为田、造船讨海"的岛屿穷民，才是濒海盗寇的渊薮。[1]故而，如何对这数十万计、以海为田、以渔为生的人群实施有效的规范和管理，也成为清代前期从中央到地方都极为关注的问题。

如前所述，康熙四十二年，在清廷颁布的海洋船只管理制度中，首次正式把渔船和商船分开定例，除具体规定海洋渔船的桅杆数、樑头大小及船员人数外，还明确渔船的成造手续、渔照的印给及违禁物品等。雍正年间，清廷进一步明确了渔船的油饰印烙等规定。此后又将渔课、渔税征收等一系列问题也纳入渔船管理范围。这些"定例"在实施过程中，因时因地不无变化，而其制约的对象——沿海渔民也在实际生产过程中不断挑战制度规范，形成官府眼中的"违式"行为，直接影响了"定例"的践行和修订。

作为清初东南沿海地区最重要的战场，有清一代，福建广东两省的渔船规制和实施情况多为朝廷所关注。闽粤沿海水域相通，但政府行政上的限定却将此区域分隔开来，无论是在船只形制还是渔税的征收上，闽广两省均多有不同。

一　渔船形制的限定

自明代中叶以后，随着东南沿海渔作方式的改变，大规模深海作业逐渐成为闽粤沿海渔民重要的生计手段，每年东海黄鱼汛期，"巨艘数千"前往浙江，越省采捕。此外，闽粤渔民的活动范围也已经到达澎湖、台湾等外洋岛屿，《大员商馆日志》中载：

1　《福建省例·船政例·洋政条款》，第706~707 页。

本日（1638 年 4 月 10 日），自烈屿有戎克船三艘来至此港口，从事于渔业与收购鹿皮。船中装米一百一十担（或约六拉索得）和盐一又二分之一拉索得，船员计共七十六人。[1]

不论前往浙江还是前往澎湖、台湾，都需要足够宽大和重量的船只，方能保障外海航行的安全。明廷在无力管控之下，采取的权宜之策是将之编入"渔兵"，抑或对之征税。康熙四十二年清廷在明确海洋渔船管理规定时，限定其只能采用单桅和樑头不过一丈，实际上是在制度上限制了渔民的活动范围，为其划定无形的边界。或者可以说，清代前期朝廷确立渔船制度，其意义当也在此。而对渔民来说，樑头大小则直接关系到他们能否顺利到达一定的海面从事生产，是攸关生计的问题。

康熙四十六年（1707），闽浙总督梁鼐请将福建省出洋渔船照商船式样，改造双桅，原因是渔户仰赖的生业不仅是捕鱼，还有运输、贸易，应该适当放宽对船只样式的限定以利民生。康熙皇帝准其所奏，自此福建渔船可以任用单双桅，但其余各省渔船仍然只准使用单桅。[2] 福建渔船之所以特殊可能还在于福建与台澎地区之间的特殊关系。

前文所述，台湾平定之后，在施琅等人的建议下，清廷加大对澎台地区的军事布防，施琅及其下属将领控扼了漳潮至台澎一线的兵防，澎湖和台湾成为施琅着重经营的地盘。施琅在台湾修学建

1　《大员商馆日志》，转引自曹永和《台湾早期历史研究》，台北：联经出版公司，1981，第244 页。

2　《清圣祖实录》卷 229 "康熙四十六年三月戊寅"条："大学士马齐等奏福建浙江总督梁鼐请将出洋渔船、照商船式样、改造双桅之事。臣等遵旨问梁鼐，据称，漂洋者，非两桅船则不能行。且渔船人户所倚为生者，非但捕鱼而已。亦仗此装载货物以贸易也。若准其照商船树立双桅，装载货物甚便于民。上曰，所奏甚是，著如议行。"

庙，请设兵防，奏减王朝赋税，但同时也私设渔船规礼等，如乾隆年间清理地方陋规时，发现"澎湖地方，系海中孤岛，并无田地可耕，附岛居民，咸置小艇捕鱼以糊其口。昔年提臣施琅倚势霸占，立为独行，每年得规礼一千二百两"。[1]

施琅作为复台功臣，澎湖、台湾多入其势力范围。乾隆十二年刊行的《台湾府志》中载：

> 台湾始入版图，为五方杂处之区，而闽粤之人尤多。先时郑逆窃踞海上，开垦十无二三，迨郑逆平后，招徕垦田报赋，终将军施琅之世，严禁粤中惠潮之民，不许渡台，盖恶惠潮之地数为海盗渊薮而积习未忘也。[2]

施琅以鼎革之际是"海盗渊薮"为理由禁止惠潮之民前往台湾，如此，当时能前往台湾的就只剩下福建船只。前引梁鼐奏请闽省渔船采用双桅，其实就是放宽限定，方便渔船渡过海峡继续捕鱼贸易。[3]而在水陆相通的广东沿海，渔船规制却大相径庭。

康熙中后期至雍正前期，广东渔船管理乃依照康熙四十四年（1705）两广总督郭世隆设立的定例。据雍正二年（1724）两广总

1　《乾隆二年四月二十五日上谕》，中国第一历史档案馆编《乾隆朝上谕档》第 1 册，档案出版社，1991，第 182 页。

2　乾隆十二年《重修台湾府志》卷 11《武备三·附考》，《台湾文献丛刊》第 105 种，台北：台湾银行经济研究室，1961，第 362 页。

3　福建商渔船只均可使用双桅，又在其后关于商船配运台米的问题上产生更为复杂的影响。例如，乾隆后期，允许福建商船往台湾贸易；商船欲规避配运，于是申请了渔照，这样就规避了台米的配运等；又，自乾隆中期以后，允许福建商船在渔汛之时改换渔照，前往浙汇定海等处捕鱼，渔汛结束后缴回渔照。相关内容可参见《福建省例·船政例》《福建沿海航务档案》等。

督杨琳所言：

> 康熙四十四年，前任两广督臣郭世隆因粤洋多盗，定议渔船不许钉盖板，桅止用单，朝出暮归，不许越境采捕。其长大渔船樑头不得过五尺，水手不得过五人，舱面尽行拆毁，后遂以为粤省之例。……广东所行樑头不得过五尺，水手不得过五人，舱面不许钉盖板，止用单桅，与福建定制大小悬殊。[1]

也就是说，康熙四十四年以后，广东渔船樑头要控制在五尺以内，舵手不能超过五人，舱面不准钉盖板。这般规定，跟康熙四十二年（1703）兵部公布的渔船定制相异甚大。

如此严厉的渔船规制，当与清代前期广东沿海总体社会背景有莫大关系。康熙二十三年以后的广东官员，面对的是一个经历了长期动荡、社会秩序急需重整的区域。他们需要安顿大批接受招抚的人员以及数量庞大的退伍军士等，[2] 稍有不慎，纷乱再起。这一时期的两广总督最需要向康熙皇帝报告的就是地方海洋情形，如康熙四十九年（1710）五月二十八日，两广总督赵弘灿奏言广东地方雨水粮价，忘了附上海洋情形，康熙立即要求他注意广东地方海贼问题。[3] 康熙年间的广东督抚，常因山寇海盗问题而被参戴

1　《宫中档雍正朝奏折》第 2 辑，第 322~323 页。

2　参见《康熙四十五年九月十六日闽浙总督梁鼐奏折》，《宫中档康熙朝奏折》第 1 辑，台北："故宫博物院"，1976，第 319~323 页；《康熙五十年六月二十四日两广总督赵弘灿奏陈捕获饶平贼》，《宫中档康熙朝奏折》第 2 辑，第 213~218 页。刘抃：《申文》，光绪《饶平县志》卷 21《艺文》，饶平县志编纂委员会办公室，1987 年据华南师范大学馆藏光绪增刻本重印，第 262 页。

3　中国第一历史档案馆编《康熙朝汉文朱批奏折汇编》第 2 册，档案出版社，1985，第 900 页。

罪。[1] 郭世隆，字昌伯，满洲籍孝义人，康熙三十四年（1695）总督闽浙，其间加意海船管理，[2] 康熙四十一年（1702）他改任两广总督，立即着手整饬广东沿海兵制，特别是加强广东东路和中路的水师兵力，[3] 同时，也进一步招抚海岛游民。[4]

在此背景下，康熙四十四年，郭世隆推行严格控制广东沿海渔船规格的措施，对惠潮沿海大型渔船严行拆毁饬改，以防接济，[5] 并限定广东所有渔船樑头不得超过五尺，船上水手不得过五人。一般而言，樑头在五尺以内，不许加钉盖板，就意味着渔船很难适应外海的风浪，而只能在近岸的内港采捕。如此规定，目的就是要限制渔船的活动，便于管理和控制。只是，这样的定制，根本不符合广东沿海尤其是粤东地区海洋渔业生产的要求。

如前所述，自明中叶至清代初年，深海捕鱼已经成为粤东渔业最主要的生产方式，其生产季节性强、渔获量大，"每年自九月起至次年三月止，一年之钱粮衣食在此数月出办"。[6] 深海作业对船只、网罾等生产工具的大小和劳力的多寡有较大要求，例如当时渔民使用的船只——拖风船、贸捕船等，樑头多一丈余尺，船身长四丈多尺，大小远远超过康熙四十四年广东渔船制度所设定的界限。[7] 这些

1　《雍正元年七月初九杨琳等奏陈广东地方盗贼事》："广东素来多贼，前任督臣多因盗案戴罪。"《宫中档雍正朝奏折》第 1 辑，台北："故宫博物院"，1976，第 456 页；又可参见雍正《广东通志》卷 40 "历任总督巡抚列传"。

2　参见《清圣祖实录》卷 192，康熙三十八年正月甲申。

3　《清圣祖实录》卷 212，康熙四十二年四月辛未。

4　参见《大清一统志》卷 338《郭世隆传》："海岛丛奸劫夺，世隆密防要口，督造战舰出洋搜逐，擒斩五六百人，降二千余人，海警遂息。"又可参见雍正《广东通志》卷 42《郭世隆传》。

5　参见《康熙五十二年三月二十五日广州将军管源忠奏言广东海陆情形》，中国第一历史档案馆编《康熙朝汉文朱批奏折汇编》第 4 册，档案出版社，1985，第 722 页。

6　《宫中档雍正朝奏折》第 2 辑，第 324 页。

7　《宫中档雍正朝奏折》第 2 辑，第 324 页。

渔船，在惠潮二府有三千余只，"如一概拆毁，穷民势难重造，即废一年生业。如重造过小，亦不能出洋捕鱼"。[1] 故而，康熙年间订立的广东渔船规制根本没有得到遵守，反而成为沿海文武兵弁需索陋规的口实；而州县官员也对此"违式"的事实采取默认的态度。直到雍正皇帝即位之后，皇帝个人与广东大吏之间关系微妙，当广东渔船管理的这一现象被上奏到朝廷之后，立即受到皇帝的直接质询。于是地方官员们顺水推舟，要求改变原有规制中不切合实际的内容，制定新"定例"。雍正六年（1728），伴随地方社会的日益稳定、广东政局和皇帝以及官员认识的改变，新的广东渔船规制确立。根据雍正六年的规定，广东的大渔船樑头不得超过八尺，而小渔船则"仍照旧制，樑头不得过五尺"。至此，虽然就船只形制而言，广东渔船的樑头限定较之康熙四十二年兵部所规定的"一丈"仍略小，但已有所放宽，说明清廷终于承认广东沿海需要大型渔船的事实。[2]

总之，清廷关于濒海渔船的管理，初期主要关注船只的形制，如单双桅和樑头大小。而因为福建与澎台之间的特殊关系，尤其是施琅等闽籍功臣的影响，以及闽粤两省地方大员在面对濒海秩序重建中所采取对策的差异，清代前期闽省的海洋渔船规制比广东要宽松得多。而后，清廷关于渔船管理的制度不断完善，雍正乾隆年间，闽粤官方对渔船出洋的限定都放宽了许多。在福建，有限度地解除了对渔船越省采捕的限制，允许每年春冬黄鱼汛时，福建渔船可配米配盐前往浙江定海、象山等处作业。[3] 在广东，渔船的归港

1　《宫中档雍正朝奏折》第 2 辑，第 798~799 页。

2　参见拙文《"违式"与"定例"——清代前期广东渔船规制的变化与沿海社会》，《清史研究》2008 年第 2 期。

3　参见《福建省例·船政例·往浙捕鱼额带食米》，第 605~606 页。

日期多有限定，如小渔船需朝出暮归，大渔船则以二十天为限。到
了乾隆二十七年（1762），广东官员终于承认那些远离台汛、捕法
不同的船只应该另立章程进行管理。[1] 此外，广东渔船的形制在乾隆
年间也有了非常大的突破。日本文献《广东漂船杂记》中记录了嘉
庆元年（1796）一艘漂流到日本东北部陆奥（今宫城县）的广东渔
船，其字号是"广州府新宁县大澳港渔船户陈受合　大字十七号"。
从随书附图可以看到，这艘渔船仍然是单桅，大桅是杉木造，"船长
七丈余，幅一丈八尺余，深九尺，□□人数十四人来"。[2] 由此可见，
当时渔船桅杆数目仍旧只是单桅，但是船身阔和深度都大大扩张，
以增加船只的重量和承载能力。这些因应濒海渔作实际生产要求而
存在的对现行规例的突破，在乾隆年间都得到了地方官员的默许，
也成为地方财政陋规的来源之一。嘉庆年间，浙江道监察御史严烺
奏称：

> 广东惠潮两府富民牟利，违例制造渔船，有曰大网船、中
> 乌船者，长数丈，宽二丈余，每船水手几至百人，所带水米足
> 供数月之用。又私带炮械火药以防洋匪，州县官得其使费，名
> 曰港规，不加查禁。[3]

其实，乾隆以后，各省对沿海渔船的限制大大放宽，渔船远出
外洋、越省采捕也得到各省督抚的支持，严烺所奏之惠潮大渔船，

1　参见《采捕渔船分别归港日期责令牌甲稽查停止领缴木签》（乾隆二十七年七月），《哥伦比
　　亚大学图书馆藏清代广东档案录·商渔》，中山大学历史人类学研究中心藏复印本。

2　大槻玄泽：《广东漂船杂记》，转引自刘序枫《清政府对出洋船只的管理政策（1684~1842）》，
　　刘序枫主编《中国海洋发展史论文集》第9辑，第359页。

3　《浙江道监察御史严烺奏陈广东违式渔船久出外洋滋弊事》，《皇清奏议》第2册，全国图书
　　馆文献缩微复制中心，2004，第799~801页。

与东海黄鱼汛时福建粤东渔船纷纷北上浙江采捕的传统有直接关联。[1] 而且闽粤海洋相通，规例却相差甚巨，粤省商民私自前往闽省申请修造船只以逃避严规者多有发生。乾隆以后，当在异省修造船只也得到各省督抚的允许之后，沿海各地关于船只樑头的限定几乎已经被认为是不必要的。[2] 只是，渔船的樑头大小不仅仅属于船只形制的问题，还涉及如何计算渔税的征收和渔盐的配给，所以形式上，濒海渔船规制中关于樑头尺寸的限定仍旧被沿用着。

二　澳甲制度的实施及其推广

清代渔船管理有一系列的配套制度。实施过程中，澳甲制度被视为针对渔民、船只流动性管控最有效的措施。宋代已有用保甲原则将船只与所停泊之港澳进行捆绑登记、编伍的举措。[3] 明代中后期，通过澳甲、船甲来对濒海民众实施管理已成为闽粤沿海官员重要的行政经验，清代官员继承这一遗产，并将之变成一系列的制度规范。

康熙四十二年确立的海洋商渔船只定例中，规定了申请修造船只的具体流程。

第一，船只成造之前，欲造船之人需要先向所在州县呈报，经官府询问确实，而且要取得"澳甲户族、里长邻佑"的保结；第

1　雍正五年正月初七日，福建总督高其倬奏陈海洋渔期将至，粤闽渔船纷纷北上浙江，正是奸盗冒托为匪之时，要求水师加紧巡查。《宫中档雍正朝奏折》第 7 辑，第 278 页。

2　参见《福建沿海航务档案》中广东船户到福建申领执照造船的记录。

3　参见廖大珂《宋代海船的占籍、保甲和结社制度述略》(《海交史研究》2002 年第 1 期) 探讨了宋代海船户的注籍、编伍和结社，黄纯艳在《宋代民船的管理与征雇》(《河北学刊》2017 年第 1 期) 一文中进一步论述了南宋对海船编伍、登记和征调等情形。

二，船只造成之后，要呈报县府查验，在船上烙上船户姓名和船只字号，如"某省某府某县某渔船户某字号"字样，[1]同时查验柁工水手等随船人员情况，柁工水手也需要取得"澳甲长"和"船户"的保结。

澳甲的角色贯穿在船只修造过程当中，反映了清廷官员在意识到海不可禁的情况下，很大程度上将如何防范、稽查盗匪寄托在澳甲制度之上。他们希望将人群、船只通过澳甲、船甲等形式编制起来，辅以给照、印烙，由澳甲和汛兵联合稽查，从而实现对濒海地区治安的管理。

如前所述，明清易代之际，渔兵成为地方军事活动中的重要战斗力，清廷实施海禁，但仍有地方军政大员给予渔民一定的出海自由，同时将之编甲为己所用。如顺治年间浙江巡抚秦世祯，即将渔船编伍，"籍其姓名，按保甲法以二十五船为一队，责成镇、道稽察，无事听其采捕，有事则助守御"。[2]此种做法明显是对前代的继承。

康熙年间，最常论及澳甲制的官员基本都有在福建的任职经历，如范时崇、杨琳、王文雄、觉罗满保等。随着官员的迁转，这些经验也会在其他地方推广。如清代广东开始实行澳甲制，就是康熙五十三年原任福建陆路提督的杨琳转任广东巡抚后推动的。杨琳到任后，整饬粤东沿海兵防，修建炮台，于惠潮沿海编查澳甲。他在康熙五十五年的奏折中说：

1　如日本文献《广东漂船杂记》中记录了嘉庆元年漂流到日本东北部陆奥的广东渔船，其船旁书写："广州府新宁县大澳港渔船户陈受合　大字十七号。"转引自刘序枫《清政府对出洋船只的管理政策（1684~1842）》，刘序枫主编《中国海洋发展史论文集》第9辑，第359页。

2　秦世祯于顺治初年先后巡按浙江、江南等地，所行措施如编列鱼鳞册、征银设柜、官收官兑等，均在重新修复明时之制。参见李桓《国朝耆献类征初编》卷151《疆臣三·秦世祯》，光绪十六年刊本，第34~36页。

于十一月内乘南风未发之先，会同提督王文雄委出武职协同文员将惠潮两府沿海十余州县编查澳甲，陆路编查家甲，于正月内编完，举出匪类亦多。有案者归案审结，无案者分别枷责，令地方官时加查点，将来广东洋盗或可稀少。[1]

杨琳从任广东巡抚一直到广东总督，[2]在粤时间近十年之久。他对自己的政绩颇为自得，其中一项就是在广东沿海地区普行澳甲制，翻阅史料，可以发现他在康熙五十三年至雍正二年的奏折，几乎每次必提澳甲制度的推行。[3]

澳甲制度的实施，是在沿海州县各个烟户较为集中的澳口设立澳甲，稽查本澳烟户船只。[4]另据嘉庆四年（1799）福建巡抚汪志伊所奏：

> 即如闽海港澳共三百六十余处。每澳渔舡自数十只至数百只不等，合计舵水不下数万人，其眷属丁口又不下数十万人。沿海无地可耕，全赖捕鱼腌贩，以为仰事俯育之资。……每澳设有诚实澳甲一名，每十户又设一甲长，查拿通盗及为匪之犯，知情不举者连坐。各汛口复有员弁，均于出入盘查。[5]

1　《康熙五十五年正月二十五日杨琳奏折》，中国第一历史档案馆编《康熙朝汉文朱批奏折汇编》第 6 册，档案出版社，1985，第 772 页。

2　杨琳于康熙五十三年十二月任广东巡抚，康熙五十五年二月至雍正元年为两广总督，雍正二年为广东总督。

3　参见《康熙朝汉文朱批奏折汇编》《雍正朝汉文朱批奏折汇编》中杨琳奏折部分。

4　《福建省例·船政例·会议设立澳甲条款》，第 669 页。

5　汪志伊：《议海口情形疏》，《皇朝经世文编》卷 85《兵政十六·海防下》，第 3063 页。

　　澳甲即如行之内地的保甲，以港澳为单位，将本澳内人户进行编甲，每十户设甲长一名，每澳设澳甲一名。澳甲需"查明所辖户丁内，船若干只，各于门牌内填注"。有商民要修造船只者，乡保澳甲需查明本人系殷实良民，出具保结；而后的船只编号油饰、出海归港、携带器具、船只买卖等，均由澳甲与沿海汛兵胥吏一体纠察。[1] 而为了防止澳甲被奸猾垄占，还要求澳甲人员应该实行轮当制。[2]

　　除了澳甲之外，清代文献中还有"船甲"的记载，不过更为简略，一般不外乎"十船编为一甲"，连坐互保。其来源是康熙四十六年（1707），闽浙总督梁鼐奏请将出洋船只"十船编为一甲，取具一船为匪，余船并坐，连环保结"。[3] 而后，康熙五十年（1711），原任镇海将军马三奇题令各省督抚提镇严饬地方文武官弁于沿海口岸及内地所属地方遍行查缉，将船只编甲制度在沿海地区加以推行。

　　总之，从目前的文献看来，康熙年间针对濒海渔船的编管存在澳甲和船甲两种方式。但是，在实际运用中，"澳甲"与"船甲"又往往被视为同一名词，可以相互混用。这种情况在广东最为突出。

　　雍正二年（1724）两广总督孔毓珣向皇帝汇报广东渔船编管情况，奏称：

　　　　查渔船俱就港道聚集而泊，应每港选择殷实公正者充为船

1　《福建省例·船政例·会议设立澳甲条款》，第 669 页。

2　《福建省例·船政例·会议设立澳甲条款》，第 672 页；《粤东省例新纂》卷 6《船政·严查澳甲》，中山大学图书馆藏道光二十六年刊本；等等。基本规定是澳甲需五年一换。

3　《钦定大清会典事例》卷 629《兵部·海禁》，第 7 册，第 1151 页。

长，量给工食。大港二人，小港一人，其港计渔船若干只，各船主之奸良责成船长稽查保结。某船计水手若干人，水手之奸良则成船主稽查保结。……船长出口时，船长会同汛兵查点有无夹带器械及多余米粮，入口时查验有无夹带货物，船长徇隐不举，从重治罪。遇夜湾泊各船俱用铁环连锁，桨篙搬起崖上，每船用水手一二人守宿，港口则用船主三四人轮流守宿，以防奸徒偷船出洋。倘捕鱼时陡起暴风，人船漂没者，船长报官，必讯取同港船主互结，实有确据，方准销除。[1]

孔毓珣认为要整治广东地方洋盗频发的现象，关键在于严格掌控沿海渔船的动向。他建议，以渔船停泊之渔港为基地，建立船长船主保结制度。他的建议后来得到雍正皇帝的认可，成为雍正六年（1728）所确定的广东渔船新定例的内容之一，并且得到后世官员的遵循。后来，乾隆三十一年（1766）四月，两广总督杨廷璋下令整饬潮州沿海渔船，将各港大小渔船编号列入册籍。

潮属各港大小渔船各若干分别列册，注明号数及船户、舵水姓名年籍，移交营员，按照各港汛口分给一册存案，逐日纪其出口若干，入口若干。……分别大小渔船各设澳甲，每百只设澳甲一名，其百号之中，每十船作一起，照依饬令十船互结，一船有犯，十船连坐。每日出口之先，汛兵澳甲会同验明，回港时亦令按船查验，如有夹米作奸情弊，许澳甲及互结

1　《雍正二年六月二十四日两广总督孔毓珣奏陈沿海船只管理事》，《宫中档雍正朝奏折》第2辑，第798页。

之船知会汛兵，一同拿究。[1]

同时，杨廷璋还要求渔船以两船"合对"的形式（即编定单双号）出口归港，"无对船只虽有牌照，不准放行，倘合对船内有一船应追照拆毁，其余一船仍许另配别船出海，不得株连并解"。[2] 而后，在其刊刻的省例中，又将之正式列入"严查澳甲"条目。[3]

如此，孔毓珣所谓"船长"，或杨廷璋之"澳甲"，是直接针对停泊于港澳中的船只的编甲，似乎与福建的每澳设"澳甲"一人，编甲是以"人户"为原则，船只系于户下等情形存在区别。但是，事实上，濒海地区有其特殊的社会组织形态，尤其对于以渔为业的人群而言，船只与人户的结合极为紧密。如乾隆四十六年（1781）广东巡抚李湖要求清查沿海各大小船只：

> 责成各州县督率捕巡，各就管辖境内无论大小船只，均应彻底查明分项编号，并将船户姓氏及所用橹桨登记档册，给予印照，并于船傍印烙刊写，使人一望了然，无从影射，仍照所领保甲牌式，每船给予门牌汇册报查，其有外出之船，俟其回日补编给照。[4]

可见，在广东澳甲制度中，船只似被看作类似人户的一个组织

1　《大小渔船编号列册交营存案》（乾隆三十一年），《哥伦比亚大学图书馆藏清代广东档案录·商渔》。

2　《粤东省例新纂》卷6《船政·按限归港》。

3　参见《粤东省例新纂》卷6《船政·严查澳甲》。

4　《编查保甲事宜》（乾隆四十六年），《哥伦比亚大学图书馆藏清代广东档案录·户役》。

单位。这或许与广东沿海，尤其是珠三角地区渔蛋民的生活居住形态有关。明清时期的珠三角地区，渔蛋民是流动性极大的人群，大部分以船为家，而没有上岸定居的权利。[1] 因此，就"定居于"船上的渔蛋民而言，对其居住的船只编甲，恰如按照住址对定居于陆地的人户编制保甲、发放门牌，其原则并无二致。故而，闽粤之间看似不同的"澳甲"制度在实际执行过程中究竟异同如何，似乎仍有讨论的空间，不可根据字面意思简单论断。

总之，编制澳甲、船甲的目的都在于通过编号联保，将浮动的船只与其停泊的港湾之间的关系固定下来，实现对濒海这些以海为田、以舟楫作为谋生工具乃至居住场所的人群的规范和管理。居住于本澳的人户，是人户与船只的登记相结合，称为"船户"。澳甲的职责在于清查本澳户口及其船只，在沿海船只的成造过程中，负责出具具结；在此后的船只编号油饰、出海归港、携带器具、船只买卖等环节中，负责与沿海汛兵胥吏一体纠察。同时，澳甲也负担有协助催征渔课渔税的责任。[2]

值得注意的是，在上述关于澳甲的文献记述中，已经将大小渔船均包括其中，而这是雍正以后渔船制度推广扩大后的结果。

雍正二年（1724），闽浙总督觉罗满保和两广总督孔毓珣接到雍正皇帝朱批，言据闽南方水程之上有一种贼船，专门骗人上船到了江中下蒙汗药以夺钱财，皇帝认为这说明"保甲弥盗之法，已经诰谕谆谆。然行于乡村，尚未行于江湖，则弥盗之法尤有未尽"。要求地方：

1　萧凤霞、刘志伟：《宗族、市场、盗寇与蛋民——明以后珠江三角洲的族群与社会》，《中国社会经济史研究》2004 年第 3 期。

2　嘉庆《福建沿海航务档案》（陈支平主编《台湾文献汇刊》第 5 辑第 10 册，第 52 页）"人亡船朽销报销号"一案中记录县差要追缴船户船税，先找澳保催征。

今严行保甲之法，凡各地方之驾船为业者，令保甲邻佑，公结良善，本官给以印票，详书本人姓名籍贯于上，执票投行验票登簿，方许揽载，仍将某日揽载缘由记册存查。[1]

实际上就是要求对江湖内海内河水上之人都行编甲之法。随后，两广总督孔毓珣即上疏言将"广东疍民编立埠次约束"。[2]雍正五年（1727），清廷再次明确定例。

令地方官取具船户邻佑保结，编列号次，刊刻姓名，给以印照，不时稽查。而渔船出没无定，藏奸更易，亦依陆地保甲之法，许以公首，惩以连坐。[3]

而后，雍正七年（1729）五月，广东总督郝玉麟派惠潮道刘运鲥"亲往惠潮两府沿海各县港口，将所有大小渔船逐一编查挨甲"。[4]明确点明沿海各县港口的"小"渔船也需要编甲。乾隆元年（1736），皇帝再下谕旨，要求将内河小船依照渔船例子一并编甲印烙。随后，各方封疆大吏如湖南巡抚、安徽巡抚、浙江巡抚等，陆续覆奏表态要严查渔船保甲。[5]同时，清廷进一步明确地方州县要参照渔船定例来规范包括内港、内河等各色小船。

1　中国第一历史档案馆编《雍正朝汉文朱批奏折汇编》第 3 册，第 126~128、149 页。

2　中国第一历史档案馆编《雍正朝汉文朱批奏折汇编》第 3 册，第 149 页。

3　《清高宗实录》卷 19，乾隆元年五月丁巳。

4　《雍正七年九月十九日广东总督郝玉麟等奏粤东沿海渔船事》，《世宗宪皇帝朱批谕旨》卷 27 下，《景印文渊阁四库全书》第 417 册，第 598 页。

5　《清高宗实录》卷 179，乾隆七年十一月乙酉。

　　沿海一应樵采及内河通海之各色小船，均报明地方官，取具澳甲邻佑保结，编烙船号姓名给照。遇晚必停泊人家塘汛处所，傥船被贼押坐出洋，立即报官，将船号姓名，移咨营汛缉究。若租船与人，必报明本处澳甲，出结报官存案。其呈报行船遭风者，验明人伙有无落水受伤，必有实据方准销号。其出口入口，止赴就近守口官弁挂号稽查，不必豫定处所日期。或风信不齐、进口愆期者，取具结状存案。如盘查不实，及借端勒索者，照渔船例议处。[1]

　　到了乾隆二年，不但编甲制度扩大到内港、内河小船，连印烙编号等措施也开始从远洋大船扩展到沿海小艇。是年七月，浙江温州总兵施世泽奏称"沿海小艇，或夹带违禁货物，或暗通接济盗粮"，请求立法稽查。兵部就此通行沿海各总督提镇调查商议，浙江总督嵇曾筠等议称"一应出海小艇，令地方官取结，印烙编号，给票查验"，与施世泽原奏大略相同。之后，这些建议获得批准，[2]具体措施为"嗣后沿海采捕及内河通海小艇，俱令地方官取具澳甲邻佑甘结，印烙编号，刊刻船旁，书写篷号，给以照票。其新造小船与采捕售卖者，亦令一律报官办理"。澳甲也负有为"沿海采捕及内河通海小艇"提供甘结的责任了。此外，针对海上小艇，施世泽还建议"小艇出洋，令预定处所，限日往还，赴战船挂号"。但是嵇曾筠等认为"樵采船只，惟候风潮，战船游巡，往来莫定。必令赴战船挂号，势恐冒险不便"，否定了这种不顾风向、潮流等海洋特性和船只活动特点，简单地将陆地管理制度迁移到海上的僵化制

1　《钦定大清会典事例》卷 630《兵部·海禁》，第 7 册，第 1156 页。

2　《清高宗实录》卷 46，乾隆二年七月丙申。

度，并采取了变通之法："应照商渔船只之例，在中途守汛口址，挂号一次。不必定地限期。惟责令守口员弁，俟其进口时，查核风信时候次数，取具结状备案。"这个方法也获得了批准。

这个变通，放弃了简单地将陆上管理方式向海上迁移的思路，转而充分利用位于商渔船只航路上的"守汛口址"的固定特性，于汛口设置员弁，负责挂号查核，管控出入船只，形成了一种或可称为"据陆控海"的思路。

综之，渔船制度实施之初，"渔船"是一种统称，但是后来的区分越发细致。地方官员们在执行过程中首先注意的是那些樑头较大、可以行驶于外海捕鱼的船只，而后，才是大量在内港活动的小渔船（在广东内港内河地方，多被称为"疍户"者）。其船只樑头多在五尺之内，或者有底无盖，[1]无法行走于外海，只能在近岸内港或采捕，或"装运柴草农料"等物。这些船只，在各定例中无有统称，或被称为"小渔船"，或称为"小艇"。雍乾以后，关于沿海渔船的定例当中，大小渔船或渔船小艇这样的说法频频出现，正是渔船编管制度推广的体现。这些小船，原先并没有如同沿海渔船（实则大渔船）一样采用编号印烙，也不需要纳税，不在汛口挂验。雍正之后，一体参照渔船定例，实行编甲、编号印烙，朝出暮归，亦需在汛口挂验；而其字号、保甲组织均与大渔船有所区别。[2]

三　海界与渔课

清代沿袭对渔课的征收。不过，顺治及康熙初年，战事频仍，

1　广东定为樑头五尺之内，福建则多指有底无盖、无法在外海行驶的小船。

2　参见《福建省例·船政例》、《粤东省例新纂》卷6《船政》。

政局不稳，包括渔课在内的赋税征收都不甚稳定，迁界更使沿海各地渔课几乎全数无征。直至康熙二十三年（1684）前后台湾战事稍平，濒海民众生活趋稳，渔业课税征收才随之恢复。在存有河泊所的地方，如福建泉州晋江、广东潮州澄海县[1]和南海县等地，渔课仍由河泊所征收，没有河泊所的地方，则由州县征解。[2]具体征课过程中，清代地方官员必须面对自明代中期延续而来的濒海海界圈定和渔课包纳等状况。所以，清初闽粤州县官员针对濒海海界和渔课的清理和征收，也可以看成一个重新分配地方经济资源的过程。

不同于明代中后期地方官员从课税角度出发而承认海界的划分，清代前期的官员常常对这种观念以及造成的问题加以抨击，认为沿海居民采捕鱼虾，乃"天地自然之利养斯苍赤"，豪强宦族强占为私界，征收私税，"是以公利入独得之私囊"。[3]他们要求重新厘定边海课税制度，其实就是要废除海界，取消原先的渔课包纳制度，将明代存留下来的渔课额数转而由濒海渔船均摊分派，革除海主、港主等名色，近岸滩涂任民采捕，不征收课税。[4]至乾隆年间，广东渔课额"或按埠匀摊，或按船摊征"。[5]福建则"渔课就澳征收"，有"征诸采捕渔船"，或"无澳地亦无渔船，其课征诸别项小船及渡船者"，或"以地租抵课者"，或"摊入地丁项下，统征分解"。[6]

1　雍正九年，澄海东陇河泊所亦废除。

2　例如漳州地方，在明代即设有河泊所，其渔课由州县征派，里甲出办。

3　康熙《诏安县志》卷3《方舆》，第444页。

4　当然，后来的发展说明，各地方官吏不可能放弃这方面的税收，于是就成为濒海杂税陋规的重要来源。参见甘汝来《请除烦苛之榷税疏》，《皇朝经世文编》卷51《户政二十六》，第1846~1847页。

5　《清高宗实录》卷251，乾隆十年十月甲子。

6　《闽浙总督郝玉麟奏报查明渔税原委事》（乾隆元年六月初五日），中国第一历史档案馆藏军机处录副奏折，档案号：03-0628-001。

如此，在制度层面，闽粤沿海自明代中叶以来的渔课与海界相勾连的关系被取消了。[1]

　　但是，海界的废除又是不可能真正实现的。因为对于濒海之民而言，海之有界，犹如土之有疆，特别是滩涂海界，实为"上祖遗泽"。[2]官民之间关于海界的观念存在很大的差异。清代的濒海示禁碑多处可见，但是一般情况下，官员并无力清理，更多时候是民间争讼上告官府，官方才有可能介入。如康熙年间，福建漳州诏安县民为争夺海涂构讼不休，"告县告府，案已盈寸"，后来由道府两院示禁，"嗣后海涂听民采捕，不许豪强倚势霸占，擅抽私税"。沿海之民，得勒石凛遵。[3]不过，即使官府禁革了，实际遵行情况也并不乐观。雍正八年（1730）六月六日闽浙总督高其倬陈奏，该月铜山营汛兵在巡查时盘验到三艘没有本县渔船照票的小艇，而他们身上带着的是本地名宦礼部侍郎蔡世远家所发给的私照，允许他们在附近港内洗蛔生理。这正是蔡家占有港澳、"私抽税银"的表现。[4]势豪圈占海界，结果往往让某海域海界成为某村某族的集体财产，一般贫民亦依托度日：

　　　　海港腥鲜，贫民日渔其利。蚝埕、鱼薪、蚶田、蛏淑，濒海之乡画海为界，非其界者不可过而问焉。越澳以渔，争竞立

1　参见杨培娜《清代海洋管理之一环——东南沿海渔业课税规制的演变》，《中山大学学报》2015 年第 3 期。

2　参见《雍正八年许良彬重书宗族规仪》，福建漳州圭海《许氏世谱》卷 1《规约》。

3　详见康熙《诏安县志》卷 3《方舆》，第 440~443 页。另可参见诏安、东山等地碑刻，如东山县博物馆所藏的康熙年间《宪行府县立石永禁涧埕涂泊不许地棍势豪霸占口口碑记》；《漳浦历代碑刻》中收录的康熙二十九年立于漳浦县的《北江海滩禁示碑》；等等。

4　《世宗宪皇帝朱批谕旨》卷 176 之 9，《景印文渊阁四库全书》第 423 册，第 870~871 页。

起，虽死不恤。[1]

有清一代，闽粤沿海地方关于海界的争夺斗讼无有中断。斗讼过程中，最重要的证据就是该海界乃属本族本乡祖先之产。这种观念影响深远，在今天闽粤沿海地区所修族谱当中，仍时常可见关于海界的描述。如修成于 1996 年的东山县《梧龙林氏族谱》中言：

> 祖先历尽近三百年之艰辛，开创南至乌礁湾，北至东赤港长达二十余里之海域管理权。[2]

梧龙村位于福建漳州东山岛东南部，濒临后江湾，村民在此拉网、泊船、捕鱼。该村在清代中期以后人丁房支众多，以从事渔盐业和经商居多。据其族谱所记，梧龙村林氏在乾隆年间与邻村张氏争夺海权，两村械斗，最后，梧龙村族长以林姓先祖岩隐公所著《苏峰奇景》一书中载有九十九座山峰之名、三十六处礁岩洞穴之称，作为苏峰山及后江湾均属本村权属的证据；又再查得苏峰佛母庙中有碑言"乾隆二年林斋公承接张斋公苏峰佛母庙为界"。于是，巡检司判山海地权永属林姓所有，外姓无权争执。[3] 从梧龙林氏与张氏的海界纠纷中，我们可以略窥在濒海资源之争中祖先与庙宇的作用，也可见民间海界观念之根深蒂固。

清代中叶之后，濒海潮田、沙田围垦更加兴盛，海界滩涂之争也愈演愈烈。清廷的态度逐渐发生转变。雍乾以后的地方官员开始承认滩涂、近海经界的存在。乾隆元年，乾隆皇帝要求在濒海地区

1　道光《厦门志》卷 15《风俗记》，第 323 页。

2　参见东山县《梧龙林氏族谱》，梧龙林氏族谱整编委员会，1996，第 28、37 页。

3　《三义公简介》，东山县《梧龙林氏族谱》，第 37 页。

添设大员，处理纠纷，实即要重新以土地的观念对近海和滩涂进行经画管理。[1]滨海沙田的垦筑，需至官府报批，凭县照、司照管业；[2]而民间蚝埕、泥泊的买卖也得到官方的承认。[3]乾隆年间，广东多次对香山县、南海县等濒海各渔鸭缯笭蠔蚬等埠进行清理，原有埠照牌印者归原业主，而没有业主各埠"止许附近实在贫民采取资生"，他们要分定界址造册，"由地方官给牌照，按界捞取"。[4]围绕濒海滩涂资源的财产确权和管理，地方官员与濒海民众通过发领印照、缴交埠租杂税等方式，达成一定的共识，形成近海经界的规范，这构成了清代濒海社会经济，特别是渔业生产开展的制度空间。而近岸大规模的围海造田，又进一步挤占了渔疍民的水上空间，向外海发展做渔业雇工，成为他们上岸给大族做沙田佃户之外的另一种选择。故乾隆后，闽粤交界之南澎列岛、珠江口外之万山群岛等地处外海的渔场得到进一步开发，并且也逐渐形成了约定俗成的外海渔场分配秩序。[5]

---

1 参见中国第一历史档案馆编《乾隆朝上谕档》第 1 册，第 86 页。

2 谭棣华：《清代珠江三角洲的沙田》，第 38 页。

3 乾隆《海澄县志》卷 2《规制》，第 34~35 页。

4 《广州等卫所屯田鸭埠归返业主禾埠归蛋民捞采》（乾隆三年）、《海中礁虫鱼虾螺蟹苔菜蚬等物许附近贫民采取分界造册给照稽查示禁海主名色》（乾隆十八年），《哥伦比亚大学图书馆藏清代广东档案录·商渔》。

5 根据笔者在粤东沿海地方的调研及 20 世纪 50 年代的档案，截至 50 年代，广东饶平、南澳以及福建诏安、东山渔民均对其在南澎列岛的各岛礁渔场有所主张，并由此酿成持续数年的闽粤渔场纠纷。笔者拟另文探讨。此外，穆盛博以浙江舟山渔场、刘诗古以鄱阳湖区为例，剖析渔民社群如何通过协商、合约形成一套民间的渔业捕捞秩序，极富启发意义。参见穆盛博《近代中国的渔业战争和环境变化》，胡文亮译，江苏人民出版社，2015；刘诗古《清代内陆水域渔业捕捞秩序的建立及其演变——以江西鄱阳湖区为中心》，《近代史研究》2018 年第 3 期。

四　渔税之征

　　所谓"渔税"名目，明代中后期在闽浙沿海就已出现。嘉靖三十五年后，每年三月浙江黄鱼汛时，采捕渔船"各纳税银，许其结艚出洋捕鱼"。这些税银包括船税、渔税、盐税和旗银，如"大双桅船，每只纳船税四两二钱，渔税三两，盐税银六两，旗银三钱"。[1] 从名目判断，此时的渔税应是针对渔获物的课税，具体数额会根据船只的桅杆数目、大小、所捕捉鱼群种类而有所区别。而清代的渔税，更类似于对渔船征收的船税。

　　关于清代渔税的来源，康熙《漳浦县志》载：

　　　　船税之征，起于姚公启圣筹一时□饷计，后悔之，欲与后载新增盐丘税银同为题豁，而遽以病不起，未竟其志，九原不无遗憾。[2]

　　福建船税起于姚启圣任闽浙总督之时，本为一时筹措军饷之权宜，后来却不能废除，反而成为全国之制。其税银的征收，以"船之丈尺为准"，渔船称为"渔税"，商船称为"铜陆"。开海之后，福建延用渔税税额，按照渔船的数目进行分配。久之，商渔混淆，船只消长，征输不均，康熙二十三年，清廷开放商民出海贸捕，同时设立海关缉管税收，商渔船只出海均需报税。而此时，滨海渔船

1　《两浙海防类考续编》卷 5《渔税事宜》，《中国方志丛书》华中地方第 482 号，台北：成文出版社，1983 年影印本，第 649 页。

2　光绪《漳浦县志》卷 8《赋役下》，《中国地方志集成·福建府县志辑》第 31 册，上海书店出版社，2000 年影印本，第 71 页。

尚有渔课的摊派，于是就出现了海关和地方政府双重征税的问题。康熙《诏安县志》中所言：

> 诏邑滨海民多以渔为业，渔课之征，其亦官海之意乎。始则轻而后日重，近加海关有榷，几同竭泽而渔。[1]

海关与州县分属不同的税收系统，在某些地方，渔船仅缴纳关税，致使渔课无征。对此，康熙年间澄海知县王岱抱怨说：

> 其渔课例征之渔舟。今海禁开而关税设，课仍属虚悬，又不独古今不同，即较之邻省亦异。虽有弘羊心计，亦无所施其能矣。[2]

针对这种情况，康熙二十八年（1689），福建巡抚张仲举上疏言其弊，康熙皇帝敕谕"采捕鱼虾船只及民间日用之物并糊口贸易，俱免其收税"。[3] 翌年，闽海关监督殷达礼报称奉旨免征"民间采捕鱼虾并贸易糊口之物"，共税银六千四百九十四两有奇。[4]

由此看来，似乎就是沿海渔船可以免税。但是，实际情形却甚为复杂，各省对"渔税"的征收拥有一定的自主权。

康熙四十二年，清廷出台关于沿海渔船的管理规制。第二年，闽省督抚"颁行条例，发尺查量"，于是各府州县开始对本地方渔船进行查核清理。康熙四十四年（1705），漳浦知县陈汝咸"始将五澳大小船只分别商渔，通行丈量，渔船止纳渔税，商船止纳铜陆，以长

1　康熙《诏安县志》卷8《贡赋》，第520页。

2　康熙《澄海县志》卷8《贡赋》，第72页。

3　《清朝文献通考》卷26《征榷一》，第5079页。

4　参见《清圣祖实录》卷146，康熙二十九年六月庚午。

阔丈尺乘除积算"。[1] 光绪《漳浦县志》收录了陈汝咸当时为清理渔税所出的告示，其内对康熙年间漳浦县渔税征收情况有较详细的讨论：

> 所谓渔税者，以其在海采捕，无论大小，俱应征税。所谓铜陆者，以其载货可出铜山、陆鳌，俱应征税。若无税小船，止在内港剥载，不能出外海者，即可免征。是渔船只征渔税，商船止征铜陆，各有分别，不能混淆。[2]

陈汝咸这番话主要针对当时漳浦船税征收中商渔船只混淆的情况，但可以看出，对当时福建地方官员而言，康熙二十八年康熙皇帝关于沿海采捕鱼虾船只等概免征税的敕谕，适用的只是那些樑头很小、不能出外海的小船，其余可以出海的，不论是渔船还是商船，都应该征收船税。陈汝咸正是以此为原则，将漳浦县各澳新旧船只查核登记后，以"梁""鹿"分别商渔字号，"除大船归关纳樑头及赎报移溪鼠仔小船奉文免征外"，其余商渔船只按例丈量纳税，并将各船所需缴纳税额发给澳甲，由澳甲"照数催纳升合"。[3]

道光《厦门志》中有"渔船"条目，言及福建渔船之制：

> 渔船有大、小二种，单桅、双桅之别。初，渔船止准单桅，樑头七尺，归县征收渔税，不许越省采捕。后闽省渔船许用双桅，樑头至一丈而止。七尺以上归关征税。[4]

1　光绪《漳浦县志》卷 20《续志》，第 226 页。
2　光绪《漳浦县志》卷 20《续志》，第 226 页。
3　光绪《漳浦县志》卷 20《续志》，第 226 页。
4　道光《厦门志》卷 5《渔船》，第 111 页。

　　《厦门志》中所谓渔船樑头七尺的定制，实指康熙二十三年开海之初对沿海船只载重五百石以内的限定。康熙四十二年之后，福建渔税的征收分成两类，以樑头七尺为限，七尺以下者归县征输，七尺以上者归关征税。至雍正七年（1729），又将海关船只樑头税进行折算，樑头七尺折成关尺五尺二寸，此后每增加一尺折成两寸。在县征输的渔船同样进行折算。渔税在关一年两次征收，在县或一年一次征收，或一年两次征收。[1] 乾隆元年（1736），在闽浙总督郝玉麟奏请之下，再将福建渔税的征收按船只大小分成上、中、下三则起科，"不拘定额数，尽收尽解"。[2] 至此，福建渔税征收的规制基本确定下来。

　　以上为福建渔税演变的大致情况。广东渔税的征收与福建渔税有不尽相同之处。"渔税"在广东并不属于正税。

　　如前所述，康熙中后期广东渔船规制管理非常严格，驾驶"违式"船只出海的渔民往往得向文武汛兵衙门交纳陋规，如雍正四年（1726）广东巡抚杨文乾所奏：

　　　　渔船一项，向为文武衙门利薮故耳。武职衙门自总兵以至千把并目兵字识，文职衙门自知县以至典史巡检及书办衙役，无不皆有陋规，如花红、季规、月规、美鱼、寿礼、给照、换牌等项名色。[3]

1　参见《雍正七年五月十二日管理福建海关事务郎中准泰奏陈闽海关收税号簿则例情由》，中国第一历史档案馆编《雍正朝汉文朱批奏折汇编》第 13 册，第 184 页。

2　《清朝文献通考》卷 27《征榷二》，第 5085 页。

3　《雍正四年十月二十一日杨文乾奏陈广东海洋渔船事务》，《宫中档雍正朝奏折》第 6 辑，第 759 页。

直至雍正八年（1730）以前，广东对渔船的课税正项只有"渔课"，而无"渔税"。雍正八年，渔船之税得以起征。这一转变的契机在于雍正皇帝开始在全国推行大规模的"耗羡归公"改革，陋规等可以通过设立特别的名目，按正额的一定比例征收，和火耗一起用于公共开支和官员的养廉；改革的过程当中，各省没有完全统一的模式，地方政府具备了较大的主动性。[1] 在这样的背景下，海关"虽单桅船只亦令请领关牌，同双桅出洋贸易之船一体输钞，无论输钞之多寡，即请领关牌一次，已需规例四五两不等"。[2] 又有广东惠潮沿海地区的归善、海丰、惠来、潮阳等县在当时署理广东巡抚傅泰的支持下，加增渔税。[3] 雍正《惠来县志》中所载：

> 惠治神泉、靖海两港渔船上年（按：即雍正八年）蒙前抚宪题明，大船每只纳税二两，小船每只纳税五钱，总计大小船共四百五十四只，共输饷银五百五十七两。现奉檄行，从雍正八年起征在案。[4]

其他县份如归善，加增渔税一千余两作为盈余，潮阳增至七百余两，海丰增至四千余两。[5]

乾隆元年（1736），情况发生变化。兵部尚书甘汝来以"边海之地居民采捕鱼虾借以活命，其船则用单桅，不能出洋贸易。向来

1　参见曾小萍《州县官的银两——18世纪中国的合理化财政改革》，中国人民大学出版社，2005，第55页。
2　《清朝文献通考》卷31《征榷六》，第5136页。
3　《清高宗实录》卷15，乾隆元年三月乙卯。
4　雍正《惠来县志》卷17《艺文上》，《广东历代方志集成·潮州府部》第19册，岭南美术出版社，2009，第616页。
5　参见《清高宗实录》卷15，乾隆元年三月乙卯。

只于本县给照，稽其出入，并不输税"，请免除单桅渔船领取海关牌照输饷的规例。乾隆皇帝下旨要求豁免广东沿海惠来等县在雍正年间所加增的渔税，强调：

> 粤东山多田少，小民生计艰辛，故以捕鱼为养赡之计。今他县鱼租皆仍旧额，而归善等四县独征收加重，恐渔民输纳维艰，非国家爱养黎元之意，著将四县加增之数悉行豁免，仍照原额征收，其捕鱼小船尤不应在输税之内。[1]

如此，广东渔税再次豁免，沿海渔船仅以原先的渔课额数均摊分派。

然而，这样的谕令并没有得到广东官员的认真遵守，对此，朝廷大员们也未见过多干涉，他们更关心的还是渔船的编甲、给照、印烙等与治安、海防相关的问题。参照闽、浙海关则例，濒海采捕渔船均有税银之收。乾隆中期颁修的《大清会典则例·户部》"广东粤海关"部分，记录了针对出洋船只征收船税的四等税则。其中，第四等为：

> 沿海贸易浆艍船，一年两次征收，五尺至七尺九寸，每尺三钱算，不加。自八尺起比照盐船例递加科算。沿海民间日用糊口贸易小船免征，如兴贩大洋者，照例征收，其装砖瓦、石灰、蚬壳、缸坛、稻谷、柴炭、草料、猪牛杂毛等项补半料。[2]

1　《清高宗实录》卷 15，乾隆元年三月乙卯。
2　《大清会典则例》卷 47《户部》，《景印文渊阁四库全书》第 621 册，第 496~497 页。

从粤海关税则可以看出，乾隆中期粤海关仍旧记录有"沿海民间日用糊口贸易小船免征"，但更重要的是，税则强调如果这些船只有行驶于外洋者，"照例征收"。而从清代中期的情况看来，外海作业已经从清初的主要集中在粤东地方扩展到整个广东沿海。乾隆年间香山知县张甄陶言：

> 前日香山渔船，不过至老万山，便为极远。今乃出至老万山外二百里瓮山鞋山诸岛。[1]

乾隆中期的广东地方官员已经承认了渔船行驶外洋的事实，他们对出洋渔船的越境采捕、归港日期、配米水制度都做了相应的调整，而海关对外海渔船的征税也成为定例，其他归属地方州县征收的小渔船税、近岸网桁等税银也都可能成为地方衙门的开支经费。例如地处闽粤交界、漳潮共管的南澳，自雍正十一年（1733）设立海防军民同知之后，"凡四澳军民保甲、编烙渔船、监放兵饷一切事宜，俱归该同知管理"。[2] 其在南澳四澳所征收的渔船桁饷等杂税银共三百九十四两有奇，"支给同知衙门役食，余剩解潮州府税羡项内汇销"。[3]

若将前述渔课与渔税两者结合起来，则可知闽粤两省针对渔船课税的具体制度存在较大区别，但二者也遵循一个共同原则，即以渔船为课征对象，以船只的樑头大小来划分税率等则。清代的渔税，从课征对象的确定、课税标准和课征过程来看，实际是一种船税——或者说是对生产工具的课税，与实际渔获量无关。当然，由

1　张甄陶：《论渔户私盐状》，《皇朝经世文编》卷 50《户政二十·盐课下》，第 1820 页。

2　乾隆《南澳志》卷 3《建置》，第 29 页。

3　乾隆《南澳志》卷 5《杂税》，第 53 页。

于生产工具——渔船的大小与渔获能力具有高度相关性，在传统社会，国家赋税征管能力受到技术水平制约的情况下，以生产工具为对象课税不失为一种在征税成本和课征合理性之间取得平衡的方式。这一转移包含着从资源税到产品税的意味，但又有着很鲜明的前近代赋课特征，实际上未真正达到产品税的程度。

第四节　清代渔盐管理与濒海生活

在冰鲜技术普遍应用之前，[1]渔获物的保存依赖于盐，有"无盐则无渔"之说。明初，濒海产盐地区，无所谓私盐之禁，听民自行挑负买卖，故场盐鱼鲜，亦可自行交易。此后盐政官员有欲于产盐区及其附近禁止私盐者，但均遭州县官员的反对。[2]明代中期以后，随着东南沿海地区渔业生产技术的改革，渔获量迅速增加，渔业用盐的需求急剧上升，从明代中期到清代中前期，沿海地区逐渐形成一套系统的渔盐配给制度。渔业用盐既关系食盐的产销制度，又与渔业生产情况直接相关。本节尝试梳理清代东南沿海渔业配盐制度尤其是广东渔引的确立过程，结合"乾标""帮饷"的存在分析制度形成过程中隐含的政治人事纠葛、实施困境以及官民妥协下的灵

1　邱仲麟：《冰窖、冰船与冰鲜：明代以降江浙的冰鲜渔业与海鲜消费》，《中国饮食文化》2005年第 2 期。

2　参见陈天资《东里志》卷 4《公移文·开盐禁》(汕抄)，第 113 页；崇祯《漳州府志·盐法考》，顾炎武《天下郡国利病书》第 26 册《福建》，第 2217 页；等等。

活应对策略，透视清王朝渔盐管理制度与滨海社会实际生产、生活状态之间存在的复杂互动关系。

一　盐政改革与清代东南沿海渔业配盐制度的设立

明嘉靖年间，为增加军饷，浙江、福建等省开始对沿海渔业用盐征税，名为"盐税"，所得五分解运司，五分存留本地听候支用。[1] 福建自明代中期以后，海洋渔业产量大幅增加，海盐使用量数倍于商，成为闽盐的重要销路。福州府沿海有六大盐帮，"各有地头"，兴泉漳没有盐帮，故该地渔盐也没有官私盐之分，听渔自买，以渔船停泊的各港澳为单位纳课。万历以后，在董应举等乡官的大力推动之下，福州地区也实现了散帮认课。[2]

入清之后，清廷关于盐政的改革和渔船制度的确立又直接影响了渔盐的配给。关于清代濒海渔业配盐制度，目前学界关注甚鲜，数本《中国渔业史》均认为渔盐制度是光绪年间方才实施。[3] 其实不然。尹玲玲《略论清代的渔盐》主要以广东和江浙渔盐的销售情况为考察的重点，分析了清代渔盐制度在具体实施过程中可能出现的地方性操作。[4] 不过，清廷关于渔业用盐仍存在一套相对制度化的规定，各地方性的规例，其实是在一定的框架下运转的。

1　顾炎武：《天下郡国利病书》第 22 册《浙江下・绍兴府志・沿海渔税》，第 1784 页；另可参见《两浙海防类考续编》卷 5《渔税事宜》，《中国方志丛书》华中地方第 482 号，第 649 页。

2　参见董应举《崇相集》卷 4《议二》之《海课解疑》《海帮答问》《海澳认课图》等，第 167~176 页。黄国信、叶锦花对明代中期福建盐帮借食盐专卖制度控制近海海域的情形有详细分析，见黄国信、叶锦花《食盐专卖与海域控制——以嘉万年间福州府沿海地区为例》，《厦门大学学报》2012 年第 3 期。

3　参见李士豪、屈若搴《中国渔业史》，商务印书馆，1937；张震东等主编《中国海洋渔业简史》，海洋出版社，1983；丛子明、李挺主编《中国渔业史》。

4　参见尹玲玲《略论清代的渔盐》，《中国社会经济史研究》2005 年第 1 期。

康熙前期，濒海复界不久，各地渔盐生产刚刚恢复，闽广等地盐课经年亏空，康熙皇帝多次饬令地方大吏整顿盐政。康熙末年到雍正元年，闽广盐政均有了重大的变革。

在福建，康熙十九年（1680），总督姚启圣开始整顿地方赋役体系，为增加军饷，除原有的盐课税之征外，另在原先并不行引的漳州等地"按十丁派一引"，[1]实质就是重新施行"户口食盐"，计派盐引。而后福建盐官又多次增加引额，使福建盐课倍增，场盐尽归商销，灶户亏损，商馆舞弊。[2]雍正元年（1723），福建革除盐院衙门及各埠商人，"闽盐至是废引不行"。[3]应征收的课额均摊于各场，由州县解纳于司库，"各场选委佐贰官一人，专管盐务，令买卖人等平买平卖"。雍正五年（1727）后，福建上四府开始行引，但东南沿海兴化、泉州、漳州等府盐课，仍旧"听民自晒自卖自运自销，每盐一担交税钱一百五十文，皆先纳课而后给单。……民无私盐之禁，场无商引之盐"。[4]如此，直到乾隆七年（1742）以后，福建才全部实行招商行盐，商人也再次介入场盐的生产中。乾隆四十二年（1777）以后，福建参照广东情形，发帑养灶，场盐官买，配商领销。[5]

在广东，康熙初年，粤盐行销分场商埠商，场商出钱养灶丁，收盐卖与埠商，埠商再行销纳课。而后场商疲弱，无力养灶，承埠行盐，商欠官亏。[6]自康熙四十六年（1707）以后，历任广东督抚范

1　参见光绪《漳州府志》卷 15《乾隆旧志·赋役下》，第 277 页。

2　参见光绪《漳州府志》卷 15《乾隆旧志·赋役下》，第 278 页。

3　《清盐法志》卷 192《福建三·运销门》，中华民国盐务署，1920，第 2 页。

4　《清盐法志》卷 194《福建五·运销门》。

5　参见《清通志》卷 91《食货略·盐法》；《清盐法志》卷 194《福建五·运销门》，第 1~2 页。

6　参见中国第一历史档案馆编《康熙朝汉文朱批奏折汇编》第 1 册，档案出版社，1985，第 414~418 页。

时崇、杨琳等人兼理盐政，一方面禁革盐政陋规，改变粤盐行销方式，推行"专商引岸"制度；[1]另一方面，则以官帑养灶，保证灶户的生产得以维持。于是，康熙末年以后，广东盐场的生产由官发帑本给灶户，由运司（或潮州运同）经理"船"从盐场收盐回省河及潮桥，然后再由"埠商"接运发卖。这样的制度直到乾隆五十四年（1789）两广盐法实行"改埠归纲"之后才发生改变，但潮州地区的盐场仍旧。[2]

在闽广盐政的转变过程中，[3]两地关于渔盐的管理也相应发生着变化。

关于渔业用盐，各地有不同的名号，广东称为"渔引"，浙江为"渔盐税"，两淮为"腌切"，[4]福建虽未见具体的名号，但在方志中亦纳入"渔船"项下进行描述。[5]总体而言，清廷的政策是将渔业用盐纳入官盐进行配引，其原则就是参考了"户口食盐"制度和渔盐的用量综合考虑来计算引数，然后按船只樯头大小分等则进行配盐。在广东、两淮盐区，以及乾隆中期以后的福建，都是实行场盐官养官收的制度，同时各省又各自制定具体的实施方案。例如淮盐的"腌切"，是在盐场量留灶户余盐，而渔户赴海关领取船只执照后到场购买，按船只樯头分大、中、小三类进行配盐；[6]福建渔船配盐因本省雍正年间盐政较为特殊，所以在乾隆七年（1742）之前基

1　参见黄国信《明清两广盐区的食盐专卖与盐商》，《盐业史研究》1999 年第 4 期。

2　参见黄国信《明清两广盐区的食盐专卖与盐商》，《盐业史研究》1999 年第 4 期。

3　有关闽广盐政和盐场制度改革的详细讨论，可参见叶锦花《雍正、乾隆年间福建食盐运销制度变革研究》，《四川理工学院学报》2013 年第 3 期；李晓龙《盐政运作与户籍制度的演变——以清代广东盐场灶户为中心》，《广东社会科学》2013 年第 2 期；等等。

4　参见《清朝文献通考》卷 28《征榷三·盐》，第 5097~5110 页。

5　参见道光《厦门志》卷 5《渔船》。

6　参见《清朝文献通考》卷 28《征榷三·盐》，第 5109 页。

本上是在盐场与灶户直接交易，渔户于各场先行纳课交税，每拒从一百文至一百五十文不等，取得官单作为凭证，[1]然后得以买盐出海，乾隆年间闽省再行商引，由商帮配盐行销，濒海渔船也开始列入配盐管制当中。[2]各州县设立盐馆，大渔船出洋采捕需在州县盐馆配盐，小船则以澳为单位各自摊派盐额，如厦门地方，"小渔船每船每季配盐二十担，以为腌渍鱼鲜之用"。[3]至于广东，也是以商引的模式，由商人承纳渔引，于各埠售卖，"其饷较轻，其盐价较贱，专卖渔户"。渔船以州县所发给的渔照为凭，到沿海各埠买盐，按照船只大小分四等配盐，盐埠发给标纸以做凭证，船只出海时由汛口弁兵比对船牌、印烙查验。[4]下文以广东渔引制度的演变为例，探讨清代渔船配盐规制的形成及与滨海地方社会之间的关系。

二　难以禁绝的"乾标""帮饷"

《大清会典则例》卷45中关于广东盐法部分有载：

> （康熙三十二年）又覆准沿海各处网鱼别立渔引，共增八千七百引。

而后，广东沿海各州县商埠又陆续增加渔引的配额。[5]广东的渔

1　《清盐法志》卷194《福建五·运销门》，第4页。

2　参见民国《诏安县志》卷9《赋税志·盐课考》，第715页。

3　道光《厦门志》卷7《盐课》，第140页。

4　参见《宫中档雍正朝奏折》第13辑，台北："故宫博物院"，1978年影印本，第24~29、42页。

5　参见《大清会典则例》卷45《户部·盐法上》。

引制度，是笔者所见清廷针对渔业用盐推行票引制度的最早记录，由首任广东巡盐察院沙拜奏请设立。沙拜于康熙三十年（1691）到任，首要任务就是解决粤盐的巨额亏空问题。[1] 他设立专官巡视两广盐政，对广东盐政进行改革，改驿盐道为盐运司，设潮州运同专门管理潮州盐务等。[2] 在此基础上，沙拜又认为沿海地方"渔船出海捕鱼悉买私盐腌浸"，于是题请设立渔引，"令渔户买用官盐，埠商给标，便于查验"。实际上就是设法增加官引的销路。制度实行初期，各地关于每船配盐的额数均未见明确的规定，似乎听渔民购买为便。

但是，濒海之地，场盐便宜埠盐贵，渔户不肯到埠买盐，官盐积雍。正如雍正年间两广总督孔毓珣所言：

> 奈沿海俱属场地，私盐贱于官盐，渔户久惯食私，不肯赴买官盐，埠商空赔引饷。[3]

是故，广东沿海埠商有了"乾标""帮饷"之法。

"标"，就是各商埠所发的卖盐凭证。所谓"乾标"，在有些文献中称为"干标"、"空标"或"坐标"，指的是埠商自行印发的空白的售盐票纸。渔引的出现，首先是地方政府为解决官盐的积雍，增加官引的销路所设，也可视为清廷欲规范沿海渔业用盐的尝试，但是引盐一行，埠盐必定比私盐贵，如香山县，场盐"每斤不过二厘，而在埠每斤八厘，已浮三倍"，[4] 其他各县场埠的差额更大。对灶

1　参见中国第一历史档案馆编《康熙朝汉文朱批奏折汇编》第 1 册，第 414、418 页。

2　参见《清朝文献通考》卷 28《征榷三・盐》，第 5101 页。

3　《宫中档雍正朝奏折》第 13 辑，第 64 页。

4　张甄陶：《论渔户私盐状》，《皇朝经世文编》卷 50《户政二十・盐课下》，第 1819 页。

丁而言，在发帑养灶、官收官运的背景下，政府收购盐斤的价格又太低，所以他们宁愿卖盐给渔民。[1] 是故濒海之地，渔引实则难行。如此，埠商亏赔，渔民则因购买私盐而犯禁，于是地方上出现了所谓变通之法：

> 渔户因巡查，情愿帮饷，商人急于得饷，发给空标，听其自买，或以无而填有，或以少而填多，名为帮饷干标。[2]

具体做法是埠商将空白的标纸发给渔户，渔户买得标纸之后，自行买盐，填写标纸，回港之后再向埠商交纳银两，称为"帮饷"。对于渔民而言，"先纳票钱，后清标价"，可以相对自由地支配渔盐的购买和使用。例如在买得标纸之后，渔民或者可以先买盐，然后自行填写标纸出海，又或者出海之前不买盐，但仍旧填写标纸，"以无为有"——因为渔船经过汛口出海的时候会有汛兵盘验——而后在海中捞有鱼鲜，即可以在附近盐场买盐腌浸。渔户帮饷，或一年缴纳一次，或一水即一个渔汛期缴纳一次，"每船一只，帮贴埠商饷银三钱五分"，再加上购买场盐的费用，都比在埠买盐便宜。正所谓"渔人腌鱼一船，费盐十倍，帮饷不过一二"，而且领有标纸，则所购买的盐斤就不是私盐，而埠商"只发虚票，得收实饷"，再以这些帮饷完纳正课。[3] 如新会埠：

1　参见《雍正二年九月初八两广总督孔毓珣奏陈广东盐务》，《宫中档雍正朝奏折》第3辑，台北："故宫博物院"，1977年影印本，第146页。

2　《宫中档雍正朝奏折》第13辑，第24~29页。

3　《雍正七年十二月初三日上谕》，《世宗宪皇帝上谕内阁》卷89，《景印文渊阁四库全书》第415册，第384页。

> 每年行盐九封，共纳饷费银四千四百六十余两，近因本埠
> 不能销盐，又融销二封于别埠，每年仅纳饷费银三千五百两，
> 而每年则收各渔舡乾饷五千有余，即以所得而供正赋。[1]

这实质上就是在保证引课的基础上，许场灶渔民自相买卖，对于商渔而言是"两得其利，彼此相安"，不过对掌管盐务的官员而言，仍然有干规制，影响官盐的销售。

广东的渔引制度在康熙三十二年（1693）设立，一直沿用至清末，"乾标"的问题始终贯彻其中。不过，雍正七年（1729）以前，即使是广东渔船新规制确定之时，都没有针对渔引实施过程中的"乾标帮饷"问题发布明确的禁令，甚至在耗羡归公过程中，盐课的盈余和各项规礼银也归入正项。盐课增加，官盐价格又涨，私盐则更盛，[2]虽然后来的广东官员在向雍正皇帝解释这一现象时提及当时两广总督孔毓珣也曾饬令禁止，但是正如雍正七年署理广东巡抚傅泰所言，"乾标"对于埠商而言，是"利之所在，究难净绝"。[3]

真正引起广东官员对"乾标"加以关注，并多次明令禁止，同时也引致广东针对渔船配盐的规制进一步转变的，是雍正七年初，广州左翼副都统吴如译所上的奏折。雍正七年正月初七日，吴如译在奏折中向雍正皇帝汇报他在广东地方的见闻，特别提及广东沿海地区有所谓"干饷"，他说：

1　《雍正七年正月初七日广州左翼副都统吴如译奏陈广东地方情形》，《宫中档雍正朝奏折》第12辑，台北："故宫博物院"，1978年影印本，第212页。

2　参见《雍正二年五月初九翰林院编修胡彦颖奏陈广东地方事》，《宫中档雍正朝奏折》第2辑，第648页。

3　《雍正七年四月二十七日署理广东巡抚傅泰回奏吴如译所奏事》，《宫中档雍正朝奏折》第13辑，第64~71页。

查埠商照引纳课，不闻额外加征。况若辈获利成家，衣鲜食美，较之网罟小民、父子夫妻向洪波巨浪众觅衣食者，大相径廷矣。何以每年不给粒盐，反向各舡每只勒收乾馆，自数两至十数两不等，仅给号纸一条，名曰空馆干标，持此号纸竟可昂然出海。此渔户之所以不得不从其索诈也。因而无籍之徒假以捕渔为名，各造舡只到埠纳馆，借标出海，任所欲为。本少利多，群相效法，以致奸良莫辨，海上不清。在各埠不过岁收万金，各官不过分肥数千金，其为害也，宁有底止。[1]

吴如译在这篇奏折中将"乾标"盛行、渔船以私盐出海与广东海上不靖联系起来。紧接着，二月二十四日，吴如译再奏乾标之事，认为濒海渔户尽为"水路之盗贼"，私买盐斤出海；更言"乾标"之设，广东封疆大吏自有利益所在，说是"当道霸占盐埠，占行盐取利"。[2]这样的奏折，也许跟当时广东官场文武不睦不无关系。[3]

雍正皇帝在接到奏折后，大为震惊，立即封发广东各主要官员，责令各人"明白回奏"。至此，"乾标"的问题在广东官场引起一阵轩然大波。据《宫中档雍正朝奏折》、《雍正朝汉文朱批奏折汇编》及《世宗宪皇帝朱批谕旨》中所收录的奏折看来，雍正七年至八年（1729~1730），广东地方大吏，包括两广总督孔毓珣（雍正七年四月二十六日）、后任广东总督郝玉麟（雍正七年十二月二十七日、雍正八年正月二十四日）、署理广东巡抚傅泰（雍正七年四月

1　《雍正七年正月初七日广州左翼副都统吴如译奏陈广东地方情形》，《宫中档雍正朝奏折》第12辑，第210~212页。

2　《宫中档雍正朝奏折》第12辑，第870~871页。

3　又如雍正二年正白旗汉军副都统金铎所奏广东渔船多有违式为盗的奏折及由此引发的争议。参见拙文《"违式"与"定例"——清代前期广东渔船规制的变化与沿海社会》，《清史研究》2008年第2期。

二十七日、雍正八年三月十七日）、署理广东布政使王士俊（雍正
七年四月二十日、七月二十四日、雍正八年二月二十六日）和署理
广东按察使楼俨（雍正七年四月二十六日）等人共呈上了近十篇
奏折来说明广东渔盐管理制度中存在的"乾标"问题。其间，广东
地方大吏和雍正皇帝的态度颇有一番转折。从广东官员的陈述看
来，他们的基本论调是渔船"乾标帮饷"只是埠商的权宜之计，不
论从埠商还是渔民而言，都有不得已而为之的情由；当然，他们也
强调，"乾标"乃是商人私设，仍属私盐私税，有干正赋，对此督抚
盐务官都有加以整饬，只是屡禁不止。同时，所有人都强调，所谓
"乾标"只是关系到官盐私盐的问题，与地方海洋不靖没有关系。
至于对吴如译，都表示其人庸愚不可信，王士俊更言其奏折乃是原
任香山县参革知县陈栋之幕客赵之璋寓居大佛寺，"捏作条陈卖与吴
如译"所得。[1]

　　这一场论辩当中，比较特别的是雍正皇帝的态度。雍正皇帝
在接连收到广东地方大吏的奏折之后，表示略感放心了，只是既然
看到，就不得不理会；不同于督抚们在奏疏中极力表示要对"乾
标"尽心革除以除私弊，雍正皇帝却认可了"乾标"的做法。他在
雍正七年十二月初三日发给内阁的上谕中专门提及广东乾标帮饷
之事：

　　　　又广民多以渔盐为生，渔船出海，先至盐埠领票，回水纳
　　银，有一年一上者，有一水一上者，名曰帮饷。在渔人，腌鱼
　　一船，费盐十倍，帮饷不过一二，在盐埠，只发虚票，得收实

1　　参见《雍正七年四月二十日王士俊回奏吴如译所奏事》,《宫中档雍正朝奏折》第12辑，第
　　889~892页。

饷，是两得其利，彼此相安。今则盐埠避乾票之名，欲按船计数，实发盐斤，是引盐虽得多销，而渔人则增饷数倍。嗟！此渔民冲风冒险，觅微利以活身家，朝廷不忍收课，盐埠独得帮饷，亦已足矣，今又数倍取盈，何所恃而为此耶？

在这道上谕中，雍正皇帝从小民生计出发，实际上认可了乾饷的存在，认为这是对商渔两相便利的事情，甚至认为，与他希望地方政府提解耗羡却转而导致火耗增加一样，广东地方官员如今禁革乾标、埠商打算按船只计数实发盐斤，名为"禁止私贩"，实则是官员为增加官引的销售、增加课税所为，致使"渔户并受苦累"，要求广东督抚郝玉麟、傅泰等人"悉心确查"。[1] 此后，他又让当时在京陛见的惠州协副将廖弘告诉郝玉麟等人：

又闻沿海穷民以渔为生，每出海捕鱼，俱于盐埠领票，名曰乾标，回水纳银，名曰帮饷，相习已久，皆出情愿。今闻盐埠欲避乾标之名，令渔船实在领盐出口，按船计数，希图多销，恐不便于穷民，为督抚者此等处当细心体查，务得其平，使民生乐业，庶不辜朕之任用。[2]

雍正皇帝的态度表明之后，广东督抚均表示会悉心逐一办理。

但是，奇怪的是，到了雍正十一年（1733），事情发生了变化。据《清朝文献通考》中所载：

1　《世宗宪皇帝上谕内阁》卷89，《景印文渊阁四库全书》第415册，第384页。
2　《世宗宪皇帝朱批谕旨》卷27下，《景印文渊阁四库全书》第417册，第614页。

　　（雍正十一年）革除广东坐标行标私收课税之弊。户部覆准广东总督鄂弥达疏言，东莞新会等十三埠从前各商设立坐标税，收渔户帮饷；又于各墟场镇市设立馆舍，凡遇挑卖盐鱼盐菜等物，勒令纳税，苦累贫民，请将坐标帮饷严行禁革，令各商带罪办课，并晓谕沿海渔户照部定价值减去一厘五毫，务买实盐应用。并将墟场镇市之馆舍行标勒石永禁。嗣后如仍有坐标私收帮饷，及行馆私收税课者，分别治罪。[1]

　　时隔四年之后，乾标被明令禁止了。关于这一转变的细节，目前尚未有更多资料可供了解，促成各方态度转变的因素还不清楚。不过，从上述记载中可以了解到，广东官员在禁革乾标的时候，也相应地以降低埠盐的价格来加以弥补。与此同时，据哥伦比亚大学图书馆所藏广东档案中收录的嘉庆四年《覆奏禁革乾标铁锅铁器出洋情形》条例，其中有关于广东渔盐规制变化的记录：

　　　　雍正十一年经前督臣鄂弥达题请禁革乾标，所有埠内卖盐照票统由总督衙门用印填号汇发，各县转发，各埠商收明填用，给与渔户收执，以为是官非私之验。[2]

　　也就是说，从雍正十一年开始，广东地方官员再次对渔盐的配给进行规范，并借鉴"乾标"的发放，将卖盐照票的印发权力统一收归总督衙门所有。乾隆二年（1737），鄂弥达进一步完善渔盐照票的规制，"刊发四联印票，一存总督衙门，一存运司衙门，一存地

1　《清朝文献通考》卷28《征榷三·盐》，第5108页。
2　《覆奏禁革乾标铁锅铁器出洋情形》（嘉庆四年），《哥伦比亚大学图书馆藏清代广东档案录·海防》。

方衙门，一给该渔户收执，按年取具各商并无设立乾标甘结送部"。[1]
同年，确立渔船配盐的额数：

> 　　将船渔户应买盐数定为四等，大船每次带盐一百五十斤，
> （核查）限半月缴票，中船每次带盐一百斤，小船每次带盐
> 五十斤，限十日缴票，其朝出暮归之小艇听其赴埠买盐腌制，
> 毋庸给予印票。[2]

这样的渔盐配额太小，乾隆三十一年（1766），两广总督杨廷
璋印刻省例时，重新确定渔船配盐额数：

> 　　渔船分别带盐　一椇头五尺以下之小渔船，限期朝出暮
> 归，不许配盐出海止许就埠头买盐腌制。惟琼属小渔船许每日
> 带盐五十斤彼处天气炎热，鱼易腐变，须登时撒盐。其各属椇头
> 六尺之中渔船限三日归港一次，每船配盐二百斤，椇头七尺
> 之中渔船限五日归港一次，每船配盐三百斤，椇头八尺之大
> 渔船限十日归港一次，每船配盐四百斤。渔船大者，椇头总
> 不得过八尺，配盐总不得过四百斤，递年赴州县换给新照，
> 即于照内注明船身椇头丈尺及配带盐数，持赴汛口挂号验明，
> 相符方准放行。倘有额外多带，人盐解送地方官通报治罪，
> 除盐变价充赏，如渔户止向盐埠买领空标腌浸，应将盐埠渔
> 户一体拿究。若无前弊，守口员弁等借端阻索不即放行，照例

1　到乾隆五十年广东盐务实行改埠归纲之后，地方官员不理盐务，于是盐票变成了三联单。
2　《覆奏禁革乾标铁锅铁器出洋情形》（嘉庆四年），《哥伦比亚大学图书馆藏清代广东档案录·海防》。

治罪。[1]

至此，广东渔船配盐制度完全确立，并一直沿用到光绪年间才被重新修订。[2]

只是，私盐、"乾标"的问题一直没有禁绝。[3]一方面是濒海地方社会经济的发展，近岸、浅海、深海各类水上作业兴盛，渔作规模的扩大，渔获量增加，渔业用盐的数量也快速攀升。乾隆八年（1743），潮州饶平县黄冈埠拆分出了海山埠，主要原因就是饶平柘林湾内近岸的花蚶等海产品的养殖迅速增加，地方盐政衙门对腌浸花蚶用盐进行配售，增设了所谓"蚶引"，并要求潮州其他沿海地区如潮阳、澄海所产花蚶用盐也需到此配盐纳税，为此潮州"正伙各商争控，详明各半输拆，黄冈、海山遂分两埠"。[4]此外，明末清初盛行于惠潮地区的外海作业在雍正、乾隆年间已扩展到广东沿海其他地区，[5]渔汛期内，渔民一出港门，一两月方才回港，一年收入的丰歉均在数月间经办。不同的渔场、季节可能应用不同的渔作方式，清代广东渔作方式中最大型为"缩舡"，或称"敲舡"者，风信对时，"获鱼如山"，甚至成为一地经济的支柱。[6]配盐制度施行之后，渔民需在埠买盐出海，即使地方官员已经有意降低在埠渔盐的价格，但是终究没有场盐低廉、获取方便；加之濒海生业极其依赖

---

1 《粤东省例新纂》卷6《船政》。

2 参见《粤东省例新纂》，第765~767页。

3 参见《清朝续文献通考》卷40《征榷十二·盐法》，浙江古籍出版社，2000，第7942~7954页。

4 乾隆《潮州府志》卷23《盐法》，第388~389页。

5 参见《采捕渔船分别归港日期责令牌甲稽查停止领缴木签》（乾隆二十七年），《哥伦比亚大学图书馆藏清代广东档案录·商渔》。

6 参见《宫中档雍正朝奏折》第2辑，第322~323页；民国《南澳县志》卷16《实业》，《广东历代地方志集成·潮州府部》第34册，岭南美术出版社，2006，第271页；饶平县档案馆藏1951年饶平沿海渔业改革档案。

季节风信，渔业的生产和渔盐的使用其实存在较多不稳定的因素，渔民对盐斤的使用需要更多灵活性。所以，事实上，所谓"乾标帮饷"这类问题也是所有濒海省份在渔盐配给制度的实施过程中都会遇到的情形，也许不是以"乾标"的名号出现，但其本质可能是相同的，例如福建盐场的空白印票等。[1]

综上，从康熙中后期至乾隆初期，清廷逐步形成了一套关于濒海渔业用盐的管理观念和规制。这一制度体系的确立，是在海洋渔业生产尤其是深海作业快速发展、渔业用盐量迅速攀升的背景下，直接受各地盐政改革刺激而产生的；而在具体规例的制定和实施过程中，又面临滨海盐引难行的困局，"乾标帮饷"实则是商渔盐民在广东渔引制度下两相得宜的灵活操作，而熟悉地方民情实态的官员也默认了这一事实，但在官场政治操弄和来自最高权威的质询下，地方官员只能明文禁止"乾标"，同时在吸收民间做法基础上进一步对渔引制度有所规范，于是有了广东渔引四联单的应用。

濒海渔船配盐体制的确立，是清廷试图将渔业用盐纳入官盐体系，对之进行课税管理的努力，与此同时，通过对渔船带盐的干预，也在某种程度上控制了渔船在洋的时间，对处于外海、难以稽查的渔船的活动也有一定的约束作用。只是，在实际执行过程当中，濒海私盐实难禁绝，于是各地又因应具体的社会和制度背景确立一定的规例，如福建按船只停泊的港澳配给引盐额数，浙江也有类似的以港湾为中心的包纳制度，而广东的"乾标"问题也与渔引制度的实施相始终。

1　《雍正五年九月初二福建总督高其倬奏陈福建盐务》，《宫中档雍正朝奏折》第 8 辑，台北："故宫博物院"，1977 年影印本，第 795 页。

三　渔业生产与村庙组织——对粤东柘林乡的田野考察

渔民是濒海人群的重要组成部分，但也可以说是在历史中没有声音的一群人。如何对历史上这些海洋活动的主体进行更深入的研究，是海洋史研究的重要问题，方法仍待进一步探索。笔者曾在闽粤交界东界半岛上的一个渔业社区柘林乡进行田野调查，透过口述访谈和对当地社区组织、仪式活动的观察，注意到当地独特的渔业生产组织和外海资源的利用规则似乎都映射到社区村庙结构中。由此笔者尝试结合田野调查和文献档案，从柘林乡的村庙组织和仪式活动切入，观察海洋渔业生产与渔村社会秩序之间的关系。

柘林乡位于东界半岛南端，处在柘林湾环抱之中，东面有旗头山、大肚山，西面与汎洲岛、海山岛对峙，南与南澳岛相望。柘林依山面海，林木清致。柘林湾受一众岛屿拱卫，水深浪平，是天然的避风良港。相传宋帝昺南逃时所带的文臣武将为躲避元军追杀，多在这一带匿居创业，当地俗语有云"沉东京，浮南澳"。[1] 清末，英国海军海图官局第三次编撰的《中国海方向书》中，把柘林列入闽粤交界的重要港口，文中如此介绍柘林湾：

> 柘林澳，其前向即南澳岛之北也。进入以避东北风较胜，已详于前矣。此亦甚善停泊处。虽东风及东南东之风之劲烈，亦无妨碍。澳之中水木清华，四围皆村落，鲜鱼野禽尤丰盛。[2]

1　饶平县《东里大观》编纂委员会：《东里大观》，2000，第 86 页。
2　英国海军海图官局编，陈寿彭译辑《新译中国江海险要图志》卷 7，茅海建主编《清代兵事典籍档册汇览》第 95 册，第 12 页。

　　柘林控扼闽广海上咽喉，是粤东水上第一门户。前文已详，明朝初年，有大城所烽堠和潮州水寨东路以资哨守，嘉靖年间，更设柘林水寨防守。万历初年南澳副总兵设立，柘林水寨听其节制。这里近有沿岸绵密村落，上连漳州诏安湾、走马溪、九龙江口，下连韩江三角洲东陇、樟林等地，"闽货广舟所经，本地鱼盐所萃，颇有贸易之利"，[1] 曾经是明代东南海上走私贸易圈的关键节点。隆庆元年（1567），漳州月港开禁，闽广商人"冒险射利，视海如陆，视日本如邻室耳，往来交易，彼此无间"。[2] 近海帆船贸易仰赖季风，自明代已备受瞩目的柘林湾在清代随着港内地理环境的变化，以及清中期临近之黄冈和樟林的兴起，湾内海山、浮浔与韩江流域的联系变得更加重要，成为等候季风的商船锚泊之地，每年艚船都有两次较长时间在港外锚泊等候风信。韩江流域上游人群外移前往外洋，多有从柘林候风出口。著名的《渡台悲歌》就写道："船行直到潮州府，每日五百出头钱。盘过小船一昼夜，直到柘林港口边。上了小船寻店歇，客头就去讲船钱。……大船还在港口据，又等好风望好天，也有等到二三月，卖男卖女真可怜……"[3] 据徐胜一等先生的考证，该山歌应该是道光年间陆丰河田彭氏族人所写，歌词中记明渡台路线，是从揭西横江口坐上小船，沿榕江南河顺流出海，最后在饶平柘林港搭洋船渡台。[4]

1　陈天资：《东里志》卷4《公移文·议地方》（汕抄），第122页。

2　谢肇淛：《五杂俎》卷4《地部二》，万历四十四年刻本，《续修四库全书》第1130册，上海古籍出版社，1996，第419页。

3　黄荣洛先生将发现的客家山歌《渡台悲歌》整理校正后于1989年出版。黄荣洛：《渡台悲歌——台湾的开拓与抗争史话》，转引自徐胜一等《清初陆丰客家渡台时空背景之研究——〈渡台悲歌〉与〈渡台带路切结书〉的联想》，冷剑波主编《粤台客家文化研究综论》，暨南大学出版社，2018，第196页。

4　徐胜一等：《清初陆丰客家渡台时空背景之研究——〈渡台悲歌〉与〈渡台带路切结书〉的联想》，冷剑波主编《粤台客家文化研究综论》，第206页。

柘林周边海域渔业资源非常丰富，渔产远销各地，其深海渔场主要集中在南澎列岛以及福建东山、大小甘山一带，近岸渔业、滩涂养殖在清代也得到快速发展，如乾隆年间，就专门为柘林湾内的花蚶用盐设立"蚶引"。正如雍正年间漳浦人蓝鼎元所说，这里是"海波不扬，鱼盐蜃蛤之利无处无之，千秋百世太平常如此日，循良可坐而理也"。[1]

柘林乡居民流动频繁，姓氏极多，当地人时常用一首歌谣来调侃，仅歌谣里就有 44 个姓氏。生活在这里的大部分是渔民和商人，以前还曾经有一部分盐民，但新中国成立后围海造田，柘林的盐区大部分消失。这里有活跃、流动的人群，复杂的社区组织系统，以及变化与静止永无休止混合的日常生活。这是一个缺乏文字记载的乡土社会，而我们又如何去理解当地乡民的历史和生活？

1. 碑刻中所见柘林渔业生产组织

在柘林考察时，笔者在村内元帅庙外墙上看到了一组四块的题名碑。这组碑刻作为元帅庙外墙的一部分镶嵌在墙体上，所以可以判断立碑时间应与建庙时间是一致的。元帅庙匾额上记"乾隆四十一年五月建"，则该碑刻当也是乾隆四十一年或者稍早时间所立。现将碑文转录如下：

第一部分
发裕号捐银六元
义利号捐银□元□
裕利号捐银□元
□利曹捐银□元

1　蓝鼎元:《鹿洲初集》卷 12《饶平县图说》,《景印文渊阁四库全书》第 1327 册，第 771 页。

利□曹捐银□元

金发盛捐银□元

金发□捐银□元

□丰盛捐银□元

□瑚□□捐银□元

□□□□捐银□元

第二部分

第 1 排

旧内曹捐银□元，顺源曹捐银□元，丰裕曹捐银廿元，

景泰号捐银十元，万顺号捐银五元，恒利号捐银四元，

□卿（？）弟子银□元，元茂号捐银二元，长发号捐银二元，

万合号捐银二元，发合号捐银二元

第 2 排

荣兴（？）号捐银二元，其源弟子银二元，祥悦弟子银二元，

广合号捐银□元，发深弟子银□元，文海弟子银一元，

发存弟子银一元，发器弟子银一元，广利号捐银一元，

发秋弟子银一元，发书弟子银□

第 3 排

发□弟子银一员，发寅弟子银一元，发溪弟子银一元，

其程弟子银一元，其腾弟子银一元，祥地弟子银一元，

祥□弟子银一元，□显弟子银一元，子恭弟子银一元，

金源泰捐银一元，明合号捐银一元，其砖弟子银一元，

第 4 排

黄清畅捐银一元，黄哎（？）弟子银一元，庄友才捐银一元，
庄永安捐银一元，曾冬瓜（？）捐银一元，曾□弟子银一元，
李□弟子银一元，□弟子捐银一元，发义弟子捐银一元，
发□弟子银一元，□大西弟子银一元，其奎弟子银一元

第三部分

□它□捐银□元，

高蛟它捐银□元，

□须它捐银□元，

骰它觥捐银□元，

头它觥捐银□元，

丑它觥捐银□元，

打□它捐银□元，

孟（？）□觥捐银□元，

占它觥捐银□元，

开它觥捐银□元。

第四部分

第 1 排

交（？）学舶银□元，长盈觥银百（？）元，发兴觥银
□元，

发□觥银□元，发□觥银□元，其□觥银□元，

□□觥银□元，其源觥银□元，其正觥银□元，

发□觥银□元，其□觥银□元，钟明春觥银□元，

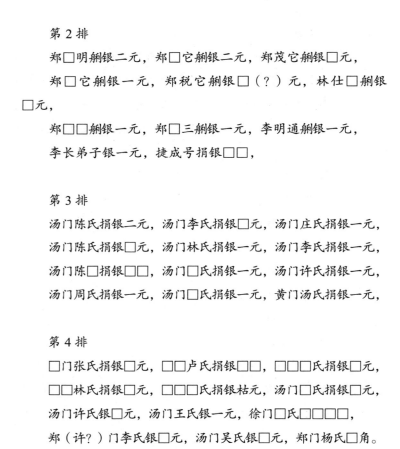

第 2 排

郑□明舠银二元，郑□它舠银二元，郑茂它舠银□元，

郑□它舠银一元，郑税它舠银□（？）元，林仕□舠银

□元，

郑□□舠银一元，郑□三舠银一元，李明通舠银一元，

李长弟子银一元，捷成号捐银□□，

第 3 排

汤门陈氏捐银二元，汤门李氏捐银□元，汤门庄氏捐银一元，

汤门陈氏捐银□元，汤门林氏捐银一元，汤门李氏捐银一元，

汤门陈□捐银□□，汤门□氏捐银一元，汤门许氏捐银一元，

汤门周氏捐银一元，汤门□氏捐银一元，黄门汤氏捐银一元，

第 4 排

□门张氏捐银□元，□□卢氏捐银□□，□□□氏捐银□元，

□□林氏捐银□元，□□□氏捐银枯元，汤门□氏捐银□元，

汤门许氏银□元，汤门王氏银一元，徐门□氏□□□□，

郑（许？）门李氏银□元，汤门吴氏银□元，郑门杨氏□角。

　　在这组碑刻中，每块碑的首排多为"它""曹""舠"这些名称。一位识字的渔民庄老先生告诉我："它"即舵，渔户们采用罟舺的组织方式捕鱼，负责指挥所有船只的人叫舵人，当地简写为"它"。曹：则是罟舺，就是敲罟的单位。一般一个生产单位即需要三十四只船，230 人协同作业，渔获量极大，从清代中期一直到新中国成立初期，都是柘林最重要的渔业生产方式。舠：也是当地一种捕鱼方式，一般是一对渔船配合拖网作业。[1]

从这组碑刻中，我们可以看出乾隆中期柘林渔业经济的重要性，以及此时柘林渔业生产中已经存在的相对稳定的生产单位，即生产专业化。碑刻中出现的曹即罟艚，即前引王士性《广志绎》中所描述东南黄鱼汛时的生产方式，也称扣罟或敲罟，属于围网作业；舰，就是双拖，属于拖网作业。这两种就是笔者在前文多次提到的明清时期闽南粤东渔民的深海作业方式，渔获量大，是当地渔业经济的重要组成。

地方志和渔业调查报告中对柘林－南澳海域的敲罟作业方式、渔场有比较详细的记载。敲舡是利用声波捕捞二十公里以内的大黄鱼、黄鲫、海鲶等石首科鱼群的一种大型渔业作业方式。[2]该作业需要大船一对，称为舡公舡母，属于指挥船，指挥人员和重要工具都放在这两艘船上，另有艇船三四十只，集体作业人员有达到二百多人者。作业时，所有小艇听从指挥船上"长年"的指挥，集体行动。当行进到相应渔场时，小艇分散组成一个大的圆圈，下网，然后听从指挥一边逐渐缩小包围圈，一边手持小木板敲击船舷，利用声波惊吓、驱动鱼群。大黄鱼、黄鲫等石首科鱼类头部有石块，受到声波震动上浮，被逐步赶入渔网中。渔期大概有春、暑和冬三期，渔场"上自澎屿以外，下至潮阳海面，内自海沿，外至离澳百余里至远。下网自水深数丈至十余丈不等"。[3]敲舡渔获量大，在民国时期就被看作"渔业巨擘，地方

1　2007 年田野笔记。

2　傅尚郁等编《广东省海洋渔具渔法调查报告》，广东省水产局海洋渔具调查组，1985，第6 页。

3　民国《南澳县志》卷 16《实业·渔业》，第 1178~1179 页。

经济重心”。[1]新中国成立之后，因为规模大、分工明晰，关键知识和技术经验主要由长年掌握，其他舢艇工技术含量低，易于学习，资金投入、技术改造最容易看到实效，也最符合社会主义集体生产的形式，所以 1953 年后，舢艚业一度成为潮汕渔业乃至粤西和福建、浙江渔业合作化的典型生产模式，得到大力推广，但很快因为作业方式太霸道，对鱼类伤害过大，于 20 世纪 60 年代被禁止。[2]

舸是双拖风渔业作业，也属于深海作业，各地因为海洋环境的不同，渔获各有侧重。双拖是由两船组合，带动大网两端的粗绳前进，一般要一两个小时才能起网，网身沉底，捕捞的多是海水深层的鱼类。因为这种作业需要较快的船速，需要适度风力才能操作，所以也叫“拖风”。拖风船型大，船上的桅杆用的是坤甸木。1954 年潮汕渔业改革时曾经讨论是否可以用杉木来代替，以节省成本，但渔民不赞同。拖风作业需要的劳力较多，如“起网绞车珠盘是拖风渔船上主要生产工具之一，亦是费劳动力最多的渔具，每次起网需 7~8 个劳动力，需花 40 分钟时间”。[3]所以，一艘船至少需 8 个劳力，成对就是 16 人。拖风渔场较为广阔，从南澳到潮州、惠来乃至万山群岛和粤西，都有良好的渔场。柘林、南澳的拖风渔场在南澎列岛南面，“按照季节有所区别，分为澎内和澎外”。[4]

元帅庙碑刻中除了以渔业生产单位为主体捐款之外，还有

1　民国《南澳县志》卷 16《实业・渔业》，第 1178~1179 页。

2　详见杨培娜《新中国成立初期渔业合作化政策演进与海洋渔业发展——以广东潮汕地区为例》，《广东社会科学》2022 年第 1 期。

3　1955 年《粤东区拖风渔业技术座谈会参考资料》，汕头市档案馆藏。

4　《粤东区近海底曳网渔场调查报告》，《广东水产调查研究》（07），水产部南海水产研究所，1958。

"它"（舵公，当地人称"长年"）的单独捐款，此外好几个舺的名字都是 ×× "它"舺，可惜字迹模糊无法辨析，但其冠名在舺前，推测可能是某个比较有名气的舵公负责或者投资的生产单位。

除了碑刻中主要出现的敲罟和舺之外，庄老先生还特别告知：当地人还有"死罟活舺"的说法。上罟和舺常常可以相互搭配，都是在南澎附近海面作业。查核文献，上罟是由船和竹排上下网，可在较远的礁滩捕捞。每个生产单位大概三条船，两只载竹排和网具，一只专司载运，特点是罟位固定，就在礁石旁边，且有好坏罟位之分。适合的网位不多，一不小心渔网会被礁石挂破，所以很考验船老大的能力。[1] 柘林有一首民谣讲到芹澎上罟的艰辛：

芹澎竿桨真峒崖，涝水匆匆石原在。本欲舍却芹澎路，生计逼人去还来。[2]

这三种渔作方式，构成了柘林最重要的渔业经济。碑刻所在之元帅庙是柘林乡霞塘社的社庙。据庄老先生介绍，霞塘原作"下汤"，指乡中居于小山岗之下的汤氏，我们在碑刻中看到不少汤门女性的捐款，就是因为这个庙是下汤（社）的庙（社庙）。

2. 社庙系统与仪式

20 世纪 50 年代渔业调查档案中说，当地人很"迷信"，"二月罟船要下海，要拖神巫去落神"。[3] 这个神就是柘林全乡都有份的关

1　饶平县《东里大观》编纂委员会：《东里大观》，第 119 页。
2　饶平县《东里大观》编纂委员会：《东里大观》，第 119 页。
3　《1953 年饶平县沿海情况综合报告》，饶平县档案馆藏。

圣帝君。

柘林有七大社：内里、下汤、石角头、后井、新街、文昌祠和下岱。其中下岱离柘林乡较远，明清时期是柘林栅盐场的主要产地，新中国成立后盐田萎缩，乡民弃盐转渔，改旧日盐田为鱼塘，发展养殖业，居民以陈姓为主。[1]内里、文昌祠和下汤分别位于柘林乡东部、东北部和北中部。三个社都比较靠近山边，明清时期也有盐田分布，是柘林乡里族姓较为集中的庙社，明清时期均有族人科贡，聚落里都建有宗祠。石角头、新街，位于柘林中部，靠近清代柘林最重要的商业街——南北街，居民最为混杂。后井则位于西北面后井山附近。柘林历史最悠久的天后宫就在后井山下。后井社内又包括了三个社：上汤社、大巷社和后井下社。上汤是相对于下汤而言的，上汤人多强调自己跟下汤是"同姓不同祖"，他们到柘林定居的历史更久。大巷社和后井下社被认为是在上汤人聚居之后才来的，他们的姓氏也比较混杂，原来多是打鱼的渔工。

柘林存在全乡"主庙—社庙—地头庙—土地庙"的庙宇系统。一般情况下，地头庙与社庙是重合的，不过当一个社的范围包括了两个或两个以上的村落时，会出现社庙和地头庙的分离。例如内里社由内里乡和西澳三乡组成，社庙是俗称"山边庙"的三山国王庙，也是内里乡的地头庙，但是西澳三乡则各有地头庙。此外，下岱东乡的地头是社庙"天后宫"，但是中乡有独立的地头庙，而尾乡则因为跟东乡和中乡不是兄弟，所以社庙"天后宫"他们就没有份，他们拥有自己的地头庙。

1　饶平县《东里大观》编纂委员会：《东里大观》，第 90 页。

表 6-1　柘林庙宇系统

全乡主神	七社	地头庙（社庙）	主神	其他神庙、土地庙	备注
天后庙、帝君庙	内里社	"山海钟灵"庙	安圣国王、夫人舍人爷	四妈宫（四妈），白糖坑土地庙（老爹公妈），营仔山土地（显公妈）西澳新乡真君庙（真君大帝）、旧乡崇政古庙（崇政王公）、花园乡土地公庙、山顶伯公庙	内里为一李姓单姓村落，西澳是与柘林隔水相望的小岛，岛上居民多为李姓，是为内里李氏的大房。在社区组织中西澳属于内里社
	下汤社	"霞塘保障"庙	田元帅舍人爷虎将爷	庙仔头土地公	
	石角头社	"崇政古庙"	崇政王爷、夫人水仙老爷		
	后井社	"海神古庙"	海神爷	榕公庙红塔公妈	后井社实际上包括了三个社：上汤社、大巷社和后井下社。天后宫就位于后井地方，所以日常的管理由后井社负责
	新街社	"古王宫"	古王公	石牌公妈	帝君庙就位于新街社的范围内，所以日常管理由该社负责
	文昌祠社		福德公妈		
	下岱社	天后宫	天后圣母舍人爷王公	东乡山顶"灵来凭依"庙（福德公妈）中乡"英灵永镇"庙（主神：安圣王爷、夫人）尾乡"南方保障"庙（主神：王公夫人）	下岱先分东、中和尾三乡。东乡和中乡认为是兄弟，共同拥有天后庙

这套在现在看来挺规整的庙宇系统，实际上蕴含了相互重叠的信仰空间演变过程。笔者判断形成时间应该在晚清民国。透过七社的系统我们可以看到原先的土地庙地位抬升为社庙，背后是地方经济的发展以及社区内内部人群的重新整合。笔者参加了柘林乡数次元宵节游神，以下以对笔者而言最重要的2006年元宵节田野观察为基础进行描述。

柘林乡每年元宵节有游神活动。据耆老称，新中国成立前元宵游神是所有七社的"地头"（神）都要出来巡游，而且是游全乡，而非本社。20世纪50年代到70年代停办了，80年代重新恢复，但参加巡游的就只剩下天后、帝君和元帅爷了。2006年元宵游神仍然是三个社：后井社游天后，下汤社游本社地头元帅爷，新街社游帝君。游神的范围仍局限于本社境内。但是听后井社的理事长说，正在计划明年（2007）元宵能按照以前的旧习俗，让游神的队伍可以巡遍全乡。游神的时候，每个社都设有香案来接神，这些香案的分布是固定的。而当我问及旧时香案的摆设和以前天后与帝君的巡游路线时，可以感觉到这个社区中不同庙宇地位的差别以及他们与渔业生产之间的密切关系。

柘林最重要的两个庙是位于后井的天后宫和位于新街的帝君庙。天后宫的具体修建时间不清楚，但洪武年间提督东路在每年四月到九月汛期到来时就已经驻扎在天妃宫，说明至少在明初柘林就有天后宫的存在了。天后宫是柘林全乡都有份的，不过现在是由后井社来管理，每年的游神费用也是由后井社负责。柘林另一个重要的庙宇是帝君庙。帝君庙的具体修建时间也不清楚，但从当地人的口述和对仪式的观察中，我们可以发现位于柘林镇南边的内里在其中扮演了重要的角色。当地的老人说，帝君庙是内里社的敲罟船在海丰一带偷请来的。我们无法确定这种说法的准确性，但至少在当地人的记忆里，帝君庙的建立与内里渔民和敲罟这种生产方式是密切联系在一起的，那么时间应该不早于明中叶。每年的元宵仪式中，农历元月十七夜帝君落殿，全乡各社老大都要来拜，内里的老大要最先拜，其次才轮到其他社。现在仪式刚恢复不久，其他社的人有时候不来，但是内里的老大是一定要到的。

参加巡游的三个社中，天后、帝君是全乡都有份的，而下汤的元帅庙就比较特殊，作为一个地头庙，却有资格跟天后和帝君这两个全乡主神一样出巡。关于这一点，当地人的解释是这样的：原来我们这个元帅是不能游到后井的，因为他们后井出了一位郭东爷，帮皇帝算清楚了全天下的田粮数目，皇帝封了一个圣旨给他，所以我们的元帅爷都不能游到那里。后来直到我们这里出了举人爷，那边才让我们游过那条路的。故事中所说的举人爷，就是指同治元年中举的柘林下汤社人汤锡锜。结合其他口述信息可知，原来元帅庙的巡游范围只是三社半（新街、石角头、下汤和文昌祠）的范围，后来才变成可以巡游到后井的地界。而这个变化，跟下汤出了清代历史上柘林唯一的举人汤锡锜是直接相关的。至今，汤锡锜在属于三社半的老人家口中地位仍然非常崇高，甚至说，有一阵子柘林就快灭乡了，就是因为出了举人爷，柘林乡才保全了。那么，三社半是指什么？在寻求答案的过程中，笔者逐渐注意到海洋渔业生产与社区组织之间的对应关系。

3. 外海渔业的界限在村落？

从上引下汤元帅庙外墙的题名碑中可以看出，建庙之时，汤氏虽然捐款人数最多，但更重要的还是以曹（艚）、䑸这些大规模渔业生产单位为主体的捐款。有意思的是，就在2006年这次元宵节仪式中，笔者听到了"三社半"跟芹澎四屿的关系。"三社半"这个词出现在天后宫巡游之后在庙里举行的掷杯仪式中。老人说，天后的杯如果是圣杯，那就有利于内里社；如果是稳杯，就利本社（即天后宫所在的后井社）；如果是笑杯，就有利于三社半。所谓的三社半就是指：新街、石角头、下汤和文昌祠（文昌祠人少，所以被称为半社）。当地老人说："之所以会有三社半这样的说法，是因为在芹澎四屿中，这三社半都有罾位。所谓罾位，就是他们进行上罾时比较固定的方位。另外，内里的罾位则在四屿脚边，至于后井社，他们是没有份的。"这句话提醒笔者注意海洋渔业生产方式对这个以渔业和商业为主的社区结构的影响和改变。所谓芹澎四屿，即前文已多次提及的南澎列岛。清代陈伦炯《海国闻见录》之《天下沿海形势录》如此记录：

> 南澳东悬海岛，捍卫漳之诏安、潮之黄冈、澄海，闽、粤海洋适中之要隘。外有小岛三：为北澎、中澎、南澎，俗呼为三澎，南风贼艘经由暂寄之所。内自黄冈、大澳而至澄海、放鸡、广澳、钱澳、靖海、赤澳，此虽潮郡支山入海，实为潮郡贼艘出没之区；晨远扬于外洋以伺掠，夜西向于岛澳以偷泊。而海贼之尤甚者，多潮产也。[1]

南澎附近是流动船只暂泊之所，商渔混杂是常态。这里是闽南粤东的优质渔场，盛产金龙鱼、马鲛鱼、石斑、鳗鱼、鱿鱼等高经济价值鱼类。柘林、南澳、澄海、福建诏安、东山等处渔民多在此作业。

三社半和芹澎四屿的关系，可能触发我们对清代外海岛礁采捕权属的认识。清代广东官员在处理濒海社会经济问题时，已经能更

1　陈伦炯：《天下沿海形势录》，《皇朝经世文编》卷 83《兵政十四·海防上》，第 2942 页。

多注意到濒海人员、财产的流动性，并注意区分不同资源的属性和实际运用过程中存在的区别，呈现出据当地实情，进行精细化管理的倾向。[1] 关于沿海礁屿的相关管理，清代地方官员的态度从强烈主张废除海主等名色到将海中岛礁进行登记造册，分定界址，允许附近贫民申请牌照按界捞取。哥伦比亚大学图书馆藏清代广东档案录中记载了乾隆年间这一规定：

> 乾隆十二年又经司议详……饬令惠潮及广肇罗等府通饬所属，凡有海中礁生鱼虾螺蟹苔菜与蟯蚬等物，止许附近实在贫民采取资生，其余外来及有产业之人一概查禁。至应采之贫民，令乡保查实，分定界址，至某人采取某处，附近土名，开明年貌、姓名，并将赴采礁山港澳所处造具清册，详奉批允，饬令该地方官给与牌照，按界捞取，不得搀越，并令该处水练互相稽查。倘贫民迁徙或改图别业，与现采之贫民将来转为有业户，即饬收旧照撤销。或现在有业之富户转为无业贫民，情愿赴采者，亦令查明，准其添入册内，给照就近均采。仍令该州县每岁应查造清册，通缴查核所有豪强富户。……[2]

外海岛礁渔业资源的捞取，是以附近村落的保甲和登记清册来确认权利归属的。是否可以大胆推测，所谓海洋边界的划分，也许近岸是我们熟悉的海界，而外海尤其是适合固定作业的渔场，对渔民们而言，其海上的边界其实反而是在乡村里？柘林元帅庙的巡游

1　杨培娜、罗天奕：《明清珠江口水埠管理制度的演变——以禾虫埠为中心》，《海洋史研究》第17辑，社会科学文献出版社，2021。

2　《海中礁虫鱼虾螺蟹苔菜蚬等物许附近贫民采取分界造册给照稽查示禁海主名色》（乾隆十八年），《哥伦比亚大学图书馆藏清代广东档案录》。

范围原先只有三社半的范围，是否正说明了原先的元帅庙正是主要在芹澎四屿渔作的渔民们在柘林乡的组织？

再结合新中国成立初期的土改档案，我们可以了解到柘林的渔民从事生产有明显的专业分工，大抵可分为深海渔民、浅海渔民、水上渔民，以及蚝民。新中国成立初期，渔民阶级划分和建立渔会等组织的时候，不同类型渔民之间的矛盾就很明显地凸现出来。由此说明，至少在清末到民国年间，沿海的渔民从事生产已经形成较为专业化的分工，他们有着相对固定的生产组织，而这个生产组织又会映射到所在社区的结构中。例如同在一社的人，有权利参加本社的大规模渔业生产。而在柘林，几个大社都有自己的罟艚和罟馆，罟馆就建在庙的旁边，供渔民休息、晒网，以及淡季供渔工们活动。

渔业是沿海经济的支柱。闽南粤东传统舷艚渔场在福建东山岛至广东南澳岛间 28 米等深线附近海域。查看方志，清代粤东沿海各地深海渔业进一步发展，舷艚在清末光绪年间达到最盛。南澳海面共有三十余号，渔业雇工大幅增加。民国《南澳县志》中言"本澳渔工不敷支配，漳属东山、诏安，潮属饶平、澄海各地人民之熟于渔者，群趋后汐以为渔佣"。业盛人增，南澳地方"商贩竞集，市况繁华，超越夙昔"。[1] 有电船常川行驶南澳到汕头柘林等重要市镇，交通更加便利。此外还有台湾船只（东都船）也来此贸易。

从历史惯习而言，渔业生产人员的流动性很强，也能适应这些渔场的生产作业。南澳海域罟艚发展到兴盛状态时，其他地方如福建东山、诏安等地，广东潮州沿海渔民即多到此地做渔业佣工，获取日常生活所需，并不存在过多的资源竞争压力。这或许就是一种

1　民国《南澳县志》卷 16《实业》，第 274 页。

濒海生态与人群流动的自然秩序。20 世纪 50 年代之后，海域也被陆上政权实行属地管理，随着渔业生产合作化的开展和计划经济下生产任务达标的刺激，各地纷纷主动从既有的生产作业方式中寻找最接近合作化要求的形式并大力推动。于是，具有集体化生产内在要求的舢艍作业被选为典型。深海渔业生产对资金、技术和渔汛信息有非常大的依赖性，合作化体制下资金得到保障，突破了原有的技术和信息区隔，加上组织化程度更高的领导体制，1954 年渔业产量迅速增加，实现了通过调整生产关系解放生产力的双赢目标。但是，技术的同质性过高，同一作业对渔场资源的争夺变得非常激烈，渔民们的冲突不断。问题发生后，政府希望按行政区划圈定固定渔场，同时规范、限制船数和生产次序，然而，固定渔场并不符合渔作"迎鱼头追鱼尾"的特点，而且"渔场分配固定使用，会造成人为的地区割据"。[1] 但是在当时的条件下，最终还是只能用陆域区划来规范。海陆交互作用之中，陆地不断扩大，滨线不断外移，有的渔民上岸，有的继续、更进一步扬帆远行。

4. 余绪

"技术是复杂的现象，它既是自然力的利用，同时又是一种社会文化过程。"[2] 而渔业技术的变革可能是怎样的历史过程？又会在什么层面影响到渔民的日常生活？我们在探讨所谓地方社会的变迁过程中，技术因素的影响是作为一种背景，还是应该关注其如何内化于地方社区组织和乡民生活当中？

渔业生产一方面需要取材于鱼类、渔汛等海洋自然生态环境，另一方面受制于渔业捕捞技术。前者具有较强的季节性和区域性，

1　粤东行政公署水产局《函复关于东山敲罟渔场的意见》（1955 年 8 月 15 日），汕头市档案馆藏，档案号：D042-001-005。

2　F. 拉普：《技术哲学导论》，刘武等译，辽宁科学技术出版社，1986，第 63 页。

渔汛会同时遍及邻近多个海域，同一海域在不同季节则盛产不同鱼类，需要的捕捞技术不同。而渔业捕捞技术又因为资本制约和技术知识的传播，使得某一类生产方式往往与不同地域、不同阶层的渔业生产者存在对应关系。[1]在上述多种因素共同作用下，渔民围绕渔业捕捞形成了一套自有的秩序，这种秩序跟岸上聚落之间的关系可能是多层次交错的。从柘林的这个个案里，我们看到生产组织与渔民所在社区的结构密切联系。而这些技术、组织以及形成的近海和外海渔业资源的分配惯习，也使得 50 年代之后在新的革命话语体系和制度实践过程中，濒海人群与社会组织呈现出更丰富的形态。

这份调查的主体内容是十几年前的田野笔记和零碎的思考，笔者现在能做的大概也只是对调研资料和文献材料的粗疏整理和一些推想，远未成文，但不揣浅陋将之附于全书之末，是想至少通过这一案例，看到从技术的角度着手，通过对当地社会经济生活的学习和参与式观察，结合对民间文献和地方档案的搜集阅读，也许能帮助我们进一步理解那部分"没有声音"的历史。

小　结

开海之后，清廷对商人出洋贸易的态度发生转变，认为商人

1　参见穆盛博《近代中国的渔业战争和环境变化》；刘诗古《清代内陆水域渔业捕捞秩序的建立及其演变——以江西鄱阳湖区为中心》，《近代史研究》2018 年第 3 期。

顾惜身家资本，鲜有胡作非为，沿海地区动乱的源头应该是那些难以管束的渔民穷窭，商渔分离，渔船被视为关系濒海治安最关键的因素。清廷规定了海洋商渔船只的形制及其出海携带米水数量，借此限定以船为重要工具的濒海民众的活动范围；在社会组织方面，将渔疍民、船只通过澳甲、船甲等形式编制起来，辅以给照、印烙，以澳甲和汛兵联合稽查。这些举措皆旨在实现对滨海人户流动性的约束和管理。此后，政府官员的重心逐渐从治安向税收转移，渔税、渔引加增之外，还有很多非正式经费（陋规）的存在；保甲（澳甲、船甲）法推行，有些成具文，但是仍然作为重要的行政经验，不断被反复提起和作为应急措施。澳甲其实也是官民的中介、海陆的中介。在这一过程中，官僚体系下管理的观念、政治的操弄和最高威权对东南海疆的重视，都让这些变态中充满了偶然的因素。

本书的结尾尝试回到民众日常生活。康熙年间官员为了增加收入，要求将数量庞大的渔业用盐也纳入引额体系中。但对濒海民众而言，私盐就在家门口，取用方便，即使加点"帮饷"或其他陋规，都比埠盐便宜太多。商渔盐民合作两相得宜，虽遭到禁止但仍可以用别的名目来持续这样的合作模式。清代深海渔业已经成为闽粤沿海渔民的经济支柱，渔场的使用规则就是渔业社会中的核心。近岸有海界等俗例来维持，外海难以经划，那么其界线会不会就在滨海村落里？柘林为我们提供了一个观察的窗口。

结　语

　　渔盐生产与海外贸易，是濒海民众生计之所系，有独特的节奏和运行规律。同时，这也是政府汲取海洋资源利益的重要来源。面对滨海地区多样的生计方式和社会组织，明清王朝的管理观念和规制典章差异甚大。

　　本书以滨海地域多样生计人群的活动和社会组织为出发点，考察明清两朝在闽粤沿海地区统治秩序的确立和演变过程。一方面，国家管理从移植既有陆上定居农业管理模式向适度尊重滨海生计特点、控制流动性的策略转变，管理机构则从卫所、州县、盐场和河泊所并存的复合交叠架构逐渐转为以州县为依归的单一行政管理体系；另一方面，在滨海人群生计模式、组织秩序与王朝体制的冲突、妥协和共谋中，滨海地域逐渐形成"垄断－依附（雇佣）"社会经济结构，滨海地域政治疏离感日渐消解。二者一体两面，呈互相嵌入状态。

一　多样生计与人群组织

濒海之地可以容纳多种生计形态，农、渔、盐之间存在天然的交换。渔盐并重，但二者又有很大区别。水上人群捕鱼养鸭，逐水而居，上岸还是浮海而去，都是可能的选择。盐之生产需要相对固定的场所，晒盐法技术下更需要有平整的滩地埕场。盐之运输和售卖常常跟渔捆绑，二者联系紧密。鱼类产品可以为人体提供蛋白质，但不是唯一性。盐是日常生活的必需品甚至在战争时期是军需品，淡食则无力，也因此历代王朝均重视对盐的控制。濒海之地开始进入王朝历史叙述多与盐有关。闽粤沿海自宋元时期开始可见盐课的记录。盐场的实际运作以地方有力人士为核心，官府依赖本土豪强力量收取盐税，同时尝试借用水军、巡检寨等弹压私盐，但收效甚微，机构时兴时废。宋元时期引人瞩目的海外贸易发展过程中，其主导力量还是官商合作，豪强巨商才有雄厚的资本，中小商人或合资或领本经营，或直接受雇其下。市舶主要依托重要港口进行贸易管理，朝廷对闽粤滨海地区的统治更多是点一线而远未达到面的程度，滨海地域政治疏离状态明显。

明清时期沿海经济生产有了长足发展，专业化和资本化是明显的变化趋势。一方面，海禁背景下私人海外贸易的潜流不断，且在15世纪以后随着官方朝贡贸易的内缩，为私人海商腾挪出更大空间，随之而来的早期全球化卷动了更大的商业浪潮。另一方面，依托海滨涂地进行的围田、晒盐以及定置渔业等形式，在劳力、资本注入下迅猛发展，快速改变着人地关系和社会关系。激烈的海陆交互作用中，沿海滨线不断向外推移，较大规模渔业生产作业（如敲罟、拖风等）出现，外海岛屿成为渔民季节性活动场所。依附、雇佣、合伙在商业、盐业、渔业生产中普遍存在，带来大量拥有丰富航海知识的季节性流动人口，构成自成组织的社会和军事力量，不论是地方豪强还是政府官员，都尝试利用这股力量。经济领域的雇佣依附关系与军事相结合（其实募兵也是一种雇佣关系），构成所谓"漳潮海盗"的社会基础。

二　制度的演变与滨海社会"垄断－依附"结构的形成

洪武初年，闽粤沿海尽入明王朝版图，卫所军队作为王朝征伐和巩固政权的核心力量，协同州县官员搭建并维持起滨海社会的准军事化运转。一个个高大坚固的卫所城堡沿海岸线梯级而下，挤占进滨海村落之中，划出军、民、盗的界限。在配户当差的大原则下，滨海地区形成了以州县为主导，同时叠架了沿海卫所、盐场和河泊所等机构的管理体系。濒海之民多军、民、灶、渔等籍，他们被按照一定的原则编入州县里甲赋役系统之中，同时承担相应专门机构的其他差役。多种籍役和复合交叠的管理机构共同构成明朝初年滨海地区王朝秩序的基石。

而后，随着渔盐生产技术变革、组织单位调整、私人海上贸易勃发，独特的海洋人群属性、社会节奏促使地方官员进行制度和机构的改革。在明王朝"朝贡＋海禁"海洋政策的大框架下，滨海地域大船不能私出海，小船归入河泊所办纳渔课。沿海卫所系统负担着海防的责任，但也因此有了进入海上贸易网络的天然优势。官私贸易在卫所系统可以合流。在此过程中，沿海卫所军户灶户等人群因配户当差而拥有了某些特权，他们的资源和财富得到快速积累。

随着军士落地生根，卫所发展融入地方社会之中。明代早期卫所人户管理制度设计中留下的"空白"，使卫所城池内容纳了大量非州县非军伍的人口。这可视为制度缝隙产生出来的新的"无籍"之徒。不过，各类制度尤其是卫学的存在为其提供了向上流动的重要途径，卫所被确认为乡贯（或者户籍地），卫所军户逐渐形成。卫所还成为周边人户或军卫内部人员的聚合器。闽粤沿海卫所驻防地逐渐形成了以卫所城池为中心的社会网络，可以为各种身份的人群提供土地、市场、功名等资源。卫所城池从军营逐渐转变为堡垒式居民聚落，成为地方市场、文化的中心。

与沿海卫所角色转变同步，河泊所、盐课司等其他管理机构也在发生相应的改变。河泊所直接管辖高流动性的渔疍民，最先难以维持。大批河泊所在正统到嘉靖年间裁撤，渔课也改令里甲折征办纳，进而成为各色人群圈占海界的重要依据，办纳渔课与资源垄断相捆绑；而地方官府只能在承认豪强大族包纳渔课的基础上确保渔课额数的征收。渔疍民多成为资本控制下的渔工盐工船工等雇佣人群，依附豪强谋生。其次，随着晒盐法的推广和盐课折银，盐课征收对象从人丁转为以埕埔为主，濒海地区的军、民、渔疍各色人户均可成为盐埕的开垦者。官府不介入生产和销售环节，甚至直接将盐课司裁撤（而后虽然有所反复，但到清代基本完全确定）。灶户内部也存在分化，灶户士绅势力兴起，多数在沿海地方社会经济转变过程中财富得以迅速积聚，其资本反过来又进一步投资到土地开发、海界圈占、渔业深海作业和海外贸易中。

至此，明初配户当差体制下体现服役类别的"籍"和赋役轻重的"赋税额"，逐渐与具体从事生产或提供劳役的人脱钩，却又演变成为可以造船、参与海上贸易、生产售卖食盐、圈占海界等特许资格和权利的合法性证明。这种以户役身份与负担为基础而衍生出的"差役特许权化"，是一种带有规律性的现象。

滨海利源归势豪或宦族垄断，官府与之既有冲突，也有合作共谋。冲突最激烈的表现就是军事围剿。合作的形式多种多样，如为了应对日益增加的军饷开支，广东、福建官府先后部分开放海贸，形成"广中事例"和"月港模式"，与商人一道分享贸易的利润；又如通过发放许可证（埠帖）承认了豪强既有的垄断格局，然后收取饷银等。滨海利权的垄断事实得到官府承认，进一步强化"垄断（资本）－依附（雇佣）"的社会结构，成为明代中后期各种经济活动（沙田开发、盐田经营和深海渔业作业）和军事活动的基础。二者紧密捆绑，最典型的表现就是海商集团基本都拥有武装力量。明清鼎革在闽粤滨海地区可视为这一结构下另一股外来力量（东江集团）联合本土豪强对抗郑氏集团——正统之战背后是海利之争。

康熙中后期清王朝在闽粤滨海地区的统治逐渐稳固，即着手调整沿海军事布防和行政管理机构，裁撤卫所、盐课司、残存河泊所，濒海管理统归州县，对海洋人群和资源的具体管理越发细化。清王朝宣布开海，一方面是把海贸利权收归中央，另一方面则是选择跟商人合作，区分商渔，将原来以"垄断－依附"结构形成的经济和军事统一体解绑。释放出来的资本投入商贸或者投资于各种资源开发。没有资本、流动性强的渔民则被视为滨海社会不安定的因素，清王朝在延续明代东南沿海官员行政经验的基础上，制定一系列针对渔民和渔船的管理措施，尝试"以陆控海"。而后其管理思维又逐渐从以治安为主导向以税收为主导转变。海界圈占已经成为滨海资源分配的根深蒂固观念和内在秩序，清政府在禁而不能止的情况下，通过重新发放埠贴、垦照与民间达成平衡。清王朝的海防系统已经将外海岛屿纳入巡哨体系中，大海岛推行内地化管理，小岛礁则可供季节性渔民搭棚采捕，但需要到官府抽签登记，发放执照，并结合保甲系统登记清册。渔民们对海洋渔场的使用规则可能蕴含在村落秩序中，或许是清王朝管理外海岛礁策略与渔民生产内在需求相配合的结果。伴随技术的专门化，生产者的身份分层也随之出现，社区身份概念被用来指称海界或外海渔场所有者，海洋资源的开发与经营和地方宗族、社庙等密切结合，充分显示出 18 世纪滨海社会的运行秩序。

三 豪强宦族集团与政治疏离的消解

与宋元时期同样存在、可视为滨海地域政治疏离表现形式的豪强集团相比，明代有一大批因专门户役而具有"特许权"的军、灶等人户成长为滨海地域富有影响力的势豪宦族。他们在 16 世纪开启的早期全球化商业热潮和一系列生产技术和组织改革过程中，借国家体制力量寻求生存发展、资源集聚乃至阶层跃升，同时也逐渐消解着滨海地域的政治疏离。在科举和财富交相作用下培育起来的士绅阶层热衷于重写乡志国史，表达自己，也表述国家，重述历史传统以解释现实行为的合理性。这种重要变化不仅仅出现在所谓的精英阶层。依附群体在这个结构里，同样可以在日常生活中习得相应的观念策略和行为模式。所谓"海滨邹鲁"，大概可视为闽粤滨海地域政治疏离状态在行动和思想层面日渐消解的直接表现，社会整体转型在这个场景里潜移默化发生着。

清代开海之后，以"垄断－依附"结构为基础的军事－商业集团被解套，商业资本的活动可达到更广阔的领域。王赓武曾对华商的活动有如许判断：他们有能够在不同制度下灵活做生意的本事，跟当权者有密切关系。这会否也是在漫长历史过程中沉淀在日常生活秩序里自然习得的知识？

　　傅衣凌先生将海商视为中国自由商人力量成长的代表，将其商业性和军事性行动视为突破封建关系束缚的表现。其论述逻辑是商业资本原始积累后投入生产才是一种正常的发展方向——其实就是资本主义萌芽的发展道路，但是不幸的是，中国明清时期的海商积累资本后更多投资于土地等其他资源，带有很多残余的封建性，早熟而不成熟，死的拖住活的，无法进一步发展到资本主义。[1]

　　傅先生这一论述本身带有强烈的时代特点，其所运用的史料和所揭示出的明清海商活动特点等重要论断具有非常旺盛的生命力，给后学以极大启发。当然，其讨论中隐含的对传统中国社会经济发展的认识逻辑也需要我们继续丰富、完善。

　　在傅先生的讨论里，是以资本主义雇佣关系、自由商人的存在和活动来说明明清社会中存在对封建依附关系的冲击和解体因素。而事实上，明清滨海地区豪强在成长过程中运用自身力量也利用制度给予的合法性成为资源（包括但不限于土地、海界、造船、贸易、科举等权利）的垄断者。他们在积累资本过程中所从事的投资不限于土地投资。我们应该把滨海经济和社会文化活动例如沙田开发、开垦盐田、深海渔业、商业贸易乃至文教、捐输等，都视为当时社会经济网络中可供选择的投资路径。而一般平民则往往难以摆脱依附者的身份，他们透过这一结构获得生存的空间。雇佣兵、船工、渔工、盐工、沙民等普遍存在。雇工流动性大，但自由之劳力不是冲击、解体了依附关系，反而恰好进一步强化了垄断—依附结构。

　　傅先生看到在商业资本深厚的地方往往乡族势力也非常发达，封建道德观念甚为浓厚，这种"新事物成为旧事物之保护者"的普

1　傅衣凌：《明清社会经济变迁论》，中华书局，2007，第231~232页。

遍现象，值得认真思考。傅先生敏锐观察到的这种"矛盾"现象非常重要。当我们回到滨海社会之实际生态环境中，回到滨海生计的内在特点时，可以看到渔、盐、商业、运输等多种生计兼容并存是人海交涉的悠长历史进程中形成的基本生计模式，农、渔、盐之间存在交换的内在需求，而不是在农业挤压后的不得已选择。商业交换作为一种天然的生计模式，其本身无关新旧，至多有新技术而非新事物；所谓"奴隶制残余""封建制残余"，正是滨海人群在与日益扩张的政权打交道时所采取的行动和策略，以更符合当时政治和文化的主流意识；当然，这些行动或表达本身，也使之成为地方上的"合法性"（国家）代表。滨海社会之研究，可能还需以海洋人群生计特点及社会团结机制为出发点，这样滨海之地多样而复杂的经济和社会历史形态才可能得到更进一步认知和理解。

主要参考文献

一　史料

《宋史》，中华书局，1977年点校本。

《续资治通鉴长编》，上海古籍出版社，1986年影印本。

《大元圣政国朝典章》，中国广播电视出版社，1998年影印本。

《元史》，中华书局，1976年点校本。

《明史》，中华书局，1974年点校本。

《明实录》，台北：中研院历史语言研究所，1962年校印本。

《清实录》，中华书局，1986年影印本。

《皇明制书》，《北京图书馆古籍珍本丛刊》第46册，书目文献出版社，1988年影印本。

《续文献通考》，浙江古籍出版社，1988。

正德《大明会典》，《景印文渊阁四库全书》第 617~618 册。

万历《大明会典》，台北：文海出版社，1987 年影印本。

嘉靖《军政事例》，《北京图书馆古籍珍本丛刊》第 51 册，书目文献出版社，1988 年影印本。

（明）庞尚鹏：《军政事宜》，《北京图书馆古籍珍本丛刊》第 48 册，书目文献出版社，1988 年影印本。

万历《苍梧总督军门志》，全国图书馆文献缩微复制中心，1991 年影印本。

《两浙海防类考续编》，《中国方志丛书》华中地方第 482 号，台北：成文出版社，1983 年影印本。

万历《福建运司志》，《玄览堂丛书》初辑，台北：正中书局，1981。

（明）周昌晋：《福建鹾政全书》，《北京图书馆古籍珍本丛刊》第 58 册，书目文献出版社，1988 年影印本。

（明）俞汝楫纂修《礼部志稿》，《景印文渊阁四库全书》第 597~598 册。

（清）李周望辑《国朝历科题名碑录初集》，《北京图书馆古籍珍本丛刊》第 116 册，书目文献出版社，1988 年影印本。

《清朝通志》，浙江古籍出版社，1988。

《清朝通典》，浙江古籍出版社，1988。

《清朝文献通考》，浙江古籍出版社，1988。

《康熙会典》，《大清五朝会典》第 1~2 册，线装书局，2006。

《雍正会典》，《大清五朝会典》第 3~9 册，线装书局，2006。

《钦定大清会典》，《续修四库全书》第 794 册，上海古籍出版社，1995。

《钦定大清会典则例》，《景印文渊阁四库全书》第 620~625 册。

《钦定大清会典事例》，中华书局，1991。

（清）贺长龄辑《皇朝经世文编》，《近代中国史料丛刊》第 74 辑，台北：文海出版社，1966。

《钦定福建省外海战船则例》，《续修四库全书》第 858 册。

杨晏平主编《清代军政资料选粹》，全国图书馆文献缩微复制中心，2002。

（清）梁廷枏总纂，袁钟仁校注《粤海关志校注》，广东人民出版社，2002。

《清盐法志》，中华民国盐务署，1920。

《元一统志》，中华书局，1966。

《潮州三阳图志辑稿》，陈香白辑校，中山大学出版社，1989。

《永乐大典方志辑佚》第 2 册，中华书局，2004。

弘治《八闽通志》，《北京图书馆古籍珍本丛刊》第 33 册，书目文献出版社，1988 年影印本。

弘治《兴化府志》，清同治十年刻本。

嘉靖《广东通志初稿》，《北京图书馆古籍珍本丛刊》第 38 册，书目文献出版社，1988 年影印本。

嘉靖《广东通志》，广东省地方史志办公室，1997 年影印本。

嘉靖《潮州府志》，潮州市地方志办公室，2003 年影印本。

嘉靖《香山县志》，《日本藏中国罕见地方志丛刊》，书目文献出版社，1991 年影印本。

嘉靖二十一年《惠州府志》，《日本藏中国罕见地方志丛刊》，书目文献出版社，1991 年影印本。

嘉靖三十五年《惠州府志》，《天一阁藏明代方志选刊》，上海古籍书店，1961 年影印本。

嘉靖《兴宁县志》,《天一阁藏明代方志选刊续编》第 66 册, 上海书店, 1990 年影印明嘉靖刻本。

嘉靖《惠安县志》,《天一阁藏明代方志选刊》, 上海古籍书店, 1981 年影印本。

《崇武所城志》, 嘉靖二十一年始修, 崇祯年间续修, 惠安县图书馆藏抄本, 福建人民出版社, 1987 年点校本。

隆庆《潮阳县志》, 潮州市地方志办公室, 2005 年影印本。

万历《广东通志》,《稀见中国地方志汇刊》第 42~43 册, 中国书店, 1992 年影印本。

万历《东里志》, 汕头市档案馆藏民国抄本、饶平县档案馆藏宣统抄本及民国抄本, 潮州市地方志办公室, 2004 年影印合订本。

万历《琼州府志》,《日本藏中国罕见地方志丛刊》, 书目文献出版社, 1990 年影印本。

万历《雷州府志》,《广东历代方志集成·雷州府部》第 1 册, 岭南美术出版社, 2009。

万历《漳州府志》,《明代方志选》第 3 册, 台北: 台湾学生书局, 1965 年影印本。

万历《泉州府志》, 万历四十年刻本。

万历《福州府志》, 万历四十一年刻本,《日本藏中国罕见地方志丛刊》, 书目文献出版社, 1990 年影印本。

（明）叶春及:《惠安政书》, 福建人民出版社, 1987 年点校本。

崇祯《东莞县志》, 东莞市人民政府办公室, 1995 年重排本。

崇祯《兴宁县志》,《稀见中国地方志汇刊》第 44 册, 中国书店, 1992 年影印本。

顺治《潮州府志》, 潮州市地方志办公室, 2003 年影印本。

康熙《潮州府志》,《广东历代方志集成·潮州府部》第 2 册,岭南美术出版社，2009。

康熙《饶平县志》，潮州市地方志办公室，2002 年影印本。

康熙《澄海县志》，潮州市地方志办公室，2004 年影印本。

康熙《诏安县志》，《中国地方志集成·福建府县志辑》第 31 册，上海书店出版社，2000 年影印本。

康熙《漳浦县志》，康熙三十九年修，民国 17 年翻印本，《中国方志丛书》第 105 号，台北：成文出版社，1968 年影印本。

康熙《平和县志》，《中国地方志集成·福建府县志辑》第 32 册，上海书店出版社，2000 年影印本。

康熙《福建通志》，《北京图书馆古籍珍本丛刊》第 34 册，书目文献出版社，1988 年影印本。

雍正《惠来县志》，《广东历代方志集成·潮州府部》第 19 册，岭南美术出版社，2009。

雍正《揭阳县志》，潮州市地方志办公室，2003 年影印本。

乾隆《南澳志》，《广东历代方志集成·潮州府部》第 32 册，岭南美术出版社，2009。

乾隆《陆丰县志》，《中国地方志集成·广东府县志辑》第 29 册，上海书店出版社，2003 年影印本。

乾隆《海丰县志》，《广东历代方志集成·惠州府部》第 12 册，岭南美术出版社，2009。

乾隆《揭阳县志》，《广东历代方志集成·潮州府部》第 17 册，岭南美术出版社，2009。

乾隆《威海卫志》，康熙十一年修，乾隆七年续修，《中国地方志集成·山东府县志辑》第 44 册，凤凰出版社，2004 年影印本。

乾隆《潮州府志》，潮州市地方志办公室，2001 年影印本。

乾隆《漳州府志》，沈定均续修本，光绪三年芝山书院刻本，

《中国地方志集成·福建府县志辑》第 29 册，上海书店出版社，2000 年影印本。

乾隆《铜山志》,《中国地方志集成·福建府县志辑》第 31 册，上海书店出版社，2000 年影印本。

乾隆《镇海卫志》，清抄本,《中国方志丛书》华中地方第 493 号，台北：成文出版社，1983 年影印本。

乾隆《海澄县志》,《中国方志丛书》第 92 号，台北：成文出版社，1968 年影印本。

雍正《福建通志》,《景印文渊阁四库全书》第 527 册。

乾隆《泉州府志》,《中国地方志集成·福建府县志辑》第 22~23 册，上海书店出版社，2000 年影印本。

嘉庆《惠安县志》,《中国地方志集成·福建府县志辑》第 26 册，上海书店出版社，2000 年影印本。

道光《厦门志》,《中国方志丛书》第 80 号，台北：成文出版社，1967 年影印本。

同治《金门志》，道光十六年修，同治十二年续修，光绪八年刻本,《台湾文献丛刊》第 8 种，台北：台湾银行经济研究室，1960。

光绪《饶平县志》，饶平县志编纂委员会办公室，1987 年影印本。

光绪《漳浦县志》,《中国地方志集成·福建府县志辑》第 31 册，上海书店出版社，2000 年影印本。

光绪《漳州府志》,《中国地方志集成·福建府县志辑》第 29 册，上海书店出版社，2000 年影印本。

民国《潮州志》，潮州市地方志办公室，2004 年影印本。

民国《南澳县志》,《广东历代方志集成·潮州府部》第 34 册，岭南美术出版社，2009。

民国《饶平县志补订》，香港大学冯平山图书馆藏手抄本。

民国《诏安县志》，《中国地方志集成·福建府县志辑》第 31 册，上海书店出版社，2000 年影印本。

东山县地方志编纂委员会编《东山县志》，中华书局，1994。

饶平县《东里大观》编纂委员会：《东里大观》，内部资料，2000。

（宋）廖刚：《高峰文集》，《景印文渊阁四库全书》第 1142 册。

（元）王翰：《友石山人遗稿》，《景印文渊阁四库全书》第 1217 册。

（元）吴海：《闻过斋集》，《景印文渊阁四库全书》第 1217 册。

（明）罗玘：《圭峰集》，《景印文渊阁四库全书》第 1259 册。

（明）谢杰等：《虔台倭纂》，《玄览堂丛书续集》第 18 册，台北：正中书局，1985。

（明）冯皋谟：《丰阳先生集》，《四库全书存目丛书》集部第 122 册，齐鲁书社，1997。

（明）陆容：《菽园杂记》，《景印文渊阁四库全书》第 1041 册。

（明）俞大猷：《正气堂全集》，廖渊泉等点校，福建人民出版社，2007。

（明）俞大猷：《洗海近事》，《四库全书存目丛书》史部第 49 册。

（明）郑若曾：《筹海图编》，李致忠点校，中华书局，2007。

（明）戚继光：《戚少保奏议》，中华书局，2001 年点校本。

（明）戚继光：《止止堂集》，中华书局，2001 年点校本。

（明）谭纶：《谭襄敏奏议》，《景印文渊阁四库全书》第 429 册。

（明）张燮：《东西洋考》，谢方点校，中华书局，1981。

（明）谢肇淛：《五杂俎》，《续修四库全书》第 1130 册，上海古籍出版社，1996。

（明）杨一清：《关中奏议》，《景印文渊阁四库全书》第 428 册。

（明）耿定向：《耿天台先生文集》，《四库全书存目丛书》集部第 131 册。

（明）钱谷编《吴都文粹续集》，《景印文渊阁四库全书》第 1385~1386 册。

（明）林大春：《井丹林先生文集》，香港大学冯平山图书馆藏民国 24 年刊本，香港潮州会馆，1979 年影印本。

（明）王在晋：《海防纂要》，《四库禁毁书丛刊》史部第 17 册，北京出版社，1998。

（明）王士性：《广志绎》，中华书局，1981。

（明）王文禄：《策枢》，《丛书集成初编》第 756 册，商务印书馆，1936。

（明）郭棐：《粤大记》，黄国声等点校，中山大学出版社，1998。

（明）郭子章：《潮中杂纪》，潮州市地方志办公室，2003 年影印本。

（明）何乔远：《名山藏》，明崇祯刻本，《续修四库全书》第 425~427 册。

（明）何乔远：《闽书》，明崇祯刻本，《四库全书存目丛书》史部第 204~207 册。

（明）不著纂者：《秘阁元龟政要》，北京图书馆藏明钞本，《四库全书存目丛书》史部第 13 册。

（明）曹履泰：《靖海纪略》，《台湾文献丛刊》第 33 种，台北：台湾银行经济研究室，1964。

（明）董应举：《崇相集》，北京图书馆藏明崇祯刻本，《四库禁毁书丛刊》集部第 102~103 册，北京出版社，2000。

（明）王临亨：《粤剑编》，中华书局，1987。

（明）陈子龙等辑《明经世文编》，中华书局，1962。

（清）顾炎武：《天下郡国利病书》，上海科学技术文献出版社，2001。

（清）顾祖禹：《读史方舆纪要》，上海书店，1998。

（清）屈大均：《广东新语》，中华书局，1985。

（清）杨英撰，陈碧笙校注《先王实录校注》，福建人民出版社，1981。

（清）阮旻锡：《海上见闻录》，福建人民出版社，1982。

（清）江日升：《台湾外记》，福建人民出版社，1983。

（清）黄叔璥：《台海使槎录》，《景印文渊阁四库全书》第 592 册。

（清）沈云：《台湾郑氏始末》，《续修四库全书》第 390 册。

（清）施琅：《靖海纪事》，《续修四库全书》第 390 册。

（清）吴六奇：《忠孝堂文集》，温廷敬：《潮州文萃》，汕头市图书馆藏。

（清）夏琳：《闽海纪要》，清钞本，《四库禁毁书丛刊》史部第 35 册。

（清）杜臻：《粤闽巡视纪略》，《景印文渊阁四库全书》第 460 册。

（清）王沄：《漫游纪略》，樊尔勤校，新文化书社，1934。

（清）杨陆荣辑《三藩纪事本末》，清康熙五十六年刻本，《四库全书存目丛书》史部第 19 册。

《闽颂汇编》，陈支平主编《台湾文献汇刊》第 2 辑第 1 册，九州出版社、厦门大学出版社，2004。

（清）朱弘祚：《清忠堂抚粤奏疏》，清康熙刻本，《四库全书存目丛书》史部第 66 册。

（清）蓝鼎元：《鹿洲初集》，《景印文渊阁四库全书》第1327册。

（清）冯奉初辑《潮州耆旧集》，吴二持点校，暨南大学出版社，2016。

（清）李介丞：《明季岭东山寨记》，广东省立中山图书馆藏。

中国第一历史档案馆、辽宁省档案馆编《中国明朝档案总汇》，广西师范大学出版社，2001。

中国第一历史档案馆编《清初郑成功家族满文档案译编》，陈支平主编《台湾文献汇刊》第1辑第8册，九州出版社、厦门大学出版社，2004。

厦门大学台湾研究所、中国第一历史档案馆编《郑成功档案史料选辑》，福建人民出版社，1985。

厦门大学台湾研究所、中国第一历史档案馆编辑部编《康熙统一台湾档案史料选辑》，福建人民出版社，1983。

厦门大学台湾研究所、中国第一历史档案馆编辑部主编，中国第一历史档案馆满文部选译《郑成功满文档案史料选译》，福建人民出版社，1987。

嘉庆《福建沿海航务档案》，陈支平主编《台湾文献汇刊》第5辑第10册，九州出版社、厦门大学出版社，2004。

《哥伦比亚大学图书馆藏清代广东档案录》，中山大学历史人类学研究中心复印本。

台北"故宫博物院"编《宫中档康熙朝奏折》，1976。

台北"故宫博物院"编《宫中档雍正朝奏折》，1977。

台北"故宫博物院"编《宫中档乾隆朝奏折》，1982。

中国第一历史档案馆编《康熙朝汉文朱批奏折汇编》，档案出版社，1985。

中国第一历史档案馆编《雍正朝汉文朱批奏折汇编》，江苏古籍出版社，1991。

《世宗宪皇帝朱批谕旨》，《景印文渊阁四库全书》第414~424册。

中国第一历史档案馆编《乾隆朝上谕档》，档案出版社，1991。

中国第一历史档案馆编《嘉庆道光两朝上谕档》，广西师范大学出版社，2000。

（清）黄恩彤：《粤东省例新纂》，中山大学图书馆藏道光二十六年刊本。

同治《福建省例》，《台湾文献丛刊》第199种，台北：台湾银行经济研究室，1964。

英国海军海图官局编，陈寿彭译辑《新译中国江海险要图志》，光绪二十七年经世文社石印本，茅海建主编《清代兵事典籍档册汇览》第94~96册，学苑出版社，2005年影印本。

张伟仁主编《明清档案》，台北：联经出版事业公司，1992。

中研院历史语言研究所编《明清史料》，中华书局，1987。

北京图书馆编《北京图书馆藏家谱丛刊·闽粤侨乡卷》，北京图书馆出版社，2000。

广东中山文献馆藏《丰顺汤田吴氏敦伦堂族谱》，民国31年刊本。

饶平县档案馆藏饶平县土改档案。

汕头市档案局藏隆澳盐场、渔改档案。

福建漳州诏安、东山族谱，中山大学历史人类学研究中心藏。

福建诏安、东山、饶平东界半岛及南澳所收集之族谱、碑刻材料。

二　研究论著

岸本美绪：《后十六世纪问题与清朝》，《清史研究》2005年第

2 期。

　　鲍炜:《迁界与明清之际广东地方社会》,博士学位论文,中山大学,2005。

　　滨下武志:《近代中国的国际契机——朝贡贸易体系与近代亚洲经济圈》,朱荫贵、欧阳菲译,中国社会科学出版社,1999。

　　滨下武志:《中国、东亚与全球经济:区域和历史的视角》,社会科学文献出版社,2009。

　　滨下武志、舒小昀:《从"陆地亚洲"转向"海洋亚洲":关于"海洋与亚洲地域圈"的讨论》,《南国学术》2015 年第 4 期。

　　布罗代尔:《地中海与菲利普二世时代的地中海世界》,唐家龙等译,商务印书馆,2013。

　　蔡嘉麟:《明代的卫学教育》,明史研究小组出版,乐学书局经销,2002。

　　曹家齐:《从驿庵看宋代岭南的陆路交通建置》,《广州文博(拾肆)》,文物出版社,2021。

　　晁中辰:《明代海禁与海外贸易》,人民出版社,2005。

　　陈宝良:《明代卫学发展述论》,《社会科学辑刊》2004 年第 6 期。

　　陈博翼:《限隔山海:16~17 世纪南海东北隅海陆秩序》,江西高校出版社,2019。

　　陈春声:《市场机制与社会变迁——18 世纪广东米价分析》,中山大学出版社,1992。

　　陈春声:《从"倭乱"到"迁海"——明末清初潮州地方动乱与乡村社会变迁》,《明清论丛》第 2 辑,紫禁城出版社,2001。

　　陈春声:《明代前期潮州海防及其历史影响》,《中山大学学报》2007 年第 2、3 期。

　　陈春声:《16 世纪闽粤交界地域海上活动人群的特质——以吴

平的研究为中心》，《海洋史研究》第 1 辑，社会科学文献出版社，2010。

陈春声：《序》，谢湜：《山海故人：明清浙江的海疆历史与海岛社会》，北京师范大学出版社，2020。

陈春声：《地方故事与国家历史：韩江中下游地域的社会变迁》，生活·读书·新知三联书店，2021。

陈高华：《元代盐政及其社会影响》，《元史研究论稿》，中华书局，1991。

陈高华：《中国海外交通史研究的回顾与展望》，《历史研究》1996 年第 1 期。

陈高华、陈尚胜：《中国海外交通史》，文津出版社，1997。

陈尚胜：《"怀夷"与"抑商"：明代海洋力量兴衰研究》，山东人民出版社，1997。

陈尚胜、鲍海勇：《明成弘时期（1465~1505）走私活动与沿海豪势及权贵——兼论 15 世纪下半叶东亚海洋贸易体系》，《济南大学学报》2022 年第 1 期。

陈诗启：《明代的灶户和盐的生产》，《厦门大学学报》1957 年第 1 期。

陈文石：《明代卫所的军》，《中央研究院历史语言研究所集刊》第 48 本第 2 分，1977。

陈希育：《中国帆船与海外贸易》，厦门大学出版社，1981。

陈贤波：《重门之御：明代广东海防体制转变》，上海古籍出版社，2017。

丛子明、李挺主编《中国渔业史》，中国科学技术出版社，1993。

戴裔煊：《宋代钞盐制度研究》，中华书局，1981。

戴裔煊:《明代嘉隆间的倭寇海盗与中国资本主义萌芽》,中国社会科学出版社,1982。

邓庆平:《州县与卫所:政区演变与华北边地的社会变迁——以明清蔚州为中心》,博士学位论文,北京师范大学,2006。

邓庆平:《明清卫所制度研究述评》,《中国史研究动态》2008 年第 4 期。

邓庆平:《卫所与州县——明清时期蔚州基层行政体系的变迁》,《中央研究院历史语言研究所集刊》第 80 本第 2 分,2009。

段雪玉、汪洁:《明清至民国时期广东大亚湾区盐业社会——基于文献与田野调查的研究》,《海洋史研究》第 17 辑,社会科学文献出版社,2021。

段雪玉:《宋元以降华南盐场社会变迁初探——以香山盐场为例》,《中国社会经济史研究》2012 年第 1 期。

范中义:《论明朝军制的演变》,《历史研究》1998 年第 2 期。

福建省地方志编纂委员会:《福建省自然图集》,福建省科学技术出版社,1998。

傅衣凌:《明清时代商人及商业资本》,人民出版社,1956。

傅衣凌:《明清社会经济史论文集》,人民出版社,1982。

宫凌海:《控扼东南:明代浙江卫所与海洋管理研究》,上海人民出版社,2021。

顾诚:《清初的迁海》,《北京师范大学学报》1983 年第 3 期。

顾诚:《明前期耕地数新探》,《中国社会科学》1986 年第 4 期。

顾诚:《明帝国的疆土管理体制》,《历史研究》1989 年第 3 期。

郭正忠主编《中国盐业史（古代编）》,人民出版社,1997。

郭红:《明代卫所"民化":法律·区域》,上海大学出版社,2019。

韩振华：《再论郑成功与海外贸易的关系》，《中国社会经济史研究》1982 年第 3 期。

何炳棣：《明初以降人口及其相关问题：1368~1953》，葛剑雄译，生活·读书·新知三联书店，2000。

贺喜：《亦神亦祖：粤西南信仰构建的社会史》，生活·读书·新知三联书店，2011。

贺喜、科大卫主编《浮生：水上人的历史人类学研究》，中西书局，2021。

胡旭宁：《宋代巡检制度研究》，硕士学位论文，河南大学，2016。

华德英著，冯承聪等编译《从人类学看香港社会——华德英教授论文集》，香港：大学出版印务公司，1985。

黄纯艳：《宋代民船的管理与征雇》，《河北学刊》2017 年第 1 期。

黄纯艳：《造船业视域下的宋代社会》，上海人民出版社，2017。

黄国信：《区与界：清代湘粤赣界邻地区食盐专卖研究》，生活·读书·新知三联书店，2006。

黄国信、温春来、吴滔：《历史人类学与近代区域社会史研究》，《近代史研究》2006 年第 5 期。

黄国信：《国家与市场：明清食盐贸易研究》，中华书局，2019。

黄挺：《十六世纪以来潮汕的宗族与社会》，暨南大学出版社，2015。

黄挺：《明清时期的韩江流域经济区》，《中国社会经济史研究》1999 年第 2 期。

黄中青：《明代福建海防的水寨与游兵》，《中国海洋发展史论文集》第 7 辑，台北：中研院中山人文社会科学研究所，1999。

黄向春：《从疍民研究看中国民族史与族群研究的百年探索》，

《广西民族研究》2008 年第 4 期。

蒋宏达：《子母传沙：明清时期杭州湾南岸的盐场社会与地权格局》，上海社会科学院出版社，2021。

焦鹏：《清初潮州的对日海上贸易》，《潮学研究》第 13 辑，汕头大学出版社，2006。

姜旭朝、张继华：《20 世纪以来中国古代海洋贸易史研究述评》，《中国史研究动态》2012 年第 4 期。

科大卫：《皇帝和祖宗：华南的国家与宗族》，江苏人民出版社，2009。

科大卫：《告别华南研究》，华南研究会编辑委员会编《学步与超越》，文化创造出版社，2004。

孔立：《郑氏官兵降清事件述论》，《郑成功研究国际学术会议论文集》，江西人民出版社，1989。

蓝达居：《喧闹的海市——闽东南港市兴衰与海洋人文》，江西高校出版社，1999。

李伯重：《多种类型，多重身份：15~17 世纪前半期东亚世界国际贸易中的商人》，《南京大学学报》2016 年第 1 期。

李东珠：《清初广东"迁海"的经过及其对社会经济的影响》，《中国社会经济史研究》1995 年第 1 期。

李渡：《明代募兵制简论》，《文史哲》1986 年第 2 期。

李国强：《新中国海疆史研究 60 年》，《中国边疆史地研究》2009 年第 3 期。

李庆新《明代海外贸易制度》，社会科学文献出版社，2007。

李庆新：《濒海之地：南海贸易与中外关系史研究》，中华书局，2010。

李士豪、屈若搴：《中国渔业史》，商务印书馆，1937。

李新峰：《明前期军事制度研究》，北京大学出版社，2016。

李新峰：《明代卫所政区研究》，北京大学出版社，2016。

李晓龙：《盐政运作与户籍制度的演变——以清代广东盐场灶户为中心》，《广东社会科学》2013年第2期。

李晓龙：《生产组织还是税收工具：明中期广东盐场的盐册与栅甲制新论》，《盐业史研究》2018年第4期。

梁方仲：《元代社会经济史》，《梁方仲经济史论文集集遗》，广东人民出版社，1990。

梁方仲：《明代的户贴》，刘志伟主编《梁方仲文集》，中山大学出版社，2004。

林惠祥：《南洋马来族与华南古民族的关系》，《厦门大学学报》1958年第1期。

林昌丈：《明清东南沿海卫所军户的地方化——以温州金乡卫为中心》，《中国历史地理论丛》2009年第4期。

林仁川：《明末清初私人海上贸易》，华东师范大学出版社，1987。

林远辉编《潮州古港樟林——资料与研究》，中国华侨出版社，2002。

刘淼：《明代盐业经济》，汕头大学出版社，1996。

刘淼：《明清沿海荡地开发研究》，汕头大学出版社，1996。

刘秋根：《明代工商业中合伙制的类型》，《中国社会经济史研究》2001年第4期。

刘序枫：《清政府对出洋船只的管理政策（1684～1842）》，刘序枫主编《中国海洋发展史论文集》第9辑，台北：中研院人文社会科学研究所，2005。

刘诗古：《资源、产权与秩序：明清鄱阳湖区的渔课制度与水域社会》，社会科学文献出版社，2018。

刘志伟:《在国家与社会之间——明清广东里甲赋役制度研究》，中山大学出版社，1997。

刘志伟、孙歌:《在历史中寻找中国——关于区域史研究认识论的对话》，东方出版社，2016。

刘志伟:《从乡豪历史到士人记忆——由黄佐〈自叙先世行状〉看明代地方势力的转变》，《历史研究》2006年第6期。

刘志伟:《地域社会研究的海洋视角——从地缘社会中寻找流动的历史》，陈春声、郑振满主编《涛声回荡——杨国桢先生八十华诞纪念文集》，社会科学文献出版社，2020。

刘正刚:《明成化时期海洋走私贸易研究——基于条例考察》，《暨南学报》2019年第8期。

卢建一:《从明清东南海防体系发展看防务重心南移》，《东南学术》2002年第1期。

鲁西奇:《中古时代滨海地域的"水上人群"》，《历史研究》2015年第3期。

鲁西奇:《汉唐时期滨海地域的社会与文化》，《历史研究》2019年第3期。

罗尔纲:《绿营兵志》，中华书局，1984。

马楚坚:《明清边政与治乱》，天津人民出版社，1994。

穆黛安:《华南海盗（1790~1810）》，刘平译，中国社会科学出版社，1997。

穆盛博:《近代中国的渔业战争和环境变化》，胡文亮译，江苏人民出版社，2015。

毛亦可:《清代卫所归并州县研究》，社会科学文献出版社，2018。

欧阳宗书：《海上人家——海洋渔业经济与渔民社会》，江西高校出版社，1998。

彭勇：《明代班军制度研究：以京操班军为中心》，中央民族大学出版社，2006。

彭勇：《学术分野与方法整合：近三十年中国大陆明代卫所制度研究评述》，《中国史学》第24卷，日本朋友书店，2014。

钱江：《古代亚洲的海洋贸易与闽南商人》，亚平、路熙佳译，《海交史研究》2011年第2期。

饶宗颐：《柘林在海外交通史上的地位》，黄挺主编《饶宗颐潮汕地方史论集》，汕头大学出版社，1996。

饶伟新：《明清时期华南地区乡村聚落的宗族化与军事化——以赣南乡村围寨为中心》，《史学月刊》2003年第12期。

松浦章：《清代福建的海外贸易》，《中国社会经济史研究》1986年第1期。

苏惠苹：《众力向洋：明清月港社会人群与海洋社会》，厦门大学出版社，2018。

斯波义信：《宋代商业史研究》，庄景辉译，稻禾出版社，1997。

宋敏：《〈秘阁元龟政要〉研究》，硕士学位论文，西北民族大学，2020。

宋怡明：《被统治的艺术》，钟逸明译，中国华侨出版社，2019。

唐立宗：《在"盗区"与"政区"之间：明代闽粤赣湘交界的秩序变动与地方行政演化》，《台湾大学文史丛刊》第118册，台北：台湾大学出版委员会，2002。

谭其骧：《释明代都司卫所制度》，《禹贡》第3卷第10期，1935。

王宏斌：《清代前期海防：思想与制度》，社会科学文献出版社，

2002。

　　王莉:《明代营兵制初探》,《顾诚先生纪念暨明清史研究文集》, 中州古籍出版社,2005。

　　王潞:《清前期的岛民管理》,人民出版社,2016。

　　王毓铨:《明代的军户》,《历史研究》1959年第8期。

　　王毓铨:《明代的军屯》,中华书局,1965。

　　王毓铨:《明朝的配户当差制》,《明清史》1991年第9期。

　　王日根:《耕海耘波:明清官民走向海洋历程》,厦门大学出版 社,2018。

　　万明:《中国融入世界的步履:明与清前期海外政策比较研究》, 社会科学文献出版社,2000。

　　万明:《商品、商人与秩序——晚明海上世界的重新解读》,《古 代文明》2011年第3期。

　　韦庆远:《明代黄册制度》,中华书局,1961。

　　韦庆远:《论康熙时期从禁海到开海的政策演变》,《中国人民大 学学报》1989年第3期。

　　吴晗:《明初卫所制度之崩溃》,《中央日报·史学》第3期, 1936。

　　吴智和:《明代职业户的初步研究》,吴智和主编《明史研究专 刊》1981年第4期,明史研究小组。

　　萧凤霞、刘志伟:《宗族、市场、盗寇与蛋民——明以后珠江三 角洲的族群与社会》,《中国社会经济史研究》2004年第3期。

　　肖文评:《白堠乡的故事:地域史脉络下的乡村社会建构》,生 活·读书·新知三联书店,2016。

　　谢国桢:《明清笔记谈丛》,上海书店出版社,2004。

　　谢湜:《明代太仓州的设置》,《历史研究》2012年第3期。

谢湜：《"以屯易民"：明清南岭卫所军屯的演变与社会建构》，《文史》2014 年第 4 辑。

谢湜：《山海故人：明清浙江的海疆历史与海岛社会》，北京师范大学出版社，2020。

解毓才：《明代卫所制度兴衰考》，《说文月刊》第 2 卷第 9~12期，1940。

徐斌：《制度、经济与社会：明清两湖渔业、渔民与水域社会》，科学出版社，2018。

徐弘：《明代福建的筑城运动》，（台湾）《暨大学报》第 3 卷第 1期，1999。

徐靖捷：《清代淮南盐场荡地赋役与地理分层研究》，《中国经济史研究》2020 年第 5 期。

徐晓望：《大航海时代的台湾海峡与周边世界》第 1 卷《海隅的波澜：明代前期的华商与南海贸易》、第 2 卷《东亚的枢纽：晚明环台湾海峡区域与周边世界》、第 3 卷《白银和生计：晚明环台海区域的泉漳模式》，九州出版社，2019~2021。

闫富东：《清初广东渔政评述》，《中国农史》1998 年第 1 期。

杨宝霖：《已佚的潮州古方志考》，《潮学研究》第 7 辑，花城出版社，1999。

杨国桢：《闽在海中》，江西高校出版社，1998。

杨国桢：《海洋世纪与海洋史学》，《东南学术》2004 年增刊。

杨国桢：《从涉海历史到海洋整体史的思考》，《南方文物》2005年第 3 期。

杨国桢：《海洋文明论与海洋中国》，人民出版社，2016

杨彦杰：《荷据时代台湾史》，江西人民出版社，1992。

杨一凡：《明大诰研究》，江苏人民出版社，1988。

叶君剑：《中国渔业史研究：学术史回顾与思考》，《浙江大学学报》2020 年第 5 期。

叶锦花：《福建晋江浔美盐场制盐技术考》，《四川理工学院学报》2013 年第 5 期。

叶锦花：《亦商亦盗：灶户管理模式转变与明中期泉州沿海地方动乱》，《学术研究》2014 年第 5 期。

叶锦花：《盐政制度变革与明中后期商业的发展——以漳州、泉州地区为例》，《清华大学学报》2014 年第 6 期。

叶锦花：《财政、市场与明中叶福建食盐生产管理》，《中山大学学报》2020 年第 5 期。

尹玲玲：《明清江南的河泊所与渔课杂税》，《中国社会经济史研究》2002 年第 2 期。

尹玲玲：《明代的渔政制度及其变迁——以机构设置沿革为例》，《上海师范大学学报》2003 年第 1 期。

尹玲玲、傅昱：《论明代广东地区的渔业分布》，《生物史与农史新探》，台北：万人出版社，2005。

尹玲玲：《论明代福建地区的渔业分布》，《中国农史》2006 年第 1 期。

余光弘：《澎湖移民与清代班兵》，《台湾与福建社会文化研究论文集》（二），台北：中研院民族学研究所，1995。

余汉桂：《清代渔政与钦廉沿海的海洋渔业》，《古今农业》1992 年第 1 期。

于志嘉：《明代军户世袭制度》，台北：台湾学生书局，1987。

于志嘉：《试论明代卫军原籍与卫所分配的关系》，《中央研究院历史语言研究所集刊》第 60 本第 2 分，1989。

于志嘉：《再论族谱中所见的明代军户——几个个案的研究》，

《中央研究院历史语言研究所集刊》第 63 本第 3 分，1993。

于志嘉：《明代两京建都与卫所军户迁徙之关系》，《中央研究院历史语言研究所集刊》第 64 本第 1 分，1993。

于志嘉：《江西卫所的屯田》，《中央研究院历史语言研究所集刊》第 67 本第 3 分，1996。

于志嘉：《明代江西卫所军役的演变》，《中央研究院历史语言研究所集刊》第 68 本第 1 分，1997。

于志嘉：《明代江西卫所屯田与漕运的关系》，《中央研究院历史语言研究所集刊》第 72 本第 2 分，2001。

于志嘉：《明清时代江西卫所军户的管理与军役纠纷》，《中央研究院历史语言研究所集刊》第 72 本第 4 分，2001。

于志嘉：《明清时代军户的家族关系——卫所军户与原籍军户之间》，《中央研究院历史语言研究所集刊》第 74 本第 1 分，2003。

于志嘉：《论明代的附籍军户与军户分户》，《顾诚先生纪念暨明清史研究文集》，中州古籍出版社，2005。

于志嘉：《卫所、军户与军役——以明清江西地区为中心的研究》，北京大学出版社，2010。

曾小萍：《州县官的银两——18 世纪中国的合理化财政改革》，中国人民大学出版社，2005。

曾玲：《明代中后期福建的盐业经济》，《中国社会经济史研究》1987 年第 1 期。

张金奎：《明代卫所军户研究》，线装书局，2007。

张金奎：《试析明初卫所军户群体的形成》，《中国史研究》2007 年第 2 期。

张侃：《从月港到十字门：漳州海商严启盛再研究》，《闽台文化研究》2013 年第 1 期。

张侃、水海刚:《闽商发展史·澳门卷》,厦门大学出版社,2016。

张铁牛、高晓星:《中国古代海军史》,八一出版社,1993。

张国旺:《元代榷盐与社会》,天津古籍出版社,2009。

张维华:《明辽东"卫""都卫""都司"建置年代考略》,《禹贡》第1卷第4期,1934。

张维华:《明代海外贸易简论》,上海人民出版社,1956。

张震东等主编《中国海洋渔业简史》,海洋出版社,1983。

赵世瑜:《卫所军户制度与明代中国社会——社会史的视角》,《清华大学学报》2015年第3期。

赵世瑜:《历史人类学的旨趣:一种实践的历史学》,北京师范大学出版社,2020。

赵世瑜:《猛将还乡:洞庭东山的新江南史》,社会科学文献出版社,2022。

郑克晟:《郑成功海上贸易及其内部组织之特点》,《中国社会经济史研究》1991年第1期。

郑榕:《户籍分野与身份认同的变迁——明清以来铜山军户社区文化结构过程的考察》,《中国社会经济史研究》2010年第2期。

郑振满:《明清福建家族组织与社会变迁》,湖南教育出版社,1992。

郑振满:《仙游沿海的生态环境与人口变迁》,庄英章主编《台湾与福建社会文化研究论文集》,台北:中研院民族研究所,1994。

郑振满、黄向春:《文化、历史与国家——历史学与人类学的对话》,《中国社会历史评论》第5辑,天津古籍出版社,2006。

郑振满:《区域史研究的问题导向》,《区域史研究》2020年第1辑,社会科学文献出版社,2020。

郑镛:《闽商发展史·漳州卷》，厦门大学出版社，2016。

郑永常:《来自海洋的挑战——明代海贸政策演变研究》，台北：稻乡出版社，2004。

朱鸿林:《明太祖的孔子崇拜》，《中央研究院历史语言研究所集刊》第 70 本第 2 分，1999。

庄景辉:《海外交通史迹研究》，厦门大学出版社，1996。

中村治兵卫:《中国渔业史の研究》，刀水书房，1995。

Faure, David & Siu, Helen eds., *Down to Earth: The Territorial Bond in South China*, Stanford:Stanford University Press, 1995.

Freedman,Maurice, *Chinese Lineage and Society: Fukien and Kwangtung*, New York：Humanities Press Inc. , 1966.

James L. Watson, "Standardizing the Gods:The Promotion of Tien Hou (Empress of Heaven) along the South China Coast,960-1960", in David Johnson，Andrew Nathan and Evelyn Rawski, eds., *Popular Culture in Late Imperial China*, Berkeley:University of California Press.

William S. Atwell, "Some Observations on the 'Seventeenth-Century Crisis' in China and Japan", *The Journal of Asian Studies*, Vol.45, No.2, 1986.

Szonyi M., Zhao S., *The Chinese Empire in Local Society : Ming Military Institutions and Their Legacies*, Abingdon, Oxon ; New York, NY: Routledge, an imprint of Taylor & Francis Group, 2021.

后　记

　　我的家乡就在本书重点描述的东界半岛上。这里有界分闽粤的分水岭，岭上分水关矗立着崇祯年间闽粤士绅为时任南澳副总兵郑芝龙建的"功罩闽粤"石牌坊。东部、南部和西部海边原来是大片的盐场，20世纪六七十年代围海造田盐碱化严重后又都改造成鱼塘虾塘。半岛再往西，有横山将东界与现在的饶平县城所在地黄冈镇分隔开来。从陆地上看，东界半岛是一个相对独立的地理空间。半岛中部有一座城堡——本书中的大城所（大城守御千户所），乡人称为"所内"。关于这座城有很多传说，最著名的是"吴钩建城"。吴钩即书中提及的粤东三总兵之一吴六奇。半岛南端是柘林湾。柘林湾因外围有大大小小岛屿环卫，挡住了外海的风浪，港湾宽阔，水深浪平，是粤东地区船舶停泊和避风的良港之一。湾内作为航海标向的元代镇风石塔保存完好，风吹岭摩崖石刻中"协镇广东黄冈等处地方副总兵官吴讳启镇招抚各岛伪镇官兵人民数万在此登岸"一幅大字尤为抢眼。自柘林湾向南航行 8 海里就是鼎鼎大名的南澳岛。这里与西北面的玄钟梅岭、北面的东山走马溪一带共同构成明代东南走私贸易最活跃的海域，南澳岛上至今有"吴平寨"，闽粤总兵府前郑成功的招兵树依旧枝叶茂盛、苍劲挺拔。

我的童年是在这里度过的。当然，懵懂的我是不可能知道这些历史和意义的，我更真切的记忆其实是山岭上烈日暴晒下发亮的大石头、酸酸甜甜的小野果，海边被我们追赶得仓皇乱窜的小螃蟹，以及所城里笔直光滑的石板路和村里巷口小贩高声吆喝的"买盐咯，私盐咯"。及长，我离开家乡，这些声音和影像逐渐淡去。经历了史学训练后，回望故里，熟悉竟也陌生，原来大城所不是吴钩建的！

重新认识大城所的历史，使我先对明代卫所制度着了迷，尤其佩服于志嘉老师用细致扎实的考证厘清以往卫所制度中多有误解的问题。那时候于志嘉老师的书《卫所、军户与军役》还没出版，我在吴滔、焦鹏、贺喜的帮助下通过各种渠道搜集她的文章，私人订制了一本论文集（后来认识于志嘉老师了还跟她献宝）。同时，我深受老师们区域史研究的影响，于是想到或者可以将二者结合探讨卫所的历史演变。博论选题有了大概方向后，我做了好些准备（当然多是从文献出发的设问）就下田野去了。一开始很兴奋，既能做研究又能增进对家乡的了解，两全其美，但结果不是我想象的那样。我看到了大城所城堡，但看不到预想中的军户家族、祠堂和族谱，就连碑刻都因为是花岗岩面所以涂面粉根本没用。除了一再重修的城墙和这个地名，卫所的影响在这里似乎非常小。所城里住的人什么身份都有，当地人把我关心的军户叫"军派"，零零星星散落各处。周边村落乡民们口耳相传的祖先故事多集中在明朝，入清后祖先们比较少读书，更喜欢做生意，然后捐得功名在乡间建起漂亮的祠堂。至于我在意的文献，那是极少的。

带着日渐崩溃的心情我断断续续转悠了差不多一年，周边几十个村落都走了个遍。直到有一天，我去西澳岛拜访一位老人家。老人家非常热情，一定要留我吃午饭，还很肯定地说我这个钟点一定走不了的。我因为下午另有安排，坚持告别。匆匆跑到岸边，发现原来退潮了，来时不过几分钟的水程变得不可逾越。于是海风凛冽之中、饥肠辘辘之下，我蹲坐岸边，跟把船停在水中央吃饭的船老大高声聊天。这个经历对我的触动非常大。对潮汐等海洋自然规律的认知及由此形成的生活节奏是当地人的常识。这些知识内在于他们的日常生活，无须形诸文字，而我完全意识不到。如果我来这里只是要从他们身上找到某些足以印证自己设想的东西——这是多么可怕的事。我开始对自己的研究目标、研究习惯乃至研究意义产生怀疑。

而后，我开始循着我要观察的人们的目光去重新认识这片海与陆，了解乡亲们赖以生存的环境和日常生活，学习怎么看路、看树、看潮汐、看山门水色，了解怎么织网打鱼，怎么分辨乡里社庙以及谁有"份"谁没"份"。这些其实就是我们熟悉的区域史或历史人类学田野调查的意义之一。同时，我也开始反思，为什么在地方上看到的如此丰富的人群和活动，在自己熟悉的文献中却常常是缺失的，我们如何才能理解这些真真切切存在但又在历史记述中失语、沉默的人？历史的书写有时候对普通人来说过于冰冷，而我自己在研究过程中，何尝不是时常只见标签不见人？文字记录内在蕴含的权力关系与知识框架所具有的偏见和盲点，是需要我们警觉和反思的。依海为生的生活具有独特的节律和特质，沿海地区也不能简单视为划分海洋和陆地的地带，而是一个包含了从事打鱼、晒盐、运输、经商乃至从军抑或劫掠等多样生计人群的生活空间，我们应该从海陆互动的角度重新审视人与这个空间的关系，而卫所是其中一个元素。

　　思维转变之后，视野也开始放大。我顺着渔民们的活动看周边。比如大埕的渔民们说北风大，他们的船会停到宫口（福建诏安玄钟半岛），还经常到东山关帝（即书中的铜山所关帝庙）拜拜。于是我独自一人坐车前往人生地不熟的玄钟和东山岛。渡过八尺门来到东山岛时，突然才意识到，陆上这半天多的车程，海上的渔民们一流水就到了。在这里我遇到了贵人——时任东山县博物馆馆长陈立群先生，他安排当地老人带我考察，还毫无芥蒂地将其搜集了十数年的碑刻和馆藏族谱全部让我参阅。对此我铭感于心。考察的路上到处都是与船有关的景象，船如此重要，为什么文献里没记载呢？其实也不是没有，只是那原先是我的知识盲点。没材料有时候是因为我们问的问题不对，有时候没材料也是一种材料。

　　田野带来的启发无形却深刻。回到图书馆，我重新从最官方的奏折和会典读起，勾勒线索，而提问的方式已经改变。我要看到的是官员们眼中的滨海人群和组织，他们如何看待、应对这些可能跟自己的生活经验和文化观念相异甚大的人，又该怎样才能达到教化、治安和税收的目的，应对官僚系统的各种要求？如此一来，包括卫所、盐场和渔业等相关制度文献就成为我的基础文本。所以本书看起来是以制度史为基础的区域史研究，但制度被视为社会空间的一部分，而非仅仅是条文。经历了近半年日夜颠倒集中写作之后，博论终于完成，在制度层面的讨论有所推进但对社会生活层面还只是把现象点到了，大概勾勒了一个粗糙的框架。如何想得更深，想通其中的关窍，则太难了。所以答辩会上李庆新老师对内容偏重制度框架而略于社会生活的批评和建议言犹在耳，也是我此后一直努力想去解决的。不过博论写作过度疲累了，有点伤，癫狂状态需要时间恢复。我的导师陈春声教授云淡风轻说没问题，他写博论期间也晕倒过。我的另一位导师刘志伟教授则建议我跳出来过一阵子再看，却没想到我这一跳就是十三年。

　　毕业后就深深明白前辈们为什么总是语重心长地说最幸福的读书时光就是当学生的时候。除了各种或为借口的忙，可能也有逃避心理，一直不愿意去认真面对这个难题。陈刘二师对我是怒其不争，耳提面命旁敲侧击均不见效，还是年轻的同路人谢湜、柯伟明、刘勇、周鑫有办法，煞费苦心的点拨让我终于下定决心进行修改。

　　修改过程，心态历经转变，从只是想出书，到越琢磨越有味道、敝帚自珍，逐步形成一些比较抽象的认识。我是很依赖直觉的人，习惯把自己置身于某个场景里，想象自己的心理。某一天就突然蹦出"疏离"这个词。因为躬身自省，自己在生活中经历的诸多转变，其实也是不断在跟某种疏离感相识、妥协、寻求相处之道的过程。我想，我在日常生活中习得的体验，是否也能穿越时空，呼应到先辈？也许可能，也许只是我的臆想，但无论如何是一个理解的通道。所以虽然有点不学术，我还是选择了这个表达。

　　在这个阶段，我觉得应该重新整理我的思路，然后思考日常生活的背后只是一地鸡毛，还是有某种规律可循？陈春声老师很早就开始讲他认识海洋人群特性的"伟大理论"，在我写博论期间他也多次提醒。一直以来我理解他讲的雇佣关系多只在船舶社会，然而当我重新回头看自己原来博论内容时，我发现这种结构几乎存在于滨海社会各种经济和社会活动中。当然，也可能是思维定式了。于是我要追问，为什么有这么多雇佣，仅仅是资本的力量和表现吗？

各自都是什么人？怎么形成这种所谓特质的？循着这些问题，那些原来在博论里散落的内容逐渐聚合起来并有了指向。豪强集团是史料和既有研究已经多次提到的概念，那么在明代的滨海地域，他们是怎么存在的，跟以前又有什么不同？明代特殊职役带来的特权及其影响也已经被学界所揭示，他们形成的经济社会和制度性基础是什么，又在整体社会结构中扮演什么角色呢？重新阅读史料和整合思路的过程中，我意识到自己之前就很在意的海界圈占问题意味着滨海利权的垄断性，而且滨海利源不仅仅是滩涂湿地、各种海面港湾，还包括了读书、造船和做生意的权利。垄断者多有利用职役制度形成的优势，而募兵、盐工、船工、渔工，则是这个"垄断－依附"体系中的另一端。由此，我搭建了这个社会结构，虽然很初步，但或许可以跟政治疏离相配合起来，回答明清的滨海豪强集团有什么不同。他们在力量成长过程中，对王朝制度的灵活运用、挑战改变了制度，也改变了自身的秩序。在豪强宦族的行为里，在他们的文化书写里，疏离感在行动和思想层面日渐被消解。而且，这种变化不会仅仅存在于所谓精英阶层。我很喜欢书中引用的一则材料，其实是在傅衣凌先生的书里看到的，讲一个人在贸易结束后从柘林回到漳州时所见的一路风景。非常日常生活的场景，却有一种传导晕染的作用，人们可以从中习得相应的经验和行为模式。这可能就是社会转型的应有之义。

至此，我稍稍觉得修改走到一个节点了，虽然还很粗糙，起码可以给自己给师友们一个交代。结构建立起来，接下来就是在更鲜活的历史场景和更开阔的视野与比较研究中修补或者推翻。想想还是挺有趣。以上就是这本书的前世今生。

这些年，个人生活经历了很多重要的改变，但是生性疏懒除了在面对儿子时稍微有所收敛外，其他长进不大。陈刘二师对我的迁延拖拉大概已经不大好意思批评得太露骨，不过陈老师有时候还是忍不住刻薄一两句：十年过去啦。科大卫老师从原来一见面就问最近有什么新研究，转变为和蔼可亲地问：最近生活怎样？郑振满老师则宽慰说，家庭事业要兼顾，要分好工。老师们的关心、担心，有时候是恨铁不成钢，我还是能体会得到的。因为疫情，三年未见程美宝老师了。以前特别享受程老师另辟蹊径、冷不丁反刺一下众位老师的快乐都没有了。老师敦促要修改的结论，目前稍稍做了些回应，但仍然不成熟。黄国信、温春来、吴滔老师自我进入明清史门槛就一直对我照顾有加，工作后也多方照拂、提点。这次也是在黄国信老师的大力支持下，本书才有可能出版。

与于志嘉老师的交往是我心中的温暖。2010 年潮州之行初次见面时如见偶像，太过激动了还傻傻把宋怡明老师晾在一边。幸好宋老师不计较，还为我提供关于潮州卫所的法文资料（虽然我看不懂）。而后宋老师还和赵世瑜老师一起为我们创造机会，组织卫所研究工作坊，让我得以学习到更多关于不同区域卫所实际运作实态的精彩研究，极大丰富我的认知。若干年前，跟赵老师畅谈明清卫所系统与秘密社会网络的关系让我对军卫组织在社会运转中可能扮演的角色产生了更多联想和思考。黄挺老师、吴榕青老师、陈海忠老师和陈利江老师陪我一同在东界半岛拓碑，烈日炎炎，汗流浃背，一旁围观的乡民们在看到原先花白的碑面突然显出墨迹时大呼"老爷显灵啦"。那瞬间都成宝贵的回忆。

感谢曹树基老师，虽然他不一定记得，但我印象极为深刻。十几年前，他在我的师兄姐们的一次答辩会上，说我们这些学生背靠大树、因袭过重。当头棒喝，让我至今记忆犹新。我还记得我在会后抱着晓涛师姐痛哭，不知道自己的研究到底能有什么新的意义，还跟陈老师写了一封很长的信。陈老师回说，学术研究是学有所本，起步一定是模仿，而后才可能超越，"叛师"则是学术传承的理想。这封信我一直保存着。

中大历史学系对我而言是家的意义。如果不是它，我不可能年过四十还这么随性"天真"（当然个人的钝感也有责任）。蔡鸿生老师已经驾鹤西去，但蔡老师的烟灰缸、座椅还在，精神还在。感谢吴义雄、景蜀慧、曹家齐、王承文、赵立彬、何文平、江滢河、周湘、陈树良、龙波、胡海峰、杨元红等诸位老师一直以来的关爱，还有谢湜、于薇、柯伟明、周立红、安东强、费晟、刘勇、李丹婕、朱玫、王媛媛、谢晓辉、任建敏、黄欣、张文苑的关照和督促，大家共同努力，营造着永芳堂宽和自在又相互促进的美好氛围。

感念学界师友不弃。杨国桢老师在八十大寿时问我这几年怎么消失了？来自祖师爷的关怀让我差点泪崩。陈尚胜老师爱屋及乌，邀请我参加中外关系史的会议，得以向诸位前辈请益。海洋史教学中感觉南北研究热度差异甚大，多有言之不明的地方，幸得马光老师不吝赐教，提供宏文给我参考。张侃老师、王日根老师、林枫老师平日对我多有照拂，邓庆平、杜丽红、徐斌、刘诗古、陈瑶、黄忠鑫、薛理禹等诸位学长也多有提点。李庆新老师、周鑫师兄、王潞师妹多次邀请参加海洋史研究中心的活动，我借助这个平台获益良多。

林慕华、李琼丽、田宓、丁蕾、谢晓辉、李丹婕、段雪玉、陈贤波、唐晓涛、陈博翼、张淑琼、腰蓝、陈玥、姜娜等在我面临生活和工作上的诸般困难时始终给力，一起商量，一块儿吐槽。谢谢贺喜、叶锦花、李晓龙、徐靖婕、毛帅、金子灵，这些年我们在关于水上人、滨海社会、渔盐关系等方面的讨论相互支撑和促进。

感谢郑庆寰和赵晨老师的倾力帮助。如果没有他们专业、快速、细致的工作，这本书是不可能跟大家见面的。研究生宋恩泽、谢珂瑶在我手忙脚乱的时候帮忙核对史料、修正讹误，尤为感恩。

谢谢东界半岛的乡亲们，这些年我不时回去叨扰，大家都说"哎呀，那是以前的学生妹"。亲切得让我都有点惭愧。好些熟悉的老人家都已故去，我唯有心中默念感激。

我的父母在我最后冲刺阶段给予全力的支持，让我无有后顾之忧。我与申斌相携近十年，是彼此的战友和依靠。申斌对学问有极为单纯的执着，总是推着自己，也推着我要往前走。他学术视野甚是开阔，文献功夫远胜于我，对政治理论和政府财政结构的认知尤有心得，然于社会生活之运行缺乏实践能力，于是在家中我常常以社会史自居，以绵里藏针可戳破牛皮的觉悟，对抗来自上层强权之高压。每每针锋相对激辩到拂袖而去，最后总有一个人觍着脸来求和。他常常批评我说的比写的好。确实，我有点害怕写作，向来钦佩能下笔千言、文采粲然的人。所以，当我看到村上春树也曾受困于此时，心中顿感安慰。我的写作风格总被陈春声老师诟病为口语化严重，学术语言不足。书稿修改过程中自己有充分意识，但积重难返。迫不得已时，只能用身为射手座直觉感性重于理性思维来宽慰自己不要太焦虑，就这样作一个印记吧，毕竟以身心健康的状态面对家人、学生、师友也是很重要的。期盼未来是更美好的未来。

图书在版编目 (CIP) 数据

生计与制度：明清闽粤滨海社会秩序 / 杨培娜著
. -- 北京：社会科学文献出版社，2022.9
　（九色鹿）
　ISBN 978-7-5228-0874-1

　Ⅰ.①生…　Ⅱ.①杨…　Ⅲ.①沿海-地区-社会秩序
-研究-福建-明清时代②沿海-地区-社会秩序-研究
-广东-明清时代　Ⅳ.①D691.75

　　中国版本图书馆CIP数据核字（2022）第189303号

·九色鹿·
生计与制度：明清闽粤滨海社会秩序

著　　者 / 杨培娜

出 版 人 / 王利民
组稿编辑 / 郑庆寰
责任编辑 / 赵　晨
责任印制 / 王京美

出　　版 / 社会科学文献出版社·历史学分社（010）59367256
　　　　　　地址：北京市北三环中路甲29号院华龙大厦　邮编：100029
　　　　　　网址：www.ssap.com.cn
发　　行 / 社会科学文献出版社（010）59367028
印　　装 / 南京爱德印刷有限公司

规　　格 / 开　本：787mm×1092mm　1/16
　　　　　　印　张：28　字　数：350千字
版　　次 / 2022年9月第1版　2022年9月第1次印刷
书　　号 / ISBN 978-7-5228-0874-1
定　　价 / 78.80元

读者服务电话：4008918866